SERVICE PRACTICE OF
MICRO, SMALL AND
MEDIUM-SIZED ENTERPRISES
Policy, Platform and Financial Innovation

中小微企业
服 务 实 践

政策、平台与金融创新

张群洪 等 著

社会科学文献出版社
SOCIAL SCIENCES ACADEMIC PRESS (CHINA)

目 录

引　言

　　新形势下，作为社会经济发展基石的广大中小微企业，受到了疫情、国际地缘环境变化以及国内消费不足等方面的多重影响，生存和发展面临着前所未有的挑战，如何更有效地解决中小微企业的生存和发展问题，并促进其数字化转型和实现高质量发展，成为本书的核心关注点。

　　自党的十八大以来，国务院有关部门及各地政府采取了一系列重要措施，以推动中小微企业的健康发展。这些措施包括但不限于加强顶层设计和组织保障、深化"放管服"改革、推行"免申即享"政策、强化中小微企业发展环境评估不断优化营商环境、加大财税支持力度、完善公共服务、推动数字化转型、培育专精特新企业、搭建公共服务体系以及构建和培育金融服务体系加大金融扶持力度等。这些措施有助于促进中小微企业的健康发展，提升其竞争力和创新力。然而，在实践过程中，这些措施的实施仍面临一些挑战。例如，"政策找企业难、企业找政策难""服务找企业难、企业找服务难""融资难、融资贵"等问题。这些问题的存在表明，现有政策和措施的实施效果尚未达到理想状态，全社会都应该更加关注和支持中小微企业的发展。此外，目前关于中小微企业发展的理论研究和政策梳理较为零散、碎片化，大部分平台仅关注本部门和本行业，缺乏完整、系统的理论成果，这进一步增加了解决这些问题的难度。

　　本书立足实践，全面、系统地研究了促进中小微企业发展的政策、平台和金融创新。本书将深入探讨政策、组织保障、公共服务平台与金融创新在中小微企业发展中的协同作用，并通过对实践案例的分析和阐述，增强内容的逻辑性和说服力。通过深入浅出地分析和阐述，本书旨在为促进中小微企业发展工作提供重要参考，为中小微企业有效获得支持提供帮助，为学者们提供研究借鉴。

　　本书共分为九章，各章内容具有逻辑性和连贯性，有助于读者理解和掌握书中的核心思想。

第一章是促进中小微企业发展的政策脉络。本章概述了中小微企业的分类标准和社会地位，详细梳理和介绍了促进中小微企业发展的政策脉络变化。通过对强化顶层架构、深化"放管服"、加大财税支持力度、完善公共服务、推动数字化转型、专精特新培育和推行"免申即享"等方面政策的介绍，使读者了解政策对中小微企业发展的影响和作用。

第二章是促进中小微企业发展的组织服务体系。本章详细介绍了促进中小微企业发展的组织体系和服务体系，通过深入分析中小企业公共服务平台，使读者了解公共服务的种类和作用。同时，对中小微企业公共服务平台运行现状进行分析，针对平台存在的问题，提出建议和意见，以此推动平台的持续完善，也有助于读者了解公共服务平台的运营状况和发展趋势。

第三章是我国中小微企业金融服务体系。本章结合相关理论研究成果概述了我国现有的中小微企业金融服务体系及中小微企业金融服务的最新动态，为后续章节的金融创新部分做铺垫。

第四章是政府引导基金促进科技型中小微企业发展。本章深入分析了政府引导基金的运作模式、在促进科技型中小微企业发展中的作用和实践经验，探讨了政府如何通过引导基金来引导各方资本投入支持科技型中小微企业的发展，并提出对策与建议。

第五章是政府性融资担保体系的现实需要和发展动态。本章回顾了政府性融资担保支持中小微企业服务体系的发展历程，深入分析了其对中小微企业信用体系建立的意义和作用。通过案例分析，使读者了解政府性融资担保体系的实际效果和未来发展趋势。这一章的内容对进一步发挥政府性融资担保体系作用解决中小微企业的融资难题具有一定的借鉴意义。

第六章是政采保理业务模式的发展实践与探索。本章通过对中小微企业的政府采购合同融资发展现状及存在问题的分析，提出"政采保理+金融科技"的可行性以及支持中小微企业发展的建议。这些建议既符合实际情况，又具有一定的前瞻性。

第七章是数字新基建赋能中小企业专精特新培育。本章首先概述了中小企业数字化转型的现状和政策支持，然后深入探讨了专精特新培育的动态。以福州市为例，详述了中小企业数字化转型的实践与成效，特别关注了纺织行业的工业互联网平台。此外，还介绍了地方上的试点政策，强调了数字新基建在中小企业发展中的关键作用，为政策制定和实践提供了有益参考。

第八章是中小微企业服务平台的实践与探索。本章详细分析了金融云服务平台的运作机制及重要作用，并对福州国有资产交易平台福州海峡纵横电子竞价平台的建设运营亮点、运行成效及对中小微企业的帮扶作用进行了研究。同时，关注科技成果转化平台如何赋能中小企业，剖析我国科技成果转化平台的现状和面临的挑战，并探讨福州市科技成果转化平台的特色与发展方向。最后，提出了福州市中小微企业综合服务平台"榕企云"的建设构想，展望其在数字经济格局下的未来发展方向。通过总结实践经验，提出了建设福州市中小微企业服务平台的构想与建议，这既具有实践价值，又可为其他地区提供借鉴和参考。

第九章是特色产业园区培育创新型中小微企业的实践与探索。本章首先阐述了中小微企业入驻产业园区的现实选择，然后以福州金山工业园区为例，探讨了打造高效集约创新型产业园的策略。此外，还构想了"双创"服务示范基地的发展方案，并对中小微特色产业园的发展趋势进行了展望。本章通过案例分析和趋势展望，展现了特色产业园区在培育创新型中小微企业中的重要作用，为政策制定和实践提供了有益参考。

本书由张群洪博士总负责，进行资料收集与整理、撰写、修改和定稿工作，对中小微企业的政策、平台和金融创新进行全面的梳理和分析，为读者提供深入了解中小微企业服务的视角和参考。施志峤、唐静文、李硕和福建理工大学互联网经贸学院庄伟卿老师参与了相关章节的撰写和完善工作。感谢参与本书撰稿的其他相关人员：黄浩然、曾岚、张煦、伍维斌、李福斌等。

第一章　促进中小微企业发展的政策脉络

2023 年 6 月 15 日，在"第十八届中国国际中小企业博览会和第二届中小企业国际合作高峰论坛"新闻发布会上，有关部门公布的数据显示，近年来，中国的中小微企业在数量和质量上都呈现显著的上升趋势。

我国民营中小微企业已经跃升为中国第一大外贸经营主体，对外贸增长的贡献率超过 50%。这一成就的取得，凸显出中小微企业在我国经济发展中的重要地位。同时，截至 2022 年底，我国注册的中小微企业数量已超过 5200 万户，[①] 较 2013 年底增长 3 倍。这一增长趋势表明，中小微企业的活力和创新能力正在不断增强，为我国经济的持续发展注入了新的活力。

第一节　我国中小微企业概述

一　我国中小微企业划型标准

（一）非金融业中小微企业划型标准

根据 2011 年印发的《中小企业划型标准规定》（工信部联企业〔2011〕300 号）以及最新的《统计上大中小微型企业划分办法（2017）》（国统字〔2017〕213 号），我国的企业被划分为大型、中型、小型、微型等四种类型，涵盖了 15 个行业门类以及社会工作行业大类。中小微企业划分标准如表 1-1 所示。

---

① 《我国中小微企业已超 5200 万户》，中国政府网，2023 年 6 月 20 日，https://www.gov.cn/govweb/lianbo/bumen/202306/content_6887257.htm，最后访问日期：2023 年 9 月 26 日。

表1-1　中小微型企业划分标准

行业	中小微型企业（或）			中型企业（且）			小型企业（且）			微型企业（或）		
	从业人员	营业收入	资产总额	从业人员	营业收入	资产总额	从业人员	营业收入	资产总额	从业人员	营业收入	资产总额
农、林、牧、渔业		<2亿元			≥500万元			≥50万元			<50万元	
工业（采矿业，制造业，电力、热力、燃气及水生产和供应业）	<1000人	<4亿元		≥300人	≥2000万元		≥20人	≥300万元		<20人	<300万元	
建筑业		<8亿元	<8亿元		≥6000万元	≥5000万元		≥300万元	≥300万元		<300万元	<300万元
批发业	<200人	<4亿元		≥20人	≥5000万元		≥5人	≥1000万元		<5人	<1000万元	
零售业	<300人	<2亿元		≥50人	≥500万元		≥10人	≥100万元		<10人	<100万元	
交通运输业（不含铁路运输业）	<1000人	<3亿元		≥300人	≥3000万元		≥20人	≥200万元		<20人	<200万元	
仓储业	<200人	<3亿元		≥100人	≥1000万元		≥20人	≥100万元		<20人	<100万元	
邮政业	<1000人	<3亿元		≥300人	≥2000万元		≥20人	≥100万元		<20人	<100万元	
住宿业	<300人	<1亿元		≥100人	≥2000万元		≥10人	≥100万元		<10人	<100万元	
餐饮业	<300人	<1亿元		≥100人	≥2000万元		≥10人	≥100万元		<10人	<100万元	
信息传输业（电信、互联网和相关服务）	<2000人	<10亿元		≥100人	≥1000万元		≥10人	≥100万元		<10人	<100万元	
软件和信息技术服务业	<300人	<1亿元		≥100人	≥1000万元		≥10人	≥50万元		<10人	<50万元	
房地产开发经营		<20亿元	<1亿元		≥1000万元	≥5000万元		≥100万元	≥2000万元		<100万元	<2000万元
物业管理	<1000人	<0.5亿元		≥300人	≥1000万元		≥100人	≥500万元		<100人	<500万元	

续表

行业	中小微型企业（或）		中型企业（且）			小型企业（且）			微型企业（或）		
	从业人员	资产总额	从业人员	营业收入	资产总额	从业人员	营业收入	资产总额	从业人员	营业收入	资产总额
租赁和商务服务业	<300人	<12亿元	≥100人		≥8000万元	≥10人		≥100万元	<10人		<100万元
其他未列明行业（科学研究和技术服务业，水利，环境和公共设施管理业，居民服务、修理和其他服务业，社会工作，文化、体育和娱乐业等）	<300人		≥100人			≥10人			<10人		

注：或，指只要符合一项指标要求就是中小微企业或微型企业；且，指各项指标必须同时符合才为中型企业或小型企业。

（二）金融类中小微企业划型标准

从事金融业的企业，根据《国务院办公厅关于金融支持小微企业发展的实施意见》（国办发〔2013〕87号）以及中国人民银行与国家统计局等联合印发的《金融业企业划型标准规定》（银发〔2015〕309号）文件要求，按《国民经济行业分类》分为：货币金融服务企业、资本市场服务企业、保险业企业、其他金融业企业四大类。其中，又将货币金融服务分为货币银行服务和非货币银行服务两类，将其他金融业分为金融信托与管理服务、控股公司服务和其他未包括的金融业三类。同时，按经济性质将金融业企业划分为银行业存款类金融机构和银行业非存款类金融机构，贷款公司、小额贷款公司及典当行；证券业金融机构；保险业金融机构；信托公司，金融控股公司和除贷款公司、小额贷款公司、典当行以外的其他金融机构。并对上述分类进行划型，划为中型、小型、微型等类型（见表1-2）。

表1-2　金融业企业划型标准

行业		类别	类型	资产总额
货币金融服务	货币银行服务	银行业存款类金融机构	中型	5000亿元（含）至40000亿元
			小型	50亿元（含）至5000亿元
			微型	50亿元以下
	非货币银行服务	银行业非存款类金融机构	中型	200亿元（含）至1000亿元
			小型	50亿元（含）至200亿元
			微型	50亿元以下
		贷款公司、小额贷款公司及典当行	中型	200亿元（含）至1000亿元
			小型	50亿元（含）至200亿元
			微型	50亿元以下
资本市场服务		证券业金融机构	中型	100亿元（含）至1000亿元
			小型	10亿元（含）至100亿元
			微型	10亿元以下
保险业		保险业金融机构	中型	400亿元（含）至5000亿元
			小型	20亿元（含）至400亿元
			微型	20亿元以下

续表

行业	类别	类型	资产总额
其他金融业	金融信托与管理服务 信托公司	中型	400 亿元（含）至 1000 亿元
		小型	20 亿元（含）至 400 亿元
		微型	20 亿元以下
	控股公司服务 金融控股公司	中型	5000 亿元（含）至 40000 亿元
		小型	50 亿元（含）至 5000 亿元
		微型	50 亿元以下
	其他未包括的金融业 除贷款公司、小额贷款公司、典当行以外的其他金融机构	中型	200 亿元（含）至 1000 亿元
		小型	50 亿元（含）至 200 亿元
		微型	50 亿元以下

资料来源：中国人民银行。

上述办法的出台，为按企业规模统计以及对中小企业（特别是微型企业）在财税支持、融资促进、创业扶持、创新支持、市场开拓、服务保障、权益保护等全方面的促进奠定了基础。同时，办法的出台和完善也进一步说明了中小微企业在国民经济中的重要地位。

二 我国中小微企业在经济社会发展中的地位和作用

陈永杰（2013）提出，小型、微型企业在我国经济中占有十分重要地位，总体已占国民经济总量的 1/3 以上，其中，占工业企业数量的 98% 以上，占工业就业人数的 2/3 以上，占工业经济总量的 1/3 以上，占工业利润总额的 1/3 以上，占工业科技创新的 1/5 以上。

2018 年 8 月，国务院促进中小企业发展工作领导小组第一次会议首次提出中小微企业对国民经济贡献呈现"五六七八九"特征。贡献税收超过 50%，GDP 占比超过 60%，发明专利占比超过 70%，吸纳就业超过 80%，企业数量超过 90%。[①]

第四次全国经济普查结果也显示，我国中小微企业的总量规模不断扩大，至 2018 年末，已达 1807 万家，较 2013 年末增加了 966.4 万家，实现

---

① 《刘鹤主持召开国务院促进中小企业发展工作领导小组第一次会议》，中国政府网，2018 年 8 月 20 日，https://www.gov.cn/guowuyuan/2018-08/20/content_5315204.htm，最后访问日期：2023 年 10 月 15 日。

了115%的增长。这些中小微企业法人单位在全部规模企业法人单位中占比高达99.8%，比2013年末提高了0.1个百分点。其中，中型企业有23.9万家，占比为1.3%；小型企业有239.2万家，占比为13.2%；而微型企业数量最多，达1543.9万家，占比高达85.3%。①

与此同时，中小微企业对于就业的吸纳作用也十分显著。至2018年末，它们共吸纳了23300.4万人就业，比2013年末增加了1206.8万人，增长率为5.5%。这些就业人员在全部企业就业人员中的占比高达79.4%，与2013年末基本持平。②

2023年6月，在"第十八届中国国际中小企业博览会和第二届中小企业国际合作高峰论坛"发布会上，工业和信息化部（简称"工信部"）宣布了一系列关于专精特新"小巨人"企业的培育成果。这些成果包括，成功带动地方培育了8万余家省级专精特新中小企业，这些企业的平均研发投入占比达到了8.9%，平均研发人员占比达到28%。此外，这些企业累计参与制修订了6000余项国家标准，获得了14万余项授权发明专利。近年来，有70余家"小巨人"企业荣获了国家科学技术奖，1500余家"小巨人"企业承担过国家重大科技项目。③

综上所述，中小微企业在我国经济发展中扮演着越来越重要的角色，尤其是专精特新"小巨人"企业。它们在研发、科技、标准制定等方面取得了显著的成绩，为我国经济的持续发展注入了新的活力。

第二节 促进中小微企业发展扶持政策的历史沿革

中共中央、国务院高度重视中小微企业发展，近年来出台了一系列有针对性的政策措施，尤其在财税、政府采购、信贷投资、创业扶持、创新

---

① 《中小微企业成为推动经济发展的重要力量——第四次全国经济普查系统报告之十二》，国家统计局，2019年12月18日，https://www.stats.gov.cn/sj/zxfb/202302/t20230203_1900574.html，最后访问日期：2023年10月15日。

② 《中小微企业成为推动经济发展的重要力量——第四次全国经济普查系列报告之十二》，国家统计局，2019年12月18日，http://www.stats.gov.cn/xxgk/sjfb/zxfb2020/201912/t20191217_1767576.html，最后访问日期：2023年9月26日。

③ 《我国中小微企业已超5200万户》，中国政府网，2023年6月20日，https://www.gov.cn/govweb/lianbo/bumen/202306/content_6887257.htm，最后访问日期：2023年9月26日。

发展、服务供给、合法权益保护等方面给予中小微企业大力支持。党的二十大报告特别指出，"营造有利于科技型中小微企业成长的良好环境，推动创新链产业链资金链人才链深度融合"。中小微企业，尤其是科技型中小微企业的数量多寡和质量高低，对提升产业竞争力起着至关重要的作用。

当前，学术界在促进中小微企业发展政策方面的研究成果丰富，涵盖财政支持、金融市场环境优化、创业创新支持及服务体系完善等多个方面。例如，贾康等（2015）所著的《我国科技金融服务体系研究（上）——建设科技型中小企业金融服务体系的政策优化》等著作。尽管如此，我们仍需注意到现有研究没有对促进中小微企业发展的政策进行全面系统的梳理。因此，本书将从顶层设计、"放管服"、税收优惠、发展资金、公共服务、专精特新企业培育、数字化转型等七个角度，全面梳理促进中小微企业发展的政策脉络。通过本书的梳理和研究，可以更加清晰地了解促进中小微企业发展政策的整体架构和逻辑，为政策制定者和实践者提供有益的参考和借鉴。

一　顶层设计日渐完善，促进政策体系与构架持续优化

（一）《中华人民共和国中小企业促进法》的出台与修订

2002 年 6 月 29 日，我国第一部保障中小企业权益的法律——《中华人民共和国中小企业促进法》（以下简称《中小企业促进法》）在第九届全国人民代表大会常务委员会第二十八次会议上被审议通过，并于 2003 年起开始正式实施，该法案的颁布从法律层面上明确了促进中小企业发展的重要性，为促进中小企业发展指明了方向、确定了方针，同时也进一步明确了政府及相关部门在促进中小企业发展中的职能与职责，更是为各级政府出台相关扶持政策提供了法律依据和保障。在此之后，各省根据《中小企业促进法》先后出台了适用于本区域的中小企业促进条例（实施办法），来保障本区域内中小企业的健康发展。

自《中小企业促进法》实施以来，不仅促进了中小企业的发展，也促进了政府职能的转变（从"管理型政府"转为"服务为主、管理为辅型政府"），以及各项扶持政策、促进中小企业发展体系的完善，但随着社会经济的发展，原制定的《中小企业促进法》已不能满足中小微企业发展的

需求，于是 2017 年 9 月 1 日第十二届全国人民代表大会常务委员会第二十九次会议审议通过了对《中小企业促进法》的修订。

修订后的《中小企业促进法》进一步完善了原有法律框架体系，在整体内容和章节上增加了 3 章 16 条。通过进一步明确法律实施的责任主体、规范财税支持、完善融资扶持体系和加大监督检查力度等，使整体法律构架体系更加丰富和翔实。首先，实施的责任主体。新法规定："国务院负责中小企业促进工作综合管理的部门组织实施促进中小企业发展政策，对中小企业促进工作进行宏观指导、综合协调和监督检查。……县级以上地方各级人民政府根据实际情况建立中小企业促进工作协调机制，明确相应的负责中小企业促进工作综合管理的部门。"

其次，规范了财税支持的相关政策。新法规定："中央财政应当在本级预算中设立中小企业科目，安排中小企业发展专项资金……重点用于支持中小企业公共服务体系和融资服务体系建设。"此外，新法还明确了中小企业发展基金的性质和操作运营等细则——"主要用于引导和带动社会资金支持初创期中小企业"。

在融资促进方面，新法通过鼓励金融机构创新适合中小企业生命周期和发展特点的金融产品与服务，引导金融机构加大对中小微企业的金融扶持力度，引导金融活水流向有发展和创新能力的中小微企业。此外，还规定了加大对各类担保机构的政策扶持，引导其为中小微企业的融资提供增信服务。

新法还增加了权益保护专章，保护中小企业的合法权益。比如，"国家保护中小企业及其出资人的财产权和其他合法权益"，设立了拖欠货款的解决条款。

最后，新法增加了监督检查专章。新法规定："县级以上人民政府定期组织对中小企业促进工作情况的监督检查……国务院负责中小企业促进工作综合管理的部门应当委托第三方机构定期开展中小企业发展环境评估，并向社会公布。"

综上所述，《中华人民共和国中小企业促进法》的修订通过明确责任主体、规范财税支持政策、促进融资、保护权益以及强化监督检查等多项举措，为保障和促进中小企业政策体系的完善提供了有力的法律支持。同时，根据新修订的《中小企业促进法》，截至 2022 年底，全国已有 27 个省（市）相继修订或出台了区域内的中小企业促进条例（实施办法）。

（二）促进中小微企业发展纳入国家发展规划

2006年3月，《中华人民共和国国民经济和社会发展第十一个五年规划纲要》提出了实施中小企业成长工程的重要举措，这标志着中国政府开始正式关注和支持中小企业的发展。中小企业成长工程为中小企业提供了更多的政策支持和资源，旨在促进中小企业的壮大与成长，以推动中国经济的多元化和创新发展。

2011年3月，《中华人民共和国国民经济和社会发展第十二个五年规划纲要》首次专门安排了章节来探讨促进中小企业发展的问题，强调了中小企业在经济发展中的关键作用。该规划明确了四个基本原则和五项主要任务，强调了坚持就业优先、内涵发展、专精特新和分类指导等原则，以及增强创业创新活力、优化产业结构、提高专精特新和产业集群发展水平、提升企业管理水平和完善中小企业服务体系等任务。此外，该规划还提出了两个关键工程和四个行动计划，涵盖了组织领导、政策措施、融资支持、公共服务以及统计监测等多个方面，为中小企业的发展提供了全方位的支持。

2016年3月，《中华人民共和国国民经济和社会发展第十三个五年规划纲要》继续深化了对大众创业和万众创新的支持政策。该规划提出了建设创业创新公共服务平台，鼓励发展面向大众、服务中小微企业的低成本、便利化、开放式服务平台。此举旨在为创业者和中小微企业提供更便捷的创新创业环境，同时打造了一批"双创"示范基地和城市，为中国创新创业生态系统的建设注入新的动力。

2021年3月，《中华人民共和国国民经济和社会发展第十四个五年规划和2035年远景目标纲要》继续强调了中小企业在创新和产业链发展中的关键地位。该规划提出了多项支持措施，包括完善激励科技型中小企业创新的税收优惠政策、支持创新型中小微企业成长、推动产业链上中下游和大中小企业融通创新等。此外，该规划还鼓励将符合条件的科技成果许可给中小企业使用，促进中小企业提升专业化优势，培育专精特新"小巨人"企业，建设中小企业信息、技术、进出口和数字化转型综合性服务平台，以及健全防范和化解拖欠中小企业账款长效机制。此后，工信部等19

个部委发布的《"十四五"促进中小企业发展规划》提出，"十四五"时期，中小企业处于重要战略机遇期，以推动中小企业高质量发展为主题，围绕"政策体系、服务体系、发展环境"三个领域，聚焦"缓解中小企业融资难、融资贵，加强中小企业合法权益保护"两个重点，紧盯"提升中小企业创新能力和专业化水平"一个目标，进一步增强中小企业综合实力和核心竞争力。

上述规划为促进中小企业发展政策体系和形成及完善构架提供了指导和保障，也为进一步促进中小企业发展和创新明确了方向和提供了支持，更好地推动了中国经济的高质量发展。

（三）《政府工作报告》促进中小微企业政策体系完善

大多数《政府工作报告》中，有关于中小微企业的规定，如 1999 年，首次提出，"要从信贷、技术、信息和培训等方面，扶持有市场前景的中小企业特别是科技型企业发展"；2000 年，首次提出，"加快中小企业服务体系建设"；2001 年，首次提出，"完善风险投资机制，建立创业板股票市场，支持中小企业技术创新"；2010 年，首次安排专门段落阐述具体要求和措施。① 历年的《政府工作报告》在促进中小微企业政策体系的完善方面发挥了关键作用，不仅促进了中小微企业的健康发展，也为政府部门提供了明确的政策目标和方向，从而实现了政策体系的不断完善。首先，《政府工作报告》强调了中小微企业在中国经济中的地位和作用。其次，为促进中小微企业发展提供了明确的政策方向，成为促进中小微企业发展工作的指导原则。再次，强调了政府的监管和服务职责，通过减少行政审批、简化办事流程等方式，为企业降低了交易成本，提高了效率。最后，强调了对中小微企业的创新和科技升级的支持，鼓励中小微企业积极投入研发和创新活动中，提供了更多的研发资金支持和知识产权保护政策，有助于中小微企业提高技术水平和竞争力，以更好地满足市场的需求。

1999~2023 年《政府工作报告》中有关促进中小微企业发展的内容如表 1-3 所示。

---

① 《历年国务院政府工作报告（1954 年至 2010 年）》，中国政府网，2007 年 2 月 7 日，https://www.gov.cn/2012lh/content_2054705.htm，最后访问日期：2023 年 9 月 26 日。

表 1-3 1999~2023 年《政府工作报告》中有关促进中小微企业发展的内容

年份	主要内容
1999	采取有效措施从信贷、技术、信息和培训等方面，全力支持有市场前景的中小企业，特别是科技型企业的发展
2000	加快中小企业服务体系建设
2001	健全风险投资体系，推动创业板股票市场建设，积极扶持中小企业技术创新
2002	健全风险投资体系，推动创业板股票市场建设，积极扶持中小企业技术创新；银行要调整信贷结构，重点支持中小企业特别是科技型中小企业的发展
2003	银行要加大对中小企业的信贷支持；支持各类所有制中小企业特别是科技型和劳动密集型企业的发展；充分发挥中小企业和个体私营经济在扩大就业方面的重要作用
2004	要拓展就业渠道，注重发展劳动密集型产业、中小企业和非公有制经济，推行灵活多样的就业方式，鼓励自主创业和自谋职业
2005	引导金融企业优化信贷结构，改进金融服务，增加对中小企业的贷款
2009	2008 年，四次下调存款准备金率，加大对中小企业的信贷支持
2010	首次在《政府工作报告》中安排专门段落进行阐述，将促进中小企业发展作为 2010 年度重点抓好八个方面工作之一——"加快转变经济发展方式，调整优化经济结构"中的一项重要工作，提出了关于建立和完善中小企业服务体系、继续落实财政对中小企业支持政策和加强对中小企业的金融支持三项具体要求和措施
2011	充分发挥科技型中小企业的作用，以促进战略性新兴产业的健康发展，并加速形成生产能力和核心竞争力
2015	加强多层次资本市场体系建设，实施股票发行注册制改革，发展服务中小企业的区域性股权市场
2016	2015 年，设立了国家新兴产业创业投资引导基金、中小企业发展基金，扩大国家自主创新示范区
2017	进一步支持小微企业发展，提高其竞争力，扩大小微企业享受减半征收所得税优惠的范围。将年应纳税所得额上限由 30 万元提高到 50 万元，以更好地减轻企业的负担。此外，对于科技型中小企业，提高研发费用加计扣除比例，由 50% 提高到 75%，以鼓励企业加强科技创新为推动大众创业、万众创新，新建一批"双创"示范基地，为创业者提供良好的平台和资源。同时，鼓励大企业和科研院所、高校设立专业化众创空间，加强对创新型中小微企业的支持，打造面向大众的"双创"全程服务体系，使各类主体各展其长、线上线下良性互动。通过这些措施，使小企业铺天盖地、大企业顶天立地，市场活力和社会创造力竞相迸发
2018	为促进全方位创新创业服务，积极推动"双创"示范基地建设，鼓励大企业、高校和科研院所等开放创新资源，发展平台经济、共享经济，形成具有线上线下深度融合、产学研用协同发力、大中小企业共同发展的创新创业新格局，打造升级版的"双创" 设立国家融资担保基金，以支持优质创新型企业上市融资。同时，为进一步激发创新型企业的发展活力，将创业投资、天使投资税收优惠政策的试点范围扩大至全国范围 在金融服务体系方面，推进改革和完善，支持金融机构拓展普惠金融业务，规范发展地方性中小金融机构，着力解决小微企业在融资过程中遇到的问题，降低其融资成本，为其健康发展提供有力支持

续表

年份	主要内容
2019	加大对中小银行定向降准力度，释放的资金全部用于民营和小微企业贷款；2019 年国有大型商业银行小微企业贷款要增长 30% 以上；清理规范银行及中介服务收费，完善金融机构内部考核机制，激励加强普惠金融服务，切实使中小微企业融资紧张状况有明显改善，综合融资成本必须有明显降低；2019 年中小企业宽带平均资费再降低 15%，移动网络流量平均资费再降低 20% 以上；加快建设科技创新资源开放共享平台，强化对中小企业的技术创新服务；鼓励创新创业，拓展发展空间，加强服务，发挥双创示范基地的带动作用加大普惠性支持，贯彻好小规模纳税人增值税起征点税收优惠政策（月销售额由 3 万元提高到 10 万元等）。改革并完善金融支持中小微企业的机制，设立科创板并试点注册制，鼓励发行"双创"金融债券，扩大知识产权质押融资，支持发展创业投资
2020	为确保就业和民生的稳定，必须稳固上亿的市场主体，并尽力协助各类企业，尤其是中小微企业和个体工商户渡过当前难关，采取一系列政策措施。首先，延续并完善前期出台的减税降费政策，包括免征中小微企业养老、失业和工伤保险单位缴费，减免小规模纳税人增值税，并将执行期限延长至今年年底。其次，对小微企业和个体工商户的所得税缴纳予以延缓至明年。此外，加强金融支持，继续实施中小微企业贷款延期还本付息政策，并将该政策再延长至明年 3 月底。同时，对其他经营困难企业的贷款协商延期。提高银行的积极性和意愿，完善考核激励机制，鼓励银行敢于贷款、意愿贷款、能够贷款，大幅增加小微企业的信用贷、首贷、无还本续贷，利用金融科技和大数据降低服务成本，提高服务精准性。深入推进大众创业万众创新，发展创业投资和股权投资，增加创业担保贷款，深化新一轮全面创新改革试验，新建一批双创示范基地。坚持包容审慎监管，发展平台经济、共享经济，以最大限度地激发社会创造力。同时，支持大中小企业融通发展，完善社会信用体系。此外，推动中小银行补充资本和完善治理，以更好地服务中小微企业。最后，限期完成清偿政府机构、国有企业拖欠民营和中小企业的款项的任务
2021	采取以下措施进一步解决中小微企业的融资难题： 1. 延续普惠小微企业贷款延期还本付息政策，并加大再贷款再贴现支持普惠金融的力度 2. 延长小微企业融资担保降费奖补政策，完善贷款风险分担补偿机制 3. 加快信用信息共享步伐，完善金融机构考核、评价和尽职免责制度 4. 引导银行扩大信用贷款、持续增加首贷户，推广随借随还贷款，使资金更多流向科技创新、绿色发展，更多流向小微企业、个体工商户、新型农业经营主体，并对受疫情持续影响行业企业给予定向支持 5. 大型商业银行普惠小微企业贷款增长 30% 以上 6. 创新供应链金融服务模式 7. 适当降低小微企业支付手续费 8. 优化存款利率监管，推动实际贷款利率进一步降低，继续引导金融系统向实体经济让利 9. 今年务必做到小微企业融资更便利、综合融资成本稳中有降 同时，进一步优化中小微企业的营商环境： 1. 深化"证照分离"改革，大力推进涉企审批减环节、减材料、减时限、减费用 2. 完善市场主体退出机制，实行中小微企业简易注销制度 3. 中小企业宽带和专线平均资费再降 10% 4. 鼓励受疫情影响较大的地方对承租国有房屋的服务业小微企业和个体工商户减免租金 5. 健全防范和化解拖欠中小企业账款长效机制

年份	主要内容
	6. 增强产业链供应链自主可控能力，实施好产业基础再造工程，发挥大企业引领支撑和中小微企业协作配套作用。发展工业互联网，促进产业链和创新链融合，搭建更多共性技术研发平台，提升中小微企业创新能力和专业化水平 7. 加强对中小外贸企业信贷支持
2022	加强金融对实体经济的有效支持，利用普惠小微贷款支持工具，增加支农支小再贷款，优化监管考核，推动普惠小微贷款明显增长、信用贷款和首贷户比重继续提升。引导金融机构准确把握信贷政策，对受疫情影响严重的行业企业给予融资支持，避免出现行业性限贷、抽贷、断贷。发挥政策性、开发性金融作用，推进涉企信用信息整合共享，加快税务、海关、电力等单位与金融机构信息联通，扩大政府性融资担保对小微企业的覆盖面，营造良好融资生态，解决实体经济特别是中小微企业融资难题 降低中小商户负担，引导大型平台企业降低收费，加大拖欠中小企业账款清理力度，规范商业承兑汇票使用。延续执行降低失业和工伤保险费率等阶段性稳就业政策，对不裁员少裁员的企业实施失业保险稳岗返还政策，提高中小微企业返还比例 加快转变政府职能，加强高标准市场体系建设，抓好要素市场化配置综合改革试点，建设全国统一大市场。围绕打造市场化法治化国际化营商环境，持续推进"放管服"改革，落实监管责任和措施 加大企业创新激励力度，加大研发费用加计扣除政策实施力度，支持科技型中小企业创新发展。着力培育专精特新企业，在资金、人才、孵化平台搭建等方面给予大力支持 促进数字经济发展，加强数字中国建设整体布局。建设数字信息基础设施，逐步构建全国一体化大数据中心体系，推进5G规模化应用，促进产业数字化转型，发展智慧城市、数字乡村。加快发展工业互联网，培育壮大集成电路、人工智能等数字产业，提升关键软硬件技术创新和供给能力。完善数字经济治理，培育数据要素市场，释放数据要素潜力，提高应用能力，赋能经济发展、丰富人民生活 扩大出口信用保险对中小微外贸企业的覆盖面，为外贸发展提供保障
2023	依法保护民营企业产权和企业家权益，完善相关政策，鼓励支持民营经济和民营企业发展壮大，支持中小微企业和个体工商户发展，构建亲清政商关系，为各类所有制企业创造公平竞争、竞相发展的环境，用真招实策稳定市场预期和提振市场信心。加快传统产业和中小企业数字化转型，提升高端化、智能化、绿色化水平，以适应新形势、应对新挑战

资料来源：1999~2023年《政府工作报告》。

（四）促进中小微企业发展政策框架逐步形成并日渐完善

2000年，国务院办公厅转发了国家经贸委《关于鼓励和促进中小企业发展的若干政策意见》（国办发〔2000〕59号），该意见在推进结构调整、鼓励技术创新、加大财税政策扶持力度、拓宽融资渠道、建立信用担保体系、健全社会化服务体系、创造公平竞争环境等多个方面提出了系统性意见和要求，标志着国家系统性支持和促进中小企业发展的开始。随后，自2003年《中小企业促进法》正式实施，关于中小微企业的支持政策体系日益完善，包括创业扶持、减税降费、财政支持、融资服务、科技创新、产业发展、转型升级、人才政策等一系列帮扶政策逐渐建立起来。

2009 年 9 月，国务院印发了《关于进一步促进中小企业发展的若干意见》，明确了中小企业对我国国民经济和社会发展的重要性，提出了 29 项具体举措，包括营造有利环境、缓解融资难题、加大财税扶持、支持市场拓展、改进服务、提高管理水平等多个方面，以全面促进中小企业的发展。同年 12 月，为更好地组织和推动中小企业促进工作，国务院成立了促进中小企业发展工作领导小组，这一组织的成立标志着政府对中小企业发展的高度重视，截至 2021 年 1 月已经召开了七次工作会议，持续推动中小企业的健康发展。

2012 年 4 月，国务院印发《关于进一步支持小型微型企业健康发展的意见》，此举首次明确了针对小型微型企业的政策，强化了政策针对性，提出了全面的 29 项措施，包括财税支持、缓解融资难题、推动创新发展、支持市场开拓、提升经营管理水平、促进小型微型企业集聚发展等方面，为小型微型企业的健康发展提供了全方位支持。

2014 年 11 月，国务院印发《关于扶持小型微型企业健康发展的意见》，明确了 10 项措施，包括中小企业专项资金引导、税收优惠政策、融资担保政策、创业投资引导基金、信息互联互通机制、小型微型企业公共服务平台等，全面促进小型微型企业的发展。

随着中小微企业数量的快速增长，其在经济社会发展中发挥着越来越重要的作用，但同时也面临生产成本增加、融资难、创新能力不足等问题。为进一步扶持中小微企业发展，2019 年 4 月，中共中央办公厅、国务院办公厅印发《关于促进中小企业健康发展的指导意见》，针对中小企业面临的生产成本上升、融资难融资贵、创新发展能力不足等问题，在总结以往各项惠及小微和民营企业的支持政策的基础上，进一步深化，从六个方面提出 23 条举措，将促进中小企业健康发展上升到国家战略层面。一是深化"放管服"改革，放宽中小企业市场准入，打造公平竞争环境；二是多渠道增加金融支持，包括拓展中小企业信贷、发行债券融资和股权融资渠道，缓解融资难题；三是完善财税支持政策，减轻中小企业税费负担，发挥政府引导基金作用；四是营造创新创业友好环境，加强知识产权保护，提升中小企业创新能力；五是健全公共服务体系，推动企业信用信息共享；六是加强组织领导，统筹各方资源，形成合力。

根据《关于促进中小企业健康发展的指导意见》文件精神，2020年7月，工信部等17部委联合印发《关于健全支持中小企业发展制度的若干意见》，提出了完善基础性制度、财税支持制度、融资促进制度、创新发展制度、服务体系、合法权益保护制度和组织领导制度等七大方面25条具体举措，强调问题导向，以解决中小企业发展过程中的困难为中心设计政策举措；同时还强调结果导向，立足增强中小企业自主发展能力这个根本目标。在之前政策的基础上，进一步加大财税支持力度，丰富融资渠道，完善中小企业创新发展和公共服务体系，注重提升政策实施效果，形成系统完备的中小企业发展支持政策体系。

（五）普惠金融政策更加健全与完善

为深入贯彻习近平总书记在中央全面深化改革委员会第二十四次会议的重要讲话精神，促进普惠金融的持续发展，建立健全一个具有高度适应性、竞争力以及普惠性的现代金融体系至关重要。推进普惠金融的形成与完善将有助于更好地满足广大人民群众以及实体经济多样化的金融需求。有效解决中小微企业约束等迫切问题，确保金融服务的普及和可得性。2023年10月11日，国务院印发《关于推进普惠金融高质量发展的实施意见》（国发〔2023〕15号），该意见强调了加强党的领导、聚焦重点领域、重视保险和资本市场的作用、有序推进数字普惠金融发展和实现数字化转型打造健康的数字普惠金融生态、重视基础设施和发展环境建设、统筹发展与安全6个方面的重点内容，从11个方面提出了35项具体措施。其中，在支持小微企业可持续发展上，一是构建并不断完善小微企业的金融服务体系，进一步加大信贷投放和保险保障的力度，完善多层次资本市场政策以及引导和鼓励私募股权、创业投资基金及国家中小企业发展基金等政府投资基金"投小""投早""投科技"等，拓宽直接融资渠道，促进小微企业金融服务的增量扩面提质；二是继续加强对科技创新、专精特新、制造业、外贸等领域的小微企业的关注和支持，以更为严谨和理性的方式，为它们提供更为全面和精准的帮助，促进其稳定发展；三是加强信用信息归集共享应用，推广和完善融资信用服务平台，以金融科技推动普惠金融数字化转型，增强金融服务小微企业的能力。

早在20世纪90年代末，我国政府就高度重视中小企业金融服务，其间中国人民银行总行多次组织有关商业银行进行调查研究，并先后下发了《关于进一步改善对中小企业金融服务的意见》《关于加强和改进对小企业金融服务的指导意见》。

"普惠金融"这一概念于 2005 年被提出，后被联合国和世界银行大力推行。2006 年 3 月，时任中国人民银行研究局副局长的焦谨璞在亚洲小额信贷论坛上，首次引用"普惠金融"概念，阐述为弱势群体提供金融服务的商业化可持续发展方式。2012 年 6 月 19 日，在墨西哥二十国集团峰会上，时任国家主席的胡锦涛在会上发表了重要讲话："普惠金融问题本质上是发展问题，希望各国加强沟通和合作，提高各国消费者保护水平，共同建立一个惠及所有国家和民众的金融体系，确保各国特别是发展中国家民众享有现代、安全、便捷的金融服务。"这是中国国家领导人第一次在公开场合正式使用普惠金融概念。①

2013 年 8 月，国务院办公厅发布《关于金融支持小微企业发展的实施意见》，明确提出八项重要举措，旨在确保小微企业贷款增速和增量不低于目标、促进小微企业金融服务创新、增信服务、信息服务、小型金融机构发展等方面，进一步加强对小微企业的金融支持。此后，党的十八届三中全会通过的《中共中央关于全面深化改革若干重大问题的决定》正式提出"发展普惠金融"。2016 年 1 月，国务院印发《推进普惠金融发展规划（2016—2020 年）》，积极促进普惠金融发展。

自 2013 年以来，我国普惠金融在服务国家战略、地方发展、科技创新、"三农"和百姓衣食住行等方面取得了显著成果。在政策制度的支撑和推动下，我国的多层次普惠金融供给格局正在逐步形成，不断优化普惠金融产品与服务，并逐步建立和完善了信用征信体系。

二　深化"放管服"改革，持续优化营商环境

（一）"简政放权"，降低中小企业市场准入门槛

早在 2001 年，国务院提出成立国务院行政审批制度改革工作领导小

---

① 《十八届三中全会决议提出：发展普惠金融》，中国新闻网，2013 年 11 月 27 日，https://www.chinanews.com.cn/fortune/2013/11-27/5553644.shtml#:~:text=2013%E5%B9%B411%E6%9C%88,%E2%80%9C%E5%8F%91%E5%B1%95%E6%99%AE%E6%83%A0E9%87%91%E8%9E%8D%E3%80%82，最后访问日期：2023 年 9 月 26 日。

组，为后续深化改革奠定了基础。2013 年，我国启动了"简政放权"改革，这一重要改革取消和下放了大量行政审批事项，同时引入了"容缺受理、先照后批"的改革措施，有力降低了中小企业的准入门槛。这一阶段的改革，减少了国务院部门层面的行政审批项目，取消了不必要的冗长审批流程，为企业提供了更便捷的服务，促进了创新和创业。

2017 年，"全国深化简政放权放管结合优化服务改革电视电话会议"进一步推动了"证照分离"和"一照一码"改革，致力于进一步降低制度性交易成本。随后，2018 年的相关通知聚焦企业需求，推动了企业开办电子化的"全国一张网"服务模式，使企业注册更加高效。2019 年的政策则支持个体工商户多点经营，鼓励企业多元化发展，增强了企业的经营灵活性。

2020 年，多地推出了"限时办结"和"容缺受理"等创新服务措施，以应对疫情期间的特殊情况，为企业提供了更多便利。2022 年，政府提出了进一步深化"放管服"改革的任务，强调要切实做好"六稳""六保"工作，进一步破除隐性门槛，推动降低市场主体准入成本，规范涉企收费，以减轻市场主体的经营负担。这一系列政策文件形成了一个完整的政策体系，不断优化了中小微企业发展环境，激发了创新和创业的活力，提升了企业的竞争力，为中国经济的可持续增长和就业创造做出了积极贡献。深化"放管服"改革的持续推进，将继续为中小企业创造更加有利的发展环境，助力中国经济的发展和升级。

（二）"免申即享"，推进惠企政策高效落地

随着国家对营商环境的不断优化，为了更好地服务市场主体，国务院办公厅于 2020 年 7 月印发了《关于进一步优化营商环境更好服务市场主体的实施意见》（国办发〔2020〕24 号），提出了"抓好惠企政策兑现"的具体实施意见，鼓励推行惠企政策"免申即享"。

根据上述文件精神，国家部委以及全国各地政府先后出台了一系列的配套政策，以促进惠企政策"免申即享"机制的普及与实施。比如，福建省人民政府办公厅于 2021 年 1 月印发《进一步优化营商环境更好服务市场主体实施方案的通知》（闽政办〔2021〕4 号），提出通过政府部门信息共享等方式，推行惠企政策"免申即享"。随后，福建省人民政府又印发了《福建省优化营商环境行动方案》（闽政〔2021〕9 号），再次强调了探索

政务服务新模式，推行惠企政策"免申即享"的重要性。

为了进一步推进"免申即享"政策的实施，福建省人民政府办公厅于2022年3月印发了《2022年数字福建工作要点》（闽政办〔2022〕16号），强调了提升公共服务能力、推进政务服务线上线下融合建设、推进"跨省通办""一件事"套餐服务、推进惠民利企政策精准推送、推进"免申即享"服务等具体措施。在福建省人民政府于2022年4月印发的《福建省积极应对疫情影响进一步帮助市场主体纾困解难的若干措施》（闽政〔2022〕9号）中，提出了优化税费优惠"免申即享"服务的具体措施，推行"自行判别、网上办理、申报享受"，实现从"审批办理"到"无需审批只需备案"再到"无需备案自行留存备查"的"免申即享"服务。2023年6月，为了精准匹配符合条件的企业，实现政策主动推送，让企业无需提出申请即可享受政策红利，福建省促进中小企业发展工作领导小组办公室发布了《福建省惠企政策"免申即享"实施方案（试行）》（闽中小企业办〔2023〕10号），提出了通过数据汇聚共享、大数据分析、人工智能辅助等方式，实现政策主动推送的具体措施。之后公布了首批四项"免申即享"的惠企政策目录清单。同年11月，福建省促进中小企业发展工作领导小组办公室又发布了《关于公布福建省省级第二批"免申即享"惠企政策目录清单的通知》（闽中小企业办〔2023〕17号），将14项惠企政策纳入"免申即享"的范畴。

根据公开信息，"免申即享"政策在全国范围内正逐步得到推行并不断完善，相信在不久的将来可以完全实现"政策找企业"的理想状态。

（三）发展环境评估，促进中小企业发展生态不断改善

2017年新修订的《中华人民共和国中小企业促进法》明确规定，"县级以上人民政府定期组织对中小企业促进工作情况的监督检查……国务院负责中小企业促进工作综合管理的部门应当委托第三方机构定期开展中小企业发展环境评估，并向社会公布"。该项规定为促进中小企业发展提供了强有力的政策支持，也为中小企业发展环境的持续改善和优化奠定了基础。

2019年4月，中共中央办公厅、国务院办公厅印发的《关于促进中小企业健康发展的指导意见》（中办发〔2019〕24号），进一步强调了中小

企业发展环境评估的重要性，明确要求"国务院促进中小企业发展工作领导小组办公室要加强对促进中小企业健康发展工作的督导，委托第三方机构定期开展中小企业发展环境评估并向社会公布。各地方政府根据实际情况组织开展中小企业发展环境评估"。这一指导意见为全国范围内开展中小企业发展环境评估提供了重要的政策依据。

为了科学、客观地评估中小企业发展环境，相关政府部门和研究机构不断完善评估指标体系。2019 年，根据工业和信息化部委托，中小企业发展促进中心联合有关单位，对全国 27 个省会城市和 4 个直辖市的双创城市示范区进行了评估，采用了"竞争环境、要素环境、创新环境、政策环境" 4 个一级指标、25 个二级指标和 41 个三级指标，针对其 2018 年中小企业发展环境独立开展第三方评估，并发布了首次评估报告——《2019 年度中小企业发展环境第三方试评估报告》①。此后，有关政府部门围绕中小企业面临的主要痛点难点问题，进一步完善指标体系及评估重点，使评估结果更加贴近中小企业的实际需求。

福建省于 2019 年率先开展评估工作，采用了国际通用的"多阶段、等比例"PPS 概率抽样原则，在全省抽取了 3000 家中小企业进行问卷调查。收回企业有效问卷 2811 份，并深入福州、厦门、泉州、三明、宁德等地市进行实地调研，听取样本企业的意见和建议。这一举措为福建省的中小企业发展提供了重要的参考。② 自评估工作开展以来，福建省围绕中小企业面临的主要痛点难点问题，不断优化、完善指标体系及评估重点。至 2021 年，通过主观、客观两个方面的指标设置，构建了"财税环境、融资环境、政务服务环境、创新环境、市场开拓环境、权益保护与法治环境和要素环境" 7 个维度的评价体系，该体系不仅包括 7 个一级指标体系，还包括 75 个二级指标，以及 104 个三级指标和 39 个辅助指标。这一时期的

---

① 《2019 年度中小企业发展环境第三方试评估报告发布》，工业和信息化部，2020 年 8 月 7 日，https://www.miit.gov.cn/search-front-server/visit/link?url=/jgsj/qyj/gzdt/art/2020/art_00504dabee3d40e782de1e33ea3dc8be.html&websiteid=110000000000000&q=，最后访问日期：2023 年 9 月 26 日。

② 《福建：五项实招促进中小企业增动能、强要素、优内涵》，工业和信息化部，2019 年 11 月 7 日，https://www.miit.gov.cn/search-front-server/visit/link?url=/ztzl/rdzt/zxqyzcxcy/gd-jyjl/art/2020/art_53a5d91f73da4fbe9495cf1659c1b805.html&websiteid=110000000000000&q=，最后访问日期：2023 年 9 月 26 日。

评估工作更加注重客观指标与主观指标的结合，充分考虑了中小企业的实际需求和反馈。

自 2019 年起开展中小企业发展环境评估以来，随着评估指标体系的不断完善、细化，促进中小企业发展的政策、组织体系和公共服务平台等也得到了各级政府的高度重视。政府通过制定一系列支持政策和服务措施，为中小企业的发展提供了良好的环境。此外，各级政府还加大了对中小企业的扶持力度，加大了对中小企业财税支持、融资支持、创新创业支持等方面的政策落实力度。这些举措有力地促进了全国中小企业发展环境的持续改善和优化。

三 继续加大减税降费力度，降低企业成本

与大型企业相比，中小企业的发展受到更多的因素限制，比如规模、市场、资源、人力等，但是中小企业的成长对解决就业问题、激发市场活力、鼓励创业创新、优化产业结构等方面都能起到正向作用，促进国民经济高质量协调发展。对中小企业实施税收优惠政策，对促进中小企业的发展，具有重大战略意义。

（一）税收优惠政策对中小企业发展的影响

从作用方式来看，可以将税收优惠政策对中小企业发展的影响划分为直接影响和间接影响。一是直接影响。①降低成本，增加盈利。从最为直观的层面来看，税收优惠政策，如减免征税政策，直接起到降低中小企业税负的作用。众所周知，税费是企业成本费用的组成之一，税率的高低以及缴税范围直接影响企业利润、影响获利能力。税收优惠政策的落地实施，无疑是给中小企业注入了一针"强心剂"，最为直接地降低税负成本，减轻负担，增强企业信心，从而促进其更加长远的发展。②促进周转，减轻压力。稳定健康的现金流是企业发展的命脉，由于受到规模、资本金的限制，中小企业融资难度较大，陷入财务困境时自救能力较弱，若资金不足将会是对中小企业的致命打击，健康稳定的现金流对中小企业的存续和发展起到关键作用。税收优惠政策的实施可以有效满足中小企业的资金需求，减少资金流出，减轻现金压力，加速企业资金周转。二是间接影响。①增强融资能力。中小企业规模较小、资产较少、管理较不规范，其从银

行等金融机构获取融资的能力较低。政府对金融机构的贷款利息收入予以一定的税收优惠，将会吸引金融机构全面权衡贷款风险与收益，从而激励金融机构积极开展中小企业贷款服务，这从资金供给方出发，间接增强了中小企业的融资能力。②调整发展机会。在税费相同的条件下，中小企业与大型企业相比，竞争能力更低，获利空间更小，会造成大者恒大，从而出现发展不平衡的现象。政府部门通过税收调节手段，调控市场，大力支持中小企业发展，帮助优化发展环境，提高竞争力，减少发展不公平的问题，带给中小企业更多发展机会。

（二）国家税收治理和政策体系更加完善

中国自1994年开始进行分税制改革，这为中小微企业税收改革奠定了良好的基础。2013年，党的十八届三中全会明确提出了一项重大任务，即推进国家治理体系和治理能力现代化建设。从此，税收制度改革以服务国家治理为核心目标正式启动。而在2019年10月，党的十九届四中全会再次强调了国家治理体系和治理能力现代化的战略部署，这进一步凸显了税收在国家治理中的关键作用，即发挥税收的基础性、支柱性、保障性功能，为国家治理提供有力支撑。同时，一系列政策文件不断出台，为减轻企业负担、降低税收成本建立了完善的政策体系。其中包括2009年的《国务院关于进一步促进中小企业发展的若干意见》、2019年的《关于促进中小企业健康发展的指导意见》、2021年的《关于进一步深化税收征管改革的意见》和2022年的《促进个体工商户发展条例》等。这些政策文件的实施，使中国税收政策体系不断健全，为企业提供了长期的减税降费政策支持。

（三）服务理念增强，促进税收方式不断创新

税收治理的完善、中小微企业税收政策体系的不断健全和惠企税收政策的不断出台，促使税收服务理念发生了改变，为了更好、更快地推动中小微企业、个体工商户等经营主体的惠企税收政策的落地，体现惠企税收政策的"普惠性"和"特殊性"，国家税务总局提出了"政策找人"的全新税收服务理念。近年来，为将"政策找人"这一服务理念落到实处，税务部门建立了"总局统筹—省局主责—市局细化—县局补充—分局兜底"五级联动的工作运转机制，依托税收大数据实现主动识别、智能匹配和精

准推送相关的政策内容，强化了事前、事中、事后的告知、提醒和跟踪，实现全链条的、递进式的信息推送，并通过"线上为主、线下为辅"的方式加大政策宣传力度。国家税务总局在前四批"便民办税春风行动"的基础上，于2023年8月围绕支持中小微企业和个体工商户发展，落实新出台的系列减税降费政策，进一步推出和优化了五个方面共28条便民办税举措。这些举措旨在进一步强化政策落实，进一步便利税费办理，等等。

（四）税收优惠不断扩大和升级

近年来，国家不断加大对中小微企业的税收优惠力度，同时也更加注重税收政策的"连续性、前瞻性、精准性、协同性"，以支持企业发展和降低其经营成本。

一是加大了对小型微型企业、个体工商户的扶持。①营业税改征增值税。2016年，财政部、国家税务总局发布了《营业税改征增值税试点实施办法》，标志着这一改革在全国全面推行。这一政策的实施有力地减轻了企业的税收负担。②不断提高增值税起征点。自2013年起，逐步扩大了增值税起征点的适用范围——由小规模纳税人中个体工商户扩大至月销售额2万元以下的所有小规模纳税人，符合上述条件的均免征增值税。之后，在2014年、2019年和2021年再次进一步提高了增值税起征点，分别达到了月销售额3万元（2014年）、10万元（2019年）和15万元（2021年），以满足经济和社会发展的需要。③疫情期间的支持政策。2020年至2027年12月31日，实施3%征收率减按1%征收政策。2020年，政府出台了一系列支持政策，包括减免中小企业社保缴费和防疫物资增值税即征即退政策，降低了相关企业的成本。④中小微企业融资支持政策。2027年12月31日前，对金融机构向小型企业、微型企业及个体工商户发放1000万元及以下小额贷款取得的利息收入，免征增值税；纳税人为农户、小型企业、微型企业及个体工商户借款、发行债券提供融资担保取得的担保费收入，以及为原担保提供再担保取得的再担保费收入，免征增值税；对金融机构与小型企业、微型企业签订的借款合同免征印花税。这些政策鼓励了金融机构积极满足小微企业的融资需求，促进了小微企业发展。

同时，为使纳税人缴费人能够及时、全面了解并充分利用税费优惠政策，2023年8月，财政部和国家税务总局两部门联合发布了《支持小微企业和个体工商户发展税费优惠政策指引（1.0）》（《支持小微企业和个体工商户发展税费优惠政策指引（1.0）》，2023），以详尽的体例列出了14项重要的政策，包括增值税小规模纳税人月销售额10万元以下免征增值税等，为纳税人缴费人和各地财税人员提供了宝贵的参考。在2023年12月，财政部和国家税务总局又进一步印发了《支持小微企业和个体工商户发展税费优惠政策指引（2.0）》，该版本不仅对现行有效的税费优惠政策进行了全面的梳理，还针对减轻税费负担、推动普惠金融发展、支持创新创业以及重点群体创业税收优惠等方面，形成了50项具体的政策指引。这一举措旨在确保所有相关人员都全面、准确地理解和运用这些政策，从而更好地服务于广大纳税人缴费人。①

二是科技创新支持力度不断加大。随着科技创新对经济社会发展的战略性作用日益凸显，我国高度重视对科技创新的税收政策支持。2007年，首次在法律层面明确了研发费用税前加计扣除政策（《中华人民共和国企业所得税法》），2008年出台的《企业研究开发费用税前扣除管理办法（试行）》首次提出对研发费用实行税前扣除，扣除比例分别为50%（按照当年研发费用实际发生额）和150%（形成无形资产的，按照该无形资产成本总额）。此后，从2016年起逐步放宽享受加计扣除政策的研发活动和费用范围，将政策受惠群体由科技型企业扩大到所有企业，加计扣除比例先是由50%提高到75%，再由75%提高到100%、150%提高到175%后，近期又再一次由75%提高至100%、175%提高到200%（2023年发布的《关于进一步完善研发费用税前加计扣除政策的公告》等）②。这些政策和举措的共同目标是通过减轻中小企业的税收和社会保障负担，降低其运营成本，激发创新活力和竞争力，进而促进中小企业的健康发展，为中国经济的可持续增长和就业创造做出积极贡献。

除上述外，自2023年以来，围绕进一步激励企业加大科技创新的研发投入，进一步支持小微企业、个体工商户等市场经营主体的健康可持续发

---

① 《支持小微企业和个体工商户发展税费优惠政策指引（2.0）》，国家税务总局，2023年12月19日，https://fgk.chinatax.gov.cn/zcfgk/c100022/c5218824/content.html，最后访问日期：2024年1月10日。

② 《研发费用加计扣除政策执行指引（2.0版）》，中国政府网，2023年7月13日，https://www.gov.cn/zhengce/202307/content_6891665.htm，最后访问日期：2023年9月27日。

展，我国有关部门不断优化和创新，实施了一系列支持加大研发费用投入力度的税费优惠政策。仅 2023 年上半年，全国新增减税降费及退税缓费 9279 亿元，包括小微企业和个体工商户在内的民营经济纳税人缴费人新增减税降费及退税缓费 7049 亿元，占比为 76%，是政策惠及的主体。① 同时，根据 2023 年 7 月 31 日国务院常务会议对涉及小微企业和个体工商户的 10 项税费优惠政策的部署安排，财政部发布《关于加强财税支持政策落实　促进中小企业高质量发展的通知》，该通知通过增加政策受惠面、减少应税比例和延长政策期限等，助力中小微企业、个体工商户等经营主体提振信心，促进其更好地实现高质量发展。

四　财政扶持力度不断加大，促进中小微企业金融服务体系形成与完善

自改革开放以来，中国政府高度重视促进中小企业发展，持续加大财政资金投入力度，推动中小企业金融支持体系不断完善。其中，中小企业发展专项资金的政策变迁发挥了关键作用，对政策性融资担保、政府引导基金，以及普惠金融等创新金融支持方式产生了深远的影响。

（一）中小企业发展专项资金的政策变迁

1. 财政预算依法设立中小企业科目

随着中小企业在国民经济中地位的提升，国家不断健全相关支持政策。2002 年《中小企业促进法》颁布后，中央财政开始设立中小企业科目，拨款用于支持中小企业的发展，标志着政府对中小企业支持的制度化。

2.《中小企业发展专项资金管理暂行办法》的出台和修订

2004 年，财政部和国家发展改革委共同发布《中小企业发展专项资金管理暂行办法》，该暂行办法为中小企业发展专项资金的使用范围和管理方式提供了依据。此后，该暂行办法在 2005～2015 年，通过四次的修订工作，政府逐步扩大了国家中小企业发展专项资金的规模，并鼓励地方政府设立相应的专项资金。同时，还要求设立国家中小企业发展基金。其中，

---

① 《财税政策提振经营主体信心》，中国政府网，2023 年 9 月 7 日，https://www.gov.cn/yaowen/liebiao/202309/content_6902558.htm，最后访问日期：2023 年 9 月 28 日。

在 2014 年修订的《中小企业发展专项资金管理暂行办法》中，进一步整合了其他部委出台的与中小企业发展相关的各项资金政策，如《中小企业信用担保资金管理办法》（财企〔2012〕97 号）、《地方特色产业中小企业发展资金管理办法》（财企〔2013〕67 号）、《西藏及四川云南甘肃青海四省藏区中小企业发展创业资金管理暂行办法》（财企〔2010〕241 号）、《科技型中小企业技术创新基金财务管理暂行办法》（财企〔2005〕22 号）、《科技型中小企业创业投资引导基金管理暂行办法》（财企〔2007〕128 号）、《中欧中小企业节能减排科研合作资金管理暂行办法》（财企〔2011〕226 号），提高了财政资金的使用效率，更好地支持了中小企业的发展；而在 2015 年修订的《中小企业发展专项资金管理暂行办法》中，则突出调整了中小企业发展专项资金的"专款专用，专项管理"和"对专项资金的管理情况和实施效果等开展预算监管和绩效管理"，同时还进一步明确了中小企业发展专项资金的四项支持范围。

3. 《中小企业发展专项资金管理办法》的正式发布

2016 年 12 月，财政部正式印发《中小企业发展专项资金管理办法》（财建〔2016〕841 号），标志着我国中小企业发展专项资金管理进入规范化、制度化发展轨道。该办法明确了资金管理范围、资金管理机构职责、申请使用程序、绩效评价考核等内容，是贯彻落实《中小企业发展专项资金管理暂行办法》和《中小企业促进法》的重要举措。与此前修订相比，此次修订强化了绩效管理和监督，推动了各级财政部门切实履行中小企业发展资金的管理职责，有助于提高资金使用效益，进一步加大对中小企业的扶持力度。该办法的发布实施，对推进中小企业发展资金制度化、规范化管理具有重要意义。

4. 进一步完善《中小企业发展专项资金管理办法》

2021 年 6 月，财政部修订并发布了新版的《中小企业发展专项资金管理办法》（财建〔2021〕148 号），进一步完善了中小企业发展资金的管理制度。与上一版本相比，新版办法增加了支持科技型中小企业发展的内容，鼓励各地合理调整资金结构，新增支持中小企业数字化转型的资金类型，并将缓解中小微企业融资难作为资金重点支持方向之一。此外，新版办法进一步规范了资金管理程序，强化了绩效评价考核，提高了资金使用效率。这标志着中小企业发展资金政策向纵深发展，形成系统完备的中小企业支持体系，将进一步增强政策对促进中小企业高质量发展的支撑作用。

上述政策的修订和变化，旨在构建一个系统的、完善的财政支持体系，以促进中小微企业的发展，并不断完善中小微企业金融服务体系，助力中小微企业实现高质量发展。

（二）中小企业发展专项资金的政策成效

1. 资金规模持续扩大

自 2004 年以来，国家级中小企业发展资金年均增长 15% 以上。2004年财政预算安排专项资金 1 亿元、资助项目 170 个，2005 年财政预算安排专项资金 2 亿元、资助项目 311 个；[①] 2004～2007 年，中央财政累计安排此专项资金达 9.5 亿元。至此，中央财政安排了科技型中小企业技术创新基金、中小企业国际市场开拓资金、农业科技成果转化资金、中小企业服务体系专项补助资金、中小企业发展专项资金和中小企业平台式服务体系专项补助资金等六项专项资金支持中小企业发展，仅 2007 年六项专项资金合计达 28.51 亿元，[②] 到 2009 年中央财政安排用于支持中小企业发展的专项资金增加至 108.9 亿元，2010 年增加至 198.9 亿元，[③] 同时，在政策的推动下各地方财政也相继设立了区域中小企业发展专项资金，进一步扩大了中小企业发展专项资金的整体规模。比如 2014 年 9 月 26 日福建省第十二届人民代表大会常务委员会第十一次会议通过的《福建省促进中小企业发展条例》要求，"省、设区的市人民政府应当在本级财政年度预算中安排中小企业发展专项资金。县（市、区）人民政府根据实际情况为促进中小企业发展提供财政支持，有条件的应当安排中小企业发展专项资金。中小企业发展专项资金应当专款专用。用于扶持企业发展的其他资金应当向中小企业倾斜"。

[①] 《积极利用财政政策促进中小企业发展》，中国政府网，2006 年 6 月 10 日，https://www.gov.cn/ztzl/2006-06/10/content_305469.htm，最后访问日期：2023 年 9 月 28 日。

[②] 《中央财政制定和实施一系列政策支持中小企业发展》，中国政府网，2008 年 8 月 19 日，https://www.gov.cn/gzdt/2008-08/19/content_1074869.htm，最后访问日期：2023 年 9 月 28 日。

[③] 《2009 年中央财政支持中小企业专项资金达 108 亿元》，中国政府网，2009 年 12 月 24 日，https://www.gov.cn/govweb/jrzg/2009-12/24/content_1495841.htm，最后访问日期：2023 年 9 月 28 日。

2. 推动了政府性融资担保和引导基金快速发展壮大

2014 年修订的《中小企业发展专项资金管理暂行办法》明确了专项资金安排专门支出设立科技型中小企业创业投资引导基金，并对支持方式、期限和金额等做了详细的规定，促进政府引导基金的快速发展和实现投小、投早；提出发挥专项资金对信用担保机构等中小企业融资服务机构的激励和引导作用，运用"业务补助、增量业务奖励、资本投入、代偿补偿、创新奖励"等方式，直接支持建立面向小微企业的信用担保体系，推进了政策性融资担保的发展。此后中小企业发展专项资金不断加大对党的政策性融资担保和政府引导基金的支持和引导力度，在其支持和引导下，国家中小企业发展基金、国家军民融合基金、国家科技成果转化基金等政府引导基金先后成立，由国家融资担保基金，省级（市级）再担保，市、县（区）直担组成的政府性融资担保体系得以快速形成和壮大。

3. 支持普惠金融创新发展

解决中小微企业融资难、融资贵是中小企业发展专项资金自设立以来的核心任务之一，通过专项资金对中小企业进行贷款贴息、融资担保补助等方式降低中小微企业融资成本，并以此为基础促进了普惠金融的创新与发展。2023 年 8 月，财政部印发《关于加强财税支持政策落实　促进中小企业高质量发展的通知》（财预〔2023〕76 号）进一步提出，"支持地方打造普惠金融发展示范区。中央财政实施普惠金融发展示范区奖补政策，引导地方支持小微企业发展。示范区可将中央财政奖补资金统筹用于支小支农贷款贴息、风险补偿等方面，引导金融机构加大对小微企业的支持力度，发挥财政资金杠杆效应，促进普惠金融服务增量扩面、降本增效"。

总的来说，中小企业发展专项资金的政策变迁和实施成效使政府的财政资金得以更加精确地用于支持中小企业，促进了政策性融资担保、政府引导基金和普惠金融等创新金融支持方式的发展。这一系列政策变迁和措施有助于中国中小企业在国内外市场竞争中取得更大成功，也为中国经济的可持续增长做出了积极贡献。同时，2023 年 8 月，财政部印发的《关于加强财税支持政策落实　促进中小企业高质量发展的通知》也再次加大了财政对金融支持中小微企业发展的力度，为中小企业的未来发展提供了更多机会和支持。

五　提升公共服务能力，完善服务平台建设

自 2006 年起，根据国务院发布的《实施〈国家中长期科学和技术发展规划纲要（2006—2020 年）〉的若干配套政策》的要求，国家科技部门会同知识产权管理部门建立知识产权信息服务平台，重点建设了一批科研基础设施和大型科学仪器、设备共享平台等，全面加强对自主创新的支撑。上述平台的建设拉开了我国中小企业公共服务平台建设的序幕。

2009 年，国务院正式提出加快推进中小企业服务体系建设，加快中小企业公共服务基础设施建设，完善政府对中小企业的服务［《关于进一步促进中小企业发展的若干意见》（国发〔2009〕36 号）〕。

2010 年，我国中小企业公共服务平台开始步入规范化发展阶段，这以《国家中小企业公共服务示范平台管理暂行办法》和《关于促进中小企业公共服务平台建设的指导意见》两份文件的颁布为标志。上述文件不仅为中小企业公共服务平台的建设和运营确定了明确的方向，还明确了其经营宗旨与功能定位。首先，关于经营宗旨。中小企业公共服务平台遵循"政府引导、市场化运作"的原则，同时致力于"面向产业、服务企业、资源共享、注重实效"。倡导政府引导和社会参与相融合，公共服务与营利性服务相结合，推动科技创新，增加研发投入，持续提升中小企业的创新能力，实现促进产业的转型升级和中小企业发展服务相融合，以及社会服务资源开放共享与统筹规划、重点推动相结合。其次，至于功能定位。该平台具有开放性和资源共享的特征，主要提供的公共服务涵盖信息、技术、融资、质量、节能、环保、创业、培训、管理、商务、现代物流等领域。2011 年 3 月，工业和信息化部印发了《关于公布首批"国家中小企业公共服务示范平台"名单的通告》，这标志着我国国家级中小企业公共服务示范平台正式建立，也为建立一体化的全国公共服务体系奠定了良好的基础。

2020 年印发的《工业和信息化部办公厅关于开展 2020 年中小企业公共服务体系助力复工复产重点服务活动的通知》中，进一步明确了中小企业服务平台应具备政策宣贯、数字化赋能、创业创新、专精特新企业培育、融资、市场开拓和其他专业化服务七大重点服务活动内容；除此之外，也提出了推动服务机构加强能力建设，充分运用大数据、云计算、人

工智能、5G 等新一代信息技术，创新服务方式、拓宽服务渠道、提升服务实效，全面助力中小企业复工复产。

2021 年，工业和信息化部等发布的《"十四五"促进中小企业发展规划》，使中小企业服务平台的建设进入一个全新的阶段——建立健全横向集聚政府公共服务、市场化服务、社会化公益服务各类服务资源，纵向贯穿国家、省、市、县四级的网络化、智慧化、生态化服务体系……完善政务信息发布渠道，健全跨部门政策信息互联网发布平台，支持建设中小企业信息、技术、进出口和数字化转型综合性服务平台。

同年，为加强信用信息共享整合、深化信用信息开发利用和保障信息主体合法权益，国务院办公厅印发了《国务院办公厅关于印发加强信用信息共享应用促进中小微企业融资实施方案的通知》，该通知提出加强信用信息共享整合，深化大数据应用，支持创新优化融资模式，加强对中小微企业的金融服务，不断提高中小微企业贷款覆盖率、可得性和便利度，助力中小微企业纾困发展，为扎实做好"六稳"工作、全面落实"六保"任务、加快构建新发展格局、推动高质量发展提供有力支撑，统筹建立或完善地方融资信用服务平台，构建全国一体化融资信用服务平台网络，以及各级融资信用服务平台要建立完善中小微企业信用评价指标体系等要求。上述两份文件的出台，为中小企业服务平台数字化转型升级以及构建全国"一体化""智慧化"的全新服务平台体系提供了政策保障和支撑。

近两年来，为加快落实上述文件精神，加快推动中小企业服务的数字化转型和构建全国一体化的服务平台体系，提升中小企业服务平台的服务能力、创新服务模式，国务院及各有关部门出台了数十份文件。比如工信部办公厅、财政部办公厅联合印发的《关于开展财政支持中小企业数字化转型试点工作的通知》，明确要求提升数字化公共服务平台（含数字化转型服务商、工业互联网平台等）服务中小企业能力，从 2022 年到 2025 年围绕 100 个细分行业，支持 300 个左右公共服务平台等；国务院促进中小企业发展工作领导小组办公室印发了《关于印发加力帮扶中小微企业纾困解难若干措施的通知》，该通知要求，构建全国一体化融资信用服务平台网络，加强涉企信用信息共享应用，扩大中小微企业信用贷款规模，以及发挥各级中小企业公共服务示范平台和小型微型企业创业创新示范基地作用，健全完善"中小企助查"App 等政策服务数字化平台，为企业提供权威政策解读和个性化政策匹配服务，打通政策落地"最后一公里"等。国家发展改革委等四部委联合印发《关于做好 2023 年降成本重点工作的通知》，该通知要求，健全全国一体化融资信用服务平台网络，深化地方征信平台建设，提升征信机构服务能力，扩展中小微企业信用信息共享覆盖面，提高征信供给质量和效率，以及持续优化应收账款融资服务平台功能。2024 年 3 月，国务院办公厅印发的《统筹融资信用服务平台建设提升中小微企业融资便利水平实施方案》提出，"健全数据基础制度，加大融资信用服务平台建设统筹力度，健全信用信息归集共享机制，深入推进'信易贷'工作，深化信用大数据应用，保障信息安全和经营主体合法权益，推动金融机构转变经营理念、优化金融服务、防控金融风险，为企业特别是中小微企业提供高质量金融服务"。

2023 年 11 月，工业和信息化部印发了《关于建立健全中小企业公共服务体系的指导意见》（工信部企业〔2023〕213 号），旨在确保到 2025 年，国家及省级中小企业公共服务机构的服务能力，以及各服务机构的服务品质有明显的提升和完善，突出示范效应；市、县一级的中小企业公共服务体系的覆盖面进一步扩大和延伸，不断提升其服务中小微企业的能力。该指导意见还设定了到 2035 年的中期目标，即建立一个与中小企业高质量发展相适应的、布局更加优化的中小企业公共服务体系。为了实现这些目标，该指导意见明确了七个方面的主要任务，包括夯实基层基础、突出服务重点、创新服务方式、汇聚服务资源等。同时，还提出了一系列具体的举措，例如，在中小企业聚集的区域（园区）、产业集群设置中小微企业公共服务站点，开展"大中小企业融通对接活动"，帮助中小企业更好更快地融入大企业供应体系链中，实现拓宽中小企业融资渠道并有效降低融资成本等。该指导意见还强调建立打通国家、省、市、县各级中小企业公共服务机构的全国中小企业服务"一张网"的重要性，以提供更高效、更便捷的服务支持，促进中小企业的健康发展。这一网络将覆盖各级公共服务机构，为中小企业提供更全面、更专业的支持和服务。① 通过这些措施的实施，将会有助于建立健全中小企业公共服务体系，推动中小企

---

① 《中小企业"一站式"服务平台力争到 2025 年基本建成》，中国政府网，2023 年 11 月 13 日，https://www.gov.cn/lianbo/bumen/202311/content_6915018.htm。

业的健康发展，从而促进整个国民经济的持续增长。

六 强化专精特新企业培育，提升核心竞争力

1991年，为推动我国高新技术产业发展，国务院颁布了《国家高新技术产业开发区高新技术企业认定条件和办法》（国发〔1991〕12号），这一重要文件的发布为我国高新技术产业的培育奠定了坚实的政策基础，并促进了我国高新技术企业的快速发展。

然而，我国制造业长期以来存在"大而不强""全而不优""链而不畅"等突出问题，重点领域核心技术"卡脖子"问题依然存在，关键零部件及设备的对外依存度较高。2001年发布的《中华人民共和国国民经济和社会发展第十个五年计划纲要》首次提到，"促进中小企业向'专、精、特、新'的方向发展"。据媒体报道，工信部原总工程师朱宏任在2011年7月召开的《中国产业发展和产业政策报告（2011）》新闻发布会上提出，"十二五"期间将大力推动中小企业向专精特新转型发展。此后，在同年出台的《中华人民共和国国民经济和社会发展第十二个五年规划纲要》中，首次安排专节论述促进中小企业发展，加快转变中小企业发展方式，提出了提高中小企业发展质量和专精特新发展水平的任务和要求，将专精特新发展方向当作中小企业转型升级、转换发展方式的重要途径。为此，工信部于2013年7月首次印发了《关于促进中小企业"专精特新"发展的指导意见》（工信部企业〔2013〕264号）。

2016年，工信部在印发的《促进中小企业发展规划（2016—2020年）》中提出，推动中小企业专精特新发展，培育一大批主营业务突出、竞争力强的专精特新中小企业。

2018年11月，工信部印发《关于开展专精特新"小巨人"企业培育工作的通知》，该通知提出，工信部将利用三年时间（2018～2020年），培育600家左右专精特新"小巨人"企业。同时，该通知标志着我国专精特新"小巨人"培育工作的正式启动。

2021年1月，财政部与工信部联合发布了《关于支持"专精特新"中小企业高质量发展的通知》，由此启动了中央财政对专精特新中小企业高质量发展政策的支持。同年7月，中央政治局首次将支持专精特新中小企业的发展提升至国家层面，强调要加速解决"卡脖子"问题，推动专精特

新企业的发展。

随后，国务院促进中小企业发展工作领导小组办公室印发了《为"专精特新"中小企业办实事清单》，其中提出了 10 项扶持措施，包括加大财税支持力度、完善信贷支持政策、畅通市场化融资渠道、推动产业链协同创新等。此外，《"十四五"促进中小企业发展规划》明确了"百十万千"的培育目标，即计划在"十四五"时期培育一百万家创新型中小企业、十万家专精特新中小企业、一万家专精特新"小巨人"企业以及一千家制造业单项冠军企业。

2022 年 6 月，工信部又发布了《优质中小企业梯度培育管理暂行办法》，该办法明确了梯度培育的理念，构建了创新型中小企业、专精特新中小企业、专精特新"小巨人"企业的分层培育体系，并对专精特新企业的认定标准和程序进行了明确规定，使企业能更好地了解自身在培育体系中的位置和努力方向。同时，各级中小企业主管部门也能更有针对性地提供服务，以帮助不同发展阶段的企业稳步扩大孵化培育根基。

此外，工信部还联合中国人民银行、银保监会、证监会实施了 2000 亿元科技创新专项再贷款计划，以加强对专精特新中小企业等创新主体的金融支持。同时，国家中小企业发展基金也加大了对专精特新中小企业的股权投资规模。国家税务总局开展了"春雨润苗"专项行动，为专精特新中小企业提供"点对点"的精细化服务。国家知识产权局则将"小巨人"企业纳入了知识产权优势示范企业的培育对象。

至此，我国已经构建了一套涵盖财政支持、信贷支持、市场化融资、产业链创新以及分层培育的专精特新企业政策体系。同时，国家通过设立专项再贷款、加大股权投资、提供精细化服务等手段进一步强化了对专精特新中小企业的扶持力度。此外，还将知识产权优势示范企业的培育范围扩展至"小巨人"企业，从而更加全面地促进我国中小企业的发展。

2023 年初，国务院促进中小企业发展工作领导小组办公室发布了《关于印发助力中小微企业稳增长调结构强能力若干措施的通知》，再次强调了加大对专精特新中小企业的培育力度。该通知提出了一系列具体措施，包括建立优质中小企业梯度培育平台，完善企业画像，加强动态管理。整合各类服务资源，完善服务专员工作机制，支持创新专属服务产品，开展个性化、订单式（一企一策）服务等，同时，还明确指出中央财政还将通过中小企业发展专项资金加大对专精特新中小企业高质量发展和对小微企业的政府融资性担保业务降费奖补的支持力度。此外，政策还对培育目标提出了具体的要求，即至 2023 年底，实现累计培育创新型中小企业 15 万家以上、省级专精特新中小企业 8 万家以上、专精特新"小巨人"企业 1 万家以上。

截至 2023 年 7 月，全国已开展五个批次的专精特新企业培育工作，已培育专精特新中小企业 9.8 万家、"小巨人"企业 1.2 万家、创新型中小企业达 21.5 万家。[①] 这些数据充分表明了国家对于扶持中小企业转型和高质量发展的决心和力度。

为进一步加快对专精特新中小企业的培育，形成完善的政策扶持体系，根据国家部委的相关政策要求，地方政府相继出台了一系列专项扶持政策和举措。例如，福建省工信厅等 8 部门共同印发了《关于印发福建省培育专精特新中小企业促进高质量发展行动计划（2024—2026 年）的通知》（闽工信规〔2023〕11 号）。该行动计划旨在通过完善的政策体系、服务体系和发展环境，支持专精特新中小企业的培育和发展。要求在 2026 年前，力争培育创新型中小企业 10000 家以上、省级专精特新中小企业 5000 家以上、专精特新"小巨人"企业 450 家以上，以及省级制造业单项冠军 350 家以上。同时，还要培育一批国家制造业单项冠军，并推动建立以链主企业为牵引，单项冠军企业、专精特新企业为中坚，创新型中小企业为支撑，大中小企业融通的产业生态。[②]

七 推进数字化转型，提高管理和运营水平

计算机软件和硬件技术的快速发展推动了第三次工业革命，人类社会正在实现生产、服务和生活的信息化。IT、物联网、大数据、大模型、边缘计算、云存储、云计算等现代信息技术，共同引领了第四次工业革命，

[①] 《目前全国已培育 9.8 万家——专精特新企业发展势头强劲》，中国政府网，2023 年 8 月 7 日，https://www.gov.cn/yaowen/liebiao/202308/content_6897015.htm，最后访问日期：2023 年 9 月 28 日。

[②] 《福建省工业和信息化厅等八部门关于印发福建省培育专精特新中小企业促进高质量发展行动计划（2024—2026 年）的通知》，福建省工信厅，2024 年 1 月 2 日，https://gxt.fujian.gov.cn/zwgk/zfxxgk/fdzdgknr/gfxwj/202401/t20240102_6370834.htm，最后访问日期：2024 年 1 月 4 日。

将人类社会发展推向了全新的革命性阶段——人工智能、人形机器人、量子通信等。

作为这一切的核心概念"数字转换""数字化""数字化转型",随着现代信息技术发展逐步被提出。其中,"数字化"概念最早在20世纪90年代被提出,随着2000年硅谷泡沫而沉寂。"数字化转型"概念最早在2012年由IBM提出。

2000年,时任福建省省长的习近平从信息化全局的角度,提出了建设数字化、网络化、可视化和智能化"数字福建"的奋斗目标,以攻占信息化战略制高点,开启了福建推进信息化建设的进程。2003年,时任浙江省委书记的习近平指出,要坚持以信息化带动工业化,以工业化促进信息化,加快建设"数字浙江"。发展路径的选择从来都不是偶然的,而是来自科学的设计,更是充满智慧的创造,习近平同志做出的"数字福建""数字浙江"的部署,成为后来"数字中国"发展所依循的内在逻辑,成为"数字中国"建设的思想源头和实践起点。2015年12月,习近平总书记在第二届世界互联网大会开幕式上首次正式提出推进"数字中国"建设的倡议,开启了"数字中国"建设新征程。①

2015年7月,《国务院关于积极推进"互联网+"行动的指导意见》(国发〔2015〕40号)首次明确提出"数字化转型",并在"互联网+"行动计划中将"数字化转型"作为七个重点任务之一。

2017年10月,在中国共产党第十九次全国代表大会的报告中明确提出了建设"数字中国"的目标,这是首次在党和国家的纲领性文件中提及"数字中国"。此后,连续四年的《政府工作报告》都提到了"数字经济",表明中央政府对数字化转型的重视和推动。2017年11月,国务院发布了《关于深化"互联网+先进制造业"发展工业互联网的指导意见》,提出了工业互联网建设的三个阶段性目标,并规划了七项重点工程,包括工业互联网基础设施升级改造和平台建设等,以推动工业互联网的发展。

2018年8月,中共中央、国务院印发《数字经济发展战略纲要》,该

① 《七一客户端微党课(1002)丨数字中国的发展历程》,"七一客户端"百家号,2022年11月8日,https://baijiahao.baidu.com/s?id=1748894769921085630&wfr=spider&for=pc,最后访问日期:2023年9月28日。

纲要提出了我国数字经济发展基础设施建设和强化服务等方面的系统战略部署。

2020年3月，工信部首次公布了《中小企业数字化赋能专项行动方案》。该方案的目标是聚集一批面向中小企业的数字化服务商，推动满足中小企业需求的数字化平台、系统解决方案、产品和服务的发展与推广，以实现中小企业通过数字化、网络化、智能化赋能实现复工复产的目标。为此，该方案提出了13项重要任务和4项推进措施。同年4月，中共中央、国务院印发了《关于构建更加完善的要素市场化配置体制机制的意见》。这是中央关于要素市场化配置的首份文件，其中提出加快培育数据要素市场，数据正成为除土地、劳动力、资本和技术外的"第五生产要素"，培育数据要素市场，推动数字经济发展，成为重要的战略方向。

2021年3月11日，第十三届全国人民代表大会第四次会议通过了《中华人民共和国国民经济和社会发展第十四个五年规划和2035年远景目标纲要》。该纲要提出，加快发展现代化产业体系、推动经济体系优化；加快数字化发展、建设数字中国，以数字化转型整体驱动生产方式、生活方式和治理方式变革，从而将数字化转型从企业层面上升到国家战略。同年11月，工信部印发了《"十四五"大数据产业发展规划》，围绕数据要素价值的衡量、交换和分配全过程做出顶层部署。同年12月，国务院印发了《"十四五"数字经济发展规划》，提出以数据为关键要素，以数字技术与实体经济深度融合为主线，加强数字基础设施建设，完善数字经济治理体系，协同推进数字产业化和产业数字化，赋能传统产业转型升级，培育新产业新业态、新模式，不断做强做优做大我国数字经济，为构建数字中国提供有力支撑。中央网络安全和信息化委员会印发的《"十四五"国家信息化规划》指出，"十四五"时期，信息化进入加快数字化发展、建设"数字中国"的新阶段，并围绕确定的发展目标，部署了10项重大任务。

党的二十大报告明确指出，要"支持中小微企业发展""支持专精特新企业发展""推进新型工业化""促进数字经济和实体经济深度融合"，为推进中小企业数字化转型指明了前进方向，提供了根本遵循。

为了全面贯彻党的二十大报告以及上述系列规划和纲要精神，进一步推动中小企业的数字化转型，工业和信息化部等部委已经采取了一系列具体措施，着力解决中小企业在数字化转型过程中所面临的"不愿转、不敢转、不会转"的问题。例如，2022 年 8 月，工信部办公厅与财政部办公厅联合发布了《关于开展财政支持中小企业数字化转型试点工作的通知》。该通知明确提出，自 2022 年至 2025 年，中央财政计划分三批支持地方开展中小企业数字化转型试点工作。随后，工信部又发布了《中小企业数字化水平评测指标（2022 年版）》、《中小企业数字化转型指南》以及《关于开展中小企业数字化转型城市试点工作的通知》。这些文件为中小企业提供了小型化、快速化、轻量化、精准化的产品和解决方案，并按照"政府补一点、平台让一点、企业出一点"的思路，通过加强转型引导、加大资金支持、推广试点应用、完善配套服务等措施，积极推动中小企业的数字化转型进程。

同时，为促进数据要素的快速应用与流通，地方政府紧密结合国家相关政策文件，制定并发布了相关的实施政策。以福建省为例，2021 年 12 月 15 日，福建省第十三届人民代表大会常务委员会第三十次会议通过了《福建省大数据发展条例》，并于当日公布；2023 年 9 月，福建省人民政府办公厅发布了《关于印发福建省一体化公共数据体系建设方案的通知》（闽政办〔2023〕29 号），以推动公共数据的一体化建设；2023 年 12 月，厦门市人民政府办公厅印发了《厦门市公共数据开发利用管理暂行办法》（厦府办规〔2023〕14 号），以规范公共数据的开发与利用。

第二章 促进中小微企业发展的组织服务体系

中小企业的健康发展是经济稳定增长的关键因素之一，这一观点已得到各国政府及专家学者的一致认可。因此，如何有效解决中小企业在发展过程中面临的"共性"问题和挑战也成了各国政府和专家学者关注和研究的重点。

第一节 促进中小微企业发展的组织机构

一 政府管理部门

（一）促进中小企业发展工作领导小组

为加强对促进中小企业发展工作的组织领导和统一协调，2009 年 9 月，国务院发布了《关于进一步促进中小企业发展的若干意见》（国发〔2009〕36 号），提出成立国务院促进中小企业发展工作领导小组，并将领导小组办公室设在工业和信息化部，负责研究并提出推进中小企业发展的政策建议，督促落实领导小组议定事项。同年 12 月，国务院办公厅印发了《关于成立国务院促进中小企业发展工作领导小组的通知》（国办发〔2009〕67 号），标志着我国关于促进中小企业发展的最高领导机构正式成立。该通知进一步明确了领导小组的组成成员、职责、日常工作机制等。

目前，全国主要省、市及部分县（区）先后成立促进中小企业发展工作领导小组，以此推动区域内中小企业的高质量发展。例如，为解决中小企业发展面临的问题，营造有利于中小企业发展的良好环境，促进福建省中小企业高质量发展，福建省人民政府于 2018 年 9 月发布了《关于进一步支持全省中小企业发展十条措施的通知》（闽政〔2018〕17 号），该通知明确提出，强化组织领导，成立由省政府分管副省长担任组长的福建省促进中小企业发展工作领导小组，要求各市、县（区）建立相应领导机制和协调机制，为中小企业发展提供组织保障。次年，福州市人民政府印发《关于进一步支持中小企业发展的若干措施的通知》（榕政综〔2019〕52 号），成立福州市促进中小企业发展工作领导小组。

根据中共中央办公厅、国务院办公厅 2023 年 9 月 24 日印发的《关于调整工业和信息化部职责机构编制的通知》，决定不再保留国务院促进中小企业发展工作领导小组及其办公室，相关具体工作将由工业和信息化部中小企业局承担。①

（二）政府主管部门

1. 中小企业局

2008 年以前，促进中小企业发展的相关工作主要由国家发展改革委中小企业司负责，国家有关部委及各省、市政府设立相关部门负责相应的工作。自 2008 年起，为进一步加强对促进中小企业发展的组织领导和政策协调，促进中小企业发展，根据第十一届全国人民代表大会第一次会议批准的国务院机构改革方案和《国务院关于机构设置的通知》（国发〔2008〕11 号），在工业和信息化部下设中小企业司，承担中小企业发展的宏观指导，会同有关方面拟订促进中小企业发展和非国有经济发展的相关政策和措施；促进对外交流合作，推动建立完善服务体系，协调解决有关重大问题。② 2015 年 4 月，根据《中央编办关于工业和信息化部有关职责和机构调整的通知》（中央编办发〔2015〕17 号），工信部中小企业司更名为工信部中小企业局。③ 更名后，其职能也调整为：参与拟订促进民营经济发展的政策措施并按职责分工组织落实；培育扶持专精特新中小企业，推动建立完善中小企业服务体系，协调开展中小企业纾困工作，促进中小企业发展和对外交流合作。

---

① 《中共中央办公厅　国务院办公厅关于调整工业和信息化部职责机构编制的通知》，工业和信息化部，2023 年 10 月 12 日，https://www.miit.gov.cn/gyhxxhb/jgzz/art/2023/art_1ac44a95699c43d98fa1a146ca7a1c74.html，最后访问日期：2023 年 11 月 1 日。

② 《〈工业和信息化部主要职责内设机构和人员编制规定〉印发》，工业和信息化部，2015 年 9 月 16 日，https://www.miit.gov.cn/gyhxxhb/jgzz/art/2020/art_764adf9bbab147c39c934519f8e1103b.html，最后访问日期：2023 年 10 月 27 日。

③ 《工业和信息化部机构职责》，工业和信息化部，2015 年 9 月 16 日，https://www.miit.gov.cn/gyhxxhb/jgzz/art/2020/art_4a8ec0f5dc754b30be418107d0de6c1b.html，最后访问日期：2023 年 10 月 27 日。

根据 2023 年 9 月 24 日中共中央办公厅、国务院办公厅印发的《关于调整工业和信息化部职责机构编制的通知》，工业和信息化部中小企业局将承担国务院原促进中小企业发展工作领导小组及其办公室的相关具体工作。同时，根据该通知，科学技术部的组织拟订高新技术发展及产业化规划和政策，指导国家自主创新示范区、国家高新技术产业开发区等科技园区建设，指导科技服务业、技术市场、科技中介组织发展等职责被划入工业和信息化部。① 这一调整优化了政策的制定和执行，为中小企业提供了更多的支持和指导，有助于推动国家培育专精特新企业发展规划的实现，促进科技创新，实现科技强国的目标。根据上述文件精神各省、市相应设立工业和信息化厅（委、局），内设中小企业局（处、科），对上负责贯彻国家有关中小企业发展政策，对下负责区域内的中小企业发展促进工作。

2. 中小企业服务（发展促进）中心

（1）工业和信息化部中小企业发展促进中心（中国中小企业发展促进中心），是工业和信息化部直属事业单位，是专门从事中小企业服务的国家层面综合性服务机构，该中心下设 19 个部门，并建立了四大服务体系和六大业务平台。其中，四大服务体系包括省市中小企业服务中心、国家中小企业公共服务示范平台、国家小型微型企业创业创新示范基地和中小企业志愿服务站。六大业务平台则包括《中国中小企业》杂志、中小企业志愿服务平台、"创客中国"国际中小企业创新创业大赛、中小企业规模类型自测小程序、融资服务大数据平台数字万融和中小企业应用公共服务平台等。

《中国中小企业》杂志自 1994 年 11 月创刊以来，一直致力于为我国中小企业提供全面的信息和服务，旨在促进中小企业事业的发展，为中小企业群体提供服务，并维护其合法权益。该杂志致力于及时解读国家对中小企业的最新政策，并反馈中小企业在发展过程中所遇到的困难和问题，从而在政府与中小企业之间架起沟通纽带与桥梁。

同时，为进一步营造大众创业、万众创新的氛围，激发社会各界人士的创业创新潜力，由工业和信息化部牵头，于 2015 年 5 月开始搭建"创客

---

① 《中共中央办公厅　国务院办公厅关于调整工业和信息化部职责机构编制的通知》，工业和信息化部，2023 年 10 月 12 日，https://www.miit.gov.cn/gyhxxhb/jgzz/art/2023/art_1ac44a95699c43d98fa1a146ca7a1c74.html，最后访问日期：2023 年 11 月 1 日。

中国"国家创新创业公共服务平台（http://www.cnmaker.org.cn/）。该平台旨在集聚各类创新创业资源，促进新业态、新模式的发展，提高创业创新的成功率，同时构建一个产业上下游融合的生态圈，推动中小企业的转型升级和创新发展。至 2023 年 8 月，"创客中国"平台拥有 135508 个用户，项目数 143219 个，入驻机构数 833 个，入库专家数 1882 人。此外，截至 2023 年，该平台已成功举办了 8 届"创客中国"中小企业创新创业大赛，为我国的创新创业事业提供了支持。

此外，工业和信息化部中小企业发展促进中心联合有关单位，对全国 31 个评估对象（27 个省会城市和 4 个直辖市的双创城市示范区）进行了 2018 年度中小企业发展环境的第三方评估，并发布了《2019 年度中小企业发展环境第三方试评估报告》。之后，又相继发布了《2020 年度中小企业发展环境评估报告》、《2021 年度中小企业发展环境评估报告》和《2022 年度中小企业发展环境评估报告》。

（2）省、市中小企业服务中心。目前，国内多数省、市政府都在工信部门等政府职能部门下设中小企业服务中心（局），负责中小企业促进政策的落地，负责建立中小企业公共服务平台为中小企业解决融资难、成果转化难等问题，促进区域内中小企业的高质量发展。例如福建省，在省工信厅下设直属事业单位——福建省中小企业服务中心；福州市，在市工信局下设直属事业单位——福州市中小企业服务中心。

据工业和信息化部 2023 年 6 月 15 日举行的"第十八届中国国际中小企业博览会和第二届中小企业国际合作高峰论坛"新闻发布会消息：根据《中小企业促进法》第 44 条"县级以上地方各级人民政府应当根据实际需要建立和完善中小企业公共服务机构"的要求，近年来全国陆续设立国家、省、市、县四级中小企业公共服务机构 1697 家，机构名称以中小企业服务中心居多。其中，国家层面 1 家，是工业和信息化部中小企业发展促进中心；省级 30 家，覆盖率达 94%；地市级 281 家，覆盖率达 81%；县区级 1385 家，覆盖率达 47%。①

---

① 《工信部：建设全国中小企业公共服务平台，提供"一站式"服务》，扬州市中小微企业公共服务平台，2023 年 6 月 16 日，http://sme.yangzhou.gov.cn/readnews.html?id=959，最后访问日期：2023 年 10 月 9 日。

3. 工业和信息化部火炬高技术产业开发中心

1988 年，党中央和国务院正式批准并实施了中国火炬计划，该计划是推动中国高新技术产业发展的指导性计划。为了具体实施中国火炬计划，1989 年 10 月，国家科委火炬高技术产业开发中心正式成立，这是一个独立的事业单位法人，直接隶属科技部。为了进一步提高效率，科技部在2006 年 5 月对原"科学技术部火炬高技术产业开发中心"、"科学技术部科技型中小企业技术创新基金管理中心"和"中国技术市场管理促进中心"进行了合并重组，重新组建了新的"科学技术部火炬高技术产业开发中心"，2023 年 11 月，中央编办批复设立工业和信息化部火炬高技术产业开发中心。[①]

目前，中心在促进中小企业发展方面的主要工作包括指导和推动国家自主创新示范区、国家高新区、省级高新区的建设工作；建立科技型中小企业和高新技术企业的设定和评价标准，推动科技型中小企业和高新技术企业的发展；搭建全国技术合同网上登记平台（全国技术合同管理与服务系统），助力科技创新与成果转化的税收政策落地落实，提升政务信息化服务质量；制定技术先进型服务企业认定标准，搭建管理平台（全国技术先进型服务企业业务办理管理平台），推动技术先进型服务业发展，促进企业技术创新和技术服务能力提升，增强我国服务业综合竞争力；制定科技企业孵化器认定标准，促进中小微企业孵化育成体系的完善；组织和领导中国创新创业大赛、中国创新挑战赛；建设和运行中小微企业双创示范工作网（原小微企业创业创新基地城市示范网站，2020 年 10 月更名），指导和推动"双创示范城市"建设；建设全国技术市场；制定科技金融政策，推动科技与金融的整合，缓解中小微科技型企业融资约束；促进产业集群发展、科技成果转化、产业基地建设和国际合作；等等。

二 社会组织

（一）全国性社会组织

中国中小企业协会、中国中小企业国际合作协会（CICASME）、中国

---

① 《中心简介》，工业和信息化部火炬高技术产业开发中心，2013 年 12 月 30 日，http://www.chinatorch.gov.cn/kjb/zxjj/201312/196f5ccc592145b68e4db019c9227daa.shtml，最后访问日期：2023 年 10 月 9 日。

中小商业企业协会和中国中小企业国际合作协会等。其中，中国中小企业协会成立于 2006 年 12 月，是由国家发展改革委发起、报国务院批准设立的服务全国中小企业的综合性行业协会。为中小企业提供服务，向党中央、国务院建言献策，发挥政府和企业之间的桥梁纽带作用。该协会现有全国会员企业 23 万家，先后获得工信部"国家中小企业公共服务示范平台"以及民政部"5A 级协会"和"全国先进社会组织"称号。中国中小企业国际合作协会成立于 1990 年，是中国第一家全国性中小企业社会团体，与工业和信息化部中小企业发展促进中心合署办公、紧密协同，拥有会员单位 2 万余家，是《中国中小企业杂志》办刊的承办机构。

中国中小企业协会在 2010 年 7 月 15 日首次发布了"中国中小企业发展指数"，[①] 该指数此后成为反映我国中小企业经济运行状况的综合指数。该指数是通过深入调查九大国民经济行业的中小企业，收集并整理这些企业对于本行业以及自身生产经营状况的判断和预期数据编制而成。这个指数不仅全面而准确地反映了中国中小企业经济运行的总体态势，而且为政府、经济学家、投资者等提供了判断经济走势、判断行业发展趋势、投资决策以及企业开展经营活动的重要参考依据。该指数不仅能够实时监测中小企业的经济运行状况，还能够预测未来的发展趋势。这使得相关各方能够根据指数的变化情况，及时调整政策、策略或投资方向，以适应市场的变化和需求。

中国中小企业发展指数是一个重要的经济指标，对于了解我国中小企业的经济运行状况、预测未来发展趋势、制定政策和投资决策等方面都具有重要的参考价值。

（二）地方性社会组织

民政部社会组织管理局"全国社会组织信用信息公示平台"（https：//xxgs. chinanpo. mca. gov. cn/gsxt/newList）显示，截至 2023 年 8 月，全国各地为中小企业提供服务并在民政部门登记注册的社会团体超过 300 家，如福建省中小企业互助商会、福建省中小企业商会、福建省中小企业信息协会、福建省中小企业公共服务联盟、福州市中小企业联合会等。这些地方

---

① 《中国中小企业发展指数首次公开发布》，中国中小企业协会，2010 年 7 月 15 日，http：//www.ca-sme. org/content/Content/index/id/2107，最后访问日期：2023 年 11 月 1 日。

性社会组织可为区域内中小微企业提供政策咨询解读、融资平台搭建、知识产权保护等服务，很好地促进了区域内中小微企业的健康发展。

第二节　促进中小微企业发展的服务体系

2022 年 3 月，工业和信息化部发布了《关于开展"一起益企"中小企业服务行动的通知》（工信厅企业函〔2022〕58 号）。该通知明确提出，要充分发挥中小企业公共服务平台在网络中的骨干支撑作用，同时带动各类优质服务资源，将服务送进企业、园区和集群。其主要目标是向中小企业提供政策、管理、技术等方面的支持，以稳定市场预期，增强发展信心，并推动中小企业实现平稳健康发展。为了实现这一目标，该通知强调要发挥中小企业公共服务平台网络、国家及省级中小企业公共服务示范平台和小型微型企业创业创新示范基地的引领和带动作用。这些平台和基地将广泛动员和组织各类服务机构参与服务行动，并为小微企业、困难行业及欠发达地区的企业提供更多的服务供给。

从该通知可以看出，自《"十二五"中小企业成长规划》提出以来，我国促进中小企业发展服务体系正在逐渐形成和完善。这一服务体系在促进中小企业健康发展方面的作用也日益凸显，特别是在推动"创新链、产业链、供应链、数据链、资金链、服务链、人才链"的融通创新方面。

目前，我国的中小企业服务体系包括多个组成部分，如"中小企业公共服务平台网络""中小企业公共服务示范平台""小微企业创业创新示范基地""创新创业特色载体""小微企业创业创新基地城市示范""中小企业特色产业集群"等。这些不同的平台和载体共同构成了我国促进中小企业发展的服务体系，为中小企业的创新和发展提供了全方位的支持和服务。

一　中小企业公共服务平台网络

推动中小企业健康发展已成为各国政府在社会及经济发展战略中的重要方向。为营造良好的政策环境，各国政府积极构建"多元化、全方位、立体式"的中小企业服务平台网络，旨在整合政府、平台及社会各方资源，帮助中小企业克服发展过程中所面临的困难。

自 20 世纪 70 年代起，发达国家已开始采取相应政策，构建全国性的中小企业服务平台网络。例如，美国通过实施中小企业信息服务计划，为中小企业提供技术、资金管理、专家等领域的信息服务，并建立全国性的信息网络，将各类信息汇总整理后上传至网络，以供中小企业使用。此外，挪威政府为支持中小企业的发展，在国家重要高校和 26 所地方性学院中建立了"国家增值信息专家网络"，从而构建了覆盖全国的面向中小微企业的信息服务支撑框架和保障体系。

2011 年，工信部印发的《"十二五"中小企业成长规划》提出，实施"十二五"中小企业公共服务平台网络建设工程并开始建设运营以来，已基本形成了覆盖全国 30 个省（区、市）和 5 个计划单列市，由统筹全省服务资源的枢纽服务平台与贴近需求提供服务的"窗口"服务平台共同构成的互联互通、资源共享系统。平台网络作为中小企业公共服务体系的骨干架构和基础环境，已具备进一步加快发展的基本条件（李滨等，2019）。2012 年 4 月，国务院印发的《关于进一步支持小型微型企业健康发展的意见》提出，大力推进服务体系建设，实施中小企业公共服务平台网络建设工程，支持各省（区、市）统筹建设资源共享、服务协同的公共服务平台网络，重点为小型微型企业提供质优价惠的服务。此后，为促进服务平台网络的建设，2013 年 6 月工信部公布了《关于印发中小企业公共服务平台网络共享数据指标目录和设计细则（2013 版）的通知》（工信厅企业〔2013〕110 号），建立了全国统一共享数据指标标准和技术接口。

2017 年 7 月，工信部和财政部联合印发《关于推动中小企业公共服务平台网络有效运营的指导意见》（工信部联企业〔2017〕187 号），该政策文件对于促进我国中小企业的发展具有重要的指导意义。文件中明确了五个方面的重点任务要求，一是扩大覆盖范围，加强平台网络的服务范围，确保覆盖更多的中小企业；二是强化平台网络骨干架构作用，优化平台网络的架构，以便更好地发挥其在中小企业服务中的核心作用；三是推动开放共享，促进平台网络资源共享，提高服务效率，减少重复投入；四是加强平台网络服务资源深度合作，推动平台网络与服务资源之间的深度合作，提升服务品质；五是探索长效机制，建立健全平台网络运营的长效机制，确保其长期稳定发展。此外，该文件还提出了一系列措施，如引导公益性服务和增值性服务有序发展、创新服务方式、推广线上和线下相结合的服务模式等，以提高平台网络的服务水平，提升个性化精准对接能力。这些任务要求旨在推动和促进中小企业公共服务平台网络的高效和稳定运营，为我国的中小微企业提供更为优质的服务。

二　中小企业公共服务示范平台

为贯彻落实《国务院关于进一步促进中小企业发展的若干意见》（国发〔2009〕36号），推动公共服务平台建设，2010年5月，工信部等七部委印发了《关于促进中小企业公共服务平台建设的指导意见》（工信部联企业〔2010〕175号）以及《国家中小企业公共服务示范平台管理暂行办法》（工信部企业〔2010〕240号）。2012年5月，工信部在《国家中小企业公共服务示范平台管理暂行办法》的基础上印发了《国家中小企业公共服务示范平台认定的管理办法》（工信部企业〔2012〕197号），2017年7月再次对《国家中小企业公共服务示范平台认定的管理办法》进行修订，印发了新的《国家中小企业公共服务示范平台认定管理办法》（工信部企业〔2017〕156号）。历经十多年的培育和发展，截至2023年1月，国家中小企业公共服务示范平台认定总数为1850家，有效期内示范平台773家，其中东部411家、中部133家、西部180家、东北49家。[①]

各省工信主管部门根据上述文件精神也制定了相应的政策文件，以扶持中小企业公共服务示范平台的建设。比如福建省工信厅于2012年印发了《福建省中小企业公共服务示范平台认定管理办法》，此后该办法分别于2015年、2021年进行了两次修订。截至2023年底，福建省被认定为省级和国家级的中小企业公共服务示范平台104家，其中福州市被认定为国家级的中小企业公共服务示范平台7家、被认定为省级的中小企业公共服务示范平台28家。[②]

---

① 《国家中小企业公共服务示范平台》，工业和信息化部中小企业发展促进中心（中国中小企业发展促进中心），2023年9月5日，https://www.chinasme.org.cn/html/mcms//tongji-chaxun/shifanpingtai/index.html，最后访问日期：2023年10月10日。
② 《福建省工业和信息化厅关于开展中小企业公共服务示范平台服务情况检查工作的通知》，福建省工业和信息化厅，2024年1月29日，http://gxt.fujian.gov.cn/zwgk/zfxxgk/fdzdgknr/gzdt/202401/t20240129_6388142.htm，最后访问日期：2024年3月10日。

三　小微企业创业创新示范基地

2016 年 6 月，为贯彻落实国务院《关于进一步支持小型微型企业健康发展的意见》（国发〔2012〕14 号）、《关于扶持小型微型企业健康发展的意见》（国发〔2014〕52 号）和《关于大力推进大众创业万众创新若干政策措施的意见》（国发〔2015〕32 号），切实推动大众创业、万众创新，进一步营造小微企业创业创新发展的良好环境，引导和支持小型微型企业创业创新基地按照创新、协调、绿色、开放、共享的理念发展，培育一批基础设施完备、综合服务规范、示范带动作用强的国家小型微型企业创业创新示范基地，工信部印发了《国家小型微型企业创业创新示范基地建设管理办法》（工信部企业〔2016〕194 号）。国家小型微型企业创业创新示范基地是经工业和信息化部公告的小型微型企业创业创新示范基地，是由法人单位建设或运营，聚集各类创业创新服务资源，为小微企业提供有效服务支撑的载体和场所。其服务内容包括信息服务、创业辅导、创新支持、人员培训、市场营销、投融资服务、管理咨询和专业服务等，申报小微企业创业创新示范基地的至少应具备上述服务内容中的四项。

各省根据上述文件精神也出台了相关扶持政策文件。比如，福建省2012 年发布《福建省经济和贸易委员会关于印发〈福建省中小企业公共服务示范平台认定管理办法〉和〈福建省省级小微企业创业基地管理办法〉的通知》（闽经贸中小〔2012〕399 号），后经数次修订，2021 年 5 月，福建省工信厅印发了《福建省小型微型企业创业创新示范基地建设管理办法》（闽工信法规〔2021〕56 号）。

四　创新创业特色载体

根据党的十九大报告、中央经济工作会议以及时任国务院总理李克强在《政府工作报告》中的指示精神，财政部联合工信部、科技部印发的《关于支持打造特色载体推动中小企业创新创业升级工作的通知》（财建〔2018〕408 号）提出，"支持打造特色载体推动中小企业创新创业升级的实施方案"。该通知旨在通过支持各项基础功能设施完备、产业集聚的区域经济开发区打造符合本区域特点的大中小企业互融互能载体"创新创业特色载体"，以此实现提升各类载体的市场化、专业化服务能力和服务质量，提高创新创业资源间的高效互融互通，促进中小企业可持续健康发展，促进地方打造符合区域特色的高质量、高品质的创新创业发展环境和生态圈。

《关于支持打造特色载体推动中小企业创新创业升级的实施方案》指出，中央财政将在 2020 年以前安排 100 亿元的中小企业发展专项资金支持引导 200 个国家级、省级开发区打造不同类型的创新创业特色载体。采取奖补结合的方式，根据确定的开发区数量，按每个开发区奖补金额不超过 0.5 亿元的标准，分三年予以安排。[①]

此后，国务院印发的《关于推动创新创业高质量发展打造"双创"升级版的意见》（国发〔2018〕32 号）提出，培育创新创业集聚区，支持符合条件的经济技术开发区打造大中小企业融通型、科技资源支撑型等不同类型的创新创业特色载体。截至 2023 年，已支持三批 200 家实体经济开发区打造"科技资源支撑、高端人才引领、大中小融通、专业资本聚集"四种不同类型和特色的创新创业特色载体。

五 小微企业创业创新基地城市示范

2015 年，财政部携手工业和信息化部、科技部、商务部及工商总局等 5 个部门，共同启动了"小微企业创业创新基地城市示范"项目。中央财政通过中小企业发展专项资金，为示范城市提供了强有力的支持，以推动这些城市为小微企业提供优质的创业创新空间，进一步改进对小微企业的公共服务，实现与创业担保贷款贴息等融资支持政策的无缝对接，推动商事制度改革的深入进行，为小微企业的健康发展营造了良好的环境，激发了其创业创新活力。

截至 2018 年，中央财政已通过中小企业发展专项资金安排了高达 201.6 亿元的资金，用以支持两批共计 30 个示范城市。这些资金犹如"及时雨"，为各示范城市提供了宝贵的支持，使它们基本实现了全国各省份的全覆盖。值得一提的是，厦门作为全国首批小微企业创业创新基地示范

---

① 《三部门印发〈关于支持打造特色载体推动中小企业创新创业升级的实施方案〉》，工业和信息化部，2018 年 8 月 13 日，https://www.miit.gov.cn/jgsj/qyj/gzdt/art/2020/art_e850d35bc56540c1bfa3686b82d11786.html，最后访问日期：2023 年 10 月 10 日。

城市之一，获得连续三年，每年 3 亿元的中小企业发展专项资金的扶持。所获中央财政资金不仅用于为小微企业提供公共服务上，还进一步结合地方财政通过制定一系列帮扶政策加大对小微企业的扶持力度，降低小微企业的创新创业成本和解决其融资难、融资贵的问题。

六　中小企业特色产业集群

《中华人民共和国国民经济和社会发展第十四个五年规划和 2035 年远景目标纲要》强调，要充分利用特色资源和产业基础，推动制造业实现规模化、集群化发展。《"十四五"促进中小企业发展规划》则要求各地根据产业发展定位和资源禀赋，围绕产业链培育一批聚焦产业定位、配套设施齐全、运营管理规范的中小企业特色产业集群。同时，为推进以县城为重要载体的城镇化建设，中共中央办公厅、国务院办公厅于 2022 年 5 月印发的《关于推进以县城为重要载体的城镇化建设的意见》也提出要发展县城的特色优势产业，引导县域产业集中集聚发展。[①]

为确保上述文件的精神得到切实贯彻和落实，工信部于 2022 年 9 月发布了《促进中小企业特色产业集群发展暂行办法》（工信部企业〔2022〕119 号）。该暂行办法以"创新、协调、绿色、开放、共享"五大新发展理念为指导，旨在强化中小企业特色产业集群的主导产业优势，明确了以下六大培育重点工作。一是提升集群主导产业优势。精准定位集群主导产业，构建完善的集群协作网络，增强专业化配套能力，推动大中小企业协同发展，加强优质中小企业的培育和发展。二是激发集群创新活力。支持集群内各类创新设施的建设，推动主导产业的大中小企业进行融通创新和共性技术产学研协同创新，强化知识产权的运用和标准研制。三是推进集群数字化升级。加强新型基础设施建设，提升集群数字化管理水平，引导集群企业运用《中小企业数字化转型指南》及《中小企业数字化水平评测指标》，提高数字化转型水平。四是加快集群绿色低碳转型。优化集群能源消费结构，推广清洁能源应用，开展节能改造和绿色低碳技术改造，强

---

① 《〈促进中小企业特色产业集群发展暂行办法〉解读》，中国政府网，2022 年 9 月 14 日，https://www.gov.cn/zhengce/2022-09/14/content_5709727.htm，最后访问日期：2023 年 9 月 10 日。

化资源综合利用和污染防治。五是深化集群开放合作。积极参与"一带一路"建设，深化人才、技术、资本、资源等合作，深度参与国际合作交流并建立风险防控机制。六是提升集群治理和服务能力。加强集群公共服务体系建设，建立"共商、共建、共享、共赢"的集群治理机制，强化对中小企业合法权益的保护，并制定具体的集群培育方案。[①]

2023 年 10 月 18 日，工信部发布首批特色产业集群名单〔《工业和信息化部关于公布 2023 年度中小企业特色产业集群名单的通告》（工信部企业函〔2023〕283 号）〕，其中全国有 100 个产业集群榜上有名，福建省有 5 个产业集群入选，分别是福建省福州市长乐区纺织新材料产业集群、福建省南安市水暖厨卫产业集群、福建省德化县白瓷产业集群、福建省邵武市氟材料产业集群、福建省龙岩市新罗区应急抢险救援装备产业集群。该通告还提出了要求，一是集群要进一步聚焦主导产业，畅通协作网络，增强创新活力，深化开放合作，推进数字化转型和绿色化发展，完善治理和服务水平，加大优质中小企业培育力度，提高产业链关键环节配套能力，不断提升核心竞争力；二是各级中小企业主管部门要针对本地区集群制定中长期发展规划和专项扶持政策，加大资源投入和政策供给，支持集群不断提升创新能力和专业化水平；三是省级中小企业主管部门要完善集群梯度培育体系，开展集群典型实践案例和优秀集群品牌宣传，加强集群发展跟踪和评估，组织集群填报上一年度发展情况，于每年 4 月 30 日前报送至工业和信息化部；四是工业和信息化部组织开展集群发展情况监督和考核，对已认定集群实行动态管理；五是集群认定有效期为三年。

第三节　中小企业公共服务平台的现状、挑战和展望

搭建具有"准公共、开放性、共享性和社会性"等特征的中小企业公共服务平台，已成为国际上解决中小企业发展过程中面临的"共性"问题和挑战的一种重要手段和渠道。平台汇聚政府、金融机构、高校、科研院

---

① 《〈促进中小企业特色产业集群发展暂行办法〉解读》，中国政府网，2022 年 9 月 14 日，https://www.gov.cn/zhengce/2022-09/14/content_5709727.htm，最后访问日期：2023 年 9 月 10 日。

所、服务机构等各方资源，以促进中小企业健康、高质量可持续发展为宗旨，发挥着重要的桥梁和纽带作用。但依然存在一些问题和挑战，为应对这些问题和挑战，平台应坚持以政府引导（主导）为基础、市场化运营为核心、专业化管理为保障、数字化转型为关键。

一　中小企业公共服务平台的背景和相关概念

（一）背景

研究表明，中小企业在现代社会经济发展中扮演着重要的角色。它们不仅推动了社会的进步，促进了经济的增长，还有助于缓解就业压力。然而，中小企业自身存在诸多问题，如实力相对较弱、人才短缺、获取信息能力不足以及缺乏高端科研和检测专业设备设施等，这些问题限制了它们获得政策和金融支持的能力，也制约了其研发创新、技术商品化和产业化的进程。

自 2003 年首部关于促进中小企业发展的法律——《中小企业促进法》实施以来，中央和各级政府对中小企业的政策扶持力度逐渐加大。但是，面对数量众多、分布广泛的中小企业，仅依靠政府部门和金融机构的传统服务方式，较难实现政策和金融资源向中小企业的有效普惠。具体来说，一是政府部门服务能力有限，难以做到全面贯彻落实中小企业政策，导致中小企业对政策不了解、不知道符不符合申请条件。二是金融机构对中小企业了解不足，风险控制能力欠缺，不愿意向中小企业足额提供融资服务。三是中小企业自身融资需求停留在最基本的生存周转上，对金融工具不熟悉。这些因素导致惠企政策难以推广落地，中小企业普惠金融难以实现。要解决这一问题，必须深入研究中小企业需求，创新金融服务，依托信息技术手段提高服务效率。

作为经济健康发展的重要支撑，中小企业得到了普遍重视。为了应对二战后的经济衰退，西方国家大力鼓励科技创新和发展中小企业。1953年，美国政府成立了中小企业管理局（SBA），其主要职能是制定与促进中小企业发展有关的政策与措施。同时，帮助中小企业结合自身实际情况制定科学有效的发展规划，为中小企业提供有关经营管理方面的各类咨询，帮助中小企业有效获取发展所需的先进技术以及产品的市场资讯，提供人力资源服务及培训服务，为中小企业发展提供帮助，等等。为了更好地服务中小企业，SBA 建立了小企业网站，这成为服务中小企业的典型。此外，英国的企业之家（companies-house）网站也是中小企业综合服务平台的典型，二者都是由政府出资建立并运营的。

国务院和各级政府主管部门以《中小企业促进法》为基础，发布了一系列的政策文件推动各项中小企业公共服务平台的建设，通过加大政府购买服务的力度，努力满足中小企业在创新、发展过程中的各类需求。《关于进一步促进中小企业发展的若干意见》（国发〔2009〕36 号）和《关于促进中小企业公共服务平台建设的指导意见》（工信部联企业〔2010〕175 号）两份文件的发布，为我国中小企业公共服务平台的健康可持续发展提供了制度上的依托和保障。

（二）中小企业公共服务平台

2006 年，《实施〈国家中长期科学和技术发展规划纲要（2006—2020 年）〉的若干配套政策》明确要求，国家科技部门须协同知识产权管理部门建立知识产权信息服务平台。这一时期，重点建设了一批科研基础设施和大型科学仪器、设备共享平台，自然科技资源共享平台，科学数据共享平台，科技文献共享平台，成果转化公共服务平台，网络科技环境平台，等等。这些平台的创建，为我国中小企业公共服务平台的建设积累了宝贵的经验。

随后，2010 年《关于促进中小企业公共服务平台建设的指导意见》的发布，进一步明确了中小企业公共服务平台的含义。该指导意见指出，中小企业公共服务平台是指按照开放性和资源共享性原则，为区域和行业中小企业提供信息查询、技术创新、质量检测、管理咨询、创业辅导、市场开拓、人员培训、设备共享等服务的法人实体。各类公共服务平台为促进中小企业的健康发展提供了有力的支撑和保障，有助于克服发展中所遇到的各种困难，促进各类惠企政策的有效落地及政策体系的完善。

王先（2020）在研究中提出，中小企业公共服务平台是以省级区域为单位，以中小企业服务机构或中心为核心，通过政府引导和多元化社会主体的共同参与，利用互联网和新媒体等先进技术手段，实现互联协同和资源整合，打造一个开放性的、提供公益或有偿服务的综合性服务平台。该平台旨在为中小企业提供全方位、全覆盖、全流程的综合性服务，以促进社会化的服务网络及体系的形成。王先进（2020）在其研究中论述，中小企业公共服务平台可以为中小企业提供政策咨询、法律咨询、市场开拓、创业扶持、员工培训、技术开发、质量检测、创新创业、物流分享等服务。这些服务涵盖了中小企业在发展过程中可能遇到的各种问题，并提供了相应的解决方案或支持措施。这些服务不仅具有社会化的性质，而且形成了一个服务网络或体系，以便更好地满足中小企业的需求。

综上所述，中小企业公共服务平台是指具有独立法人资格的主体，在政府的引导和推动下，以开放、共享为核心，依托现代信息技术如云计算、云存储、区块链、大模型等，整合政务数据、金融征信和第三方信息等资源，打造的一个"线上为主、线下为辅"的综合性公共服务平台。该平台主要服务于中小企业，提供政策咨询和申报、金融供需撮合、中介服务信息展示和交易、科技成果展示和交易等一系列服务。

（三）中小企业公共服务平台运营模式

中小企业公共服务平台是为支持和促进中小企业的健康发展而构建的综合性服务体系。它是政府、金融机构、科研院所、企业等多方互动的载体和媒介，旨在提供全方位的支持和资源供给，以满足中小企业在经济、技术、市场等方面的多样化需求。平台的运行模式涵盖了线上、线下和线上与线下结合等多种形式，构建了一个多元化、全面的服务生态系统，为中小企业的发展奠定了坚实的基础和提供了强大的动力。

1. 线上模式

线上模式也被称为"虚拟"模式，是中小企业公共服务平台的重要组成部分。其通过互联网和数字化技术为中小企业搭建线上服务平台，具有便捷性和高效性的特点，使企业可以随时随地获取所需的信息和资源。例如，王先（2020）提到的江苏省中小企业公共服务平台就是一个典型的线上模式的平台。通过该平台，江苏省的中小企业可以在线查询政策法规、融资信息、市场分析等内容，及时获得政策咨询和市场情报。此外，线上模式还有助于打通各类数据资源建立数据库，为政府、金融机构、科研院所和企业提供有关数据支持，促进中小企业服务举措落地和各项资源的有效融合。

2. 线下模式

线下模式强调实体服务和面对面互动。通过设立各类服务中心（窗口）、孵化器、创新基地等实体机构，为中小企业提供咨询、培训、技术支持等服务。线下模式具有个性化和情感化的优势，使企业能够与专业人员面对面交流，解决具体问题，建立合作关系。此外，线下模式还有助于组织各类线下活动，如研讨会、展览会、商业洽谈等，促进企业间的交流与合作，扩大市场影响。

3. 线上与线下结合模式

线上与线下结合模式逐渐成为中小企业公共服务平台的发展趋势之一。这种模式将线上和线下服务相互融合，充分发挥了各自的优势。线上提供信息查询、申请和数字化工具，线下提供进一步的实体咨询和培训，使中小企业可以根据自身需求选择合适的服务方式。此外，线上与线下结合模式还能更好地实现信息共享和资源整合，提供一体化的解决方案，更好地满足中小企业的多样化需求。

总的来说，中小企业公共服务平台的运行模式多种多样，包括线上、线下和线上与线下结合三种模式。这些模式相互补充，为中小企业提供了全方位的支持和服务，促进了它们的发展和创新。未来，随着数字化技术的不断发展和应用，线上与线下结合的模式将更加普遍，为中小企业创造更多机遇和可能性。这些模式的灵活运用将进一步促进中小企业的健康发展，实现社会经济的高质量增长。

（四）中小企业公共服务平台分类

中小企业公共服务平台是我国政府为扶持和规范中小企业发展而建立的公共服务体系。这些平台具有多种类型，根据其功能和定位来分类，包括政策综合服务平台、金融综合服务平台、科技创新服务平台、专精特新培育服务平台和数字化转型服务平台等（王先进，2020；龙跃、欧阳永，2022）。

1. 政策综合服务平台

政策综合服务平台的主要功能在于汇聚各级政府部门制定的支持中小企业发展的财政、税收、融资、产业扶持等政策。这些平台建立政策数据库，为中小企业提供详细的政策信息，包括申请主体、条件、资金规模和申请时间等（张亚屏，2023；陈晓蓉、张燕玲，2022）。此外，政策综合服务平台还提供政策解读、申请书编制、政策辅导等服务，帮助中小企业顺利获得政策支持，促进其发展（山鹰，2022；许迎春、李红娟，2022）。

2. 金融综合服务平台

金融综合服务平台的主要功能在于整合各类金融资源，解决中小企业的融资难题。这些平台建立了金融服务联盟，包括商业银行、担保公司、小额贷款机构等，提供一站式融资服务（王芷纯、王禹榕，2023；马晨征等，2022）。从贷款到股权融资，通过银企对接、评审把关、在线放款等方式，为中小企业提供多种融资方式的选择。此外，金融综合服务平台还提供投资风险评估和财务管理咨询，增强中小企业的风险防控和资金管理能力。

3. 科技创新服务平台

科技创新服务平台的主要功能在于促进中小企业的技术创新和研发成果转化。这些平台与高校、科研院所建立合作关系，汇聚技术资源，为中小企业提供技术攻关、知识产权申请和科研项目对接等服务（甘长凯等，2022；宋维东，2023）。通过这些支持，中小企业可以进行技术创新，并将研发成果转化为经济利益。此外，科技创新服务平台还举办技术培训和技术交流活动，助力中小企业加速技术创新步伐，培育高新技术企业，推动产业升级和地方经济的高质量发展。

4. 专精特新培育服务平台

专精特新培育服务平台的主要功能在于促进中小企业在某些新兴领域的专业化和特色化发展。这些平台通常会与行业协会、高校院所等建立合作，为中小企业提供市场前景分析、品牌打造、生产技术指导等专业服务（薛丽萍、费日东，2022；许迎春、李红娟，2022）。通过这些定制化的培育服务，可以帮助中小企业快速进入特定行业，建立专业化优势，打造自己的特色品牌。专精特新培育服务平台在引导中小企业实现差异化竞争中发挥着重要作用。

5. 数字化转型服务平台

数字化转型服务平台的主要功能是帮助中小企业实现数字化升级。这些平台会汇聚数字经济领域的资源，通过建设中小企业公共信息平台、开展数字化培训、提供信息化解决方案等方式，助力中小企业实现数字化、网络化、智能化转型（许迎春、李红娟，2022；陈建安、李燕萍，2022）。这有助于中小企业降低运营成本，提升运营效率，拓展线上市场空间。数字化转型平台在引导中小企业适应数字经济形态转变中发挥关键作用。

这些不同类型的中小企业公共服务平台在政策扶持、融资服务和科技创新等方面发挥着至关重要的作用，共同为中小企业的持续健康发展注入活力。它们以各自独特的方式和手段，相互补充，构建了我国支持中小企业发展的服务体系。此外，随着中小企业数字化、专业化、品牌化的推进，公共服务平台也在不断提升和优化自身服务，从而满足中小企业发展过程中的新需求。各地也在积极探索更多元化的服务平台，以更好地满足不同领域中小企业的个性化服务需求。总体而言，中小企业公共服务平台的种类繁多、功能各异，为中小企业的发展提供了全面的支持。这些平台的不断完善和创新将继续助推中小企业的健康成长，从而促进我国经济社会的持续健康发展。

二　中小企业公共服务平台的历史使命和作用

（一）中小企业公共服务平台的历史使命

中小企业公共服务平台的建立与发展是我国政府支持和服务中小企业的创新实践，发挥着促进中小企业健康发展和经济社会进步的重要历史使命。

1. 为中小企业获取资源建立高效便捷渠道

中小企业是我国经济的重要组成部分，其发展离不开各类资源的支持。在这一方面，中小企业公共服务平台充当了桥梁和纽带的角色，将中小企业与政府部门、金融机构、高校科研院所等多方资源连接起来，为中小企业提供了高效便捷的资源获取渠道。首先，这些平台通过汇聚政策法规信息，建立了庞大的政策数据库，为中小企业提供了政策信息的一站式服务。中小企业可以轻松查阅政府发布的各类政策，不仅可以了解政策的内容和方向，还可以获得政策申请的详细指导，大幅简化了中小企业对政策的收集和应用过程。这对于中小企业获取政府政策支持和资金具有重要意义，有助于提高政策申请的成功率，进一步激发中小企业的发展活力。其次，中小企业公共服务平台还整合了各种信息资源，包括人才、技术、市场等。这些平台构建了信息共享的网络，为中小企业提供了快速获取所需信息的便捷途径。中小企业可以从平台获取政策法规、市场趋势、行业动态等信息，帮助它们更好地把握市场机会，提高竞争力。此外，平台还提供了项目申报书编写、财务报表审核等服务，全方位服务中小企业，帮助它们高效获取各类资源。这种资源获取的高效性不仅节约了时间成本，还让中小企业能够更专注于核心业务，提升了资源的利用效率。

2. 推动了政府对中小企业的服务创新

中小企业公共服务平台的建设不仅对中小企业有利，也推动了我国政府对中小企业服务模式的创新。这些平台打破了传统的部门壁垒，实现了跨部门协同服务，推动了政府服务模式的升级和优化。首先，服务平台的运营要求政府部门深化改革创新、优化授权审批等制度，为平台运转提供制度保障。这促使政府部门进行自身改革，简化政策和流程，提高了政府服务效率，进一步释放了政府的服务活力。例如，平台集成了工商、税务、质监等多个部门的职能，中小企业可以在一个窗口完成多个手续，大幅提升了政务服务的效率，有力推动了"放管服"改革。其次，服务平台的建设还促进了各级政府之间的经验交流和合作，有助于形成更加统一和协调的政策环境，促进了全国中小企业政策的一体化和整合。这不仅有益于中小企业，还为政策的进一步优化提供了有力的支持。通过平台，政府部门之间的合作更加紧密，政策更具协同性，有助于加速中小企业在全国范围内的发展，进一步加强了中小企业在国民经济中的地位。

3. 优化中小企业的融资环境

中小企业的融资问题一直是其发展的瓶颈。中小企业公共服务平台在完善中小企业信用体系建设方面发挥了重要作用。这对于优化中小企业的融资环境具有重要意义。首先，平台整合政务及金融机构数据，建立中小企业信用评价和服务系统，帮助银行及其他金融机构准确判断企业申请贷款信用水平。这降低了融资评估成本，提升了金融机构服务中小企业的积极性。通过平台，金融机构可以更好地了解中小企业的信用状况，这降低了贷款的风险，为中小企业提供了更多的融资机会。其次，平台还提供投资风险评估、财务管理咨询等服务，提高了中小企业的风险防控和资金运营管理能力，使之成为优质的融资对象，获得金融机构的认可。

4. 促进产学研用协同创新

中小企业公共服务平台的建设促进了产业、学术界和科研机构之间的深度合作，形成了产学研用协同创新的有效机制。这对于中小企业的创新和可持续发展具有重要意义。首先，服务平台搭建了中小企业与高校、科研院所之间的桥梁和纽带，使它们能够进行深度合作，共享创新资源。平台不仅提供了技术交流和合作的平台，还支持中小企业与科研院所进行技术需求对接。这使中小企业能够更好地利用科研成果，推动技术的引进和应用，加快了技术升级的速度。同时，平台还为中小企业提供专利申请、科研项目申报等知识产权服务，帮助其将创新成果转化为经济利益，提升了创新的产业化水平。其次，平台开展科技型中小企业孵化，对具有创新潜力的企业进行培育，扶持其成长为科技型中小企业。这有助于加速科研成果的转移和转化，使中小企业成为区域创新体系的重要一环。通过平台的支持，中小企业得以更好地与科研机构合作，引进前沿技术，提高产品的科技含量，提高了市场竞争力。

5. 促进了中小企业数字化转型和培育专精特新型企业

在数字化时代，中小企业的数字化转型变得至关重要。中小企业公共服务平台为中小企业提供了数字化转型的支持和资源。一方面，平台可以整合数字化技术和信息化工具，为中小企业提供数字化解决方案，帮助它们提高生产效率、降低成本、拓展市场。此外，平台还可以为中小企业提供数字化培训和咨询，提升其数字化能力，使其更好地适应市场的变化。另一方面，中小企业公共服务平台也有助于培育专精特新型企业。平台通过与高校和科研院所的合作，支持中小企业进行创新研发，推动其开发具有市场竞争力的新产品和新技术。这有助于中小企业不断提升自身的创新能力，培育出更多的专精特新型企业，推动产业升级和经济发展。

（二）中小企业公共服务平台的功能

1. 搭建政企交流平台，提升政策传导效率

中小企业公共服务平台在政策传导方面发挥着至关重要的作用，通过专门搭建政策交流平台，建立系统化的政策数据库，实时更新各级政府部门颁布的关于中小企业发展的新政策、新法规及新文件。此举有助于企业及时获取政策信息，为其决策提供重要参考。平台还组建高水平的政策研

究团队，拥有政策背景调研和文本解读经验，能够多维度、全面系统地梳理和解读政策，形成文字、音频、视频等多种形式的解读成果，提高了政策的可理解性与适用性。此外，平台通过充分利用新媒体技术，建立政府与企业之间的沟通渠道，让企业能够及时提出反馈和优化建议。政府可根据企业反馈调整政策供给，实现政策制定与中小企业实际需求的高效对接。可以说，中小企业公共服务平台构建的政策交流平台已成为政府与企业之间的重要桥梁和纽带，是提升政策可理解性与适用性的关键举措之一。

2. 整合办事资源，实现一站式政务服务

中小企业公共服务平台在推进行政服务方面发挥着重要作用，平台整合跨部门、跨区域的办事业务指南、申请材料、办理流程节点等数据资源，实现跨部门信息互联共享和业务协同配合，构建全流程、全生命周期的一站式政务服务体系。企业可通过此全面了解办事材料要求，并获得全程跟踪服务，大幅提升办事效率。平台还会引入竞争机制，选择社会中介机构参与服务，不断优化流程和节点，持续提升中小企业用户满意度。可以说，一站式政务服务极大地提升了政府工作效率，也让企业切实感受到了制度创新红利，已成为助推"放管服"改革、优化政务服务环境及营商环境的重要举措之一。

3. 对接金融机构，拓宽中小企业融资渠道

中小企业公共服务平台在拓宽融资渠道方面发挥着重要作用，各地平台均积极对接银行、担保公司、小额贷款公司、风险投资机构等各类金融机构，集聚了多种融资产品和服务，以满足不同发展阶段的中小企业多元化的融资需求。平台借助自身的数据优势，能够帮助金融机构准确评估企业实力、运营和信用状况，实现精准化金融服务，让更多符合条件的中小企业获得适合自身发展阶段的可负担融资支持，有效缓解中小企业融资难题。此外，平台还会开展融资撮合服务，直接对接需要融资的中小企业和符合条件的金融机构，降低融资交易的信息不对称成本。中小企业公共服务平台对接金融机构的举措，已成为拓宽中小企业融资渠道、推进金融资源下沉的重要举措之一。

4. 集聚区域创新资源，构建公共技术平台

中小企业公共服务平台整合区域内的高校、科研机构等创新资源，共

建开放共享的公共技术平台，为中小企业提供先进实验室、科研设备、项目库等资源。中小企业通过培训、技术咨询、科研项目合作等方式，获得技术创新支持，提升自主创新能力。平台孵化培育的高新技术型和专精特新型中小企业，也有助于带动和推动区域经济的产业转型升级。因此，中小企业公共服务平台在汇聚区域创新资源、搭建公共技术平台、服务中小企业技术创新等方面发挥着重要的支撑作用，这对于释放中小企业创新潜力、促进区域创新驱动发展具有重要意义。

5. 推动和促进了中小企业数字化转型进程

平台为企业提供了丰富的数字化工具和资源，包括云计算、大数据分析、物联网等，这些工具帮助中小企业制定并实施数字化战略，提高了其数据管理和决策效率。平台积极举办数字化技能培训课程和活动，不仅提升了企业管理团队和员工的数字化应用能力，也为企业数字化转型奠定了坚实的人才基础。此外，中小企业公共服务平台还扮演了数字化解决方案的评估者和选择者的重要角色。它与数字化解决方案供应商对接，帮助中小企业评估和选择满足自身需求的数字化方案，从而降低了数字化应用的成本和风险，鼓励更多中小企业积极进行数字化转型。最为重要的是，平台还搭建了中小企业与科技企业、投资机构、产业链伙伴之间的合作平台。平台促成了多方合作，形成了数字化生态圈，加速了中小企业数字化进程。中小企业公共服务平台以提供技术支撑、人才培养、方案指导、生态共创等多重举措，有力推动了中小企业的数字化转型，提升了它们在市场竞争中的地位，增强了可持续发展的能力。中小企业公共服务平台在推动和促进中小企业数字化转型中发挥了不可或缺的重要作用。

三　中小企业公共服务平台现状

自 2006 年起，我国政府陆续发布了一系列的政策，旨在推动和扶持中小企业公共服务平台的建设。在各级政府的重视和支持下，目前中小企业公共服务平台主要包括中小企业公共服务平台网络、中小企业公共服务示范平台、小微企业创业创新示范基地、创新创业特色载体和小微企业创业创新基地城市示范等，这些平台具有共享性、服务性、便利性和实用性等特点。根据 2023 年 7 月 21 日国务院新闻办发布的信息，我国已初步形成以国家、省、市、县四级近 1700 家中小微企业公共服务机构为骨干、3800

多家省级以上服务示范平台为支撑、广大社会化服务机构为补充的中小微企业服务体系（曹雅丽，2023）。据统计，2023 年上半年全国各类服务机构共服务企业 700 多万家。①

（一）国家相关主导的全国性中小企业公共服务平台

1. 由工信部及其下属事业单位主导的系列中小企业公共服务平台

自 2008 年起，工信部成为促进中小企业发展的主要政府职能部门，其不仅承接和延续了国家发展改革委原中小企业司的主要职能，还不断借鉴国际先进经验，创新制度建设，持续完善促进中小企业发展各项政策举措，推动和指导全国各地中小企业工作的开展，在促进全国各地、各区域中小企业服务公共平台建设的同时，发挥资源优势建设或主导建设了一批全国性中小企业公共服务平台。

中小企业信息网（www.sme.com.cn）是面向全国中小企业的综合性信息服务网络体系，支撑的公共服务有国务院客户端"支持中小企业政策库"、中国政府网"支持中小企业政策库"、工业和信息化部与教育部联合举办的"全国中小企业网上百日招聘高校毕业生活动"、工业和信息化部与中国国际贸易促进委员会开展的"支持中小企业参与'一带一路'建设专项行动"、工业和信息化部开展的中小企业数字化赋能专项行动"创新中国行"数字化应用推广活动等，同时还建设了中小企业诚信服务平台、全国中小企业网上招聘服务平台、中小企业"一带一路"服务平台等。

国家产融合作平台（https://crpt.miit.gov.cn/#/home）于 2021 年 2 月正式上线运行，平台以贯彻 2016 年工信部、中国人民银行、原银监会联合印发的《加强信息共享促进产融合作行动方案》为核心，利用新一代信息技术手段，畅通产融信息对接渠道，推动实现产融政策管理与公共服务线上化、数据分析与信息对接智能化、能力建设与多方合作生态化的非营利性公共服务平台。平台以政府部门、产业企业和金融机构为三大服务对象，归集多维度、高价值数据，打破信息壁垒，深化数据共享应用，解决企业融资难、融资贵问题，提高产融对接效率，支撑重点产业政策精准落

---

① 《国务院新闻办发布会介绍促进民营经济发展壮大有关情况》，中国政府网，2023 年 7 月 21 日，https://www.gov.cn/lianbo/fabu/202307/content_6893454.htm，最后访问日期：2023 年 9 月 10 日。

地，促进产业良性发展。

除上述之外，工信部主导的全国性中小企业公共服务平台还包括，全国中小企业数字化转型服务平台（https://zjtx.miit.gov.cn/szhzx/）、优质中小企业梯度培育平台（https://zjtx.miit.gov.cn/zxqySy/main）、中小企业志愿者服务平台（https://nvsme.chinasme.org.cn/）、"创客中国"国家创新创业公共服务平台（www.cnmaker.org.cn）、面向中小企业的推广应用公共服务平台（http://118.190.207.187：20000/home）等。

2. 由国家发展改革委依托下属事业单位——国家公共信用信息中心建设和运营的全国融资信用服务平台（https://xyd.creditchina.gov.cn）

2018 年 10 月，国家发展改革委发布了《关于探索开展"信易贷"工作的通知》，标志着"信易贷"工作的正式启动。在此之后，国家发展改革委与银保监会在 2019 年 9 月联合发布了《关于深入开展"信易贷"支持中小微企业融资的通知》，进一步推动了"信易贷"工作的落实和落地。2019 年 9 月，中国城市信用建设高峰论坛发布消息，正式启动上线"全国中小企业融资综合信用服务平台"，该平台也被称为全国"信易贷"平台。

全国"信易贷"平台以共享信用信息和挖掘信用信息的价值为基础，为金融机构提供企业信用信息查询服务，以缓解信息不对称的情况，并促进金融资源能够更好地、更快地精准服务中小企业，提升中小企业融资的便利性。截至 2023 年底，已有 301 个城市入驻该平台，超过百家金融机构入驻，为中小企业提供了超过万亿元的融资服务。

3. 由证券交易主管部门和全国性交易所主导的全国中小企业股份转让系统（新三板）

全国中小企业股份转让系统有限责任公司由上海证券交易所、深圳证券交易所、中国证券登记结算有限责任公司、上海期货交易所、中国金融期货交易所、郑州商品交易所和大连商品交易所等机构于 2012 年 9 月共同出资设立。该公司的核心职责是负责运营全国中小企业股份转让系统（新三板）。

全国中小企业股份转让系统（新三板）是一个于 2012 年启动的、由国务院批准设立的针对全国中小企业的股权融资平台。其定位是为创新型、创业型、成长型的中小微企业发展提供服务，并促进这些企业与产业资本、社会资本的融合，从而构建和完善我国中小企业金融服务的多层次资本市场。它是资本市场服务实体经济、支持中小企业发展的重要途径，对于促进中小企业直接融资、实现其快速发展具有重大意义。具体表现如下。

首先，它拓宽了中小企业的直接融资渠道。通过发行股票实现直接融资，可以大幅度缓解中小企业的融资压力，有效解决中小企业融资难的问题。其次，它完善了中小企业多层次资本市场体系。新三板市场有效地弥补了 A 股主板市场和中小板市场在覆盖中小企业方面的空白，使中小企业也能够进入资本市场。再次，它引导了社会资本支持中小企业发展。新三板市场吸引了广大个人投资者和机构投资者积极参与中小企业投融资，把社会闲散资金有效引导到中小企业领域，促进了资源的优化配置。最后，全国中小企业股份转让系统（新三板）还具备以下重要功能。一是信息披露功能。新三板市场对中小企业上市采取信息披露制度，保护广大投资者的权益。二是价格发现功能。新三板市场可以真实反映中小企业的实际运行状况和投资价值。三是流动性提供功能。新三板采用询价撮合方式，确保中小企业股份可以进行流通和交易。四是投资交易功能。投资者可以通过新三板市场进行中小企业股份的买卖和投资。

至于全国性中小企业公共服务平台的建设，除上述全国性中小企业公共服务平台外，国家其他部委围绕各自职能建设或主导了一批优秀的、各具特色的全国性中小企业公共服务平台。例如，科技部主导的国家科技创新创业数据平台、国家科技成果转化项目库服务平台和中国创新创业大赛平台等，还有国家税务部门主导的银税互动平台等。

（二）地方政府推动的属地化中小企业综合服务平台

2010 年之后，中小企业公共服务平台得到了快速发展，全国各地在政府主管部门的推动下，各类中小企业服务层出不穷，并取得了良好的社会效率，有效地改善了区域中小企业营商环境。

1. 地方政府推动的区域中小企业政策综合服务平台

在中央政府的推动下，地方政府积极开展区域中小企业政策综合服务平台的建设工作。以福建省为例，2018 年 12 月，在福建省工信厅等政府部门的指导下，福建省产融云平台（https://ifc.fujiansme.com）正式上线，平台采用"省市平台、双层架构"模式。建立"省级枢纽平台"和"市级综合窗口平台"，县（市、区）接入所在设区市级综合窗口平台。平台为福建省中小微企业提供金融资讯服务"金融超市"和企业征信信息服务"企业信用信息共享平台"，截至 2023 年 9 月，平台已成功为中小企业对接融资 24989 笔，金额为 2189.01 亿元。

此外，由福建省工信厅指导建设的福建省工业企业供需对接平台"福企网"（www.fujiansme.com）于 2022 年 9 月正式上线。该平台是福建省中小企业公共服务平台网络的省级平台，也是经工业和信息化部批准建设、由福建省工业和信息化厅主管、福建省中小企业服务中心牵头建设运营的专门为中小企业提供一站式 O2O 服务的综合平台。

按照"政府引导、公益服务带动、社会专业服务机构广泛参与"的建设思路，福建省中小企业公共服务平台（福企网）联通了 1 个"省级枢纽平台"和 9 个"市级综合窗口服务平台"、32 个"产业集群和专业窗口服务平台"，构成了"1+9+32"平台网络架构。该平台为中小微企业提供最新政策资讯和"专业、实惠、放心、省心"的各行业、各阶段的服务，并被工信部认定为"国家中小企业公共服务示范平台"。截至 2023 年 9 月，平台已发布需求 1025 条、发布产品 10360 个。

2024 年 1 月，为深入贯彻落实福建省委、省政府关于优化营商环境的决策部署，福建省发展改革委、省数据管理局联合推出"福建易企办"服务，正式在闽政通 App 上线企业服务专区。此举旨在为企业提供便捷高效的一站式服务，涵盖"办事、政策、融资、人才"四大类需求。通过实现"一键办、一网查、一站贷、免证办"的无纸化移动掌上服务，促进福建省营商环境的持续优化与提升。①

2014 年 9 月，厦门市工信局主导，厦门市中小企业服务中心主办，厦门金圆投资集团有限公司下属子公司厦门中小在线信息服务有限公司运营的厦门市中小企业公共服务平台"慧企云"（www.xmsme.cn）正式投入使用。该平台是厦门市为深化一流营商环境建设推出的统一企业服务平台，为中小微企业和创业者提供云金融、云创新、云管理、云培训、云招聘和服务商城等多元化服务。该平台整合了政府和社会服务资源，实现了协同合作，为企业在政策申报、政务服务、产融合作、精准对接和企业培育等

---

① 《"福建易企办"正式上线运行》，"福建发改委"微信公众号，2024 年 1 月 31 日，https://mp.weixin.qq.com/s/VK1OkyRXyDR7QZ_AnHUrUA，最后访问时期：2024 年 3 月 15 日。

方面提供了在线综合服务入口。该平台被工信部认定为"国家中小企业公共服务示范平台"。其中，2021 年 7 月上线的厦门市"免申即享"惠企政策兑现平台，通过政府部门信息共享等方式，借助信息化手段，实现政策兑现"精准到户"、材料准备"系统代劳"、扶持资金"自动兑付"三大便捷，并荣获了"福建省 2022 年度地市公共数据应用十佳优秀案例"。

2. 地方政府推动的区域中小企业金融服务综合服务平台

2019 年 5 月，由福建省数字办和福建省金融监管局联合推动的福建省金融服务云平台（www.fjjfypt.com）上线试运行。2022 年 9 月，福建省金服云征信有限责任公司正式成立，负责平台的建设和运营。平台打通"G端（政府）"、"F 端（金融机构）"和"B 端（企业）"的金融信息共享渠道，通过多源数据综合分析和挖掘，为中小微企业融资贷款提供信用支持，成为福建省重要的金融基础设施之一。截至 2023 年底，平台注册用户近 40 万户、发布金融产品近 700 项、解决融资需求金额超 3200 亿元。由福建省科技厅搭建的福建省科技型中小微企业金融服务平台，至 2023 年底为福建省科技型中小企业、高新技术企业等提供"科技贷"累计超 300 亿元。

2019 年 9 月，由厦门市发展改革委牵头，厦门金圆投资集团有限公司下属子公司——厦门中小在线信息服务有限公司负责建设运营的公益性平台——厦门市信易贷平台（厦门市首贷续贷服务中心，http://xm.celoan.cn/）上线运行。平台依托厦门市与国家公共信用信息中心共建的信用大数据中心，以建设运营"信易贷"综合服务平台为切入点，整合中小微企业信息，率先探索"信用+科技+普惠金融"创新应用，推动"政银企信"信用数据共享，帮助中小微企业更快获得融资，实现中小微企业融资"降本增效"。被国家公共信用信息中心授予"全国中小企业融资综合信用服务示范平台（全国信易贷服务示范平台）"称号。截至 2023 年 9 月，平台注册认证用户超 6 万，累计授信超 8 万笔，累计授信金额超 1100 亿元。

3. 地方政府推动的区域科技成果转化平台

2020 年 12 月，由福州市科技局指导，福建博思软件公司控股子公司福州兴博新中大软件有限公司开发，委托福州技术市场有限公司负责运营的福州市科技成果转化公共服务平台（App）正式上线运营，是福州市创新科技成果转化机制、解决基础研究"最后一公里"和成果转化、市场应用"最后一公里"有机衔接的重要举措。截至 2023 年上半年，平台注册用户近 20 万人，累计访问次数超 28 万次，发布国内知名高校近 3000 名专家信息和近 3000 项科研成果，公示成交项目近百项。

4. 地方政府推动的区域性股份交易平台

我国区域性股权交易市场（俗称"四板"），是我国多层次资本市场的重要组成部分以及场外资本交易市场的重要组成，为其所在区域内（通常以省或直辖市为界）的中小微企业股份挂牌展示和交易等非公开发行服务、上市培育等提供服务平台、场所和相关设施。它承担着多重角色，包括但不限于为小微企业提供培育和规范的平台、小微企业的融资平台、地方政府扶持小微企业发展综合政策运用的平台以及资本市场中介服务的延伸。

截至 2023 年 4 月底，全国 35 家区域性股权交易市场共服务了 19 万家企业，实现了各类融资 2.26 万亿元。其中，股权融资达到 6950 亿元，债券融资达到 4571 亿元，股权质押投资达到 7784 亿元。此外，在这些企业中，累计有 116 家成功转板至沪深北交易所上市，848 家转至新三板挂牌，还有 55 家被上市公司或新三板挂牌公司收购。[①]

（三）社会团体、市场化主体提供的第三方服务平台

1. 社会团体提供的服务平台

中国中小企业协会发起的中国中小企业协会金融服务平台、企业信用公示系统等，中国科学技术协会的"科创中国"中小企业公共服务平台等。

2. 研科院所提供的服务平台

中国科学院重大科技基础设施共享服务平台、武汉大学科技成果转化服务平台、中国科学院科技产业网、天津科服网建立科技服务业的淘宝——科淘、中国科协的创新资源共享平台——绿平台等。

3. 社会经济组织搭建的服务平台

由中国中车集团牵头搭建的"中企云链"平台、深圳和风企业管理咨询有限公司搭建的中国风险投资网（国内最早建立的风险投资专业平台网站）、成立于 2006 年的猪八戒网（国内领先的综合型数字化企业服务平

---

① 《证监会：区域性股权市场基本搭建完成　累计实现各类融资 2.26 万亿》，"联财社"百家号，2023 年 6 月 28 日，https://baijiahao.baidu.com/s?id=1769945016293243396&wfr=spider &for=pc，最后访问日期：2023 年 9 月 10 日。

台），以及科易网、维正集团、114 产学研协同创新服务平台等。

四　中小企业公共服务平台面临的挑战

（一）数字化转型困难

随着互联网技术的快速发展，中小企业公共服务平台亟须进行数字化转型，以提高工作效率和服务质量。但是许多中小企业公共服务平台在数字化转型过程中面临诸多困难。

第一，技术水平有待提高。多数中小企业公共服务平台建设较早，技术手段相对落后，大数据应用不足，导致服务模式单一、服务内容不精准、功能不够智能化。王先（2020）通过研究指出当前多数平台运营模式落后，大数据共享机制尚未形成，服务效率和质量有待提高。

第二，数字化转型需求不强烈。部分中小企业对数字化转型认知不足，不愿改变线下办事习惯，也不太了解数字化带来的便利与红利。平台宣传力度不够，使用率较低。张亚屏（2023）提出需要推动服务对象从线下向线上转变，才能满足精准便捷的服务需求。

第三，转型资金不足。数字化转型需要大量资金投入购买软硬件、开发应用系统等，但多数中小企业公共服务平台自身实力较弱，资金来源有限，基础设施建设缺乏支持。王先（2020）指出为提高服务品质，平台需要投入大量资金，但可获得的政府资金支持非常有限。

（二）缺乏专业化管理团队

中小企业公共服务平台业务范围广泛且复杂，只有高素质的专业化管理团队才能确保平台有效运转，但多数平台在管理团队建设方面存在明显不足。

第一，管理人员素质参差不齐。平台管理人员普遍缺乏金融、经济、科技等方面的专业知识，难以设计精准的中小企业服务产品。陈晓蓉和张燕玲（2022）指出，许多平台只能提供普通咨询，无法提供专业化指导。

第二，跨部门协调能力不足。中小企业服务涉及多个政府部门，平台管理团队应具备协调各部门提供服务的能力，但多数团队在这方面经验不足。信息交换不畅导致平台业务量减少。

第三，市场化运作意识薄弱。传统政府管理思维仍比较严重，平台对企业需求不敏感，服务供给和市场需求匹配度较低，导致服务推广困难。董瑞晗（2022）也提出平台内部存在驱动力不足、缺乏市场化思维的问题。

（三）可持续发展困难

中小企业公共服务平台的效益主要体现在促进中小企业长期持续发展上，但多数平台在可持续性方面存在问题。

第一，盈利模式欠佳。缺乏有效盈利模式是影响平台可持续发展的重要因素。平台是公共服务的载体，营利性和公益性矛盾突出。若仅依靠政府财政资金支持，一旦资金链断裂则难以为继。

第二，发展动力不足。部分中小企业公共服务平台建立时间不长，管理水平参差不齐，不能主动创新服务，满足中小企业多样化需求。平台之间同质化竞争加剧，服务创新不足制约了平台的持续发展。

第三，监管评估机制不健全。中小企业公共服务平台的监督评估主要依赖政府主管部门，缺乏第三方评估机构的参与。评估指标偏重数量化，对服务质量评价不足。缺乏有效监管使平台存在注重政绩而非实际效果的问题。

第四，人才队伍建设滞后。高素质人才是推动平台可持续发展的关键。但多数平台在人才培养、引进、考核等方面制度不健全，难以建立高素质的服务团队。人才的缺乏制约了平台服务能级的提升。

第五，信息共享不足。各中小企业公共服务平台之间以及与政府部门之间信息交换和共享不足，重复建设和同质化现象严重，影响了资源的有效利用。信息壁垒制约了协同发展。

综上所述，中小企业公共服务平台在数字化转型、团队建设、可持续发展等方面面临诸多挑战。需要进一步加强顶层设计、创新运营模式，以更好发挥服务支撑中小企业发展的重要作用。

五　中小企业公共服务平台的发展展望

工信部于 2023 年 11 月发布了《关于健全中小企业公共服务体系的指导意见》（工信部企业〔2023〕213 号），为未来中小企业公共服务体系的发展提供了方向和目标。这一政策充分体现了我国对中小企业发展的重视以及优化营商环境的决心。国家希望通过提升服务机构的能力和效率，为中小企业提供更全面、更专业的服务，帮助它们更好地应对市场挑战，并实现高质量发展。该指导意见的发布为我国中小企业的发展提供了新的契机和动力，期待在新的政策引导下，我国的中小企业能够实现更加健康、更加快速的发展。同时，根据2024年3月国务院发布的《统筹融资信用服务平台建设提升中小微企业融资便利水平实施方案》，我国中小企业公共服务平台有望进入一个全新的发展时代。

（一）坚持政府引导，推动市场化、专业化运营

中小企业公共服务平台是政府搭建的公共服务和管理的交流平台，政府应继续发挥引导作用，推动平台向市场化、专业化方向发展。

首先，坚持政府引导，明确发展方向。政府作为平台的发起方，需要进一步明确平台在服务对象、功能定位、盈利模式等方面的发展思路，制定切实可行的发展规划，并提供政策和资金支持，引导平台在正确方向上持续发展。同时要处理好政府、市场、社会的关系，发挥政府在宏观规划和战略布局中的关键作用。

其次，进一步推行市场化运营模式。在政府引导下，中小企业公共服务平台应推行市场化运营，根据供需情况和竞争环境，主动设计专业化的服务产品，形成科学的运营模式和盈利机制。可以采用会员服务、中介服务、信息服务等多种盈利模式，降低对政府财政支持的依赖，进一步强化平台的自主创新和发展动力。

最后，建立专业化的管理团队。平台应组建专业化的管理团队，团队成员应具备经济、管理、科技等方面的知识和能力，能够深入分析中小企业需求，设计有针对性的服务方案，并优化组织结构，形成灵活高效的激励和约束机制，使平台治理更加规范化和专业化。

（二）加快数字化转型，提升服务的"量"与"质"

首先，深入推进数字化转型。中小企业公共服务平台应加快数字化转型步伐，进一步打通数据"壁垒"，在安全、可控的前提下加大对多方数据的整合、融合力度，完善各类数据库的建立，优化技术应用，打造智能化服务模式。另外，可以加强与专业技术公司的合作，引入成熟的数字化解决方案，并不断提升管理团队和服务人员的数字化运营能力，推动服务过程全面数字化。

其次，拓展服务内涵，提升服务的"量"。平台在深入数字化转型的同时，还应拓展服务内涵，丰富专业化服务类型，满足中小企业融资、创新、管理等全链条需求，并不断优化流程、降低企业申办成本，最大限度释放平台资源潜力，为更多中小企业提供公共服务，全面提升服务的"量"。

最后，提高服务质量，增强服务的"质"。在扩大服务范围的同时，更要注重提升服务质量。一要加强用户需求研究，提供定制化服务。二要建立完善的用户反馈机制，准确评估服务效果。三要严格管理服务规范，让企业有获得感。四要加强人才队伍建设，不断提升服务人员素质。五要优化监管机制，建立第三方评价体系。六要完善信息共享机制，实现数据有效利用，更好满足企业需求。全面提升服务质量和精准度是衡量平台发展成效的核心标准。

（三）建设线上和线下一体化服务基地，提升综合服务能力

首先，构建线上和线下深度融合的服务基地。中小企业公共服务平台应建设线上和线下一体化的服务基地，实现线上和线下深度融合，提供更加完善的综合服务。基地可以设立专业化的功能区，如企业注册区、政策咨询区、金融对接区、孵化器区、共享办公区等，分别对接各类公共资源，满足中小企业在不同发展阶段的需求。

其次，举办中小企业交流活动。平台可以利用线下基地定期举办各类中小企业交流活动，邀请行业专家进行经验分享，加强企业之间的沟通合作。通过线下活动的组织，可以提升企业获得感和平台影响力。

再次，开展企业管理培训。基地还可以针对中小企业管理者开展定制化的培训课程，传授财务管理、品牌打造、数字化转型等方面的专业知识，提升企业管理和运营能力。

最后，提升平台综合服务能力。线下一体化服务基地的建设，可以进一步提升中小企业公共服务平台的专业服务水平和品牌影响力，有效整合线上和线下资源，全面提升平台的综合服务能力。

综上所述，中小企业公共服务平台的发展，需要在政府引导下推进市场化和专业化运营，加快数字化转型，拓展服务内涵，建设线上和线下一体化服务基地，在服务的"量"和服务的"质"上不断取得新进步。这是中小企业平台实现更大发展的必由之路。

第三章 我国中小微企业金融服务体系

中小微企业在我国经济中占据着举足轻重的地位，在经济增长、就业以及创新发展等方面具有不可替代的作用。然而，中小微企业在发展过程中往往面临着融资困境和融资约束等难题，这些问题在一定程度上限制了它们的进一步发展。为了解决这些问题，我国政府一直致力于构建和完善中小微企业金融服务体系。近年来，在国家主导和支持下，我国中小微企业金融服务体系逐步形成了以市场化机构为主导、政策性机构为辅助的涵盖了直接融资、间接融资和综合金融服务等的多层级、多元化的综合服务体系。这一体系的形成，为中小微企业提供了更加全面、便捷的金融服务，有助于促进其进一步发展。

在 2023 年中央金融工作会议上，习近平总书记发表了重要讲话，强调坚持走中国特色金融发展之路、推进金融高质量发展、加快建设金融强国。2023 年 12 月 11～12 日在北京举行的中央经济工作会议，明确提出了 2024 年经济工作的总体要求、政策取向和重点任务。其中，在中小企业金融支持方面提出，发挥好货币政策工具总量和结构双重功能，盘活存量、提升效能，引导金融机构加大对科技创新、绿色转型、普惠小微、数字经济等方面的支持力度。促进社会综合融资成本稳中有降。

第一节 中小微企业金融服务体系概述

2024 年 1 月，习近平总书记在省部级主要领导干部推动金融高质量发展专题研讨班开班式上发表重要讲话，对当前及今后一个时期的金融工作进行再动员、再部署。他强调，构建金融强国需围绕"六大关键核心金融要素"展开，即打造强大的货币、中央银行、金融机构、国际金融中心、金融监管和金融人才队伍。同时，应建立健全"科学稳健的金融调控体系、结构合理的金融市场体系、分工协作的金融机构体系、完备有效的金融监管体系、多样化专业性的金融产品和服务体系、自主可控安全高效的金融基础设施体系"。此外，还需在科技金融、绿色金融、普惠金融、养老金融、数字金融等五大领域深入推进，以实现金融业的全面高质量发展。

一　相关理论综述

根据刘飞（2014）、贾康等（2015）的研究，我国科技型中小企业金融服务体系按照机构类型可以分为银行业金融机构和非银行业金融机构。彭剑君（2017）从货币信贷市场、资本市场、互联网创新金融和政府四个维度概括了我国中小微企业金融服务体系，包括大型国有银行、中小银行、信用担保机构、小额贷款及货币信贷市场，以及中小板、创业板、"新三板"、中小企业集合债、PE 和 VC、资产证券化等资本市场。连平（2019）的研究进一步表明，中小微企业金融服务体系包括银行、非银行、担保、保险、政策性金融、不良资产处置以及法律环境等方面。林建华（2021）则提出了从加强政策引导、畅通信息共享、完善渠道对接、提升服务适配、增强激励约束五个方面，打造"五位一体"中小微企业融资服务体系。

2017 年 8 月，彭剑君出版了《中小微企业发展的金融支持对策研究》一书。这本书共有八章 31 节，以深入地研究和理论分析为基础，详细地探讨了我国中小微企业面临的融资难、融资贵问题，并揭示了我国当前金融支持体系、金融政策和金融环境的现状及存在的问题。

该书系统地梳理了国内外关于中小微企业的金融支持研究成果、我国中小微企业界定标准的历史演变进程，以及有关金融支持中小微企业的理论基础和相关研究成果，如信贷缺口理论、资本结构理论、信息不对称理论、企业金融成长周期理论、信贷配给理论等。书中详细地探讨了中小微企业融资难的成因，并从商业银行的角度分析了中小微企业在传统融资模式中的困境、其对中小微企业融资的传统支持模式和扩展支持模式。同时，该书还结合对银行贷款融资模式的优势和问题的分析提出建议，并探讨了中小银行、资产担保、信用担保、小额贷款在对中小微企业金融支持中的现状、作用、启示和存在的问题，并提出建议。此外，书中还从多个方面对政府支持中小微企业融资的必要性进行了阐述和分析，包括中小微企业融资的现实困境、中小微企业的公共物品性质和政府的公共责任等。书中还进一步分析和阐述了英、美、日三个发达国家和我国政府支持中小微企业融资的金融政策和举措。最后，该书提出了促进我国中小微企业金融支持环境建设的政策建议，如从政策上整体推进我国中小微企业金融支持环境建设、细化我国金融支持环境建设的内容等。同时，书中还对中小微企业所面临的实际市场环境的不利因素和金融支持的法律环境及信用环境存在的问题进行了充分的分析，并提出了建议。

二　我国中小微企业金融服务体系

我国的中小微企业金融服务体系是一个多元化、多层次、法治化的服务框架，由"政府+政策""金融机构+金融产品与服务""中介服务机构+平台"等多方共同参与构建。该体系以提供全方位金融服务为核心，以支持中小微企业健康、稳定发展为目标，通过政策引导、财政支持、监管改革等方式，为中小微企业提供更加便捷、高效、低成本的金融服务。总的来说，我国的中小微企业金融服务体系是一个综合性的服务体系，旨在为中小微企业提供全方位的金融服务，以促进中小微企业的健康、稳定发展，进而推动我国经济的持续增长和创新发展。

（一）中小微企业金融政策

为有效缓解中小微企业融资难题，增强中小微企业对金融服务的可得性、便捷性，切实有效降低中小微企业融资成本、拓宽融资渠道、创新融资方式，我国政府部门先后出台了一系列的中小微企业金融政策，其中包括中小微企业金融服务政策、货币政策、信贷政策、债券政策、股权融资政策、增信担保（保险）政策、财政补贴政策、税收优惠政策等。本书结合中国人民银行发布的《中国货币政策大事记》（2003～2022 年）整理如下。

1998 年，中国人民银行发布的《关于进一步改善对中小企业金融服务的意见》（银发〔1998〕278 号）明确指出，中小企业是我国国民经济的有机组成部分，包括国有中小企业、城镇集体企业、乡镇企业、私营企业和个体企业。为了提升对中小企业的金融服务水平，各商业银行和信用社需积极调整信贷结构，改进金融服务，并加强信贷管理。

2006 年 12 月，中国人民银行印发《关于中小企业信用担保体系建设相关金融服务工作的指导意见》（银发〔2006〕451 号），要求鼓励和支持中小企业发展，加大金融产品和服务方式创新，做好中小企业信用担保体系建设等相关金融服务工作。

2010 年 6 月，根据《中华人民共和国中小企业促进法》《国务院关于进一步促进中小企业发展的若干意见》《国务院关于鼓励和引导民间投资健康发展的若干意见》等国家法律法规和政策，中国人民银行联合银监会、证监会、保监会三家金融系统监管部门发布了《关于进一步做好中小企业金融服务工作的若干意见》（银发〔2010〕193 号）。该意见从以下六个方面提出了具体要求：一是推动中小企业信贷管理制度改革创新；二是建立健全中小企业金融服务多层次金融组织体系；三是拓宽符合中小企业资金需求特点的多元化融资渠道；四是大力发展中小企业信用增强体系；五是多举措支持中小企业"走出去"开拓国际市场；六是加强部门协作和监测评估机制建设。

2011 年 7 月，中国人民银行发布的《关于开展中小企业信贷政策导向效果评估的通知》（银发〔2011〕185 号）要求，自 2011 年起，中国人民银行各分支机构应对省级及省级以下金融机构开展中小企业信贷政策导向效果评估。通过效果评估促进金融机构进一步优化和提升对中小企业的金融服务综合水平，从而增强中小企业信贷政策的实施效果。

2013 年 2 月，中国人民银行办公厅出台《关于做好 2013 年信贷政策工作的意见》（银办发〔2013〕26 号），要求加强对"三农"、中小企业等方面的金融服务工作；6 月，为贯彻落实国务院关于金融支持经济结构调整和转型升级政策措施的工作部署，引导信贷资金进一步支持实体经济，中国人民银行增加再贴现额度 120 亿元，为符合宏观审慎要求的金融机构提供流动性，支持金融机构扩大对小微企业和"三农"的信贷投放；8 月，国务院办公厅印发《关于金融支持小微企业发展的实施意见》（国办发〔2013〕87 号），从八个方面提出要求，旨在进一步做好小微企业金融服务工作，全力支持小微企业良性发展。12 月，中国人民银行发布《关于金融债券专项用于小微企业贷款后续监督管理有关事宜的通知》（银发〔2013〕318 号），确保商业银行发行金融债券所募集资金用于小微企业贷款。

2014 年 1 月，为贯彻落实 2014 年中国人民银行工作会议精神，充分发挥信贷政策的导向作用，中国人民银行办公厅印发《关于做好 2014 年信贷政策工作的意见》（银办发〔2014〕23 号）。该意见要求加大对"三农"、小微企业等经济主体的信贷支持力度，提升金融服务水平。2 月，中国人民银行办公厅印发《关于做好 2013 年度涉农和小微企业信贷政策导向效果评估有关事项的通知》（银办发〔2014〕36 号），该通知将中小企业信贷政策导向效果评估调整为小微企业信贷政策导向效果评估，旨在提升评估工作的针对性和有效性，进一步鼓励和引导金融机构优化对小微企业、"三农"的信贷支持。3 月，中国人民银行发布了《关于开办支小再贷款　支持扩大小微企业信贷投放的通知》（银发〔2014〕90 号），决定在信贷政策支持再贷款类别下创设支小再贷款，在全国范围内下达 500 亿元的支小再贷款额度，专门用于鼓励金融机构加大对小微企业信贷投放力度。6 月，中国人民银行下发通知，自 2014 年 6 月 16 日起，对符合审慎经营要求并达到"三农"和小微企业贷款一定比例的商业银行（除 4 月 25 日已下调过准备金率的金融机构外），将下调其人民币存款准备金率 0.5 个百分点。12 月，中国人民银行印发了《关于完善信贷政策支持再贷款管理　支持扩大"三农"、小微企业信贷投放的通知》（银发〔2014〕396 号），对信贷政策支持再贷款的发放条件进行调整，即下调了支农、支小再贷款利率，明确了量化标准，从而全面规范和完善了信贷政策支持再贷款业务管理。

2015 年，为进一步提升金融机构在支持结构调整方面的能力，中国人民银行决定在 2 月实施一系列政策措施。为加大对小微企业、"三农"以及重大水利工程建设的支持力度，再次下调金融机构人民币存款准备金率。具体来说，对于小微企业贷款占比达到定向降准标准的城市商业银行、非县域农村商业银行，将额外降低其人民币存款准备金率 0.5 个百分点。同时，对中国农业发展银行，还将额外降低其人民币存款准备金率 4 个百分点。6 月，中国人民银行再次针对金融机构实施了定向降准政策。对于"三农"或小微企业贷款达到定向降准标准的国有大型商业银行、股份制商业银行、外资银行，降低其存款准备金率 0.5 个百分点。10 月，为加大金融支持"三农"和小微企业的正向激励，对于符合标准的金融机构，中国人民银行又一次下调其人民币存款准备金率——额外降低其存款准备金率 0.5 个百分点。

2016 年 7 月，中国人民银行、财政部、人力资源和社会保障部联合发布《关于实施创业担保贷款支持创业就业工作的通知》（银发〔2016〕202号），将小额担保贷款政策调整为创业担保贷款政策，扩大贷款对象范围，统一贷款额度，调整贷款期限，以支持大众创业、万众创新。

2017 年 5 月，中国人民银行联合工信部、财政部等六个部委发布了《小微企业应收账款融资专项行动工作方案（2017—2019 年）》（银发〔2017〕104 号），旨在通过改善和完善应收账款融资机制，有效盘活小微企业存量资产，缓解小微企业融资约束。9 月，国务院常务会议提出一系列措施，包括减税、定向降准等五项举措，旨在激励金融机构进一步加强对小微企业的支持。为落实这一目标，会议决定 2017 年 12 月 1 日至 2019年 12 月 31 日，将金融机构利息收入免征增值税政策的范围扩大至小微企业和个体工商户，同时将享受免税的贷款额度上限从单户授信 10 万元提升至 100 万元。此外，还决定将小微企业借款合同免征印花税、月销售额不超过 3 万元的小微企业免征增值税等两项政策的优惠期限延长至 2020 年。

2018 年 4 月，中国人民银行决定下调大型商业银行、股份制商业银行、城市商业银行、非县域农村商业银行和外资银行人民币存款准备金率 1 个百分点，用以置换中期借贷便利，促进金融机构加大对小微企业的融资支持。6 月，中国人民银行做出重要决策——适度扩大中期借贷便利（MLF）的担保品范围。这一决策将不低于 AA 级的小微、绿色和"三农"金融债券，以及 AA+、AA 级公司信用类债券、优质的小微企业贷款和绿色贷款都纳入了 MLF 的担保品范围。此后，中国人民银行联合银保监会、证监会、国家发展改革委、财政部共同发布了《关于进一步深化小微企业金融服务的意见》（银发〔2018〕162 号）。其中提出了 8 个方面、23 条政策措施，旨在改进和优化小微企业的金融服务，提升其融资的可得性和精准度。同时，中国人民银行办公厅也发布了《关于加大再贷款再贴现支持力度 引导金融机构增加小微企业信贷投放的通知》（银办发〔2018〕110号）。这份通知进一步完善了信贷政策支持的再贷款、再贴现管理，将不低于 AA 级的小微、绿色和"三农"金融债券，以及 AA+、AA 级公司信用类债券纳入了信贷政策支持的再贷款和常备借贷便利（SLF）的担保品范围，同时还增加了再贷款和再贴现的额度 1500 亿元，以支持金融机构扩大对小微信贷的投放。7 月，中国人民银行决定下调大型商业银行、股份制商业银行、城市商业银行、非县域农村商业银行和外资银行人民币存款准备金率 0.5 个百分点，以支持市场化、法治化的"债转股"和小微企业的融资。10 月，中国人民银行决定降低大型商业银行、股份制商业银行、城市商业银行、非县域农村商业银行和外资银行的人民币存款准备金率 1 个百分点。这一举措旨在置换其从中国人民银行借入的中期借贷便利（MLF），并以此促进其进一步满足小微企业、民营企业和创新型企业的融资需求。为了确保这一政策的有效实施，中国人民银行同时发布了《关于加大支小再贷款再贴现支持力度　引导金融机构增加小微企业和民营企业信贷投放的通知》（银发〔2018〕259 号）。这份通知明确指出，将增加再贷款和再贴现额度 1500 亿元，以激励金融机构加大对小微企业和民营企业的信贷投放力度。12 月，中国人民银行发布了《关于设立定向中期借贷便利　支持小微企业和民营企业融资的通知》（银发〔2018〕337 号），进一步明确了定向中期借贷便利的设立细节，以更好地满足小微企业和民营企业的融资需求。

2019 年 6 月，中国人民银行联合银保监会发布《中国小微企业金融服务报告（2018）》，这是我国政府相关部门首次公开发布的小微企业金融服务白皮书。

2020 年 6 月，在《关于进一步做好中小企业金融服务工作的若干意见》发布 10 周年之际，中国人民银行联合银保监会、国家发展改革委、工信部、财政部、市场监管总局、证监会、外汇局七个部委印发了《关于进一步强化中小微企业金融服务的指导意见》（银发〔2020〕120 号）。该指导意见从 7 个方面提出了 30 条具体措施，涵盖了货币、信贷、金融科技、财税、政府性融资担保信用体系、直接融资市场、地方征信平台和中小企业融资综合信用服务平台、风险补偿机制等方面。同时，为了进一步支持中小微企业，中国人民银行还会同相关部门印发了《关于进一步对中小微企业贷款实施阶段性延期还本付息的通知》（银发〔2020〕122 号）、《关于加大小微企业信用贷款支持力度的通知》（银发〔2020〕123 号）以及单独发布了《关于普惠小微企业贷款延期支持工具有关事宜的通知》（银发〔2020〕124 号）和《关于普惠小微企业信用贷款支持计划有关事宜的通知》（银发〔2020〕125 号）。此外，还决定从 2020 年 7 月 1 日起下调再贷款、再贴现利率，其中下调支农再贷款、支小再贷款利率0.25个百分点。在后续的政策实施中，中国人民银行办公厅于8月印发了《关于落实好中小微企业贷款延期还本付息和小微企业信用贷款支持政策的通知》（银办发〔2020〕129号）。12月，中国人民银行会同银保监会、财政部、国家发展改革委、工信部印发了《关于继续实施普惠小微企业贷款延期还本付息政策和普惠小微企业信用贷款支持政策有关事宜的通知》（银发〔2020〕324号），将普惠小微企业贷款延期还本付息政策和普惠小微企业信用贷款支持政策的实施期限延长至2021年3月31日。

2021年，为了进一步支持中小微企业的发展，中国人民银行联合银保监会、财政部、国家发展改革委、工信部发布了《关于进一步延长普惠小微企业贷款延期还本付息政策和信用贷款支持政策实施期限有关事宜的通知》（银发〔2021〕81号），进一步延长普惠小微企业贷款延期还本付息政策和普惠小微企业信用贷款支持政策的实施期限（至2021年底）。6月，中国人民银行发布了《关于深入开展中小微企业金融服务能力提升工程的通知》（银发〔2021〕176号），以推动提升中小微企业的金融服务能力。9月，中国人民银行印发了《关于新增3000亿元支小再贷款额度 支持地方法人金融机构向小微企业和个体工商户发放贷款有关事宜的通知》（银发〔2021〕224号），向全国新增支小再贷款额度3000亿元，以引导地方法人金融机构加大对小微企业和个体工商户的贷款投放力度，降低融资成本。12月，为了进一步支持小微企业的发展，中国人民银行决定下调支农再贷款、支小再贷款利率0.25个百分点，并印发了《关于两项直达货币政策工具转换和接续 持续支持小微企业发展有关事宜的通知》（银发〔2021〕344号），将两项直达实体经济的货币政策工具接续转换为市场化政策工具，持续支持小微企业发展。

2022年4月，中国银保监会办公厅发布了《关于2022年进一步强化金融支持小微企业发展工作的通知》，提出了21项具体举措，旨在持续改进小微企业金融供给、提高信贷资源配置效能、强化对重点领域和薄弱环节小微企业的金融支持、做实服务小微企业的专业机制提升综合金融服务能力、推动加强信用信息共享应用促进小微企业融资，以及监管靠前担当作为凝聚合力强化支持保障。5月，中国人民银行发布了《关于推动建立金融服务小微企业敢贷愿贷能贷会贷长效机制的通知》，着力提升金融机构服务小微企业等市场主体的意愿、能力和可持续性。此外，财政部也发布《关于发挥财政政策引导作用支持金融助力市场主体纾困发展的通知》（财金〔2022〕60号），旨在从发挥政府性融资担保机构增信作用、加大创业担保贷款贴息力度，以及落实中央财政支持普惠金融发展示范区奖补政策等6个方面支持和促进金融服务中小微企业的发展。9月，中国人民银行联合国家发展改革委、财政部、审计署、银保监会发布了《关于设立设备更新改造专项再贷款有关事宜的通知》，引导金融机构在自主决策、自担风险的前提下，向制造业、社会服务领域和中小微企业、个体工商户等设备更新改造提供贷款。11月，中国人民银行发布了《关于支持金融机构对普惠小微贷款阶段性减息有关事宜的通知》，对相关金融机构于2022年第四季度对普惠小微贷款实施的减息金额给予等额资金激励；同时还联合银保监会、财政部、国家发展改革委、工信部、市场监管总局等六部门联合发布了《关于进一步加大对小微企业贷款延期还本付息支持力度的通知》，鼓励银行业金融机构对2022年第四季度到期的小微企业贷款按市场化原则延期还本付息。

2023年11月，中国人民银行联合金融监管总局、证监会、外汇局、国家发展改革委、工信部、财政部和全国工商联印发了《关于强化金融支持举措　助力民营经济发展壮大的通知》。该通知从7个方面提出了25项具体措施，旨在保障和促进中小微企业金融服务的有效落地和健康发展。这些措施涵盖了加大信贷支持力度、优化融资担保服务、推动金融机构服务创新、加强政策协调和信息共享等多个方面，以进一步推动民营经济的发展壮大。

除上述政策文件外，自2015年以来，国家金融监督管理总局（原银监会、原保监会、原银保监会）作为我国银行业金融监管部门，已累计发布了20余项政策文件，以促进我国银行业为中小微企业提供优质、便捷、可得的普惠金融服务。这些措施的实施，将有助于推动我国普惠金融的高质量发展，为中小微企业提供更加便捷、高效、安全的金融服务，以促进我国经济的持续健康发展。

同时，为贯彻落实上述文件精神，国家其他相关政府部门和地方政府部门也发布了一系列配套政策文件，以推动中小微企业金融服务体系建设与落地。例如，2023年7月，工信部、中国人民银行、国家金融监督管理总局、证监会、财政部联合印发了《关于开展"一链一策一批"中小微企业融资促进行动的通知》（工信部联企业函〔2023〕196号）。

2023年10月，国务院发布了《关于推进普惠金融高质量发展的实施意见》（国发〔2023〕15号），从11个方面提出35项具体措施，旨在进一步促进中小微企业金融服务的优化和完善。这些措施包括优化普惠金融重点领域产品服务、健全多层次普惠金融机构组织体系、完善高质量普惠保险体系、提升资本市场服务普惠金融效能、有序推进数字普惠金融发展，以及提升普惠金融法治水平、优化普惠金融发展环境、加强组织保障等。

（二）银行业金融机构

根据2023年中央金融工作会议的要求，我国各银行业金融机构正积极构建现代化金融机构和市场体系。在此背景下，我国的中小微企业金融服务得到了进一步优化。提供金融服务的银行业金融机构包括国有大型银行（如工商银行、农业银行、中国银行、建设银行、交通银行、邮储银行）、股份制银行（如招商银行、浦发银行、中信银行、光大银行、华夏银行、民生银行、广发银行、兴业银行、平安银行、浙商银行、恒丰银行、渤海银行等）、城市商业银行（如杭州银行、海峡银行、厦门银行等）、农村商业银行（农村信用合作社）以及村镇银行。此外，政策性银行（如国家开发银行、中国进出口银行、中国农业发展银行）也在为中小微企业提供金融服务方面发挥了重要作用。

其中工商银行、农业银行、中国银行、建设银行、交通银行、邮储银行等国有大型银行，积极响应国家政策，发挥自身优势，为中小微企业提供全方位的金融服务。自2017年以来，工、农、中、建四大国有商业银行均在总行层级设立了普惠金融事业部。这些银行不仅提供了传统金融服务，还积极探索新的服务模式，如供应链金融、互联网金融等，以满足中小微企业的多样化需求。

股份制银行也在普惠金融领域发挥着重要作用。招商银行、浦发银行、中信银行等股份制银行，通过创新金融产品和服务，为中小微企业提供更加灵活、便捷的金融服务。同时，这些银行还积极与科技公司合作，利用大数据、人工智能等技术手段，提高金融服务效率和质量。

城市商业银行和农村商业银行是地方金融体系的重要组成部分，也是为中小微企业提供金融服务的重要力量。这些银行在服务本地中小微企业方面具有天然优势，能够更好地了解当地市场需求和风险情况，为本地中小微企业提供更加精准的金融服务。

村镇银行则是近年来新兴的一种金融机构，主要服务于农村和偏远地区的中小微企业和个人。这些银行通过创新金融产品和服务模式，为当地经济发展提供了有力的支持。

政策性银行在普惠金融领域也发挥着重要作用。国家开发银行、中国进出口银行、中国农业发展银行等政策性银行，通过为中小微企业提供低利率、长周期的贷款和其他金融支持，促进其经济发展和转型升级。

在未来的发展中，我国银行业金融机构将继续深化改革和创新，构建更加完善的现代金融机构和市场体系，为中小微企业提供更加优质、便捷的金融服务。同时，监管部门也将加强监管和引导，促进银行业金融机构更加稳健、可持续地发展。

（三）非银行业金融机构

非银行业金融机构在广义上涵盖了多个领域，包括但不限于股权交易所（中小板、创业板、科创板、"新三板"）、证券公司（包括投资银行）、基金公司（包括公募和私募）、信托公司、创投机构、金融资产管理公司、财务公司、第三方支付公司、金融租赁公司、汽车金融公司、货币经纪公司、消费金融公司、小额贷款公司、融资担保公司（政府性融资担保公司和商业融资担保公司）、区域性股权市场、典当行、融资租赁公司、商业保理公司、地方资产管理公司，以及从事权益类和大宗商品类交易的交易场所等。

在狭义上，根据国家金融监督管理总局 2023 年 10 月 9 日公布的《非银行金融机构行政许可事项实施办法》的相关规定，经国家金融监督管理总局批准设立的金融资产管理公司、企业集团财务公司、金融租赁公司、汽车金融公司、货币经纪公司、消费金融公司、境外非银行金融机构驻华代表处等机构也被纳入非银行业金融机构的范畴。

此外，根据福建省 2022 年 5 月 27 日发布的《福建省地方金融监督管理条例》，地方金融组织，包括小额贷款公司、融资担保公司、区域性股权市场、典当行、融资租赁公司、商业保理公司、地方资产管理公司、从事权益类和大宗商品类交易的交易场所以及法律、行政法规和国务院授权地方人民政府监督管理的从事金融活动的其他组织也被认为是非银行业金融机构的一部分。

根据当前实际情况，上述非银行金融机构多数以为中小微企业提供金融服务为主，个别是以个人为服务对象，如汽车金融公司、消费金融公司、典当行；还有个别是为其他金融机构或大型企业提供服务的，如财务公司、货币经纪公司、金融资产管理公司、地方资产管理公司。这些机构在推动我国金融市场的发展和满足社会各界的金融需求方面发挥了积极的作用。

（四）金融科技

金融科技是在 5G 网络的基础上，通过深度融合大模型、深度算法、大数据、云存储和云计算、物联网等新兴信息技术，与传统金融产品和服务紧密结合，实现金融产品和服务的突破性创新和不断迭代，以满足不同群体对金融服务的需求。这种创新不仅满足了普惠金融复杂、多样的需求，还促进了中小微企业金融服务体系的数字化和智能化发展。

首先，金融科技通过实现产品个性化与定制化，满足各群体的差异化需求。大数据和人工智能技术能够深度洞察不同客户特征与需求变化，从而开发出个性化的产品方案，有助于解决中小微企业的融资难题。

其次，金融科技的应用实现了对中小微企业经营情况及有关资信的获取，较好地解决了金融机构向其放贷存在的信息不对称问题。这不仅有助于解决中小微企业的融资难题，还有利于促进区域经济和新兴产业的高质量发展。通过运用金融科技搭建金融服务云平台，整合各方资源，发挥各类金融工具的最大效用，促进区域金融服务的平台化和数字化转型升级，提升了区域金融资源配置效率，有效缓解了各类经济主体的融资约束，促进了企业创新和高质量发展。例如全国"信易贷"平台、福建省"金服云"平台、厦门"中小在线"平台等。

最后，金融科技的应用还扩展了监管红利。一方面，通过大数据、云计算、人工智能等技术手段，可以实现传统金融业务流程重构与优化。数据技术可消除隔离的数据岛和重复作业，帮助金融机构建立客户分类与风险评估模型，实现精准识别与管控，满足监管要求。另一方面，在强化风险防范的同时，创新业务、实现新收入来源。实现监管技术与商业技术深度融合，满足监管目的与推动业务变革，实现了商业目的与监管目的的统一。

总的来说，金融科技通过深度融合各类新兴技术与传统金融业务，推动了金融产品和服务的创新以及中小微企业金融服务体系的发展和转型升级。同时，也促进了区域经济和新兴产业的高质量发展以及监管红利的扩展。这些创新不仅有助于满足不同群体对金融服务的需求，还有利于科技创新、产业发展和稳定就业。

2019 年，中国人民银行公布了首轮金融科技发展规划——《金融科技（FinTech）发展规划（2019—2021 年）》，金融科技行业得到了迅速的发展。这一发展为中小微企业、"三农"等经济主体提供了全新、高效的融资方案和途径，有效缓解了其融资约束，进一步促进了区域经济高质量发展、科技创新和产业升级。2022 年 1 月，中国人民银行发布了《金融科技发展规划（2022—2025 年）》，明确将金融科技创新作为重点，加强数据赋能，推动我国金融科技从"立柱架梁"阶段向"积厚成势"阶段跃迁。该规划期望在 2025 年实现金融科技的全面突破和核心竞争力的显著提升。

金融科技（Financial Technology，FinTech）强调金融和科技的结合，是指新技术带来的金融创新。它以科技为核心，通过应用新的科技成果来改造或创新金融产品、经营模式和业务流程，以推动金融发展提质增效。在应用和发展金融科技的过程中，仍需遵循金融市场的基本规律。金融科技产业链大致分为三层：基础设施、技术支持和产品应用。上游的基础设施层主要包括人工智能、大数据、云计算、区块链等前端技术。中游的技术支持层主要提供应用技术方案支持，如智能营销、智能客户服务、智能风险控制、智能投资咨询、智能支付等。下游的产品应用层则根据提供的金融服务类型划分为不同的金融领域，如第三方支付、投资、融资、保险等。产品应用层通过对接消费者，打通客户需求与产品供给。

此外，2022 年 1 月，银保监会发布了《关于银行业保险业数字化转型的指导意见》，强调要大力推进业务经营管理数字化转型，积极发展产业数字金融，推进个人金融服务数字化转型，加强金融市场业务数字化建设。

2023 年 6 月，中国人民银行福州中心支行、福建省地方金融监督管理局、福建省数字福建建设领导小组办公室联合发布了《福建省金融科技发展行动计划（2023—2025年）》，提出从完善产业配套服务体系、培育金融科技领军企业以及强化核心技术自主创新三个方面，打造金融科技产业集群。

（五）金融基础设施

金融基础设施是我国金融市场的核心支柱，对于服务实体经济、防控金融风险以及保障金融市场的安全高效运行和整体稳定具有至关重要的作用。对于中小微企业而言，金融基础设施更是其获取金融服务的关键环节。因此，完善金融基础设施不仅是我国现代中央银行制度的重要工作要求，也是促进中小微企业健康发展的重要保障。

在狭义层面上，金融基础设施仅指为各类金融活动提供基础性公共服务的系统。而在广义层面上，金融基础设施的范畴还涵盖了金融活动的相关制度安排，例如法律、会计和监管制度等。在我国，金融基础设施的统筹监管范围包括金融资产登记托管系统、清算结算系统（含开展集中清算业务的中央对手方）、交易设施、交易报告库、重要支付系统、基础征信系统等六类设施及其运营机构。这些设施及其运营机构在金融活动中发挥着至关重要的作用，为金融市场的稳定运行提供了有力保障。

金融基础设施对中小微企业在金融市场的成功介入、融资便利、交易顺畅以及风险降低等方面具有至关重要的作用。完善的金融基础设施能促使银行和其他金融机构更精确地评估中小微企业的信用风险，从而为其提供更多的贷款机会。高效的支付和清算系统可以降低交易成本，提升资金使用效率，使中小微企业获得实际利益。

为强化金融基础设施的构建，实现重要金融基础设施的统一监管，并提高对实体经济的服务水平和增强有效防控金融风险的能力，中国人民银行联合国家发展改革委、财政部、银保监会、证监会、外汇局制定了《统筹监管金融基础设施工作方案》。同时，在2020年底发布的《中国人民银行法（修订草案征求意见稿）》中提出，由中国人民银行"牵头负责重要金融基础设施建设规划并统筹实施监管"。

此外，为推动解决中小微企业融资中普遍存在的信息获取难题，构建新型金融基础设施、完善融资支持体系，2021年12月，国务院办公厅印发了《加强信用信息共享应用促进中小微企业融资实施方案》。

地方政府也纷纷出台相关政策举措，以促进金融基础设施的建设。以福建省为例，2021 年 7 月，福建省人民政府发布了《福建省促进金融业加快发展若干措施的通知》（闽政〔2021〕13 号），旨在完善金融基础设施，包括探索建立绿色金融标准体系、推动金融科技与政务平台融合等措施。"金服云"是福建省重要的金融基础设施，在服务中小微企业方面发挥了关键作用。据报道，截至 2023 年底，"金服云"平台已累计解决企业融资需求 3200 亿元以上，① 彰显了金融基础设施在促进中小微企业发展中的关键作用。

总之，随着经济发展和市场化程度的提高，中小微企业在国民经济中的地位和作用日益凸显，其在促进经济增长、缓解就业压力、推动科技创新等方面的重要作用不容忽视。而完善的金融基础设施对于中小微企业的健康发展具有至关重要的作用。通过强化金融基础设施的建设和监管，提升其为实体经济服务的综合水平和有效预防金融风险的综合能力，有助于推动中小微企业健康发展。

第二节　中小微企业金融服务最新动态

一　政策引导力度逐渐加大，普惠金融成效显著

2023 年 10 月，国务院发布了《关于推进普惠金融高质量发展的实施意见》，明确未来五年普惠金融发展的指导思想、基本原则和主要目标，并提出了多项政策举措，旨在促进普惠金融的"增效提质"，实现高质量发展，更好地满足中小微企业等经济主体的金融需求。普惠金融旨在为弱势群体和中小企业提供平等、公正的金融服务，是金融业可持续发展的重要方向。然而，政策引导力度不足、普惠金融成效不显著等问题一直阻碍着普惠金融的发展。

早在 1998 年，中国人民银行就已分别发布《关于进一步改善对中小企业金融服务的意见》和《关于加强和改进对小企业金融服务的指导意见》。学术界也开展了深入的研究，如 2011 年出版的《中国金融政策报告

---

① 《福建日报：普惠金融新生态加速形成》，"福建省金融投资有限公司"微信公众号，2024 年 1 月 5 日，https：//mp. weixin. qq. com/s/amZyhPVo2GgGlayIhK39eA，最后访问日期：2024 年 3 月 10 日。

2011》全面、准确地反映了中国金融政策领域的年度重大主题和政策动态。在《中国金融政策报告 2023》中以主题报告和动态报告两种形式，全面分析了 2022 年度中国金融政策的动态和趋势。

随着时间推移，政策环境的变化和市场的需求都要求普惠金融服务的升级和改进。2015 年 3 月，银监会印发了《关于 2015 年小微企业金融服务工作的指导意见》，明确了金融机构服务小微企业的工作目标，从机构建设、考核机制、金融创新等方面进行了部署，要求金融机构努力实现"三个不低于"，进一步优化小微企业服务，助力小微企业发展。这一政策的出台，标志着普惠金融开始进入全面推进和重点突破的阶段。

为进一步提升 2023 年小微企业金融服务质量，国家金融监督管理总局于 4 月发布《关于 2023 年加力提升小微企业金融服务质量的通知》。该通知强调，金融机构需要进一步优化小微企业信贷结构，并重点支持无贷款记录的小微企业（"首贷户"），以扩大服务覆盖面。同时，该通知要求完善小微企业服务定价机制，依据贷款市场报价利率（LPR）和小微企业客群特性，合理制定贷款利率。政策的出台，将有力推动普惠金融服务的发展，为小微企业提供更为全面、高效的金融服务。

截至 2023 年 8 月，全国乡镇保险服务和大病保险已实现全覆盖，农业保险也已延伸至农林牧渔各领域。银行机构网点已覆盖全国 97.9% 的乡镇，全国小微企业贷款余额达 67.7 万亿元，涉农贷款余额 55.0 万亿元。普惠型小微企业贷款余额为 27.4 万亿元，近五年年均增速约 25%。此外，为支持脱贫人口，我国推出了利率优惠、财政贴息的脱贫人口小额信贷（原扶贫小额信贷），累计发放金额超过 9600 亿元，惠及 2300 多万户次。[①]这些数据充分表明，在政策引导力度不断加大的情况下，普惠金融取得了显著成效，为实体经济的稳定发展提供了强有力的支撑。

以福建为例，自 2014 年 12 月由福建省外经贸厅、省财政厅设立实施外贸企业"助保贷"政策以来，至 2022 年底省商务厅（原省外经贸厅）继续联合省财政厅、省金融监管局、省台港澳办等部门，推出了"商贸贷""外贸贷""台企快服贷"等多款商贸流通型中小微企业贷款扶持政

---

① 《我国普惠金融发展取得积极成效》，中国政府网，2023 年 10 月 12 日，https://www.gov.cn/lianbo/bumen/202310/content_6908582.htm，最后访问日期：2023 年 11 月 15 日。

策；2018 年由福建省科技厅牵头，联合省工信厅、省金融办、省财政厅设立的"科技贷"政策，截至 2023 年底累计发放贷款超 300 亿元。2020 年 5 月，福建省财政厅、省地方金融监督管理局印发了《省级政策性优惠贷款风险分担资金池资金管理办法》，设立规模为 10 亿元的省级政策性优惠贷款风险分担资金池。风险资金池资金来源包括根据《福建省人民政府关于进一步推进创新驱动发展七条措施的通知》（闽政〔2018〕19 号）规定安排的专项补偿资金；"助保贷"政策到期收回资金；从省级融资担保专项资金中整合代偿补偿等相关资金；采用"省级+市县+金融机构"，政府性融资担保方式参与风险分担的其他资金。[①] 2020 年 3 月，厦门市由市、各区（管委会）、合作银行共同设立了 16 亿元增信基金。[②] 通过设立"中小微企业融资增信基金"，增强融资普惠性，打造"财政政策+金融工具"升级版，扩大财政补助乘数效应，撬动金融资金"精准滴灌"，不仅有效纾解企业流动性困难，更为激发市场活力提供有力支撑（张华迎，2024）。

二　政府引导基金规模持续增长，促进科技创新与产研融合

党的二十大报告强调："必须坚持科技是第一生产力、人才是第一资源、创新是第一动力，深入实施科教兴国战略、人才强国战略、创新驱动发展战略，开辟发展新领域新赛道，不断塑造发展新动能新优势。"政府促使基金发挥财政金融的杠杆和引导作用，带动社会资本投早、投小、投新、投尖，为科技创新和产业转型升级提供增长动能，在促进科技创新和高端产业链的形成和发展中起着"引导器"、"助推器"和"稳定器"的作用，为创新企业、科研机构加快抢占高技术产业制高点、突破原始科技创新持续提供多元资源支撑。

早在 1986 年，国家科委和财政部联合几家股东设立了中国创业风险投资公司，该公司的成立标志着我国政府股权投资引导基金进入尝试阶段；

---

① 《福建省财政厅 福建省地方金融监督管理局关于印发〈省级政策性优惠贷款风险分担资金池资金管理办法〉的通知》，福建省财政厅，2020 年 6 月 3 日，https://czt.fujian.gov.cn/zwgk/czzj/202005/t20200515_5290191.htm，最后访问日期：2023 年 10 月 18 日。

② 《厦门市设立融资增信基金　助力中小微企业信用融资》，中国政府网，2020 年 3 月 30 日，https://www.gov.cn/xinwen/2020-03/30/content_5497133.htm#：~：text，最后访问日期：2024 年 1 月 13 日。

我国政府引导基金的序幕自 2002 年起被拉开——中关村创业投资引导资金正式设立。2005 年 11 月，国家发展改革委等十部委联合颁布了《创业投资企业管理暂行办法》，该办法的出台，从国家层面确立了政府引导基金的地位，使政府引导基金从地方试点走向了规范运作。2008 年 10 月，国务院办公厅转发了国家发展改革委等部门出台的《关于创业投资引导基金规范设立与运作的指导意见》（国办发〔2008〕116 号），明确了引导基金是由政府设立并按市场化方式运作的政策性基金，主要通过扶持创业投资企业发展，引导社会资金进入创业投资领域。该指导意见的发布标志着我国政府引导基金进入了规范设立与运作的轨道。2015 年 11 月，财政部发布《政府投资基金暂行管理办法》（财预〔2015〕210 号），该办法将当前的创业投资引导基金、股权投资引导基金、产业投资引导基金和 PPP 引导基金等各类政府引导基金囊括在内。使政府引导基金从最初的扶持创业投资业发展转型为支持各类重点领域和薄弱环节的资金。国家发展改革委于 2022 年 10 月印发了《国家发展改革委关于进一步完善政策环境加大力度支持民间投资发展的意见》（发改投资〔2022〕1652 号），旨在通过政府引导基金，进一步加大对民间投资项目的支持力度。

根据投中网的数据，截至 2022 年底，各级政府共设立了 1531 只政府引导基金，其自身规模累计达到 27378 亿元。在 2022 年，新增的省级政府引导基金规模为 1343 亿元，相较于 2021 年增长了 19.81%；新增的市级政府引导基金规模为 1004 亿元，相较于 2021 年下降了 12.62%；新增的区县级政府引导基金规模为 366 亿元，相较于 2021 年增长了 53.87%。[1] 此外，由科技部牵头的国家科技成果转化引导基金已设立了 36 只子基金，这些子基金在项目层面带动了社会资本投资超过 1000 亿元，放大了 18 倍的投资效果。已投资的企业中，中小微企业占比超过 90%，已有 36 家企业成功在科创板上市。[2]

政府股权投资引导基金是一项重要的政策性金融工具，促进了产业结

---

① 《2022 年政府引导基金专题研究报告》，"投中网"百家号，2023 年 1 月 18 日，https://baijiahao.baidu.com/s? id = 1755330245396100410&wfr = spider&for = pc，最后访问日期：2024 年 6 月 27 日。

② 《让创新的种子竞相萌发》，网易网，2023 年 10 月 9 日，https://www.163.com/dy/article/IGJR0CO40514R9NP.html，最后访问日期：2024 年 6 月 27 日。

构调整和优化转型升级，具有资本引导效应、创业创新引导效应、产业引导效应等多重引导效应，对产业链的形成与发展起着重要推动作用。但整体来看，我国政府股权投资引导基金仍存在募资难、期限错配、运营能力弱、效率低下、内部治理机制不健全、各方利益有待平衡、项目选择不当或缺乏市场导向等问题。这些问题的存在制约着政府股权投资引导基金"引导"作用的发挥，使众多科技型中小微企业及创业者无法真正享受到政府股权投资引导基金的红利，导致其依然面临融资难、融资贵的问题。

以厦门为例，2022 年 3 月，厦门市科技局和市财政局制定并发布了《厦门市科技创新创业引导基金管理办法》，该办法在融合了《厦门市科技成果转化与产业化基金办法》（厦科规〔2020〕6 号）、《厦门市科技创业种子暨天使投资基金管理暂行办法》（厦科联〔2017〕57 号）的基础上，优化了操作细则，通过建立"尽职免职"、"容错机制"和"监督与绩效考核"、"让利"等方式，进一步明确了引导基金"投小、投早、投新"，打造"财政政策+金融工具"升级版（张华迎，2024）。

三　政府性融资担保体系不断完善，助力支小支农支新

政府性融资担保是解决中小微企业融资约束的一项十分重要且有效的政策性金融工具，在国际上得到广泛的认可。为加快推动构建符合我国国情和社会主义市场经济发展特点的政策性融资担保体系，2015 年 8 月，国务院印发了《关于促进融资担保行业加快发展的意见》（国发〔2015〕43 号），该意见从五个方面提出了具体的工作举措，即发挥政府支持作用，提高融资担保机构服务能力；发挥政府主导作用，推进再担保体系建设；政银担三方共同参与，构建可持续银担商业合作模式；有效履行监管职责，守住风险底线；加强协作，共同支持融资担保行业发展。从而实现通过促进政策性融资担保体系的构建和发展，发挥政策性融资担保的增信和桥梁作用，为小微企业、战略性新兴产业、创新创业主体和"三农"解决融资约束问题。

2018 年 7 月，由财政部联合工行、农行、中行、建行、交行等 20 家银行及金融机构共同发起成立国家融资担保基金，首期注册资本 661 亿元。国家融资担保基金坚持准公共定位，按照"政策性导向、市场化运作、专业化管理"的运行模式，通过再担保风险、股权投资等方式，推进和支持

政府性融资担保体系建设。国家融资担保基金是党中央、国务院为破解小微企业和"三农"融资难、融资贵问题，支持实体经济发展做出的重大决策和战略部署。

2019 年 2 月，国务院办公厅正式发布《关于有效发挥政府性融资担保基金作用切实支持小微企业和"三农"发展的指导意见》（国办发〔2019〕6 号），明确要求政府性融资担保机构应坚守准公共定位，弥补市场不足，为缺乏信息和信用的小微企业和"三农"主体提供增信，着力解决其融资难、融资贵甚至融不到资的问题。2020 年，财政部出台《政府性融资担保、再担保机构绩效评价指引》（财金〔2020〕31 号），银保监会印发《融资担保公司非现场监管规程》（银保监发〔2020〕37 号），这一系列政策的密集出台，为政府性融资担保体系的快速形成和可持续发展创造了有利的政策环境。

在政策的引导和支持下，全国各地政府通过新建或整合原有国有担保（再担保）公司的方式，形成了"国家融资担保基金+省（市）再担保+市、县（区）直担机构"的政府性融资担保风险共担体系。此外，为了更好地解决涉农企业、农户、新型农村经营主体的融资约束问题，国家于2016 年 5 月成立了国家农业信贷担保联盟有限责任公司。此后，各省及部分市、县也相继成立了农业担保（再担保）公司，形成了以支农为主的另一政策性信用融资担保体系。

截至 2022 年，全国 90%以上的县区已纳入融资担保体系覆盖范围，实现了县级全覆盖，构建了涵盖农业、小微企业的政府性担保服务网络。2022 年新增再担保业务规模达到 1.2 万亿元，同比增长 59.99%。未担保客户数量为 138.89 万户，同比增长 91.60%，有效缓解了小微企业和"三农"的融资难问题（李若男，2023）。

近年来，中央和各地政府持续出台相关政策，通过政策引导、财政补助、税收减免和监督考核等措施推动政府性融资担保体系的健康发展，但部分政府性融资担保机构依然面临着不少的挑战和问题，如"银担""担政""担企"合作不充分、不顺畅，国有资产保值增值考核要求较高、配套政策不健全，缺乏专业人才、产品创新能力较弱，信息获取能力差、信息化程度低、数字化转型慢，等等。上述问题导致政府性融资担保机构存在"不能担、不愿担、不敢担"的局面，融资担保放大倍数普遍较低，严重地限制了政府性融资担保发挥财政金融"四两拨千斤"的作用。

四　"政采贷"新模式，保障中小微企业款项支付

2011 年，为贯彻落实《国务院关于进一步促进中小企业发展的若干意见》（国发〔2009〕36 号），发挥政府采购的政策功能，促进中小企业发展，根据《中华人民共和国政府采购法》和《中华人民共和国中小企业促进法》，财政部、工业和信息化部制定了《政府采购促进中小企业发展暂行办法》（财库〔2011〕181 号），该办法的出台为中小企业政采融资提供了政策支撑，此后，各银行和金融机构先后推出了"政府采购贷"（简称"政采贷"）业务。据中国人民银行官网，2013 年，浦发银行郑州分行针对小微企业融资需求，推出了"政府采购贷"[①]；同年，青岛市政府通过公开招标的方式，确定了华夏银行、青岛银行、民生银行、中信银行、光大银行、建设银行、浦发银行、招商银行等 8 家银行，成为青岛地区"政府采购贷"首批合作银行[②]；2014 年，建设银行舟山分行与地方政府部门共同研发推出了平台类信贷产品——小微企业"政府采购贷"[③]。可见，"政采贷"这一融资方式早在 2013 年左右就已开始尝试，但由于受技术等各因素的限制未能取得很好的效果。2019 年 12 月，通过中国人民银行征信中心应收账款融资服务平台（简称"中征平台"）的政府采购类应收账款线上融资业务系统，交通银行珠海分行向珠海蓝龙劳务派遣有限公司发放了 180 万元纯线上信用贷款，这标志着中征平台全国首笔"政采贷"线上融资业务在珠海落地。[④] 2020 年 7 月，国务院发布了《保障中小企业款项

①　《浦发银行郑州分行"吉祥三宝"与"小微"企业共成长》，中国人民银行河南省分行，2013 年 10 月 9 日，http://zhengzhou.pbc.gov.cn/zhengzhou/124251/124277/2724612/index.html，最后访问日期：2023 年 9 月 10 日。

②　《青岛"政府采购贷"招标　8 家银行成功入围》，中国人民银行山东省分行，2013 年 11 月 4 日，http://jinan.pbc.gov.cn/jinan/120965/2926804/2469282/index.html，最后访问日期：2023 年 9 月 10 日。

③　《建设银行舟山分行推出小微企业"政府采购贷"业务》，中国人民银行浙江省分行，2014 年 8 月 29 日，http://hangzhou.pbc.gov.cn/hangzhou/2927497/125250/2349195/index.html，最后访问日期：2023 年 9 月 10 日。

④　《全国首笔政采贷线上融资业务落地珠海》，中国人民银行广东省分行，2019 年 1 月 4 日，http://guangzhou.pbc.gov.cn/guangzhou/129136/3737829/index.html，最后访问日期：2023 年 9 月 10 日。

支付条例》（国务院令第 728 号）；同年 12 月，财政部、工业和信息化部在《政府采购促进中小企业发展暂行办法》（财库〔2011〕181 号）的基础上，印发了《政府采购促进中小企业发展管理办法》（财库〔2020〕46 号），相关政策的出台进一步为"政采贷"模式的推广提供了有力的保障。

"政采贷"融资模式的推出，拓宽了中小微企业融资渠道，提升了金融支持小微企业服务水平，促进了中小微企业的健康发展。此后依托中征平台，"政采贷"业务在全国各地快速推开，截至 2023 年 8 月，已有 209 家银行机构在中征平台开展"政采贷"业务。其中，福建省"政采贷"业务自推出以来全省累计融资金额 41.24 亿元、4481 笔[①]；福州市累计发放贷款 1367 笔，总金额为 12.44 亿元[②]。

五 数字金融，全面提升中小微企业金融服务水平

金融科技，作为技术驱动的金融创新力量，为金融领域注入了新的活力，同时也带来了新的安全挑战。随着大数据、云计算、人工智能和区块链等数字技术的飞速发展及其在金融领域的应用深化，金融科技从电子化、互联网金融向全面数字化、智能化转变，不断创新金融服务模式。数字金融通过深度挖掘和利用数据价值，在实现金融普惠服务中展现出巨大价值。尤其对于那些因缺乏信用数据而被传统金融体系所忽视的中小企业，数字金融提供了全新的融资解决方案（滕磊，2021）。2017 年 5 月，金融科技委员会正式成立，标志着金融科技进入了一个全新的发展阶段。随后，2019 年 8 月，中国人民银行发布了《金融科技（FinTech）发展规划（2019—2021 年）》，强调了金融科技的合理应用，以提升金融服务的质效。这一规划通过运用金融科技手段，持续丰富金融服务方式，创新金融产品，降低金融服务成本，优化融资服务流程，实现金融服务品质和效率的全面提升，让金融科技创新和运用成果更好地服务于社会经济、科技创新、绿色生态和百姓生活。

随后在 2022 年 1 月，中国人民银行发布了《金融科技发展规划

---

① 《首页》，福建省政府采购金融服务，2023 年 9 月 1 日，https://zfcg.czt.fujian.gov.cn/zcd-service/zcd/home/index，最后访问日期：2023 年 9 月 10 日。

② 《福州"政采贷"贷出 12.44 亿元》，东南网，2023 年 8 月 17 日，http://fz.fjsen.com/2023-08/17/content_31389068.htm，最后访问日期：2023 年 9 月 27 日。

（2022—2025 年）》（以下简称《规划》）。这一轮的《规划》以加快金融机构数字化转型、强化金融科技审慎监管为主线，将数字元素注入金融服务全流程。

例如，据证券日报报告，截至 2023 年 6 月 30 日，建设银行普惠金融贷款余额为 2.86 万亿元，增幅为 21.79%；普惠金融贷款客户 294 万户，较上年末增加 41.69 万户。"建行惠懂你" App 累计访问量超 2.5 亿次，服务企业客户 1053 万户。在科技手段加持下，建设银行打造了涵盖平台、信贷、场景、风控的乡村金融生态圈，为村民提供基础性金融服务。线下打造"裕农通"服务点，37 万个服务点覆盖全国大部分乡镇及行政村，服务农户超 5800 万户。线上打造"裕农通" App，为农民提供智慧村务、电子商务、便民事务和基础金融服务，App 注册用户 1024 万户，累计发放贷款522 亿元。①

依托大数据、云存储、云计算、区块链和金融科技等信息技术，全国各地纷纷出台政策搭建"中小微企业金融云服务平台"，使之成为解决中小微企业融资难、融资贵问题的重要桥梁和纽带。比如 2019 年 9 月，国家发展改革委、银保监会印发了《关于深入开展"信易贷"支持中小微企业融资的通知》（发改财金〔2019〕1491 号），此后，在济南开幕的 2019 中国城市信用建设高峰论坛上，由国家公共信用信息中心主办的全国中小企业融资综合信用服务平台（全国"信易贷"平台）启动上线；2018 年 12 月，在福建省工信厅、福建省地方金融监督管理局、中国人民银行福州中心支行、银保监会福建监督局指导下，由福建省中小企业服务中心建设的福建省产融云正式上线；2019 年 5 月，由福建省数字办和福建省金融监管局联合开发的福建省金融服务云平台正式上线；2020 年 12 月，由福州市科技局主办的福州市科技成果转化公共服务平台 App 已正式上线运营。

然而，目前部分平台的运营也面临一系列问题，从数据共享和运用上看，存在政务数据共享难、采集难、转化难等问题；从平台运行上看，金融机构等有关机构参与度低且不充分，配套支持政策不完善，存在平台闲

---

① 《建设银行全面深化新金融行动　高质量发展之路行稳致远》，"证券日报"百家号，2023年 8 月 30 日，https://baijiahao.baidu.com/s？id＝1775610038980673467&wfr＝spider&for＝pc，最后访问日期：2023 年 9 月 10 日。

置、平台交叉、平台错位等问题；从中小微企业角度上看，平台上相关服务可得性差、诉求难以得到及时回复和满足、成功率较低等问题，导致了各类中小微企业服务云平台未能充分发挥应有的功能和作用，制约了中小微企业的融资。因此，未来还需要更深入地研究和解决这些问题，以实现金融数字化转型的全面优化，为中小微企业提供更高效、更便捷的金融服务。

六　金融产品不断创新，更好满足中小微企业融资需求

修订后的《中小企业促进法》第 16 条明确提出，"国家鼓励各类金融机构开发和提供适合中小企业特点的金融产品和服务"。2021 年 6 月，中国人民银行印发的《关于深入开展中小微企业金融服务能力提升工程的通知》提出，"鼓励中小银行业金融机构发行小微企业专项金融债券，拓宽支小信贷资金来源。……大中型银行业金融机构要依托金融科技手段，加快数字化转型，打造线上线下、全流程的中小微金融产品体系，满足中小微企业信贷、支付结算、理财等综合金融服务需求"。2023 年 10 月，国务院印发的《关于推进普惠金融高质量发展的实施意见》再次明确提出，"鼓励金融机构开发符合小微企业、个体工商户生产经营特点和发展需求的产品和服务"。2024 年 3 月，国务院办公厅印发的《统筹融资信用服务平台建设提升中小微企业融资便利水平实施方案》又一次明确提出，"推动金融机构转变经营理念、优化金融服务、防控金融风险，为企业特别是中小微企业提供高质量金融服务"。

在国家法律和政策的指导下，我国中小微企业的融资产品体系得以不断优化和完善。这一体系融合了线上与线下、间接融资与直接融资、传统信贷模式与创新数字金融等多元化、多层次的要素，为中小微企业提供了全方位的金融服务。

在直接融资产品方面，除 2009 年中国人民银行、中国银行间市场交易商协会推出的中小企业集合票据和 2013 年开始发行的小微企业增信集合债券（2015 年 11 月，国家发展改革委办公厅印发的《关于简化企业债券审报程序加强风险防范和改革监管方式的意见》也对其发行行为进行了规范）外，还有短期公司债券、可续期公司债券、可交换公司债券、低碳转型挂钩公司债券、绿色债券、普通低碳转型公司债券、科技创新公司债券

（科创升级类、科创投资类和科创孵化类）、乡村振兴公司债券、"一带一路"公司债券等。

随着企业债券过渡期的结束，2023 年 10 月，证监会重新修订并发布了《公司债券发行与交易管理办法》。上交所、深交所、北交所也相应公布了新的企业债券监管规则和操作指引。新设立的中小微企业支持债券在原小微企业增信集合债券的基础上，进一步细化了委托银行的具体要求和募集资金的使用对象及用途，以更好地满足中小微企业的融资需求。

近期，湖州市产业投资发展集团有限公司成功发行了首只中小微企业支持债券，金额为 5000 万元，期限为三年。同时，上交所系统显示还有四笔中小微企业支持债券正在审核中。[①] 中小微企业支持债券的成功发行，无疑为中小微企业提供了更合理、更便捷的金融产品和服务。

---

① 《湖州产投发行交易所市场首单中小微企业支持债券》，"证券时报"百家号，2023 年 12 月 28 日，https：//baijiahao. baidu. com/s？id＝1786532558944195817&wfr＝spider&for＝pc，最后访问日期：2023 年 12 月 29 日。

第四章　政府引导基金促进科技型
中小微企业发展

第一节　政府引导基金

近年来，我国政府引导基金在拉动经济增长、扩大社会融资规模、扶持初创期中小企业成长、推动科技创新进步等方面均起到了关键的作用。上至中央，下至各区县政府都纷纷大力发展政府引导基金，通过设立政府引导基金，达到充分发挥财政资金杠杆的效应，支持重点产业和领域的高质量发展，并实现国有资产的保值增值。本章将梳理我国政府引导基金现阶段的政策动态，探讨我国政府引导基金主要的运作模式和类型，并着重介绍中央及各地市政府引导基金支持中小企业融资的优秀案例，阐述其带来的经验启示。

一　概念与内涵

近年来，我国的私募基金管理规模稳步增长，在促进创新资本形成、解决科创型中小企业融资上发挥了重要的作用。据《中国金融政策报告2023》数据统计，截至 2022 年末，在中国证券投资基金业协会登记的私募基金管理人有 2.37 万家，管理私募基金 14.5 万只，净资产达 20.28 万亿元。备案的各类私募基金在投中小企业项目 8.75 万个，在投本金 2.69 万亿元；在投高新技术企业 6.08 万个，在投本金 2.65 万亿元。私募基金累计投资于境内未上市挂牌企业股权、新三板企业股权和再融资项目数量达 19.49 万个，为实体经济形成股权资本金 11.39 万亿元（吴晓灵、陆磊，2023）。政府引导基金是私募基金的一类，依托于私募基金行业的高速发展，现已逐步成为财政资金支持中小企业融资、促进地方产业壮大的主流运作手段。

在我国，"政府引导基金"一词最早来源于中关村创业投资引导资金。2002年，作为科创试验田的中关村科技园区为满足园区内企业的融资需求，撬动社会资本为园区内科创型企业提供资本扶持，在中关村成立了我国第一只由政府出资设立的创业投资引导基金，由北京中关村创业投资发展有限公司进行管理。中关村创业投资引导资金一改传统的财政项目补贴，将政府财政资金采用股权投资的方式进行运作，开创了我国政府引导基金的先河。

随后，在相关政策文件中对政府引导基金也有了愈发精准的定义。2005年11月，为规范创投企业的投资运作，鼓励其面向中小高新技术企业开展投资，国家发展改革委等部门联合发布《创业投资企业管理暂行办法》（国家发展改革委2005年第39号令），首先以部门规章的形式提出了"国家与地方政府可以设立创业投资引导基金，通过参股和提供融资担保等方式扶持创业投资企业的设立与发展"。2008年10月，国家发展改革委、财政部、商务部印发的《关于创业投资引导基金规范设立与运作的指导意见》（国办发〔2008〕116号），首次对"引导基金"的概念进行了详细界定，提出"引导基金是由政府设立并按市场化方式运作的政策性基金，主要通过扶持创业投资企业发展，引导社会资金进入创业投资领域。引导基金本身不直接从事创业投资业务"。2015年11月，财政部印发的《政府投资基金暂行管理办法》（财预〔2015〕210号）文件中，将"政府投资基金"定义为"由各级政府通过预算安排，以单独出资或与社会资本共同出资设立，采用股权投资等市场化方式，引导社会各类资本投资经济社会发展的重点领域和薄弱环节，支持相关产业和领域发展的资金"。

根据《关于创业投资引导基金规范设立与运作的指导意见》《政府投资基金暂行管理办法》等有关政策文件，本书所称"政府引导基金"，是指由各级地方财政出资、国有企业出资以及混合出资等方式设立，按照市场化原则进行投资运作，充分发挥财政资金杠杆效应，引导和带动各方资金流入社会经济、创新发展的关键环节当中，通过资本扶持实现对特定领域以及重点发展产业支持的政策性基金。

二　发展历程

20世纪末21世纪初，随着我国科技创新步入高速发展阶段，如何解决以高新技术企业为首的中小企业融资困难问题成为各级政府须全力攻克的目标。在这一背景之下，传统财政项目补贴支持中小企业的弊端日益浮现，通过政府引导基金撬动社会资本，并以市场化投资方式给予中小企业资金支持的模式便应运而生。

（一）探索试点

2002 年 6 月，在我国首只政府引导基金——中关村创业投资引导资金正式运行的同时，全国人大常务委员会通过了《中华人民共和国中小企业促进法》，并于 2017 年 9 月进行修订，在其中规定国家设立中小企业发展基金，遵循政策性导向和市场化运作原则，引导和带动社会资金支持初创中小企业，促进创新发展。2005 年 11 月，国家发展改革委等十部委联合颁布了《创业投资企业管理暂行办法》，政府创业投资引导基金首次在国家层面得到了政策确认，标志着政府引导基金从摸索试点开始向规范化运作过渡。

（二）规范运作

2006 年，《国务院关于印发实施〈国家中长期科学和技术发展规划纲要（2006—2020 年）〉若干配套政策》进一步指出，"鼓励有关部门和地方政府设立创业风险投资引导基金，引导社会资金流向创业风险投资企业，引导创业风险投资企业投资处于种子期和起步期的创业企业"。2007 年，我国政府决定设立首只国家级政府投资引导基金——科技型中小企业创业投资引导基金。该基金通过四种运作模式"阶段参股、跟进投资、风险补助和投资保障"，引导和鼓励创投机构投资早期的高新技术企业。这一举措标志着我国政府在支持中小企业发展方面迈出了重要的一步，是我国政府引导基金发展的又一里程碑。

（三）发展成熟

经过数年的发展，政府引导基金的运作模式受到广泛推崇，2008 年发布的《关于创业投资引导基金规范设立与运作的指导意见》、2015 年发布的《政府投资基金暂行管理办法》等相关文件从资金来源、投资领域、监督与指导、风险控制等方面全方位规范了政府引导基金的设立与运作，我国政府引导基金在制度方面走向成熟。为鼓励政府引导基金进一步助力中小企业发展，地方各级政府也纷纷开始探索个性化的管理办法，向投资手段联用、收益让渡、制定容错机制等方面不断发展，引导各类资本向中小企业端流入。

三　政策动态

（一）中央政策

2005 年，为规范创业投资企业运作，鼓励其投资中小企业特别是中小高新技术企业，国家发展改革委等部门联合发布《创业投资企业管理暂行办法》，首次提出国家与地方政府可以设立创业投资引导基金，通过参股和提供融资担保等方式扶持创业投资企业的设立与发展。之后，国家有关部门出台一系列政策文件，鼓励政府引导基金进一步支持中小企业发展，近几年的具体政策相关内容整理如表4-1所示。

表 4-1　国家有关部门出台的支持中小企业发展的政策文件

时间	政策文件	支持中小企业发展核心内容
2016 年 9 月	国务院印发《国务院关于促进创业投资持续健康发展的若干意见》	充分发挥政府设立的创业投资引导基金作用，加强规范管理，加大力度培育新的经济增长点，促进就业增长。充分发挥国家新兴产业创业投资引导基金、国家中小企业发展基金、国家科技成果转化引导基金等已设立基金的作用。对于已设立基金未覆盖且需要政府引导支持的领域，鼓励有条件的地方按照"政府引导、市场化运作"原则推动设立创业投资引导基金，发挥财政资金的引导和聚集放大作用，引导民间投资等社会资本投入。进一步提高创业投资引导基金市场化运作效率，促进政策目标实现，维护出资人权益。鼓励创业投资引导基金注资市场化母基金，由专业化创业投资管理机构受托管理引导基金。综合运用参股基金、联合投资、融资担保、政府出资适当让利于社会出资等多种方式，进一步发挥政府资金在引导民间投资、扩大直接融资、弥补市场失灵等方面的作用
2019 年 4 月	中共中央办公厅、国务院办公厅印发《关于促进中小企业健康发展的指导意见》	落实创业投资基金股份减持比例与投资期限的反向挂钩制度，鼓励支持早期创新创业 充分发挥各类基金的引导带动作用。推动国家中小企业发展基金走市场化、公司化和职业经理人的制度建设道路，使其支持种子期、初创期成长型中小企业发展，在促进中小企业转型升级、实现高质量发展中发挥更大作用。大力推进国家级新兴产业发展基金、军民融合产业投资基金的实施和运营，支持战略性新兴产业、军民融合产业领域优质企业融资

续表

时间	政策文件	支持中小企业发展核心内容
2021 年 12 月	工业和信息化部、国家发展改革委等印发《"十四五"促进中小企业发展规划》	发挥政府投资基金带动作用，引导创业投资机构和社会资本投早、投小、投长期、投创新、投绿色
2022 年 5 月	工业和信息化部、国家发展改革委等印发《关于开展"携手行动"促进大中小企业融通创新（2022—2025 年）的通知》	引导各类产业投资基金加大对产业链供应链上下游企业的组合式联动投资，强化对产业链整体的融资支持力度，并发挥资源集聚优势，为中小企业提供各类增值服务
2023 年 1 月	国务院促进中小企业发展工作领导小组办公室印发《关于印发助力中小微企业稳增长调结构强能力若干措施的通知》	加大对优质中小企业直接融资支持。支持专精特新中小企业上市融资，北京证券交易所实行"专人对接、即报即审"机制，加快专精特新中小企业上市进程。发挥国家中小企业发展基金、国家科技成果转化引导基金的政策引导作用，带动更多社会资本投早投小投创新

（二）地方政策

为鼓励政府引导基金更好解决中小企业融资困难问题，各地方政府出台个性化的相关政策和制度文件支持政府引导基金投早、投小（见表 4-2）。

表 4-2　各地方政府出台的支持中小企业发展的政策文件

时间	政策文件	支持中小企业发展核心内容
2013 年 12 月（2020 年 9 月修订）	北京市出台《北京市促进中小企业发展条例》	本市设立中小企业发展基金，遵循政策性导向和市场化运作原则，引导和带动社会资金通过合作设立子基金、直接投资等方式，重点支持处于初创期、成长期的中小企业，重点支持拥有自主核心技术、前沿技术的创新型中小企业以及利用新技术、新模式改造提升传统产业的中小企业；其中，投资于初创期中小企业资金占比不低于 50%
2023 年 5 月	上海市出台《上海市助力中小微企业稳增长调结构强能力若干措施》	通过参股等方式支持有条件的机构申报设立国家中小企业发展基金子基金，探索设立科技成果转化引导基金，引导投资机构投早、投小、投科技
2022 年 4 月	深圳市出台《关于促进深圳风投创投持续高质量发展的若干措施》	鼓励各区（新区）根据实际情况发起设立、参与天使投资引导基金及创投引导基金，探索建立风险分担及让利机制
2022 年 12 月	安徽省出台《支持风险投资创业投资高质量发展的若干措施》	支持政府基金参与设立风投创投基金。对省内各级财政资金、政府引导基金或母基金、地方国有独资企业实际出资子基金的总和，可放宽至子基金实缴总额的 50%，出资天使子基金比例不设上限要求。对省级政府性股权

时间	政策文件	支持中小企业发展核心内容
		投资基金参股或合伙子基金投资省内企业的资金比例，不低于省级政府性股权投资基金出资额的 1.2 倍，天使类子基金不低于 1 倍，各市可参照省级政策设定返投比例

四 运作模式

（一）资金来源

2008 年 10 月，国家发展改革委、财政部、商务部联合发布了《关于创业投资引导基金规范设立与运作的指导意见》（国办发〔2008〕116号），该意见首次对"引导基金"的概念进行了明确阐述。该意见指出，"引导基金"的资金来源主要包括：支持创业投资企业发展的财政性专项资金；引导基金的投资收益与担保收益；闲置资金存放银行或购买国债所得的利息收益；个人、企业或社会机构无偿捐赠的资金；等等。这一规定为引导基金的设立与运作提供了规范和指导，有助于推动创业投资行业的发展。2015 年 11 月，财政部印发的《政府投资基金暂行管理办法》（财预〔2015〕210号）文件中，提出政府投资基金的资金来源为"由各级政府通过预算安排，以单独出资或与社会资本共同出资设立"。我国已设立的政府引导基金（不考虑子基金层面）资金来源主要包括以下三类：

一是由各级政府通过财政预算安排直接出资设立；

二是由各级政府委托国有企业出资设立；

三是由财政资金和国有资金混合出资设立。

近年来，由于财政资金紧张，通过财政预算安排出资的政府引导基金逐步减少，越来越多政府引导基金的资金来源模糊了财政和国企出资的界限，由财政资金和国企资金混合的出资模式成为当下主流。

（二）组织形式

政府引导基金的组织形式可分为有限合伙制、公司制和契约制三大类。

1. 有限合伙制

政府引导基金的重要组织架构之一即为有限合伙制，它属于非法人经济组织的一种形式，该组织架构由普通合伙人和有限合伙人共同构成。普通合伙人通常也是执行事务合伙人或基金管理人，负责基金的日常运营以及投资决策和执行，并对合伙企业的债务承担无限连带责任。有限合伙人仅作为基金的出资方，原则上不参与基金的经营管理，并以其认缴的出资额为上限对合伙企业债务承担责任。有限合伙制基金实现了所有权和管理权一定程度的分离，具备有效的激励机制和约束机制。

2. 公司制

公司制也是政府引导基金较为常见的组织模式之一，是具有法人资格的经济组织。公司制基金依照《中华人民共和国公司法》设立，由投资股东构成，并设有股东大会、董事会和监事会等机构，根据公司章程来经营。公司制基金的机制能够充分保障投资者的合法权益，也有利于基金进行长期投资。公司制基金面临的最大问题是公司所得税和个人所得税的双重征税负担，但由于政府引导基金中鲜有个人投资者参与，因此基本不存在双重征税的问题。

3. 契约制

契约制基金，即信托式基金，不具备法人资格，投资者、管理人和托管人三方当事人通过签订基金契约的形式发行受益凭证。目前，契约制基金在证券投资基金领域的应用较为普遍，而作为股权投资基金的数量较少，这是由于契约制私募基金没有独立的法律主体地位，无法作为未上市、未挂牌公司股东以及合伙企业合伙人进行工商登记，不被上市公司监管部门所承认，因此基本不参与一级市场投资。

（三）运营主体

1. 由国家部委、地方政府部门或成立专门事业单位主体运营管理

部分政府引导基金采用政府直管的模式，运营主体包括国家部委、地方政府或专门的事业单位等。国家科技成果转化引导基金由科技部和财政部主管，同时在科技部下设事业单位国家科技风险开发事业中心，承担转化基金日常的管理工作并代为履行财政的出资义务。深圳市政府成立了深圳市创业投资引导基金管理委员会办公室，其承担了深圳市创业投资引导基金的日常管理运作、服务文件草拟、组织评审等工作。上海市政府成立了上海市闵行区创新创业投资引导基金管理中心，加强对闵行区创新创业

引导基金的资金管理和拨付、跟踪基金运行情况等。

2. 委托国有企业负责管理

这是目前我国较为常见的一种模式,受托国有企业的属性包括国有基金管理公司、国有创投企业、国有投资公司、国有资产运营公司等。国有企业培养高水平的业务团队,通过市场化运作、专业化管理,更好的开展政府引导基金的投资运作,在支持中小企业和重点产业发展的同时实现国有资产的保值增值。

3. 委托外部第三方专业管理机构负责管理

市场化程度不高是许多地方政府引导基金所具备的通病。如今,部分地方政府引导基金开始向外聘请"管家",委托专业机构对基金进行管理,例如郑州天使母基金、浙江临海市产业母基金、海南自贸港建设投资基金等,依托机构的专业能力提高其市场化运作水平,从而更好地提高资金的使用效率。

(四) 投资模式

1. 阶段参股 (母基金)

阶段参股是指政府引导基金在投资前与基金管理 (创投) 公司事先约定好投资资金的退出期限,以使创投机构对于中小企业的投资总额大规模提升。这一模式指的是政府引导基金作为母基金发挥杠杆效应参投设立子基金,由子基金投资中小企业,这也是目前我国政府引导基金主要的运作模式。

2. 跟进投资

跟进投资是指政府引导基金在创业投资机构投资具体项目时,一同参与投资,即政府引导基金作为母基金,对子基金拟投企业进行跟投。

3. 风险补助

风险补助是指政府引导基金对投资于中小企业的创投机构辅以资金补助。

4. 投资保障

投资保障是指政府引导基金在创投机构完成投资的基础上,对初创期中小企业进行的股权投资,再给予一定的资金支持。这一措施旨在解决风险投资机构因风险偏好问题而进行投资的困境,尤其适用于科技企业孵化器等中小企业服务机构。通过投资保障,政府可以为中小企业提供更多的资金支持，降低其投资风险，从而促进其发展和成长。

在上述主要投资模式当中，跟进投资、风险补助和投资保障主要是政府引导基金的辅助手段。除常见模式之外，部分政府引导基金通过与银行合作，以较低的贷款利率为中小企业提供短期资金支持。同时，在社会资本募集困难及经济下行期财政资金收紧等多方面因素刺激下，为满足更直接的产业落地需求和更高的投资收益，部分政府引导基金也开始向直投基金进行转型或在母基金中增加直投比例。在国际上，部分国家的政府引导基金不直接投资于创投机构，而是为符合条件的创投机构提供融资担保，撬动更多社会资本进入中小企业股权投资领域。

五　政府引导基金分类

政府引导基金主要可分为产业投资引导基金、创业投资引导基金和 PPP 基金三大类（见图 4-1）。其中，PPP 基金指专门投资于 PPP 项目有关企业的基金，主要适用于政府负有提供责任又适宜市场化运作的公共基础设施类项目，例如市政工程、交通设施和公共服务项目，属于比较特殊的一类政府引导基金。接下来，本章将着重介绍产业投资和创业投资两类政府引导基金。

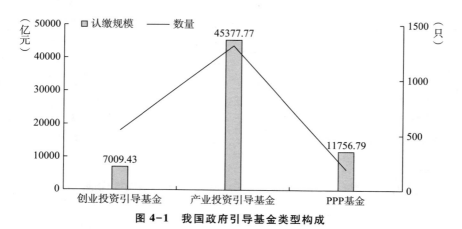

图 4-1　我国政府引导基金类型构成

（一）产业投资引导基金

产业投资引导基金指各级政府设立的通过财政资金发挥杠杆放大效益，引导社会资本进入政府拟扶持及重点发展的特定产业领域的政府引导基金。产业投资引导基金主要关注已经得到发展，需要资金进一步做大做强的企业，以带动当地相关产业的高质量发展，并追求相对稳定的回报。

由于产业投资引导基金能够满足政府对于发展特定产业的需求且投资风险相对可控，目前成为政府引导基金最为常见的一种类型。根据清科研究中心推出的《2022年中国政府引导基金系列研究报告（设立篇）》统计，截至2022年上半年，我国现有产业投资引导基金为1312只，占政府引导基金总数的64%；认缴规模达到45377.77亿元，占所有类型政府引导基金规模的70.74%（清科研究中心，2022）。

国家及多地政府对产业投资引导基金均有较为广泛的布局。合肥市依托合肥建投、合肥产投、合肥兴泰三大国资投资平台，联合头部投资机构共同设立产业投资基金群，通过国资领投，招引京东方、长鑫储存、蔚来汽车等大企业、大项目落地，沿着产业链方向延伸布局，打造产业投资引导基金的创新"合肥模式"。福州市政府引导基金也围绕当地16条重点发展产业链，通过与头部机构合作的方式，打造了以政府引导母基金为主干，光电基金、数字基金等多只专注于特定产业的子基金为支干的"基金丛林"，推动有关产业链高质量发展，招引优质项目落地。

（二）创业投资引导基金

创业投资引导基金指各级政府设立的专注于引导社会资本参与投资科创型中小企业、助力科技成果转化的政府引导基金，是政府实现对中小企业融资支持的最主要工具之一。创业投资引导基金主要关注初创企业，通常对投资标的营收规模、员工数量等有一定的限制，充分引导资金流入尚未发展成熟、形成规模的中小企业。

目前，我国中央和许多地方政府都设立了专门面向种子期、初创期中小企业的创业投资引导基金，以母基金为主的投资方式，撬动社会资本共同参与子基金的组建，实现财政资金的杠杆效益，与社会资本利益共享、风险共担。同时，创业投资引导基金引入优质投资机构对子基金进行管理，在引导子基金投向中小企业或特定领域的基础上不干预投资决策，依托机构的专业能力对基金进行市场化运作，在引资助力地方中小企业发展的同时推动实现国有资本的增值保值，进一步实现风险分散。

六　风险与挑战

虽然近年来各地政府都积极推动政府引导基金助力中小企业融资，但整体来看天使、创投类引导基金数量及规模仍处于较低水平，难以真正实现当前鼓励"投早、投小、投科技"的政策预期效果。政府引导基金在支持中小企业融资领域主要面临着以下的风险与挑战。

（一）投资风险的不可控性

以科创企业为首的中小企业资金需求缺口大，研发投入高，抗风险能力弱，具有较高的未来发展不确定性。出于资金安全的角度，政府引导基金投资于中小企业的风险较大，国有资产保值增值的诉求较难得到满足。同时，政府引导基金投资于中小企业的回报周期较长，且对于地方政府而言，大部分的中小企业无法立刻带来税收收益和政治绩效，在短期内看不到明显的直接效益。相较于中小企业，能够带动产业链协同、带来较多税收和就业机会的大型企业更能够引起地方政府的重视。此外，中小企业从被投资到成功实现 IPO 上市还有较长的路要走，存在众多不确定性因素，政府引导基金退出的途径不明确且退出时的收益难以测算。中小企业若未能成功上市，在需要企业或大股东进行回购时，通常也面临执行困难的问题。

（二）地方政府引导基金发展的受限性

对于三、四线城市而言，区域内较多的中小企业属于传统的劳动密集型企业，不具备科技公司的高成长特性，对于追求通过资本市场进行变现的创业投资基金管理机构而言可以选择的投资项目（企业）较为稀缺，而政府引导基金出资设立子基金对返投域内企业都有一定的要求。因此，对于欠发达地区市县政府所设立的政府引导基金，存在基金管理公司对本地产业项目不看好、财政资金沉淀、对社会资金撬动效应有限的难题。同时，部分地方政府的投资决策偏保守，且行政审批程序和决策流程较慢，经常错过有限的投资时机，导致市场化基金管理机构的合作意愿较低（王江璐、刘明兴，2019）。

（三）有关制度的不健全和执行困难

目前大部分政府引导基金还需建立更为完善可行的管理机制和实施细

则，政府引导基金的容错机制仍停留在筹划当中，而已建立容错机制的政府引导基金，其在执行落地时也会遇到问题，例如责任认定困难、监管或审计部门对业务和容错机制缺乏了解等，导致基金管理人出于对自身的保护，对中小企业产生"不能投、不敢投、不愿投"的情绪。由于缺乏对政府引导基金建立有关制度的统筹规划，基金运作和管理考核受到一定影响。

第二节　促进科技型中小微企业发展的实践经验

中小企业具有抗风险能力弱、信用等级低、可供抵押的固定资产欠缺等特点，导致企业的信贷风险较高，增加了企业通过债权融资的难度，债权人也通常会制定更为严苛的借贷条款以实现风险控制，这进一步影响了中小企业资金的获取。同时，中小企业往往内部管理较差、规模尚小，暂不具备直接进入证券市场发行债券或股票进行融资的能力。此外，由于社会资本具有先天的逐利性，出于企业内部控制、投资回报周期、投资收益测算等角度的考量，大部分中小企业难以达到社会资本的投资标准，社会资本股权参投种子期、天使期企业的意愿也较低。综上，中小企业面临着较为严峻的融资难题，据《中国中小企业人力资源管理白皮书》统计，我国中小企业的平均生存时间仅为 2.5 年（China Hrkey，2012），融资困境已严重制约了中小企业的长期发展。

中小企业是国民经济和社会发展的重要有生力量，在保障民生、拓宽就业机会、推动科技创新等方面发挥关键作用。因此，解决以高新技术企业为首的中小企业融资困难问题、促进中小企业健康发展已成为各级政府须铆足全力攻克的目标。早前，政府主要通过传统财政项目补贴等方式支持中小企业发展，然而财政资金的有限性与企业扩张资金需求的无限性之间的矛盾始终存在，使得财政资金使用效率低下，无法发挥财政配置社会资源的功能。在这一背景之下，通过设立政府引导基金撬动社会资本，并以市场化投资方式给予中小企业资金支持的模式便应运而生。

政府引导基金利用政府信用背书和适当让利，与社会资本风险共担、利益共享，相对降低了社会资本投资中小企业的风险，有效发挥财政资金杠杆效应，能够通过少量的财政或国有资金吸引成倍的社会资本共同为中小企业提供资金支持，引导社会资本改善中小企业融资环境，扶持当地企业做大做强。同时，政府引导基金通过定向支持地方重点发展产业方向的初创企业，能够促进新兴战略性产业发展和成熟，推动地方产业结构优化升级。相较于传统的财政补贴方式，政府引导基金使得财政资金由直接补助转变为间接股权投资，由无偿补助转变为投资成本和收益的阶段性收回，使得财政资金能够滚动循环利用，资金使用效率得到较大提升。

一　工信部和财政部：国家中小企业发展基金

2020 年 5 月，为贯彻落实《中小企业促进法》、中办和国办发布的《关于促进中小企业健康发展的指导意见》以及国务院决策部署，由工信部与财政部负责牵头落实，国家中小企业发展基金有限公司正式成立，主要出资人包括财政部以及上海国盛、中国烟草、中国人寿等国有企业。采用以投资参设子基金为主的投资方式（不低于可投资金的 80%），辅以跟随子基金直接投资部分优质项目（不超过可投资金的 20%），充分发挥中央财政资金的杠杆撬动作用，重点解决创新型中小企业的中长期股权融资问题。[①]

国家中小企业发展基金通过建立子基金管理机构公开遴选机制，支持和培育一流的专业早期投资机构管理国家中小企业子基金，依托优秀基金管理机构专业的资金募集、投资决策、风险控制和投后管理能力，吸引社会资本共同扩大对中小企业的股权投资规模，提高投资质量和效率，降低投资风险，持续支持和陪伴初创期中小企业成长创新发展。国家中小企业发展基金对子基金出资比例原则上不超过子基金总规模的 30%，单只子基金认缴出资总规模原则上不低于 10 亿元，子基金投向种子期、初创期成长期中小企业的金额比例不低于可投资总规模的 60%，种子期、初创期成长型中小企业应当满足"522"条件：职工人数不超过 500 人，年营业总收入不超过 2 亿元，资产总额不超过 2 亿元。[②]

---

① 国家中小企业发展基金有限公司，http://www.csmedf.com/，最后访问日期：2023 年 8 月 27 日。

② 《国家中小企业发展基金有限公司第六批子基金管理机构遴选公告》，国家中小企业发展基金有限公司，2023 年 7 月 31 日，http://www.csmedf.com/?article/579.html，最后访问日期：2023 年 8 月 27 日。

截至 2023 年 9 月，国家中小企业发展基金遴选出深创投、经纬创投、达晨财智、IDG 资本等头部基金管理机构，在各地设立共计 33 只专注于投向中小企业的子基金，其中约有 30% 的子基金注册在中西部地区；子基金规模超过 940 亿元，中央财政资金直接带动社会资本放大超过 8 倍；子基金累计投资企业超过 1200 家，其中投向初创期成长型中小企业的数量和金额占比均超过 70%（杨皖玉，2023）。其在引领社会资本支持中小企业融资，促进中小企业创新发展方面发挥了重要作用。

二　科技部和财政部：国家科技成果转化引导基金

为贯彻落实《国家中长期科学和技术发展规划纲要》，加速科技成果转化项目落地和实际应用，推动科研成果得到社会各界资本和地方政府的充分支持，科技部、财政部于 2011 年完成国家科技成果转化引导基金的设立工作，由科技部直属的具有法人资格的中央级事业单位国家科技风险开发事业中心代为履行出资职责。[①]

国家科技成果转化引导基金通过创立或扩大创业投资子基金的方式，间接扶持科创型企业。这些子基金必须确保将至少相当于母基金出资额三倍且至少占子基金规模一半的资金，投资于利用财政资金形成科技成果的企业。财政资金形成的科技成果涵盖了中央和地方科技计划项目，以及事业单位研发的新技术、新产品、新工艺、新材料和新装置及其系统等。除此之外，子基金的其他投资方向还应符合科技部、财政部、国家税务总局发布的《高新技术企业认定管理办法》中明确规定的高新技术领域。[②]

为鼓励社会资本和优秀基金管理机构共同参与科技成果转化子基金的设立，转化引导基金制定了一系列的激励制度。转化引导基金在存续期内允许子基金出资人以及其他外部投资人购买转化引导基金所持有的子基金份额，同等条件下子基金出资人可优先购买。四年内，转让对价为转化引导基金原始出资额；四到六年内，转让对价则为原始出资额及从第五年起

---

① 国家科技成果转化引导基金，https://www.nfttc.org.cn/www/nfttc/，最后访问日期：2023 年 8 月 27 日。

② 《财政部　科技部关于印发〈国家科技成果转化引导基金管理暂行办法〉的通知》，财政部，2021 年 11 月 11 日，http://www.mof.gov.cn/gp/xxgkml/kjs/202111/t20211119_3767424.htm，最后访问日期：2023 年 8 月 27 日。

按照转让时中国人民银行公布的一年期贷款基准利率计算的利息之和。此外，在子基金存续期结束时，若年平均收益不低于转化引导基金出资时中国人民银行公布的一年期贷款基准利率，转化引导基金可将其不超过20%的收益奖励子基金管理机构（沈文京，2017）。

为了给科创型中小企业提供更广泛的融资途径，转化引导基金还实施了贷款风险补偿机制，以激励银行加大对科技型中小企业的信贷投入。转化引导基金通过招标方式选定合作银行，在获得科技部和财政部的批准后，对合作银行发放的用于转化国家科技成果转化项目库中科技成果的贷款给予一定的风险补偿。每年的风险补偿金额将根据合作银行当年实际发放的科技成果转化贷款额进行最终确定，最高不超过当年实际发放的科技成果转化贷款额的2%。科技成果转化贷款应符合以下条件：一是向年销售收入低于3亿元的科技型中小企业发放用于科技成果转化和产业化的贷款；二是贷款期限为1年期（含）以上。[①]

根据国家统计局发布的《中华人民共和国2022年国民经济和社会发展统计公报》，截至2022年底，国家科技成果转化引导基金累计设立36只子基金，资金总规模为624亿元，[②] 在发挥财政资金的杠杆和引导作用、创新财政科技投入方式、带动金融资本和民间投资向科技成果转化和科创型中小企业集聚等方面发挥了重要的作用。

三 国家发展改革委和财政部：国家新兴产业创业投资引导基金

2015年1月，国务院常务会议决定设立国家新兴产业创业投资引导基金，以推动国家产业的转型升级和科技创新的进一步发展，由国家发展改革委负责主导。在国务院正式批复基金设立方案后，国家新兴产业创业投资引导基金于2016年通过公开招标的方式确定了中金佳成、国投创合、盈富泰克三家机构，与国家发展改革委和财政部签订协议成为国家新兴产业

---

① 《科技部 财政部关于印发〈国家科技成果转化引导基金贷款风险补偿管理暂行办法〉的通知》，科技部，2015年12月11日，https://www.most.gov.cn/xxgk/xinxifenlei/fdzdgknr/fgzc/gfxwj/gfxwj2015/201512/t20151211_122856.html，最后访问日期：2023年10月15日。

② 《中华人民共和国2022年国民经济和社会发展统计公报》，国家统计局，2023年2月28日，https://www.stats.gov.cn/sj/zxfb/202302/t20230228_1919011.html，最后访问日期：2023年10月15日。

创业投资引导基金管理机构，分别设立以下三只引导基金。①

（一）中金启元基金

中金启元国家新兴产业创业投资引导基金由财政部以及建信信托、全国社保基金、博时资本、湖北交投等出资人共同发起设立，总规模为400亿元，委托中国国际金融股份有限公司子公司中金佳成投资管理有限公司负责管理。中金启元基金以母基金的形式开展投资运作，旨在"投早、投小、投科技"，解决新兴产业领域早中期、初创期创新型企业融资难题，孵化和培育面向未来的新兴产业。

（二）国投创合基金

国投创合国家新兴产业创业投资引导基金由财政部以及建信投资、国投集团等出资人共同发起设立，总规模为178.5亿元，委托国投集团下属国投创合基金管理有限公司负责管理。国投创合基金通过投资子基金或项目直投的运作模式，在投资关键核心领域、促进科技成果转化落地方面取得积极进展，投资偏好为生物医药板块。

（三）盈富泰克基金

盈富泰克国家新兴产业创业投资引导基金由财政部以及深圳龙岗金控、深圳鲲鹏投资、安徽高投等出资人共同出资发起设立，基金规模为92亿元，委托盈富泰克创业投资有限公司负责管理。盈富泰克基金80%以母基金的形式投资于从事新兴产业中早期投资的创业投资基金，20%直接投资于新兴产业中后期企业，在运作后期更偏好投资于电子信息产业。

四　中国科学院：中国科学院科技成果转化母基金

中国科学院科技成果转化母基金于2017年9月正式设立②，由中国科学院控股有限公司（简称"国科控股"）下属国科创业投资管理有限公司负责运营管理，是中国科学院为落实习近平总书记来院视察重要讲话精

---

① 《【协会研究】政府引导基金名录（2023）第一期：国家级政府引导基金》，"北京基金业协会"微信公众号，2023年10月19日，https://mp.weixin.qq.com/s/zlfBfuX3x_efhtFb-FozYqw，最后访问日期：2023年12月15日。

② 《中科院成立科技成果转化基金多家银行、政府引导基金参与》，2017年9月17日，搜狐网，https://www.sohu.com/a/192633554_466951，最后访问日期：2023年11月10日。

神，为支持和促进中国科学院体系内科技成果转化工作而进行的一项重大战略部署①。中国科学院科技成果转化母基金一期落地武汉光谷，基金规模为 50 亿元。② 一期基金在助力产业结构升级和战略性新兴产业发展方面发挥了积极作用，并初步实现支持中国科学院科研成果转移转化项目、发挥国有资本杠杆撬动作用、实现国资保值增值的目标。在一期基金正式封闭后，2022 年 5 月，中国科学院科技成果转化母基金在国科控股、广东省科技厅的指导下，在广州市完成二期基金的设立，规模为 60 亿元，③ 主要出资人包括广州开发区产业基金、广东粤科金融等地方国资，旨在引导金融助力科技成果落地转化，培育一批致力于核心技术攻关、能解决"卡脖子"问题的科技型企业，助力粤港澳大湾区战略性新兴产业建设。

中国科学院科技成果转化母基金采用参设子基金和项目直投相结合的运作模式，与高瓴创投、达晨财智、创新工场等优秀基金管理机构合作，成功投资国内首家上市 AI 芯片公司寒武纪、A 股首家半导体激光芯片上市公司长光华芯等众多科创型企业。中国科学院科技成果转化母基金主要合作的子基金管理机构包括以下四类。

（一）中国科学院体系的基金管理机构

这是母基金最重要的合作机构类型之一，共同设立子基金重点投资于中国科学院的科研成果转化项目。

（二）致力于科创早期投资的市场化保荐机构

依托于已得到市场认可的头部机构的专业能力，进一步提高项目投资质量，实现风险控制。

（三）特定产业专项基金

这一类机构通常在某个行业中具备战略投资者属性，同时拥有丰富的

---

① 《国科创业投资管理有限公司》，中国科学院，2021 年 1 月 18 日，https://www.cas.cn/zz/jg/ys/yzj/202101/t20210118_4774942.shtml? eqid = fe821f5a000948c300000003647e83e3，最后访问日期：2023 年 10 月 15 日。

② 《【长江日报】武汉科技成果转化成效可喜，中科院总部级母基金 50 亿落户武汉》，中国科学院武汉分院，2018 年 4 月 27 日，http://www.whb.cas.cn/xw/mtjj/201809/t20180924_5096441.html，最后访问日期：2023 年 10 月 11 日。

③ 《【"稳经济国企在行动"专题报道之十】助力"稳经济" 粤科金融集团"三个抓"打好支持企业发展的组合拳》，广东省人民政府国有资产监督管理委员会，2022 年 7 月 6 日，http://gzw.gd.gov.cn/195/wjjgqzxd/content/post_3964902.html，最后访问日期：2023 年 10 月 11 日。

产业上下游资源，能够为投资项目进行产业赋能。

（四）具备地方特色的基金管理机构

母基金的出资人包括众多地方国资，因此也要求在地方挖掘优质管理机构设立子基金，完成相应的返投和招商引资要求。[①]

中国科学院科技成果转化母基金一期也在福州市与地方国资合作设立福州高新区中科成果基金，管理机构为中国科学院福建物质结构研究所与福州高新区海峡金控合资设立的福建中海创投，基金重点投资于中国科学院福建物质结构研究所孵化的科技成果转化项目，为福州市发展初期的科创企业提供资金支持。

五　地方政府成立的政府引导基金

（一）合肥市：天使投资基金和种子基金

合肥市为全方位支持企业成长，根据企业发展的不同阶段，特别设立了产业基金、天使投资基金以及种子基金，并为之制定了相应的投资管理办法。在这些基金中，天使投资基金和种子基金尤其专注于对中小企业的投资支持。

1. 天使投资基金

合肥市天使投资基金是由市属国有企业出资设立的非营利性基金，旨在通过股权、债权以及参股天使投资子基金等多种方式，支持高层次科技人才在合肥创办企业。该基金主要采用直接股权投资的模式，专注于投资合肥市的科技型企业。投资对象需满足一定的条件，包括年销售额不超过2000万元、直接从事研究开发的科技人员占职工总数的20%以上、每年用于技术研发的经费占销售额的10%以上等。单个企业的投资额度原则上不超过500万元，特别优秀的项目经批准后可提高至1000万元。被投企业在规定年限内达到投资协议约定的奖励条件时，天使投资基金将按照协议给予奖励。天使投资基金建立了风险容忍机制，允许基金出现最高不超过40%的亏损。按照年度退出项目汇总的投资收益提取5%的风险准备金，剩

---

① 《专访中科院创投吴乐斌：国有资金＋市场化管理是新型举国体制的体现》，21经济网，2023年5月18日，https://www.21jingji.com/article/20230518/herald/e56081bc587468f0b7c93fa60672ae12.html，最后访问日期：2023年10月15日。

余部分汇总的投资收益中，40%将作为奖励给予基金管理机构，而60%将作为天使投资基金的滚存收益。①

2. 种子基金

种子基金是面向早期科技成果转化项目的投资基金，主要针对科技团队创办的科技型企业。如果科技团队尚未成立企业，需在签订投资意向书后的六个月内成立。被投企业应具备以下基本条件：注册地在合肥市，实际运营时间不超过一年；科技团队在企业中的股权比例不低于30%；团队所携带科技成果拥有自主知识产权，且符合合肥市产业发展规划。种子基金采用直接股权投资模式，对单个企业的投资额度不超过200万元，累计持股比例原则上最高不超过40%。此外，种子基金参股子基金的持股比例最高不超过30%。种子基金的风险容忍度较高，允许最高不超过50%的亏损，亏损情况在整个基金生命周期内进行评定。②

（二）深圳市：深圳市天使投资引导基金

深圳市天使投资引导基金主要作为母基金，通过投资各类天使投资子基金的方式，提高财政资金杠杆撬动效益，发挥市场资源配置作用，进一步引导社会资本将资金投向天使类中小企业。子基金须全部投向天使类项目（后续追加投资的项目除外），天使类项目被投资企业原则上须满足：子基金的投资须为其首轮外部机构投资或子基金投资决策时企业设立时间不超过5年；员工总数不超过200人，资产总额或年销售收入不超过2000万元等。子基金投资的项目总数原则上不低于20个，单个项目的投资额原则上不超过子基金总规模的10%。子基金的存续期限原则上不超过10年。

深圳市天使投资引导基金设置以下奖励机制，子基金可选择任一方式。（1）回购。子基金投资期结束后，子基金管理机构及其他出资人可以申请回购天使母基金持有的基金份额。（2）让利。天使母基金在收回对子基金实缴出资后，以其享有的子基金全部超额收益为上限，向子基金管理

---

① 《关于印发〈合肥市天使投资基金管理办法〉的通知》，合肥市人民政府，2021年9月28日，https://www.hefei.gov.cn/xxgk/szfgb/2021/djh/bmwj/106920571.html，最后访问日期：2023年10月15日。

② 《合肥市人民政府办公室关于印发合肥市种子基金管理办法的通知》，合肥市庐阳区人民政府，2022年6月6日，https://www.ahhfly.gov.cn/public/16021/107966167.html，最后访问日期：2023年10月15日。

机构及其他出资人进行让利，但不得承诺子基金管理机构及其他出资人投资本金不受损失，不得承诺最低收益。[①]

深圳市天使投资引导基金是全国首家全部投资于天使期企业的母基金，已经与80多家各类机构合作，包括头部投资机构、境外投资机构、产业资本等，对子基金出资额超62亿元，帮助解决了深圳市优秀初创期企业融资难和服务不到位的问题。此外，深圳市天使投资引导基金还联合高校、科研院所、产业集团及相关技术转移机构进一步探索设立由非营利性资金出资的原始创新基金，进一步解决科技成果转化问题。

（三）厦门市：厦门市科技创新创业引导基金

厦门市科技创新创业引导基金是由厦门市科技局和财政局出资设立的，用于支持科技创新创业，按照市场化方式运作，专业化管理的政策性基金，通过母基金和直接投资的方式支持科技型中小企业。

引导基金要求子基金投资于种子期、初创期企业的金额不低于子基金可投规模的60%，相关企业须满足：成立时间不超过7年且未公开发行股份，员工人数在200人以下，上一年度净资产在5000万元以下。在完成返投要求的情况下，子基金管理机构在以下两种激励措施当中选择执行。①回购。从引导基金首期实缴资金到位算起的4年内，子基金管理公司或其指定的主体有权申请回购引导基金持有的基金份额。回购价格按照子基金合伙协议的规定计算。②让利。如果子基金的投资金额达到引导基金实际出资额的1.5倍（不含）至2倍（含），引导基金将把投资所得超额收益的50%用于激励子基金管理机构；如果子基金的投资金额超过引导基金实际出资额的2倍，引导基金将把投资所得超额收益的80%用于激励子基金管理机构。[②]

引导基金的直投项目投资额以不超过企业实缴注册资本的20%为限，被投企业须满足：位于厦门市，成立时间为1~7年，员工人数不超过300人，研发人员占员工总数的10%以上，年销售收入和净资产分别不超过

---

① 《深圳市天使投资引导基金申报指南及遴选办法》，深圳市天使母基金，http://www.tsfof.com/notice/detail/3181.html，最后访问日期：2023年10月15日。

② 《厦门市科学技术局　厦门市财政局关于印发厦门市科技创新创业引导基金管理办法的通知》，厦门市科学技术局，2022年3月22日，http://sti.xm.gov.cn/xxgk/zcfg/202203/t20220322_2636552.htm，最后访问日期：2023年10月15日。

8000 万元和 5000 万元。①

　　同时，引导基金建立了尽职免责和容错机制，对引导基金的绩效评价坚持从整体效能出发，对引导基金政策目标、政策效果进行综合绩效评价，不对单只子基金或单个投资项目的盈亏进行绩效考核。引导基金在直接投资项目投资损失率不超过累计投资规模40%的情况下，当直接投资项目出现风险损失经司法诉讼等程序确认实际损失后，由引导基金管理公司上报引导基金监督管理机构核准后核销。②

　　（四）福州市：福州市政府引导基金

　　福州市为支持域内中小企业发展，解决其融资困境，设立了系列政府引导基金以满足各类中小企业的需求。福州市政府引导基金设立了专门支持域内人才项目的闽都人才基金，其拥有更长的基金存续期限，并建立了50%的亏损容忍，能更好地支持人才创办的中小企业发展。闽都人才基金在投资决策会前设立了专业咨询委员会，组建企业所属行业内专家团队对项目的科创属性、技术水平等进行评估，支持中小企业用技术作为融资的硬通货。

　　福州市政府引导基金还与商业银行进行合作，设立了规模为15亿元的科创走廊金融支持基金，以创新投贷联动的方式支持福州市科技型中小企业发展，解决中小企业资金周转的燃眉之急。自2021年底合作至今，银行已累计投放6.4亿元，帮助解决了68家福州市科创型中小企业的资金需求。③

　　此外，福州市科技局还牵头搭建科技成果转化公共服务平台，科创项目可在平台发布融资需求并申报福州市政府引导基金支持，资金方和产业方也能直接在平台挖掘可投标的，实现资金和科技成果转化项目的直接对接。

---

① 《厦门市科学技术局　厦门市财政局关于印发厦门市科技创新创业引导基金管理办法的通知》，厦门市科学技术局，2022 年 3 月 22 日，http://sti. xm. gov. cn/xxgk/zcfg/202203/t20220322_2636552. htm，最后访问日期：2023 年 10 月 15 日。

② 《厦门市科学技术局　厦门市财政局关于印发厦门市科技创新创业引导基金管理办法的通知》，厦门市科学技术局，2022 年 3 月 22 日，http://sti. xm. gov. cn/xxgk/zcfg/202203/t20220322_2636552. htm，最后访问日期：2023 年 10 月 15 日。

③ 《福州科创走廊　折射创新活力》，福州市人民政府，2024 年 1 月 12 日，http://www. fuzhou. gov. cn/zgfzzt/skjj/kjzl/ztzl/fsqgjzzcxsfq/tpxw/202401/t20240112_4755903. htm，最后访问日期：2024 年 3 月 15 日。

第三节 加强对科技型中小微企业发展支持的建议

当前，中国经济发展面临全球化和预期偏弱等挑战，要有效应对挑战，创新驱动是"牛鼻子"，要扶持创新型企业的发展，走好高质量发展的路子。由于科技研发具有较强的正外部性，世界各国已经认识到通过税收优惠、财政补贴、股权投资等方式支持创新型企业的重要性。2015 年 11 月，财政部印发《政府投资基金暂行管理办法》（财预〔2015〕210 号），在支持领域中，要求要重点关注"创新创业"和"中小企业发展"。政府引导基金是政府支持科技创新型企业的另一种途径。近年来，受新冠疫情及监管形势变化影响，创业投资基金"募资难""投资难""退出难"的问题持续凸显，由于创业投资市场本身具有的风险高、回报周期长等特点，创投机构募集资金更加艰难。在此情形下，政府引导基金应作为创业投资基金的有益补充，通过设立创业投资引导基金等方式，发挥其对创业投资机构的"挤入"效应，引导社会投资者积极参与创业投资基金，缓解和解决创业投资机构募资难的问题。

一 政府引导基金存在的问题

经过多年的探索，政府引导基金得到了快速发展，对经济发展的重要性日益凸显，但总体来讲，当前我国政府引导基金仍存在一些问题，主要有以下几个方面。

（一）定位不清晰的问题

现阶段，对政府引导基金还未形成一个共识，模糊了其是财政补助资金还是国有资本的身份定位，仍有观点认为政府引导基金是国有性质的财政补助资金。这使得其在实际运作中难以明确地履行责任。目前相关政策中对政府引导基金也缺乏进一步的规定和界定，导致基金角色不明确、政策目标不清晰。此外，政府引导基金的资金来源与用途也需要更明确的规定，以确保资源的有效配置。中小企业投资项目虽然收益较高，但风险也较大，由于引导基金来源于国有资产，有"保值增值""不容有失"的要求，我国政府引导基金在实际操作层面经常出现投资偏离了"投早、投小"政策初衷的情况。

我国政府引导基金的开端与国内创业投资概念的兴起同步。2002年，中关村创业投资引导资金作为我国首只政府引导基金出现，标志着这一新兴投资模式的起步。早期项目常面临市场失灵的情况，需要政府通过"看得见的手"来进行调节。明确政府引导基金的"市场化投资"属性和"投早、投小"属性，应是正确定位政府引导基金的第一步。

（二）缺乏合理规划的问题

近年来，福州市政府引导基金在经历快速发展以后，也暴露出一些问题，例如基金投向无法精准匹配产业发展、多只基金分头设立未能形成合力、基金规模小而分散等问题。究其原因，是当前政府引导基金在市级层面未能形成统筹运作机制，缺乏顶层架构设计和合理规划，难以从区域层面对其运行管理进行规范指引，未将政府引导基金纳入中长期财政预算管理，统筹资金力度不够，等等。此外，各层级的引导基金缺乏互补合作，呈现多点散打、"九龙治水"的局面，协同不够。厦门、合肥等地，在市级层面设立了基金专班，形成了各部门参与、通力协作的局面，统筹规划引导基金战略发展方向和投资决策流程；湖北省通过搭建产业联盟、基金合作平台，联合省内各级政府产业引导基金打造基金投联体，构建全省产业投资和重大产业项目落地的联合体，下级引导基金主动申请上级引导基金出资，包括一些地市、区县级引导基金申请省级、国家级引导基金的资金支持，加强基金引导部门间的横向协同和国家、省、市间的上下联动。

（三）容错机制不完善的问题

尽管政府引导基金经过多年的发展，已经在支持中小企业方面取得了一定的成效，但仍面临市场化与政策导向之间的矛盾。国有资产的监管侧重于保护和增值资产价值，而私募基金行业特有的"二高"，即风险高和回报也高的特点，导致了政策目标和市场化目标之间的差异。此外，容错机制的不完善也是影响政府引导基金健康、可持续发展的一个制度障碍。在私募基金行业高风险特性下，这种缺失或操作性不足的情况抑制了私募基金从业人员对中早期项目的关注度和最终投资，促使他们更倾向于进行偏后期的投资。截至2023年，全国各地先后建立了政府引导基金的容错机制，但通常只对投资决策程序是否符合规定等方面进行免责认定，没有明确界定尽职的边界，缺乏对容错尺度、容错认定主体和容错层级效力等问题的具体规定。省内仅有厦门、泉州对容错机制进行了细化，在具体的细则当中对引导基金投资的损失处理和尽职免责情况进行了规定。其他城市或者是尚未出台容错机制，或者是尚未为容错机制配套细化的实施细则，仅停留在原则性规定层面，可操作性不强，在实操层面容易发生执行落地困难的问题。

现行法规中容错机制与有关国有资产管理规定和政策存在一定的冲突，纪检监察、审计等相关政府职能部门对这些容错机制认同感偏低，在实践中具体怎么操作、怎么认定，带有较强的主观性。容错机制实施细则的缺位，使从业人员存在一定程度的"不敢为、不愿为"，使得基金运作效率不高，也使得基金的政策性容易成为一纸空谈，很难真正"投早、投小"。不完善的容错机制已严重制约了引导基金的政策性功能。政府引导基金需要建立更加严格的运作规范，明确投资决策的程序和责任，同时制定尽职免责规定，以鼓励从业人员更主动地参与和创新。

（四）绩效考核机制不完善的问题

我国政府引导基金的业绩评估工作开展得比较晚，虽然已经在初步的实施中取得了一定的成绩，但是从法律法规、评估指标体系和评估方法等角度看，仍有不少问题，整体来说，其效果并没有得到很好的体现。以下是一些关键问题。

一是架构尚未形成。现有的各级政府引导基金及业绩评估等制度都对其业绩进行了原则上的规定，但尚未制定出一套完整的、具有普适性的、可操作的规范。在评估政府引导基金绩效时，对其日常经营行为是否合法合规，是否规范、专业，缺乏有效的经营评估标准。总的来说，不同部门、不同地方政府引导基金的业绩评估都是独立建立的，而且其运作方式也是多种多样的，这就会导致业绩评估不够公允。

二是业绩评估的指标不够健全。目前，我国的政府引导基金业绩评价指数并没有完全体现其对小微创业企业的扶持作用，因而有其自身的局限性。首先，评价的标准太笼统，没有清晰地计量基金对小微企业的直接作用。为了更加精确地评价这些政策的成效，应该建立更加明确实用的业绩评价指数。其次，基金的特征并未体现在业绩评估指标中。创业投资基金和产业投资基金的投资方向不同，所追求的目标也不同，因此，要对不同的基金进行不同的投资决策，建立不同的评价标准。同时，要结合基金的投资特征和当前的投资阶段等因素，对其进行筛选和定位。最后，业绩评估指标没有充分考虑到政策的效果。目前，已有的评估主要聚焦于资金对社会资本的杠杆作用与回报率，缺乏对行业带动、行业扶持的评估，未能很好地考虑到我国政府引导基金对早期项目的扶持效果。

三是业绩考核的结果运用效果不佳。因为在国内，对于政府引导基金的业绩评估工作开展得比较晚，许多地区是在基金成立之后才制定了业绩评估的管理办法，而基金投资、管理费提取、超额收益分享等方面在基金合同里面都有明确的规定，因此，就这一类已成立的基金，后来颁布的绩效评估管理办法显得有些滞后，业绩评估的结果难以发挥其效用。

二 国外政府引导基金运行经验启示

（一）美国：中小企业投资公司计划（"SBIC 计划"）经验启示

1. 融资担保的运作模式

我国的政府引导基金主要还是通过间接（母基金）和直接（直投或跟投）股权投资的模式开展投资运作，财政资金往往在基金的存续期内沉淀数年才能慢慢实现回笼。而美国的政府引导基金主要采用融资担保的运作模式，通过提供信用担保的模式而不是直接以财政资金注资参股的模式设立政府引导基金，减轻了政府的财政负担。此外，在融资担保的运作模式下，基金需要对政府提供的债务担保支付管理费、承诺费和资金使用费等费用，对已经杠杆资金需要定期支付利息，使基金更加重视对拟投项目的筛选以及资金使用效率。同时，财政资金也不直接承担投资风险，仅在基金出现不能按期偿付担保债务的情况下代为偿付，有效降低了国有资本的投资风险，且基金运作前期收取的费用在一定程度上也弥补了担保可能发生的损失。在建立完备社会信用体系的情况下，通过探索融资担保的运作模式，能够进一步提高国有资本的使用效率，避免资金沉淀，最大限度撬动社会资本参与创业投资，助力政府引导基金的可持续发展。

2. 打通顺畅的退出渠道

对于项目端退出，需突破我国股权投资市场过度依赖上市退出渠道的

"瓶颈"。根据美国知名金融研究机构 Pitchbook 发布的 NVCA Venture Monitor（Q4 2022）中的数据，2022 年美国股权投资市场通过 IPO 退出的案例数量占所有退出案例数量的比例不到 10%，兼并收购的退出方式已成为主流。[①]而根据 Pitchbook 对中国股权投资市场的统计，近几年通过 IPO 退出的案例数量均占所有退出案例数量的 50% 以上，IPO 退出金额占比甚至均超过90%。[②] 为使政府引导基金更好地支持中小企业，需要进一步制定金融产权交易相关措施和机制，建立多层次的基金退出和金融产权流转市场，鼓励通过兼并收购等方式实现退出，使短期内没有上市规划或不具备上市条件的中小企业也能得到政府引导基金的支持。

对于子基金份额退出，可以积极探索 S 基金等份额转让的退出方式，完善国有私募股权的相关转让制度，使政府引导基金更早、更顺畅地以市场公允价格退出，有利于加快政府引导基金的资金回收再利用。

（二）以色列：YOZMA 计划经验启示

1. 专业的项目评审团队

以色列在国家工业与贸易部下设首席科学家办公室，在早期实施技术孵化器计划期间承担项目的审核工作，这使其积累了大量项目筛选经验以及专业人才，而以色列政府引导基金 YOZMA 计划中子基金的项目有相当一部分来自首席科学家办公室的推荐。同时，首席科学家办公室也会在子基金的投委会中发表观点并投票，对项目的决策能够提供更加专业的投资意见。在我国，包括合肥市等在内的许多地方政府引导基金也逐渐建立了专家评审委员会制度，组织产业、投资、管理、财务、法律等背景的专家对拟投项目进行独立评审并提供专业评审意见。对于中小企业的投资，不仅要关注财务报表，也要对细分行业、技术路线进行深入的研究，还要对团队技术水平具有判断能力。因此，政府引导基金不但要增强内部管理团队的投资能力，还要形成一套更为严谨的项目评审制度，聘请业内专家为项目提供更为专业、客观的投资意见，最大限度保护国资权益、降低投资

---

① "NVCA Venture Monitor（Q4 2022），" Pitchbook，https://pitchbook.com/news/reports/q4 - 2022-pitchbook-nvca-venture-monitor.

② "Great China Venture Report（H1 2022），" Pitchbook，https://pitchbook.com/news/reports/h1-2022-greater-china-venture-report.

风险。专注投资于科创型中小企业的政府引导基金或其子基金还可以定期举办科创大赛，充分挖掘域内具有投资价值的初创企业，通过组建专家评审团对项目进行全方位的评估，向优胜的项目出具投资意向书。

2. 互利共赢的激励制度

以色列政府引导基金为共同参与的社会资本制定了较强的向上激励机制：YOZMA 子基金的其他 LP 拥有五年内以低成本购买政府股份的看涨期权，能够以事先议定的价格购买 YOZMA 母基金所持有的股份，Heznek 种子基金更是给予合作伙伴可按照原始投资价格购买政府投资股权的期权。在看涨期权的激励下，基金管理人为了实现利益最大化将更加重视项目的投资效益，较高的收益上限也能够吸引更多的社会资本共同参与到引导基金当中，财政资金也能在发挥社会效益且保值增值的情况下尽早实现回收。目前，我国的许多地方政府引导基金也在进一步制定能够实际落地的激励制度，政府端在保证门槛收益的情况下进行适当让利，与社会资本和基金管理人实现互利共赢。

（三）英国：区域创业投资引导基金和 SCF 基金经验启示

1. 实现区域发展的均衡化

目前，我国的政府引导基金存在明显的地域差异，主要集中分布于广东省、江苏省、北京市和上海市等区域，欠发达地区的政府引导基金数量较少，发展较为不均衡。英国为改变创业投资企业集中在伦敦的发展困境，从政策层面要求每个地区都必须成立在政府引导基金支持下的市场化创投子基金，从而支持落后地区中小企业的发展。为鼓励更多基金管理机构和社会资本走向欠发达地区，需要从更高的层面统筹规划，实现全国各地政府引导基金的均衡化发展，预防出现欠发达地区培育的中小企业在能够产出经济和社会效益时被资本吸引搬迁至发达地区的情形发生。

2. 投资额度上限的设定

英国的区域创业投资引导基金对所投资的市场化创业投资子基金对外投资设定了投资额度上限，首次投资不能超过 25 万英镑，半年后才能够进行二次投资，且投资总额不超过 50 万英镑。我国部分政府引导基金设立的目标主要是支持中小企业发展，但在实际运作过程中，往往出于初创企业风险高、未来发展不确定性大、投资回报周期长等原因，基金还是更加偏向去投资一些发展较为成熟的中后期企业。通过设定投资金额上限，同时附加投资标的资产规模、就业人数等上限的要求，能够使相关基金更加专注于投资中小企业，避免出现实际投资与基金设立初衷相偏离的情况。

3. 联合投资的运作模式

苏格兰联合投资基金（SCF）创新的联合投资模式使得政府引导基金与头部投资机构进行深度合作，依托专业机构的投资研究能力协助国有资本实现增值保值和风险控制，并通过不高于 1∶1 的共同投资模式与社会资本实现风险共担，引导创业投资机构支持风险较高的中小企业。我国政府引导基金也可以借鉴国际有关经验，在创新运作模式上进行探索，鼓励和引导社会资本共同参与到面向科创型中小企业的风险投资当中，缓解中小企业的融资困境。

（四）欧洲：欧洲投资基金（EIF）经验启示

1. 引导支持科技成果转化项目

欧洲投资基金通过与鲁汶大学、曼彻斯特大学等高校合作，设立专门面向高校孵化科技成果转化项目的基金，与知识产权商业化公司达成合作，进一步挖掘各高校科研项目的落地价值。我国部分区域政府引导基金也在积极探索相关模式，联合高校、科研院所等共同组建科技成果转化基金，以推动实现从学术理论到实际落地的转变。政府引导基金通过与有关研究单位进行合作，能够满足先进科研成果的落地需求，推动新的技术形成我国现实的生产力，促进国家科技创新能力不断发展。

2. 债权融资支持的探索

欧洲投资基金除了股权投资的运作模式之外，还与银行、租赁公司、担保公司等机构开展合作，为中小企业的债权融资提供多方位金融服务。我国的政府引导基金也可以拓宽运作思路，积极探索与各类金融机构的合作模式，例如创新金融产品为中小企业提供更为普惠的债权类金融服务，以缓解中小企业短期资金不足的燃眉之急。

三　当前我国政府引导基金实践的经验启示

（一）建立完善的政府引导基金管理机制

为满足中小企业的融资需求，政府引导基金应该进一步完善相关管理机制，提出规范性要求，出台能够切实满足"政府引导，市场化运作"的实施细则。除了在设立出资、运营管理、风险控制、绩效评价等方面进行全流程制度梳理完善之外，为更好地支持中小企业发展，政府引导基金也应该着重从容错机制和激励机制等方面鼓励面向中小企业的投资。

1. 容错机制

政府引导基金需要建立一套规范性较高、落地性较强的容错机制，明确免责前提、适用对象、免责情形和免责程序等。对于主要投资于中小企业的政府引导基金，应当相应地放宽容错标准，提高对风险的容忍程度，以提振投资于中小企业的信心。

2. 激励机制

由于中小企业存在投资风险高、回报周期长等特点，为提高金融机构投资中小企业的意愿，政府引导基金可以建立一套让利机制，对于满足投资中小企业相关规定的子基金管理机构和其他出资人进行部分收益让渡，引导子基金投早、投小、投科技，激励社会资本共同参与投资中小企业。同时，对于专门投资于初创期和中小企业的子基金，也可以适当提高基金管理费率。

此外，对于专注于投向中小企业的政府引导基金，可以对投资标的在资产规模、营收规模、员工数量等方面做出明确的限定，使得基金更加聚焦于投早、投小；通过设置一定的单项目投资金额上限，进一步实现风险分散和对地方中小企业更为全面的覆盖。

（二）搭建实用性强的融资对接平台

上海市科学技术委员会牵头搭建了上海市科技金融信息服务平台，为科技型中小企业提供科技贷款、股权融资、政府专项资金等信息和申请服务，也为投资机构提供股权融资对接等服务，是科技和金融投资资源对接的有效载体，截至 2023 年底已累计服务超过 6000 家科创企业[①]。福州市科技局牵头建设了福州市科技成果转化公共服务平台，促进科研成果与资金、产业、政府引导基金的直接对接。政府引导基金通过搭建线上融资对接平台，让有需求的中小企业更加方便快捷地申请资金支持，政府引导基

---

① 《科技贷款实时统计》，上海市科技金融信息服务平台，https://www.shtic.com/kjjr/index.html，最后访问日期：2023 年 3 月 15 日。

金的管理团队也能够对投资区域内的企业情况有更加全面的了解，实现信息的高效传递，提升企业融资和基金投放的效率。

（三）创新政府引导基金的融资支持机制

目前，我国政府引导基金对中小企业的融资支持机制较为单一，主要是通过母基金的形式撬动杠杆吸引社会资本设立子基金以及以直接投资的方式对中小企业进行股权投资。我们可以探索欧美部分国家融资担保的运作模式，为创投企业的融资提供担保和增信，避免财政资金长期沉淀在基金或项目当中，充分发挥其放大效应。同时，可以与商业银行、融资租赁公司等金融机构合作，探寻股债结合、投贷联动的投资手段，为中小企业提供短期的债券资金支持。此外，科技成果转化项目的支持已成为全球范围内政府引导基金重点支持的领域，可以与高校、科研院所等合作设立基金，重点培育项目走向产业落地。

四　进一步加强对科技型中小微企业发展支持的政策建议

上文所述因素造成了现阶段政府引导基金对小型、微型等初创企业关注度不够、扶持不到位，政府引导基金更多将资金投向已知的"高估值"企业、"网红"企业、"明星"企业或"独角兽"企业，而忽视了小型、微型企业的资金需求。创业投资引导基金在新设政府引导基金的比重偏低，在某种程度上无法满足各类市场对于创业投资基金的需求，形成了资源错配。政府引导基金未能足够关注小型、微型初创企业的融资需求，导致这些企业面临严重的融资约束。此外，过多设立政府产业基金，往往容易使其成为变相招商引资的工具；部分产业投资基金过分强调企业迁址落地等条款，实则不利于创新企业的持续发展。

欧美国家的政府引导基金已经形成了一套成熟的运行模式，例如美国的"SBIC 计划"、以色列的 YOZMA 基金等，在促进各国创业企业发展和产业优化升级的进程中发挥了重要作用。与此同时，中国各地的政府引导基金也在不断进行着一系列的理论与实践研究，关于这一点有如下启发。

（一）关于政府引导基金定位

从经济意义上讲，投入中小型企业中的资本具有创业资本的性质和"公共产品"的性质，具有较高的"正外部性"。如果仅仅依靠市场的力量，就会出现一定的短缺，而不能很好地满足公众的需要。因此，支持创业资本的发展，克服创业资本的"市场失效"，成为我国政府的重要工作。当前，全国范围内建立的风险投资引导基金，其日常经营的主体仍然是国企或事业单位，在运行中仍然存在明显的行政性。由于其资本"国有"和行政"国有"的双重性质，部分地区创投引导基金过分重视国家金融资源和国有资本的性质，其发展的重点偏向于一般性的国有商业资本，有关部门仅仅注重自身国有财产的保值增值，而对风险资本的职能有所削弱，偏离了引导基金的政策方向。所以，政府引导基金定位问题，是首先要解决的。

持续性明确政府引导基金的角色定位，政府引导基金是解决创新创业市场失灵问题的重要政策工具，应持续明确"市场化运作、政府引导"的基本原则，引导社会资本参与私人风险资本不愿意进入的风险高、周期长的领域。政府要改变传统的主导理念，对其与企业的商业化与政策性的互动进行持续的调节，掌握好其作用的"度"与介入的程度，从而实现对市场主体的自主经营与对其行使的调节权的均衡，从而实现"政府引导，市场运作，科学决策"；政府应发挥对基金的引导作用，从宏观上把握财政资金的投向与运营原则，投资应树立正确的政绩观，发挥政府对社会资本的引导作用和对创新企业的支持作用，坚持让利于民，只收取少量的回报，在项目成功运营后及时退出，保障私人投资者的利益；政府应该转变传统的监督模式，针对风险投资行业的特殊性，量体裁衣地设计适合政府引导基金的监督条例。重点从落实自身的知情权及监督权入手，监管责任应该进一步细化。由于没有明确的权利划分与分配，造成了权利与义务之间的不平等，监督效率较低。目前，在我国的引导基金监管制度中，风险投资引导基金的运行状况是由政府及相关机构负责的，这个规则对相关部门和金融机构的划分不够清晰，在实际操作中缺少操作性，可能会出现互相推诿的情况。此外，引导基金还受审计、巡察等部门的审核。但是，具体的监管内容有哪些、尺度如何、使用何种方式和手段等缺乏实施细则，这给引导基金的实际投资运作带来了困惑，一些引导基金会以谨慎的态度进行投资以保证资金的安全，不利于规范创业投资企业的发展。

（二）统筹规划引导基金发展战略

国家成立引导基金的本意，就是为了促进在经济发展过程中的各行业与金融机构的有机融合，同时保证企业的资金能够顺畅地流动起来。在这个过程中，还可以利用资本市场上的其他投资势力，来达到国家层面调控、优化资源分配的目的。在这一过程中，国家扮演着引导者与监督者的角色，其首要责任就是确保基金在成立时所设定的投资范围不会背离。

但在实际运作中，存在缺乏顶层架构设计、缺乏合理规划的问题，为了解决这些问题，本书建议从以下几个方面考虑。

第一，做好基金设立中长期战略规划。要在明确各地区发展特征与原则的前提下，结合各地区的比较优势，对各地区的工业基础进行分类，并对其进行准确的定位，明确主导产业，加快优化重点产业发展环境、市场前景、发展空间。在注重发展的过程中，将工业的根基打牢，将商业环境进行进一步的完善，指导本地区内的高校和企业进行共建，推动研究结果向生产力转变，并对其进行追踪，对该地区的企业进行分类，建立重点行业、地区项目数据库。立足于区域内的优势产业和资源，重视"强链、延链、补链"的深度发展，弥补市场融资的不足和空白，需要从更高层次上对政府引导基金进行规划和治理，以避免在相同的产业和领域中重复设立，也不应建立不符合当地产业发展实际的基金。强化省市区的联系，促进地方财政预算中的储备资金和地方政府对基金的投资，并根据区域的实际情况，支持各省市区相互交叉组建或控股。推进投资相同或相似产业或领域的资金，通过相互参股和联合投资，形成合力。要科学地安排好财政投入基金的资金，对能够收回的资金要尽快进行清理和退出，把现有资金重新激活起来。

第二，推动各种资金区位的聚集发展。以"区域""园区""基金小镇"等实体空间为主体，加大对其支持力度，促进其产业集群发展。推动省级引导基金和市属国企牵头设立的基金在基金集中区设立，并吸引和推动各类国家级母基金及其子基金在当地发展。为资金聚集构建完善的软硬件基础设施和良好的营商环境，完善并强化政府的各项政策，在企业落地、人才引进、税收等方面都做好充分的保障。强化企业的品牌建设，促进多种渠道的沟通。

第三，对基金的设立、运营实行分级经营；建立以支持地方工业发展为宗旨的分级管理政府引导基金，寻求政策和市场之间的均衡是必然选择。我国的一些引导基金已经开始对两者之间的关系进行了初步的探讨，可以此为基础，对一些发达国家的经验进行有益的借鉴，并对其进行市场化运作的具体办法进行探讨。例如，深圳大鹏投资基金、江苏省政府投资基金、深圳前海产业投资引导基金等，把引导基金分成政策性引导基金与市场化投资两类；杭州市天使投资引导基金的投资分成两个不同的方向，一是让利性质的出资，二是市场化的同股同构。

第四，扩大创业投资基金规模。改变盲目通过产业投资基金达到招商引资目标的政策手段，切实从助力企业创新、帮助企业成长的角度针对性实施引导计划。明确产业投资基金、创业投资基金、基础设施基金三者的职能，综合运用各种手段，适时扩大创业投资基金的设立规模，解决政府引导基金与创业投资市场的错配问题，帮助创业投资机构缓解"募资难"的问题。制定区域性创业投资政策要进一步提升政府引导基金及创投市场政策的针对性，更加精确地引导和鼓励政府引导基金对中小企业开展投资。结合地区差异分类制定差异化的创业投资支持政策，重点改善政府引导基金投资中小企业的募资环境，最大限度地发挥政府引导基金在整合市场资源、培育本土创投机构方面的积极作用，实现创业投资市场与政府引导基金协同。

（三）建立健全容错机制

鉴于政府引导基金非营利性的特点，其使命更多的是助推创业企业发展，为此，应该要建立和完善引导基金的容错制度。营造"鼓励创新"与"宽容失败"的创新氛围，是引导基金管理人更好地参与政策制定与运作的重要保障。然而，由于国资属性的特殊性，如何实现风险控制与责任控制的有机统一，是当前亟须解决的问题。

对于国有创业投资、政府引导基金的容错机制，国家有关的政策都有明确的规定。2016年出台的《国务院关于促进创业投资持续健康发展的若干意见》，明确指出要营造"鼓励创业、宽容失败"的创业资本生态。2019年发布的《国务院办公厅关于推广第二批支持创新相关改革举措的通知》明确提出"推动政府股权基金投向种子期、初创期企业的容错机制……以地方立法形式建立推动改革创新的决策容错机制"，按照有关规定，各地的地方政府引导基金已经在探索容错机制。福州市经市政府会议研究同意福州闽都人才基金以及福州市海洋产业发展基金出现50%的投资亏损；《广州市科技成果产业化引导基金管理办法（修订稿）》于 2020 年发布，明确了因不可抗力、政策变化、市场运营风险等因素导致的投资亏损，不再追究决策机构和受托管理机构的责任。在评估引导基金的业绩时，要从整体效益出发，全面考虑政策目标和政策效果，而不能仅以单一基金或单一项目的盈亏为衡量标准。尽管已经有很多关于"激励创新容忍失误"的政策，但在操作上，容错尺度、边界和责任主体等问题尚不清楚。

在判定尺度和边界的时候，对于按照程序执行标准化的操作，有尽责的客观检查基础，在事后的监督和组织的检查验收中，没有发现有失职的情况，但是没有达到预想的目的或者发生了一些偏离的情况，应该予以免责。在此基础上，研究可操作的容忍机制，强化顶层设计。要对全国范围内的相关制度进行梳理，构建跨部门协作的容忍机制，制定出一套一致的监管指导方针和规范，以保证政府引导基金的稳健运行。

通过对基金内部控制系统的完善，对其进行有效的投资管理，在明确子基金管理人与子基金内部权利和义务的基础上，借鉴市场导向的私募基金管理人的问责制，构建以勤勉尽责为核心的容错机制。坚持"政府引导，市场运作，科学决策"的指导原则，以确保各项工作的顺利开展，以市场为导向，确保其独立运营，注重依法、合理地进行投资决策。在"投前、投中、投后"各个环节的管理工作中做到认真尽责，根据基金的投资规则和市场化的理念，对基金进行全面的评估，确立一个明确的、可执行的职责范围，并对免责条件、免责情形、免责范围等进行详细的规定，明确免责的流程。

（四）建立健全绩效评价体系和激励机制

引导基金由于以克服创业资本的"市场失效"为目标，对战略性新兴行业中的初创企业进行支持，存在风险大等问题，所以必须承担一定的损失。评价机构业绩时，不仅要看其是否具有价值，也要看其是否有足够的资金投入市场，更要看其推动了多少科技成果的转化、带动了多少战略性新兴企业。在以财政和社会资本进行联合扶持的过程中，要考虑到政策的引导效果和投资的收益，其中的评价标准可以有：政策目标的达成程度、财政效果、基金投资规模、资本的投入和收益等。但在实践中，评估指标的定量难，造成了业绩评估的困难和可操作性较差，比如同一时期内的低投出率，很难判定到底是因为懈怠，还是因为谨慎造成的。

第一，遵循风险投资产业的性质，重点关注其总体回报率，淡化其国有资本的属性。建立多维度、多层次的基金业绩评估系统，通过对基金运营的评估，并考虑到国企、产业等因素，逐渐改善其薪酬水平。通过提供必要的奖励、补贴或其他扶持政策，为私募基金提供适当的激励制度，包括但不限于基金分红、项目跟踪、管理层持股以及超额收入奖励等，使之符合本行业的薪酬标准，构建一套科学的评价和奖励制度，促进薪酬水平的市场化发展。

第二，对于专项支持初创企业的引导基金，要在制定相关的基金退出分配方案时予以考虑，可以采取一定的让利优惠政策，以促使引导基金尽早撤出，提高政府资金的使用效益。以市场化为主导的子基金，可以在符合市场规则的前提下，根据已确定的方式有序退出，逐步实现投资回报的最大化。要对创业引导基金的风险有全面的认识，并愿意承担一定的损失，在此基础上，结合国外的先进经验，遵循"让利于民"的原则，构建与社会资本的利益分享机制，使其能够得到超出其出资比例的分红，有效激发社会资本进行风险投资。

第三，在对金融与社会资本合作支持高技术中小企业的绩效评估过程中，要将经济效益和社会效益相统一，并充分考虑到投资基金的共同需要以及各投资机构的个别需要，建立起一套较为合理的量化和质量标准，作为政府评估引导基金管理人业绩的重要依据。政府的绩效评估制度，最起码要发挥如下作用：一是基金的导向作用，考察投入风险投资的资本数量；二是对产业的推动效应，考察风险资本对新兴工业、技术创新的推动程度；三是引导资金的可持续发展，即引导资金达到保本、微利经营、可持续成长的目标。

第五章 政府性融资担保体系的现实需要和发展动态

中小微企业对经济发展、就业创造和技术创新做出了重要贡献，但其长期以来均面临融资难、融资贵的现实困境。这引起了社会各界的高度关注，并形成了一系列著名的学术理论，如麦克米伦的麦克米伦缺口理论、亚当·斯密的信贷配给理论、凯恩斯的信贷配给理论、詹姆斯·布坎南的公共选择理论等。在这些理论指导下，建立和培育中小企业信用担保体系被认为是有效缓解中小微企业融资难问题的途径之一，也是发挥政府职能作用和财政杠杆效应以促进中小微企业发展的重要手段。

国外担保行业经过 170 多年的发展，已经形成了较为成熟的业务体系和相应的制度规范，而我国的担保行业则是 20 世纪 90 年代初期，随着我国金融改革和国家产业政策调整而发展起来的。近 30 年来，在政府的推动下，以政策性担保机构为主导，以商业性、互助性担保机构为补充的中小企业信用担保体系迅速发展，担保机构数量及担保余额显著提高，成为解决中小企业融资难问题的重要举措。

自 2016 年起，国家农业信贷担保联盟和国家融资担保基金公司的相继成立，标志着我国政府性融资担保体系正式建立。目前已初步形成新的"一体两翼三层"的风险分担机制框架。政府性融资担保正在成为中小微企业信用体系的关键节点，发挥着政策性金融工具的重要作用，实现了财政资金与金融资源的有效衔接。随着疫情冲击的逐步消退和数字化转型的不断深入，政府性融资担保也面临新的挑战与机遇。本书拟通过回顾政府性融资担保体系的发展历程、剖析现状和问题，并提出应对策略，以供相关方面参考借鉴。

第一节　政府性融资担保发展历程和现状

一　相关概念

（一）担保

担保起源于古代，原意为"担当""保证"，可以追溯到春秋时期。在《罗马法》中，担保被正式定义为确保债务人按约定履约的一种措施或救济手段。按照被担保行为的属性，可以将担保分为融资担保和非融资担保两大类型。《中华人民共和国民法典》对担保做出了全面规定，包括担保的种类、设立方式、生效条件等内容。

（二）担保机构

现代意义上的专业担保机构起源于瑞士。根据《中华人民共和国民法典》，担保机构是以向交易各方提供保证、增信服务为目的的专业机构。按照性质，可以分为商业性、互助性、政府性担保机构。按业务范围，又可分为融资性和非融资性担保机构。

（三）政府性融资担保及机构

政府性融资担保行业的上游是以银行为代表的信贷金融机构等资金出借方，下游则是广大具有融资需求且又无"有效抵（质）物和担保措施"以及存在信息不透明、不对等问题的中小微企业，政府性担保介于二者之间，为下游提供"低收费"的信用增级服务，解决其无"有效抵（质）物和担保措施"的难题，分担信贷过程中的信用风险，同时，又扮演着为上下游之间实现信息有效传递的角色。由此可见，政府性融资担保本质是以"准公共"的行为，为中小微企业提供增信服务，为银行等资金出借方提供风险分担，为二者提供信息桥梁。

二　发展历程

国内政府性融资担保公司的发展经历了信用担保体系的探索、基础建设、快速发展、整顿规范和政府性融资担保形成等五个阶段。

（一）第一阶段：信用担保体系的探索（1992～1998 年）

1992 年，一些地方如重庆、上海等自发组建了互助性的担保基金，这标志着我国信用担保体系的雏形初现。1993 年 7 月，国务院批复同意中国人民银行上报的《关于财政部和国家经贸委共同组建中国经济技术投资担保公司的请示》，同意中国最早以融资担保为主业的企业——中投保公司特例试办。同年 12 月，中投保在北京正式开业，标志着我国信用担保机构的历史开篇。

1994 年，中国人民银行颁布《金融机构管理规定》（银发〔1994〕198 号），提出"信用担保公司"为需经中国人民银行批准设立的金融机构之一。然而，在该阶段，尽管担保行业监管部门为中国人民银行，银担合作渠道逐渐形成，但融资担保需求尚不显著，公司规模普遍较小。1995 年 10 月，《中华人民共和国担保法》正式实施，为保证担保领域的基础性法律问题提供了明确的法律框架。然而，在这一阶段，担保公司仍处于探索阶段，不断积累经验，为未来发展奠定了基础。

通过上述探索，我国信用担保体系逐渐形成，其中尤为重要的是中投保公司的开业，为我国信用担保机构的发展开启了全新的篇章。

（二）第二阶段：信用担保体系的基础建设（1999～2007 年）

政府性融资担保体系在我国的建设可追溯至 1999 年，那时国家经贸委等相关部门陆续颁布了一系列政策文件，为政府性融资担保公司的定位和发展奠定了基础。尤其是 1999 年发布的《国家经贸委关于建立中小企业信用担保体系试点的指导意见》明确规定了政府性担保公司的主要任务是为中小企业提供服务，并以政府预算资助为主要资金来源。其中提出的"一体两翼"体系框架，明确了政府性融资担保的特点与定位。所谓"一体"，是指中小企业信用担保机构主要依赖政府预算资助和资产划拨，以服务中小企业为主，而非以盈利为目标。"两翼"则分别指城乡社区中的互助担保机构和商业担保机构，它们以中小企业为服务对象，从事直接担保业务。其中，中小企业互助担保机构的资金主要来自会员企业的出资，具备独立法人地位，自负风险，但盈利并非其主要目标。中小企业商业担保机构则主要由企业或其他非政府投资主体出资组建，同样具有独立法人地位，实行商业化运作，以盈利为目标。此外，2000 年，建设部等部门发布的《住房置业担保管理试行办法》进一步规范了住房置业担保公司的发展。

2003年1月，随着《中小企业促进法》的正式实施，我国政府首次通过立法鼓励发展各类担保机构，为建设中小企业信用担保体系奠定了法律基础。在政策支持下，各地积极响应国家政策，纷纷成立大量地方性中小企业信用担保公司。截至2007年，全国已有上千家中小企业信用担保公司，初步形成了相对完善的地方性信用担保网络。然而，这一阶段由地方政府主导，中小企业信用担保公司数量的迅速增加，也带来了一些问题，如政企不分、风险控制不力等。虽然在2003年财政部发文要求加强风险管理，但整体上，这一时期的风险意识仍显薄弱。

在这一阶段，值得关注的有如下几点。

1. 发展速度较快

从1999年的几十家增长至2006年底的3000多家，地方担保网络初步形成。

2. 地方政府主导

通常由财政部门主导，并与相关部门共同发起设立，董事会和管理层由政府部门任命。

3. 业务范围扩大

担保对象从初期的中小微企业逐步扩展至"三农"、房地产等多个领域。

4. 风险防控力度不足

虽然业务迅速增长，但整体风险意识相对薄弱，直到2003年才开始强调风险管理。

5. 政企不分明显

地方政府直接参与公司经营管理，成为这一阶段的突出问题。

总体来看，这一阶段奠定了政府性融资担保体系的基础，也积累了宝贵的经验。然而，政府直接参与经营也带来了一些问题，为未来的改革提供了有价值的经验。

（三）第三阶段：信用担保体系的快速发展（2008~2011年）

2008~2011年是我国政府性融资担保体系快速发展的时期。在国家政策的强力推动下，该阶段行业规模快速扩张，但同时也出现了监管跟不上的问题，导致一定程度的混乱，因此进一步加强监管显得尤为重要。

1. 行业规模扩张

在这一阶段，全国信用担保机构数量和资本规模都出现了爆发式增长。机构数量迅速增加，从 2006 年底的 3366 家增长至 2011 年底的 8402 家，在短短的 5 年内新增了超过 5000 家；资本规模快速扩张，实收资本从 2006 年的 1236 亿元增长到 2011 年的 7378 亿元，5 年间增长了近 5 倍。

2. 政策法规推动行业发展

我国相关部门陆续出台了一系列政策法规，以积极促进相关行业的发展。2009 年，根据国务院印发的《关于同意建立融资性担保业务监管部际联席会议制度的批复》文件精神，由银监会牵头主导设立融资性担保业务监管部际联席会议制度。该制度的主要任务包括：在国务院领导下，研究制定融资性担保业务发展的策略，制定融资性担保业务监督管理制度，协调解决融资性担保业务监管中的重大问题，指导地方政府对融资性担保业务进行监管和风险处置，以及完成国家交办的其他事项。

2010 年，经国务院批准，银监会、国家发展改革委、工信部、财政部、商务部、中国人民银行和国家工商总局联合发布《融资性担保公司管理暂行办法》，规定各省（区、市）人民政府可根据实际情况另行制定融资性再担保机构管理办法，并报融资性担保业务监管部际联席会议备案。此后，银监会还发布了与《融资性担保公司管理暂行办法》相关的八项配套管理制度。

3. 监管不足导致乱象

这一阶段行业准入监管不够严格，导致了一些问题的出现。一些担保公司实力较弱，存在违规行为；行业内的不规范竞争扰乱了市场秩序，这一时期被普遍视为行业的"野蛮增长期"；监管与行业高速发展脱节，呼唤着监管体系的完善。

综上所述，2008～2011 年是我国政府性融资担保体系迅速发展的重要阶段。国家政策的支持和推动促使行业规模迅速扩张，但也暴露出监管滞后的问题，需要加强监管以维护行业的健康有序发展。

（四）第四阶段：信用担保体系的整顿规范（2012～2015 年）

这一阶段标志着融资担保体系经历了一次重要的整顿和规范，以解决行业中出现的问题并重塑行业信誉，为中小企业信用担保体系的健康发展奠定了基础。

1. 担保机构处于弱势地位

在银担合作中，担保机构（尤其是民营担保公司）处于相对弱势的地位。在合作中，它们需要遵循严格的合作条款，如在贷款逾期后立即全额代偿本息（包括罚息、违约金等）、缴存保证金，以及限制对外担保放大倍数等。由于多种因素的影响，担保机构面临着合作银行和担保客户的逆向选择和道德风险。

2. 风险暴露和信誉受损

部分担保机构在不相匹配的收益和风险下，转向了高风险的业务，如民间借贷、过桥等。随着违规事件的爆发，行业信誉受到了严重的影响，业务量急剧下降，行业风险暴露。为维护金融体系安全，以及重塑中小企业信用担保体系，监管部门在这一时期启动了行业大整顿。

3. 加强监管措施的实施

2012 年，我国监管部门发布了《关于部分融资性担保机构违法违规经营的提示和开展风险排查的函》，对一系列风险事件进行了警示，并要求强化对融资性担保机构的监管，旨在防范和化解风险。2013 年，监管部门联合发布《关于清理规范非融资性担保公司的通知》，针对未取得"融资性担保机构经营许可证"的非融资性担保公司，对其名称中含有"担保"字样但未实际从事担保业务的情况进行了清理规范，以防止误导和欺诈。

综上所述，2012~2015 年是我国政府性融资担保体系整顿规范的重要时期。监管部门通过严格的措施，清理了行业中不规范的经营主体，重建了信誉，为中小企业信用担保体系的健康发展铺平了道路。

（五）第五阶段：政府性融资担保形成（2016 年至今）

自 2016 年起，我国进入了政府性融资担保体系形成的新时期。在这一阶段，通过一系列政策措施和法规引导，政府性融资担保体系逐渐明确其角色和定位，能为中小微企业和"三农"提供更有效的金融支持。

1. 机构数量减少，行业规范发展

经过前期整顿规范，全国中小企业信用担保机构数量从 2012 年的

8590 家大幅减少至 2021 年的 4838 家，减少超过四成。① 这有效解决了行业法人机构数量过多的问题，使行业呈现更加精细化的趋势。2015 年发布的《国务院关于促进融资担保行业加快发展的意见》明确了融资担保在解决小微企业和"三农"融资难题中的重要作用。政府支持的力度加大，增强了融资担保机构服务能力，规范了行业行为，强化了风险防范能力。

2. 加强法规建设和监管

2017 年，《融资担保公司监督管理条例》出台，进一步规范了融资担保行业，加强了对小微企业和"三农"的支持，同时加强了监管，防范了风险。2018 年，银保监会等印发了《关于印发〈融资担保公司监督管理条例〉四项配套制度的通知》，这四项配套制度包括《融资担保业务经营许可证管理办法》、《融资担保责任余额计量办法》、《融资担保公司资产比例管理办法》和《银行业金融机构与融资担保公司业务合作指引》，四项配套制度进一步规范了融资担保业务的经营和合作，为行业的健康发展提供了支持。2019 年，银保监会等部委发布了《关于印发融资担保公司监督管理补充规定的通知》，决定将未取得"融资担保业务经营许可证"但实际上经营融资担保业务的住房置业担保公司、信用增进公司等机构纳入监管，并对《融资担保责任余额计量办法》进行了修改和补充。

3. 明确政府性融资担保定位

2019 年，国务院办公厅颁布了《关于有效发挥政府性融资担保基金作用切实支持小微企业和"三农"发展的指导意见》，业内简称"6 号文"。该文件将融资担保机构区分为"政府性融资担保机构"和"商业性融资担保机构"，明确了"政府性融资担保机构"的"准公共"定位，着重强调了其在支持小微企业和"三农"融资方面的职能。2020 年，财政部印发了《关于充分发挥政府性融资担保作用 为小微企业和"三农"主体融资增信的通知》以及《政府性融资担保、再担保机构绩效评价指引》两份文件，旨在更为积极地为中小微企业和"三农"主体融资增信，充分发挥政府性

① 《【新闻资讯】十年沧桑话担保：有序 趋稳 向好——访中国融资担保业协会秘书长殷有祥》，"广东省融资担保业协会"微信公众号，2022 年 8 月 15 日，https：//mp. weixin. qq. com/s？__biz = MzI0MzQ1NDgyMw = = &mid = 2247500112&idx = 2&sn = 620eec7f523d2031 89eae241bd1ca3d3&chksm = e96e4758de19ce4ee259e89c19213c9f3f84d1f5f376e3a4bd919980253a 3202157bec7fb50f&scene = 27，最后访问日期：2023 年 9 月 7 日。

融资担保作用。文件重申了融资担保机构应专注于主业，避免盲目扩大经营范围，不得对非融资担保机构进行股权投资，严禁新开展政府融资平台融资担保业务。同时，对政府性融资担保机构的担保收费、支小支农业务占比及对外担保放大倍数等方面提出了进一步的政策要求。

综合来看，2016 年至今是我国政府性融资担保体系形成的新阶段。通过政策引导和法规建设，政府性融资担保的定位和作用逐渐明确，为中小微企业和"三农"提供了更有力的金融支持，同时加强了行业监管和规范，为政府性融资担保体系的完善与发展奠定了坚实基础。

三　发展现状

（一）政府性融资担保体系建设情况

1. 多层级政府性融资担保体系初步建立

在中共中央、国务院以及各级政府的高度重视下，我国政府性融资担保业务得到迅速发展。国家、省、市、县四级政府共同参与的多层级政府性融资担保体系初步形成。国家层面设立了国家农业信贷担保联盟有限责任公司和国家融资担保基金有限责任公司，通过出资设立这些机构来满足农业、小微企业的融资需求。各级政府性融资担保机构形成了"统筹省级，省市县联动"的格局。

国家层面。设立了国家农业信贷担保联盟有限责任公司和国家融资担保基金有限责任公司，分别负责支持农业信贷和小微企业融资担保。

省级层面。各省级政府成立了省级融资再担保公司，为市、县政府性担保机构提供再担保，接受国家融资担保基金的监督和指导。

市、县层面。各地积极开展区域内融资担保公司改制，将原国有担保公司按规定进行增资改制为政府性融资担保机构。至 2022 年底，体系内市（县）级政府性融资担保机构达到 1442 家，较 2021 年同期增加 239 家，政府性融资担保体系业务覆盖 2418 个县区，较 2021 年增加 249 个县区（李若男，2023）。这些机构主要面向农业、小微企业开展融资担保业务。

2. 业务范围更加明确

在监管要求下，政府性担保机构明确了业务范围。主要业务包括：为小微企业、"三农"主体和战略性新兴产业提供政策性融资增信担保服务，满足基本融资需求；国家融资担保基金、省再担保机构为市、县两级政府性担保机构开展再担保业务，促进社会资本投入；提供融资顾问、担保业务培训等辅助服务，增强客户的风险防范能力；创新业务如创业担保贷款、再贷款、代偿等，拓宽业务范围。

3. 业务范围的调整

政府性担保机构根据监管要求，退出了部分高风险、非主业领域的业务，如股权投资、房地产开发等。这有助于政府性担保机构集中精力在主业领域，有效控制风险。

(二) 政府性融资担保机构业务开展成效

1. 担保覆盖面持续扩大

政府性担保机构的覆盖面不断扩大，已覆盖全国 90.00% 以上的县区，实现了基本的县级全覆盖，构建了覆盖农业、小微企业的政府性担保服务网络。新增再担保业务规模在 2022 年全年达到 1.2 万亿元，同比增长 59.99%，担保客户 138.89 万户，同比增长 91.60%，有效缓解了小微企业和"三农"融资难的问题（李若男，2023）。

2. 中长期贷款担保比重提高

政府性融资担保机构通过引导银行为小微企业和"三农"主体提供多期限的流动资金贷款，并提供相应期限的担保服务，以防止贷款到期出现断链风险。中长期贷款（期限在 1 年以上）担保比重在 2021 年提高至 32.00%，这有助于进一步促进企业的长期发展。

3. 创业担保贷款试点进展顺利

在多个省市开展了创业担保贷款试点，政府性融资担保机构通过全额担保帮助未营业或刚成立的微型企业获得创业贷款，探索解决创业企业融资难问题。试点期间，政府性融资担保机构已为近万户创业企业发放创业担保贷款，贷款余额超过 100 亿元，有效缓解了创业企业的融资压力，促进了企业的创业创新发展。

综合来看，政府性融资担保机构在担保覆盖面、中长期贷款担保以及创业担保贷款方面取得了显著成效。通过支持小微企业和"三农"主体，政府性融资担保机构在促进普惠金融、支持企业创业创新等方面发挥了积极作用。

（三）政府对政府性融资担保机构的财政支持政策

2018 年，我国财政部发布《关于对小微企业融资担保业务实施降费奖补政策的通知》，明确 2018~2020 年，中央财政每年出资 30 亿元，以奖补结合的方式，对扩大小微企业融资担保业务规模、降低小微企业融资担保费率等政策性引导较强的地方进行奖补。2018 年，财政发放的专项奖补资金涵盖了全国 37 个省、自治区、直辖市、计划单列市及新疆生产建设兵团。2019 年和 2020 年，财政发放的专项奖补资金则改变奖补发放条件，仅对达标省份发放专项奖补资金。

2019 年，中共中央办公厅、国务院办公厅发布《关于促进中小企业健康发展的指导意见》，提出完善财税支持政策，优化财税对小微企业融资的支持。为更好贯彻对小微企业融资担保降费奖补政策，中央安排财政专项奖补资金，推动和鼓励各地加大支持实体经济的政策性融资担保扶持力度，支持小微企业融资担保业务规模快速发展，降低小微企业、"三农"、战略性新兴产业的融资增信成本。此外，政府还进一步放宽了创业担保贷款贴息的申请资格要求，中央财政专项资金为各地政府提供了支持，用于对小微企业的创业担保贷款进行贴息和奖补。同时，政府还加强了对相关统计监测和分析工作的推动和落实。此外，金融机构对单户授信 1000 万元及以下的小微企业和个体工商户的贷款利息收入免征增值税的政策以及贷款损失准备金企业所得税税前扣除政策也得到了较好的落实。

2021 年 4 月，财政部和工信部发布《关于继续实施小微企业融资担保业务降费奖补政策的通知》，明确 2021~2023 年，中央继续通过财政安排中小企业发展专项资金，采用奖补结合的方式，奖补在扩大小微企业融资担保业务规模、降低小微企业融资担保费率等方面表现优秀的省份。

2022 年 5 月发布的《国务院关于印发扎实稳住经济一揽子政策措施的通知》（国发〔2022〕12 号）强调，要充分利用政府性融资担保等政策。2022 年的目标是国家融资担保基金再担保合作业务新增规模要有 1 万亿元以上。此外，将深入落实中央财政小微企业融资担保降费奖补政策，计划投入 30 亿元资金，以支持政府性融资担保机构进一步扩大对小微企业的融资担保业务规模，并降低担保费率。有条件的地方，政府还将对支小、支农担保业务的保费给予阶段性补贴。

各级省、市人民政府根据上述文件精神也相应出台了本级的配套政策，如 2019 年 12 月，福建省财政厅、福建省地方金融监督管理局在原《福建省中小企业融资担保机构风险补偿专项资金管理实施办法（2016 年修订版）》的基础上，修订并联合印发了《福建省融资担保发展专项资金管理办法》，提出融资担保发展专项资金主要用于支持融资担保机构和再担保机构开展融资担保（再担保）业务中的风险补偿、代偿补偿、保费补贴、降费奖补。2022 年 4 月，福建省财政厅、福建省地方金融监督管理局再次对《福建省融资担保发展专项资金管理办法》进行修订，新办法延长了政策有效期限，有效期至 2025 年 12 月 31 日。同时，明确了该办法中所指小微企业和"三农"主体，包括小微企业、个体工商户、农户、新型农业经营主体，以及符合条件的战略性新兴产业企业等；首次明确了为个体工商户提供的贷款担保，按微型企业标准进行补偿；为小微企业主个人经营性贷款担保，按对应小微企业标准进行补偿。具体措施如下。一是针对小微企业及"三农"领域的融资担保业务，我国将继续推进降费奖补政策。对于融资担保机构所办理的单户 1000 万元及以下且担保费率不超过1.5％的小微企业和"三农"融资担保业务，将依据一定比例实施风险补偿和业务奖补。在中央财政支持融资担保降费奖补政策的背景下，省财政厅有权结合实际情况分配资金，对符合条件的小型企业贷款担保业务，按照年度贷款担保金额不超过 1% 的比例进行奖补；对微型企业和"三农"主体贷款融资担保业务，按照年度贷款担保金额不超过 1.6% 的比例给予奖补。二是省再担保机构将提高对融资担保机构的风险分担比例至 40%，并负责对接国家融资担保基金，为符合条件的企业提供代偿支持。同时，省再担保机构对符合条件的小微企业和"三农"主体等融资担保业务，实施再担保及向国家融资担保机构申请再担保过程中，免收免缴的再担保费将由省财政予以补贴。对于符合条件的单户担保 1000 万元及以下的融资担保业务，省再担保机构将免收再担保费。省财政按照不超过其上年末再担保余额的 1.5‰给予再担保保费补贴，并与国家融资担保基金合作开展比例风险再担保业务，补贴其缴纳的再担保费。

2022 年 12 月，福州市地方金融监督管理局联合市财政局对《福州市政府性融资担保业务管理实施办法》进行了相应的修订。修订后的《福州市政府性融资担保业务管理实施办法》提出，①建立政银担风险分担机制。

建立政府部门、银行业金融机构和政府性融资担保公司三方风险分担的政银担合作模式，按 2∶2∶6 共同分担小微企业和"三农"主体担保贷款损失（本金部分）。②建立代偿补偿机制。担保公司对单户及其关联方担保余额 500 万元以内（含）的小微企业及"三农"融资担保业务发生代偿时，由担保公司对应层级的市、县代偿补偿专项资金对代偿损失的 20% 进行补偿。③实施降费奖补政策。对年化担保费率降至 1% 以下的新增单户 500 万元及以下的小微企业和"三农"主体的融资担保业务市财政给予担保费补贴，补助比例不超过 1% 与实际年化担保费率之差。

（四）当前政府性融资担保机构面临的主要问题

1. 体系建设不完善

部分地方仍将政府性融资担保机构视同一般国有公司，未能针对其高风险低收益的特点和准公共服务的特性，找准机构定位、建立科学合理的业绩考核和尽职免责机制。机构内设部门较为单一，除了维持机构日常的基本运转外，对业务发展、风险管理、内控机制等缺乏相应的制度、流程和条线（薛燕，2020）。银担合作不畅，部分地区银行业机构和担保公司在风险分担机制上存在分歧，加大了业务合作的难度（李若男，2023）。

2. 资本规模偏小，杠杆效应不足，抵御风险和可持续发展能力较弱

现有政府性融资担保机构普遍存在"小、散、弱"的问题，许多机构注册资本不足 10 亿元，个别机构注册资本甚至不足 5 亿元（冯光辉，2023）。部分机构因资本金抽逃、代偿支出等，实际可用资本较少，导致经济实力与担保任务不匹配（邓志辉，2022；韦茜，2023）。资本金规模偏小，也导致杠杆效应不明显（冯光辉，2023），放大倍数偏低，低于国内平均水平（韦茜，2023），业务拓展能力受限。在当前经济环境下，政府性融资担保机构面临代偿压力增大（冯光辉，2023）、收益下降（谢鹏程，2022）的问题，可持续发展能力受影响。人才队伍建设不足，管理人员多由政府部门工作人员兼任，队伍老龄化严重、专业化程度不高，难以提升业务能力（邓志辉，2022）。综上，资本规模偏小导致杠杆效应不足，也削弱了抵御风险和持续发展的能力。

3. 信息化程度较低，数字化转型意识不强

政府性融资担保机构对数字化转型的重要性认识不足，数字化转型意识偏弱，没有从长远发展战略的高度进行系统规划，特别是在数字化人才队伍建设方面存在较大短板，这严重制约了业务模式的创新与转型（冯光辉，2023）。政府性融资担保公司的科技风控能力比较落后，过度依赖传统的人工操作模式，无法有效获取中小企业真实完整的信用信息，增加了业务运营的风险，也提高了中小企业获得融资的难度（李若男，2023）。政府性融资担保机构的信息系统建设滞后，不能实时监测并获取企业信用及风险信息，导致风险评估与决策依据不足。总体来说，政府性融资担保机构数字化转型意识偏弱，信息化建设与风险控制能力的提升都比较滞后，这是该类机构当前面临的突出问题与挑战。

4. 产品和服务创新不足

不少政府性担保机构业务仍以传统企业贷款担保为主，产品单一、创新不足。对科技型中小企业、现代农业、农村普惠金融等领域的担保产品和服务支持力度不够，有待加大。

5. 风险处置机制不健全

个别政府性担保公司存在对违约风险处置过于谨慎的问题，担保代偿率低。也有个别公司在风险处置中选择性履行或延迟履行约定，增加了银行合作意愿不强的问题。同时，还有追偿手段单一、团队追偿能力较弱等，因此从政府性担保公司整体上看，风险处置机制仍需进一步健全。

第二节　政府性融资担保在中小微企业信用体系中的战略地位

政府性融资担保在中小微企业信用体系中具有战略性地位。它不仅是信用建立的催化剂，还是中小微企业成长和发展的关键支持机构。融资担保服务通过深耕本地产业、建立区域性信用数据库和推动地方政策支持等发挥"区域性"优势缓解了中小微企业与银行间的信息不对称，通过提升中小微企业治理能力、建立融资与信用记录促进信用形成等推动中小微企业信用体系持续完善，还通过代偿、追偿等机制，在中小微企业信用体系中扮演了多重角色，既是守信企业的支持者，也是失信企业的惩戒者和监督者，推动着中小微企业信用体系的持续完善与健康发展。同时，政府性融资担保的增信和风险分担机制还实现了中小微企业融资便利性的提高和满足了其融资的多元化需求。

一　发挥"区域性"优势缓解信息不对称

信息不对称理论指出市场中存在信息分布的不均衡、不对等，这导致了交易的不确定性和风险。中小微企业在融资活动中的信息不对称体现为：一是在融资匹配过程中，小微企业信息透明度不高、财务制度不健全的情况较为普遍；二是在获得融资过程中，一方面为顺利取得融资中小微企业可能通过伪造财务报表、夸大企业利润等来粉饰不足，另一方面由于交易类信息涉及企业商业秘密，企业不愿对外披露；三是在资金回收过程中，银行等资金借出方对于借款者的还款和用贷行为不能进行有效控制。

近年来，随着人工智能、大数据、云计算、区块链等金融科技手段的应用、政务数据的逐步开放，银行机构可以快速获取中小微企业的部分信息，银行依托所获得的信息和金融科技创新出一系列的普惠信用信贷产品，如"建行·云税贷""农行·纳税 e 贷""交通银行·税融通""平安银行·超市供应商信用授信"等。金融科技的应用和部分政务数据端口的打通，在一定程度上解决了因信息不对称而产生的融资约束问题，但由于目前政务数据的共享还不充分、不完整，同时单纯依赖工商、税务数据无法充分反映企业的真实情况，同时，此类贷款为纯信用类贷款产品，一旦产生风险，银行就可能面临较大的损失，因此银行在开展此类业务时较为谨慎、对借款人的征信要求也较高。

1970 年，美国经济学家乔治·阿克尔洛夫率先将信息不对称理论和经济学结合，提出了全新的观点，即"借助独立第三方的担保有助于弱化信息不对称问题的影响"（李若男，2023）。政府性融资担保具有明显的"区域性"优势且又是独立的第三方担保，这有助于进一步缓解信息不对称问题。"区域性"使政府性融资担保机构能够更准确地提供信用担保，降低了银行的信贷风险，降低了融资成本，使中小微企业更容易获取融资支持。

（一）政府性融资担保深耕本地产业方面

一方面，通过深入关注本地产业结构、市场需求和企业特点，政府性融资担保机构能够更精准地评估区域内中小微企业的信用状况。对企业自身的财务状况和当地市场有深刻洞察和了解，使政府性融资担保机构能够更好地协助银行控制风险和获取客户。这一过程有助于确保融资支持流向真正有发展潜力和还款能力的企业，降低了银行的信贷风险，同时也提高了中小微企业获得融资的机会，降低了它们的融资成本。另一方面，政府性融资担保机构与地方政府、区域行业商（协）会等紧密合作，积极获取有关企业及其实际控制人、核心股东、高管等关键人物的详细信息。这包括企业的经营历史、市场份额、竞争对手、供应链关系等多个方面的信息。这种信息共享机制不仅为银行提供了更为全面的信用评估工具，还有助于协助银行更好地识别潜在的风险和机遇。银行因此更有信心扩大对中小微企业的信贷业务，降低融资成本，使中小微企业更容易获取所需的资金支持。这种紧密合作模式在有效推动区域内中小微企业融资方面发挥了重要作用，对于区域经济的发展和创造就业机会具有积极的影响。

（二）政府性融资担保在建立区域性信用数据库方面发挥关键作用

政府性融资担保是在政府支持下为中小微企业提供融资担保的"准公共"职能机构，在区域政府资源方面更具有独特优势，其在构建区域性企业信用数据库方面更加便利、更加可行，也更易实现。首先，与税务、工商等政府部门的协同合作为政府性融资担保机构打通了关键政务数据端口，获取了中小微企业的财务信息、纳税记录、工商登记等重要数据，保证了信息的准确性和及时性。同时，还能进一步打通商务、工信、科技、发改等其他政府职能部门的数据，并通过政府的财政支持和政策支持，赋予其整合、分析和应用这些数据的能力。其次，政府性融资担保机构拥有一定专业的技术和人员，能够有效地将这些数据结合银行信用风险管控需求转化为可用的信息，降低了数据分析的复杂性。通过充分利用政府资源，政府性融资担保机构打通了多方政务数据渠道，不仅提高了中小微企业信息的透明度，还减轻了信息不对称问题，进而降低了银行对中小微企业投资的信贷风险，有效降低了融资成本。

（三）政府性融资担保在推动地方政策支持方面也发挥了关键作用

区域性政府性融资担保机构与地方政府的密切配合不仅有助于协调资

源，还为中小微企业的融资提供了政策保障和支持体系。首先，政府性融资担保弥补了风险担保基金等政策的不足，确保其具备足够的风险覆盖能力。其次，区域性政府性融资担保机构和地方政府可以发挥其政策制定和协调资源的职能，促使金融机构更广泛地参与中小微企业融资，推动融资渠道多元化。这包括推动银行、信用合作社等不同类型的金融机构提供融资产品，以满足不同中小微企业的融资需求。此外，地方政府还可以依托政府性融资担保搭建金融创新平台等方式，为中小微企业提供更多融资渠道。通过协同作用，为中小微企业创造更为有利的融资环境，使其更容易获得融资支持，降低融资成本。因此，政府性融资担保机构在区域性层面的政府支持下，不仅在解决信用不对称问题方面发挥了作用，还积极推动了中小微企业的可持续发展，为地方经济的繁荣和创造就业机会做出了重要贡献。

综上所述，政府性融资担保在区域性层面通过深耕本地产业、建立本地信用数据库和推动地方政策支持等方式，更好地发挥其在解决中小微企业信息不对称问题方面的优势，从而有效缓解了中小微企业因信息不对称而造成的融资约束，为中小微企业的可持续发展提供了关键支持。

二 推动中小微企业信用体系持续完善

（一）融资担保服务促进中小微企业提升企业治理能力

融资担保服务在引导企业提供信息、改进风险管理、提供战略咨询、推动财务规范性要求的满足以及建立长期合作关系等方面，有效促进了中小微企业的治理能力提升，为其可持续发展提供了有力支持。这种支持不仅有助于企业获得融资，还加强了企业的内部管理，提高了其在市场竞争中的竞争力。首先，通过贷前审查和尽职调查，融资担保机构促使企业提供详细的财务和经营信息，强化了企业的财务管理和信息披露，从而提升了企业治理水平。这迫使企业提高财务管理水平，确保财务报告的及时性和准确性。这种规范性要求有助于改进企业的治理机制，提高企业对外部投资者和金融机构的透明度。其次，融资担保机构与企业共担信用风险，促使企业改进内部控制和风险管理，进一步提高了治理水平。企业需要为获得担保服务而接受审查，这激励它们加强内部控制体系，降低潜在的风险。这种合作关系强化了企业风险管理的自觉性，有助于提高治理水平，减少经营风险。再次，融资担保机构提供战略咨询，帮助企业制定长期增长战略，并提升竞争力，提高了企业治理水平。这种战略咨询不仅涵盖了财务层面，还包括市场定位、产品创新、管理优化等多个层面，有助于企业提高经营效率，增强竞争实力。最后，为维护长期的"担（银）企"合作关系，企业需要不断改进治理、提高信誉度以获得更多融资支持，这对企业提升治理水平起到了积极的推动作用。

（二）融资担保服务促进中小微企业信用形成

融资担保机构通过建立信用记录、提供信用背书、提高信息透明度、制定信用评估标准以及帮助企业获得信用认可等途径，促进了中小微企业信用形成，为它们获得融资、推动业务增长和可持续发展提供了关键支持。首先，通过为企业提供融资担保服务，帮助它们获得融资机会，建立了信用记录。这些信用记录反映了企业的还款历史，是信用形成的关键组成部分。其次，融资担保机构的介入增强了企业的信用背书效应，为金融机构分担了重要风险，吸引金融机构向企业提供融资。再次，在融资担保过程中企业需要向融资担保机构提供各项信息，包括财务状况，经营历史和实控人、主要股东、高管等关键人物的信息，提高了企业的信息透明度，让金融机构更容易了解其信用状况。此外，担保机构结合自身风险偏好形成了一套完整的信用评估标准，协助金融机构更准确地评估企业的信用风险。最后，企业一旦建立了融资信用记录，就可以在金融市场上获得更广泛的信用认可，从而更容易地获得融资。

（三）融资担保服务促进中小微企业信用体系进一步完善

政府性融资担保在中小微企业信用体系中的作用是多维度的，不仅是融资的媒介，还是信用建设的推动者和维护者。通过奖励守信行为和严厉惩戒失信行为，政府性融资担保构建了健全的奖惩机制，促进了中小微企业信用体系的进一步完善，为其融资准入提供了有效保障，同时也为整个经济体系的健康发展提供了有力支持。政府性融资担保将继续在中小微企业信用体系中发挥战略性的作用，助力中小微企业的可持续发展。

一方面，政府性融资担保为守信企业提供持续融资服务，奖励其守信行为。这一举措为企业提供了可持续的融资支持，鼓励它们保持诚信，提高还款意愿，同时也提高了守信企业的融资准入标准。这种积极的奖励机制鼓励了更多企业积极参与信用体系的建设，形成了一种良性循环。

另一方面，对失信企业，政府性融资担保按照风险承担比例进行代偿，同时进行追偿，以区分恶意违约和非恶意违约，对恶意违约行为实施严格惩戒。这一机制通过明确的惩罚措施，有效减少了失信行为，提高了企业的信用自律。企业在明白了失信会导致代偿和追偿的后果后，会更加谨慎地管理风险，减少信用体系中的不良记录。

三 保护中小微企业合法权益

（一）保护中小微企业的融资权

根据信贷人权利保护理论，中小企业能够开展信贷活动，体现了其在金融发展权和金融公司权方面的权益，这也是中小企业发展权的一个组成部分。理论主张，信贷权应成为每个中小企业的基本权利，信贷配给是必要的，但并非针对大型企业，而是针对中小企业的保护性配给。保护中小企业的融资权，不仅是政府的公共职责，也是金融部门的社会责任。

在中小微企业自身发展的障碍，如管理水平、投机行为和社会诚信等方面，金融机构服务的选择，如成本收益机制、信息不对称和金融机构政策博弈机制等，以及外部环境的影响，如社会化服务体系和扶持政策等多重因素的作用下，中小微企业的融资权受到了严重的约束。政府性融资担保是政府调整市场的一项重要政策性金融工具，有效地解决了中小微企业的融资约束问题。尤其是随着政府性融资担保体系和相关扶持政策的逐步完善，小微企业的融资权得到了较好的保障。

（二）维护中小微企业的发展权

近年来，学者们从不同角度论述了中小微企业所应享有的各种权益，如企业财产权、自由经营权、公平竞争权、司法救济权、名称权、商誉权等。在对中小微企业的众多权益进行梳理后，发现可将多数权益概括为中小微的发展权。在现实情况中，由于中小微企业的融资成本高、融资渠道狭窄、融资方式单一等，严重抑制了中小微企业的发展，损害了中小微企业的发展权。因此，解决中小微企业融资问题，是维护中小微企业发展权的充分体现。政府性融资担保通过为中小微企业提供有效、价廉的增值担保服务，很好地满足了中小微企业的融资需求，维护了中小微企业的发展权。

（三）维护了中小微企业的社会诚信权

政府性融资担保重点支持符合产业导向和具有发展潜力的科创型、成长型、效益型、生态环保型等中小微企业，以实体型为主的现代服务业、传统优势制造业等中小企业，电子信息、新材料、先进制造、新能源、环保等高新技术产业，以及符合政策扶持导向的"三农"客户。政府性融资担保在为企业提供增值担保服务时，也向社会及其他经济主体传递了正向信息，为其在社会信用体系中树立了正面形象，使其更易获得其他金融机构的支持。同时，政府性融资担保在服务过程中所获得的大量、实时的中小微企业信息，也为中小微企业社会信用体系建设建立了良好的基础生态。当被担保主体发生违约时，政府性融资担保在代偿、追偿中可以很快将不良记录上传到社会信用体系中去，此举不但可以对少数不良失信主体进行惩戒，还可以大大降低因此造成的对中小微企业的不良影响，维护了中小微企业的社会诚信权。

四　有效促进中小微企业融资便利性和满足多元化需求

（一）有效、多样的风险分担机制，改变商业银行风险偏好

目前，政府性融资担保体系所形成的多层级风险分担机制，尤其是不少地方政府相关部门出台的融资担保风险资金政策，对于中小微企业的融资环境产生了积极影响。这一机制不仅有效降低了商业银行的信贷风险，也对它们的风险偏好产生了显著影响，进而为中小微企业提供更广泛的融资机会，构建了更为健康的信用生态系统，为中小微企业的可持续发展提供了有力支持。

首先，政府性融资担保体系中的多层级风险分担机制实现了风险逐级传导和分散。政府性融资担保机构介入后承担了一定程度的中小微企业的融资风险，这就降低了商业银行投资这一类企业的信贷风险。同时，地方政府通过融资担保风险资金政策，为商业银行提供了第二道风险分担机制，增强了它们的信贷信心。这种分层次的风险分担机制有效地减轻了商业银行的风险负担，使它们更愿意主动参与中小微企业的融资，推动了融

资市场的发展。

其次，多样的风险分担机制也加强了对中小微企业的信用评估和监管。政府性融资担保机构通常会实行严格的信用评估机制，以确保融资支持的资金流向符合区域经济发展导向且具有高成长性和守信的企业。这种评估机制不仅有助于筛选出更具发展潜力的企业，也提高了守信企业获得融资的机会，从而构建了更为健康和公平的信用生态系统。

（二）提供多样化、定制化的融资担保工具

一方面，政府性融资担保机构针对不同类型中小微企业的实际需求，提供定制化的融资担保产品，丰富其融资渠道选择。例如，对于处于初创期的中小微企业，创业资金不足是其普遍面临的问题，政府性融资担保机构可以面向这部分企业推出小额创业担保贷款，帮助其获得启动所需资金，满足初创期的融资需求。对于处于成长期的中小微企业，其业务正在快速扩张，需要一定规模的营运资金和项目资金支持业务增长，这时政府性融资担保机构可以为其提供信用贷款、项目贷款等产品，满足其业务扩张的资金需求。此外，政府性融资担保机构还可以针对中小微企业技术改造升级、绿色低碳发展等方面的需求，设计技改贷款担保、绿色发展贷款担保等专项产品，帮助企业实现可持续发展。

另一方面，银行在对中小微企业授信贷款时为防范风险，要求中小微企业提供符合快速变现条件的抵（质）押物，同时为确保在快速变现情况下产生的价值折损不对自身权益产生损害，设定了抵（质）押价值折扣率（最高不超 80%）。以中小微企业的实际情况较难有符合要求的抵（质）押物，或者即使有在对其价值进行打折后也难以满足自身融资需求，同时也增加了融资成本（如评估费、保险费等）。政府性融资担保主要通过信用反担保的形式为中小微企业提供融资担保服务，大幅提升了其融资的便利性。

（三）构建完善的产业生态链

政府性融资担保机构与银行业金融机构开展全方位合作，共同为中小微企业提供全链条的融资解决方案，形成协同发展的产业生态链。同时，政府性融资担保机构与地方政府合作设立风险补偿基金，通过提供再担保来分散银行业金融机构的风险，鼓励银行业加大对实体经济特别是中小微企业的融资支持力度。这将形成政府性融资担保机构、银行业金融机构和中小微企业之间利益共享、资源共享、风险共担的产业生态链，有效缓解中小微企业的融资难题。

在构建产业生态链时，政府性融资担保机构发挥自身优势，通过技术和产品创新来丰富生态链内的融资方案。例如，可以利用大数据技术，收集和分析中小微企业的经营和信用信息，实现精准化的信用评级，提升贷款审批的效率。可以开发流程再造和智能审批系统，使用互联网和移动技术实现融资业务流程的再造，提高工作效率。还可以设计一些创新型的混合融资产品，如"政府担保+银行贷款+企业股权融资"等，实现对中小微企业多渠道和多层次的融资支持。

政府性融资担保机构在担保产品创新、流程再造、科技应用等方面发挥引领作用，带动整个产业生态链的现代化转型升级，推动中小微企业融资服务模式的变革创新，更好地满足中小微企业的多元化融资需求，提供融资便利。

第三节　政府性融资担保服务模式创新路径

一　差异化和个性化的信用担保产品创新

政府性融资担保服务的对象为中小微企业和"三农"主体，这些主体具有较强的行业和区域特征，同一行业在不同区域、不同生命周期的经营情况等各有不同。同时，根据政策文件要求，政府性融资担保机构在开展业务时要为符合条件的被担保主体提供信用担保服务。因此，为更好地发挥政府性融资担保政策作用和有效防范控制风险，应结合区域、行业不断创新具有差异化和个性化的信用担保产品。

（一）因地制宜创新信用担保产品

自改革开放以来，我国社会经济取得了显著的进步。然而，伴随着经济发展，区域间的发展差距逐渐显现，无论是省份之间，还是同一省份的不同地市，乃至同一地市的不同县，其经济发展水平和区域产业特征都有所不同。在政府性融资担保体系中，国家融资担保基金、省级再担保机构的主要职能是为市、县（区）两级政府性融资担保机构提供再担保服务，而开展直担业务的机构则为市、县（区）级政府性融资担保机构。这些机构的服务对象仅限于本行政区域的经济主体，原则上不允许跨区域经营。

因此，在开展业务时，各直担机构应充分结合区域产业特性、金融环境以及扶持政策等因素，创新推出具有区域特点、差异化及个性化的信用担保产品。例如，针对以种植、养殖为主导产业的区域，可以根据种植、养殖户的融资需求，以及种子（苗）、化肥（饲料）、农机（电器）等强季节性采购特点，设计相应的信用担保产品，并在采购前提供融资担保服务，在收获和销售季节后再进行回收。对于以加工制造业为主的区域，可以结合企业融资需求，创新与生产采购、销售回笼、技术改造、固定资产投入等相关的信用担保产品。此外，以商贸流通为主的区域，则可围绕流通环节的上下游，创新推出仓单质押等个性化、差异化信用担保产品。

（二）结合行业（产业）特点创新信用担保产品

不同行业（产业）具有明显的差异，这些差异体现在前期投入的不同，竞争环境的不同，经营收益的不同，经营模式的不同，对人、财、物等方面的需求的不同，尤其是中小微企业处于企业生命周期的初创期和成长期，对融资的需求更有很大的不同。因此，政府性融资担保机构应当积极创新满足行业（产业）融资需求特点的差异化、个性化的信用融资担保产品。比如针对高新技术产业，结合其"高投入、高成长、高利润、高风险、轻资产"等特点，围绕研发投入、科技立项、成果转化和市场推广等环节，创新"研发费用贷""知识产权贷""人才贷"等差异化、个性化的信用担保产品；针对外贸产业，结合其生产、进出口、销售等环节的融资需求特点，创新"关税贷""出口退税补贴贷""海关监管仓单贷""跨境贷"等差异化、个性化的信用担保产品。

（三）发挥"总对总"模式优势，创新担保新模式

自2020年以来，为促进解决实体经济融资难题，各地政府性融资担保机构纷纷提出展期续保、减费让利等方面的工作举措，多数政策性业务担保费率已降至1%以下，部分机构还推出免担保费产品，在没有财政及时补贴的情况下，少数机构担保业务收入一时难以覆盖各项支出和业务风险，可持续经营压力加大（李若男，2023）。由此，政府性融资担保的

"高风险、低收益"特征更为突出，影响到整体体系的健康发展。为打破这一困境，国家融资担保基金推出银担"总对总"批量担保业务合作模式，2022年，完成银担"总对总"批量担保业务2058.69亿元，同比增长225.89%。① 但现阶段该业务模式的推广也存在一些问题，如地方性商业银行和农商行（农村信用社）未纳入体系内，银行对代偿上限等有不同的需求。因此，各省、市、县（区）政府性融资担保机构应结合本区域金融行业特点进一步创新"总对总"批量担保业务模式。

二　数字化转型，构建智能化信用担保服务平台

2022年1月，中国人民银行发布了《金融科技发展规划（2022—2025年）》，该规划旨在强化金融数据要素的应用，推动金融供给侧结构性改革，促进金融机构的数字化转型，并加强对金融科技的审慎监管。通过将数字元素融入金融服务的全流程，促使我国金融科技由"立柱架梁"阶段向"积厚成势"的新阶段迈进。

同时，国务院制定的《"十四五"数字经济发展规划》是数字经济领域的首部国家级专项规划，对定量指标提出了明确要求。2022年12月，中共中央、国务院发布的《关于构建数据基础制度更好发挥数据要素作用的意见》是我国第一份数据要素基础制度文件，其通过颁布的20条政策举措，加速了数据要素市场建设进程。2023年2月，国家颁布的《数字中国建设整体布局规划》从国家战略和顶层设计的高度对"数字中国"建设进行了全面规划，并设定了一系列目标任务和战略部署。这一规划标志着"数字中国"建设进入了全面推进的新阶段。

当前，加快数字化转型，构建智能化信用担保服务平台，已成为各政府性融资担保机构在发挥政策作用、实现"零售金融"和"普惠金融"目标的重要措施。

（一）依托全国政府性融资担保数字化平台，加快推进自身数字化转型

2021年12月28日，国家融资担保基金有限责任公司与中国工商银行股份有限公司在京联合召开全国政府性融资担保数字化平台上线启动暨工

---

① 《融担基金2022年超额完成国务院下达目标任务》，国家融资担保基金，2023年1月17日，https://www.gjrdjj.com/content/details_20_1250.html，最后访问日期：2023年9月6日。

商银行"国担快贷"银担直连（视频）发布会，[1] 发布会的召开标志着政府性融资担保体系开启向数字化、智能化迈进的新阶段。2022 年 11 月 17 日，"国家融资担保"App 正式上线，该 App 为各级政府性融资担保再担保合作机构统一搭建的政策性融资担保再担保业务一体化大数据智能业务操作平台。[2] 数据技术可消除隔离的"数据岛"和重复作业，帮助政府性融资担保机构建立客户分类与风险评估模型，实现精准识别与管控，满足监管要求。因此，各政府性融资担保机构应加快对全国政府性融资担保数字化平台和"国家融资担保"App 的应用，并在此基础上加大对数字化转型升级的投入，尽早实现业务管理全流程、全体系的数字化、智能化。

（二）依托金融科技手段，构建线上融资担保服务平台

金融科技激发了新的业务模式，拓展了服务对象、范围和方式。通过深层次的数据挖掘与分析，应用线上服务系统可以满足传统金融无法服务或不愿服务客户群体的需求，为其匹配定制化产品，实现普惠金融和规模效应，提升服务能力，扩大服务半径。因此，依托金融科技，构建线上融资担保服务平台，可以实现中小微企业需求信息和银行、担保公司等金融机构供给信息的精准匹配，大幅提升融资效率。

同时，基于对金融科技、大数据和人工智能等技术的应用，建立内部数字化、智能化的业务管理系统和线上服务平台，可实现融资担保产品的个性化与定制化，满足各群体的差异化需求，也可以更好地洞察不同客户的特征与需求变化，开发个性化产品，有利于服务中小微企业，并帮助其解决融资难题。

三 完善信用信息基础设施，提升风险防范能力

现阶段，部分政府性融资担保公司内部管理还未实现真正的信息化、数字化，日常业务管理还依赖传统的管理手段，存在信用信息不足、无法掌握市场规律、难以突破传统的产能瓶颈等问题，不但影响了政府性担保

---

[1] 《全国政府性融资担保数字化平台正式上线》，国家融资担保基金，2021 年 12 月 30 日，https：//www.gjrdjj.com/content/details_15_1001.html，最后访问日期：2023 年 9 月 16 日。

[2] 《国家融资担保 App 上线》，国家融资担保基金，2022 年 11 月 23 日，https：//www.gjrdjj.com/content/details_58_1190.html，最后访问日期：2023 年 9 月 16 日。

业务开展，且还容易引发操作风险和道德风险。因此，政府性融资担保机构应加快完善信用信息基础设施，提升风险防范能力。

（一）加大政策支持和投入力度，引育金融科技人员

全国政府性融资担保数字化平台和"国家融资担保"App 的上线，虽然为政府性融资担保体系的数字化奠定了良好的基础，但金融科技的应用依然是一项长期性、系统性的复杂工程，不仅需要专业的金融科技人员和大量的投入，还需要打通相关数据端口获取及时、有效的海量数据。在面对短期内的"投入大、无产出"、可能存在的开发和应用风险以及技术本身能带来多大的成效不明时，多数的机构管理者抱有"隔岸观火"的心态。因此，相关政府主管部门应出台政策，推动政府性融资担保机构加快数字化转型，建设信用信息基础设施。同时，各机构的管理者们也应提高对金融科技应用和数据化转型重要性的认知，将其列入自身的重点发展规划，设立专门的机构或部门负责实施，加快引进和培育专业的金融科技人才队伍，以全国政府性融资担保数字化平台和"国家融资担保"App 的应用为基础，建设自身的信用信息基础设施。

（二）建设服务区域的数字金融基础设施

为进一步改善中小微企业的融资环境和提升政府性融资担保机构的服务质量，地方政府在政策层面应积极引导和支持建设服务区域的数字金融基础设施。这一举措的核心在于整合政府和金融部门的数据资源，并借助先进的技术手段，如大数据、云计算、人工智能等，构建具有跨行业、跨地区特点的数据交换共享平台以及大数据中心，从而构筑起完善的区域金融基础设施。

通过这一区域金融基础设施，可以实现多渠道数据收集，系统性地汇集中小微企业的信用信息数据。一方面，此举进一步推动了统一的中小微企业信用档案的建立，并通过实时的数据更新机制，提高信用记录的全面性和时效性。这不仅有助于政府性融资担保机构更加准确地评估企业的信用风险水平，而且有助于提升其风险控制能力，从而使其能够更有针对性地为守信的中小微企业提供融资担保服务。另一方面，区域金融基础设施的建设有助于实现数据的跨界整合，将不同领域、不同地区的信息资源有机融合，形成更为全面、立体的企业信用画像。这为政

府性融资担保机构提供了更多维度的信息支持，从而有助于其更加全面地评估企业的信用状况和潜在风险。

总之，在政策引导下，建设服务区域的数字金融基础设施，整合数据资源与先进技术，构建数据共享平台和大数据中心，以进一步提升政府性融资担保的服务质量和效率。这一措施不仅有助于为中小微企业的融资提供更多便利，也有助于为政府性融资担保机构的风险管理和业务发展提供有力支持。在建设过程中，参考国外政府性融资担保体系和国内其他政策性金融机构的运行模式，可以进一步优化方案，使政府性融资担保体系在数字金融基础设施的支持下，能够更好地为中小微企业的融资需求提供有效保障。

（三）构建中小微企业信用评估体系，实现智能风险评估

政府性融资担保具有"高风险、微收益"的特征，其可持续生存与发展紧密依赖有效的风险管理手段，以及杠杆效应的最大限度发挥。然而，传统的人工尽职调查方法逐渐难以适应新形势下政府性融资担保业务的发展和日益复杂的风险管理挑战。为满足这一需求，必须借助金融科技、大数据、云计算和人工智能等前沿技术，以全国政府性融资担保数字化平台和区域数字金融基础设施为基础，构建个性化的信用评估模型，以精准应对不同区域、产业和行业的特点，从而更准确地评估中小微企业的信用状况。这需要建立一个多元数据来源的中小微企业信用评估体系，充分考虑从财务数据到市场表现、从社会声誉到行业动态等多个维度的信息，以形成全面的信用画像。这将有助于政府性融资担保机构更精准地衡量企业的信用风险，制定更科学的风险管理策略。同时，数字化平台和智能技术的应用还可以有效降低操作成本、提高风险管理的效率。通过数据自动化处理、实时风险监测和预警，政府性融资担保机构能够更敏捷地应对风险挑战，更有效地满足中小微企业的融资需求。综上所述，政府性融资担保业务需要积极融合金融科技，依托数字化平台、大数据分析、云计算和人工智能等技术，构建切实可行的中小微企业信用评估体系，以实现风险管理的数字化和智能化，进而为中小微企业提供可靠的融资担保支持，促进可持续增长。

第四节　优化政府性融资担保体系，促进中小微企业信用体系完善

一　创新政府性担保组织形式，提高服务效率

随着政府性融资担保体系政策的不断深化以及各级政府认识意识的不断加强，全国已初步形成了"国家、省、市、县（区）"四级或"国家融资担保基金、省（市）级再担保、县（市、区）直保"三级的政府性融资担保体系。但在实践中也存在多头管理、银担合作准入困难、资本金不足和不到位、人才缺乏、管理及考核机制不健全以及政策覆盖面低等问题，致使整个体系的杠杆放大倍数远低于国际水平和法律许可的放大倍数。因此，建议参考国外政府性融资担保体系及国内其他政策性金融机构的组织架构和运行机制，优化、精简政府性融资担保体系。

（一）美国模式

美国采用了一种单层双线架构的体系，其核心为直保机构。在该体系中，联邦担保和地方担保各自独立运行，构成两个完整独立的体系。1953年，美国政府在联邦层面设立了小企业管理局（SBA），该局局长由总统直接任命，由美国财政承担资金。此外，在各州和社区办事处设立的运营资金则由地方政府拨款。SBA的主要职责包括协助中小企业发展，为其提供贷款融资担保和咨询服务。此外，小企业管理局通过提供融资担保业务获得保费收入，并在出现赤字时获得联邦政府的财政补贴。

（二）法国模式

1982年，法国成立了中小企业投资担保公司（SOFARIS），专门为中小企业提供担保服务。1996年，为了解决中小企业投资担保公司在运营中存在的问题，成立了中小企业发展银行（BDPME），以总、分、支行的形式在全国各地设了37个分支机构。2005年，将中小企业投资担保公司、中小企业发展银行与国家研究开发署进行合并，成立创新署（OSEO）。2013年，成立法国公共投资银行（BPI），将创新署包含在内，并受托运营国家担保基金，针对不同行业设立专业担保子基金。

（三）我国政策性金融机构运行模式

①国家开发银行，创立于 1994 年，主要通过提供中长期信贷和投资等金融业务，为我国国民经济重大中长期发展战略的实施提供支持。②中国农业发展银行，同样成立于 1994 年，主要负责农业政策性金融业务，为我国农业和农村经济发展提供支持。③中国进出口银行，创立于 1994 年，遵循国家产业政策、外经贸政策、金融政策和外交政策，推动我国机电产品、成套设备和高新技术产品的出口，促进国内企业或机构积极参与对外承包工程和境外投资活动，并助力我国对外关系发展和国际经贸合作。④中国出口信用保险公司，成立于 2001 年，是我国唯一承担出口信用保险业务的政策性保险公司，依靠中央财政拨款和保险费维持运营。

以上四家金融机构均为国务院直属，采用"总、分、支（办事处）"行（公司）的运作模式，以避免机构重复设置，提高财政资金运作效率。特别是中国出口信用保险公司，与政府性融资担保体系更为契合，如服务对象以中小微企业为主、提供信用保证担保（保险）履约服务、收入来源为保费，在扶持政策上也具有较大相似性。因此，具有较高的借鉴和参考价值。目前，中国出口信用保险公司在全国各地设有 25 家分公司，各省、市以及部分县（区）针对外贸企业购买出口信用保险出台了相应的保费补贴政策，补贴比例在 30% 以上，个别县（区）甚至实行政府"统包统买"政策，以支持小微企业购买出口信用保险。

综上所述，现阶段我国应对政府性融资担保体系进行科学顶层设计和优化，简化运作机制，通过吸收合并、参股、托管等方式推动省级、市级和县（区）级政府性融资担保机构一体化运营，将政府性融资担保体系缩减至国家级、省级和市级 3 个层级或国家级、省级 2 个层级，即由市级担保机构作为开展政府性融资担保业务的直担机构或在省级担保下设若干个专业（行业）担保（如科技担保、农业担保、小微企业等），采用"总+分+支"的组织架构，开展直担业务；由国家融资担保基金和省级机构提供再担保和风险补偿，从而提升体系的运行效率并扩大政策覆盖面。

二 统筹政府支持资金，实现资源优化配置

在对政府融资担保体系进行调整和优化的基础上，调整各级政府对中

小微企业融资的扶持政策，统筹财政资金，提升财政资金使用效率，优化资源配置，充分发挥财政金融的杠杆效应。

（一）创新"银政""银政担"风险分担模式

2008年，国务院办公厅颁布的《关于当前金融促进经济发展的若干意见》明确提出，"支持地方人民政府建立中小企业贷款风险补偿基金，对银行业金融机构中小企业贷款按增量给予适度的风险补偿"。根据该意见，各地政府行业主管部门（如商务、工信、科技、海洋渔业、农业等政府部门）相继设立贷款专项"风险补偿资金"，通过"银政"、"银政担"和"银政保"等模式，为中小微企业的贷款融资提供增信服务，为银行等金融机构分担风险。这些专项资金的设立在一定程度上缓解了中小微企业融资难、融资贵的问题，取得了良好的社会和经济效益。然而，其在实施过程中也暴露出一些问题亟须解决。首先，法律主体地位不明、追偿工作受限的问题。由于政府行业主管部门并非独立法人主体，在追偿工作中受到限制，难以有效实现追偿，降低了银行的积极性。其次，资金使用效率不高，与财政资金使用考核规定存在矛盾。长期闲置的"风险补偿金"与财政资金使用规定存在矛盾。此外，由于单一"风险补偿资金"规模较小，担保增信能力有限，实际放大倍数不足。最后，政策的时效性问题也亟待解决，各地"风险补偿资金"政策的扶持配套性质存在一定的时效性。

因此，为进一步推动政府性融资担保业务的发展，有必要在各级政府的协调下，进行政策调整和优化。可以考虑由政府财政主管部门牵头，统一设立"中小微企业贷款专项风险补偿金"，并委托市级及以上政府性融资担保机构进行"专业管理、市场化运作"，以有效解决现存问题。在发生代偿时，由负责管理的政府性融资担保机构进行代偿，代偿损失确定后，从"中小微企业贷款专项风险补偿金"中划转部分或全额，弥补代偿机构的损失。对于不符合国家融资担保基金风险分担的业务，同样可从"中小微企业贷款专项风险补偿金"中划转资金，弥补代偿机构的损失。

这种方式能够更好地实现风险补偿机制的政策目标，促进中小微企业的可持续发展，同时也提高政策的适用性和时效性，为中小微企业的融资提供更加稳定、可靠的支持。这一举措有望进一步缓解中小微企业融资难题，促进经济的健康增长。

（二）优化保费补贴和风险补助机制

2008 年，国务院办公厅颁布了《关于当前金融促进经济发展的若干意见》，其中着重指出"鼓励地方人民政府通过资本注入、风险补偿等多种方式增加对信用担保公司的支持"。据此，中央及各级政府相关部门陆续制定并实施了一系列政策，对融资担保公司为中小微企业提供融资担保业务所涉及的保费补贴和风险补偿等措施进行了明确，其中最高补贴比例可达上一年度融资担保金额的 1.5%。2021 年，财政部和工信部发布的《关于继续实施小微企业融资担保业务降费奖补政策的通知》进一步强调，"支持扩大小微企业融资担保业务规模，降低小微企业融资担保费率，引导更多金融资源配置到小微企业，激发市场主体活力"。这些保费补贴和风险补助机制，有力地降低了中小微企业的融资成本，提升了政府性融资担保业务的积极性，并为可持续发展奠定了政策基石。

然而，自政策执行以来，也出现了一些问题，如政策延续性不足、未能全额兑现、政策重复交叠以及申报标准不确定等。因此，为了更好地推动政府性融资担保业务的发展，各级政府应对已出台的保费补贴和风险补助政策进行全面梳理和整合，优化申报条件和流程，同时加强财政预算管理。对于本年度符合条件但未能兑现的部分，应在下一年度财政预算中予以充分补足。同时，结合本地区中小微企业的发展现状和融资需求，可针对一定金额以下（例如 300 万元以下）的融资担保业务，由财政统一安排预算，以为融资担保保费提供支持或补贴。

在政策实施中，进一步优化政策体系，确保政策的连续性和可持续性，以及与实际业务的协调一致，将有助于更有效地满足中小微企业的融资需求，促进其稳健成长，同时也为经济的可持续发展奠定坚实的基础。

（三）建立健全资本金补充制度

2020 年，中国人民银行等八部委联合发布的《关于进一步强化中小微企业金融服务的指导意见》提出了一系列针对中小微企业金融支持的措施。其中提到，倡导具备条件的地方政府根据实际情况构建政府性融资担保机构的资本补充机制。尽管部分省、市地方政府已着手实施政府性融资担保机构资本金补充制度，但在实践过程中，仍存在政策执行细节、补充机制完善以及财政资金统筹规划等方面的挑战。因此，进一步深化和完善政府性融资担保机构资本金补充政策体系显得尤为重要。首先，应对资本金补充申请条件进行更为详尽、完善的细化。例如，可以规定当代偿率达到风险准备金总额的70%时，启动资本金补充申请；在可能出现资本金损失、放大倍数在7倍以上等情况下，触发资本金补充机制。其次，在财政预算方面做好充分准备，确保资本金补充的财政资金来源充足。通过分析政府性融资担保机构上一年度及本年度在保余额、增长速度、代偿情况、不良率、代偿率及放大倍数等关键指标，科学合理地规划下一年度资本金补充的财政预算。

强化政府性融资担保机构资本金补充政策体系是一个持续优化的过程。通过明确申请条件及做好财政预算规划，政府能更好地引导和支持中小微企业金融需求的满足，提升融资担保机构的稳健性和可持续性，为中小微企业发展营造更为有利的金融环境。

三 贯彻政策文件精神，不断完善中小企业信用环境

2021年12月，为进一步落实中共中央办公厅、国务院办公厅颁布的《关于促进中小企业健康发展的指导意见》精神，我国发布了《加强信用信息共享应用促进中小微企业融资实施方案》。该方案强调，要提高信用信息共享的速度，深入挖掘数据价值，创新融资模式，加强信息安全和市场主体权益保护，以提升银行等金融机构对中小微企业的服务水平。此外，还需努力提高中小微企业贷款的可获得性，降低融资成本，有效防范和化解风险，帮助中小微企业缓解困境，保持经济稳定运行，为构建新发展格局、推动高质量发展提供有力支持。

2022年4月，为进一步落实相关文件精神，国家发展改革委办公厅与银保监会办公厅联合发布了《关于加强信用信息共享应用推进融资信用服务平台网络建设的通知》，其中明确要求建立健全融资信用服务平台网络、加快推进企业信用信息归集共享、提升融资信用服务平台服务质量、加强信息安全与主体权益保护、强化政策支持及加强工作通报六项目标。在此基础上，可通过发挥政府性融资担保"准公共"职能，以政府性融资担保为核心，深入实施政策文件精神，持续优化中小企业信用环境。

（一）鼓励政府性融资担保，建设和完善融资信用服务平台网络

首先，在国家融资担保基金数字化平台、"信易贷"等国家级平台建设和推广应用的基础上，进一步鼓励政府性融资担保体系成员加大力度建设区域内融资信用服务平台网络节点，打通区域数据资源。其次，细化政策措施，加大政策支持力度，通过财政奖补，激励政府性融资担保机构积极参与信息的归集和分享，建立协作机制，促使各部门协同合作，以确保信用信息的完整性和可及性，实现政府性融资担保与信用信息共享平台形成有机协同，以更好地为中小微企业提供贷款支持。最后，完善相关法律法规，以规范信用信息的管理和隐私保护，确保信用信息的采集、存储、共享和使用都在明确的法律框架内进行，同时保障中小微企业商业敏感信息的妥善保护，从而提升信用信息的可靠性和合法性。

（二）进一步发挥政府性担保职能定位和作用，不断提升融资信用服务平台质量

一方面，鼓励政府性融资担保机构加快推进自身信息化、数字化和智能化转型，以大数据、人工智能、区块链等金融科技手段创新融资担保模式、方式和产品，逐步将政府性融资担保业务由线下作业转向线上和线下作业结合，最终实现纯线上作业的新模式。以此，提高融资信用服务平台的服务效率、提升服务质量。另一方面，将政府性融资担保的数据化转型和参与融资信用服务平台网络节点建设、运行的情况列入政府性融资担保机构年度考核体系，并将其与地方营商环境评比挂钩。以此推动和促进地方政府部门重视政府性融资担保机构的数字化转型和参与融资信用服务平台网络节点建设、运行的实际情况，最终实现以进一步发挥政府性担保职能定位和作用为基础，不断提升融资信用服务平台质量，提升中小微企业融资便利性，不断完善中小微企业融资信用环境。

（三）加大信用服务平台宣传和推广力度，完善沟通协调机制

一方面，鼓励政府性融资担保机构加大与银行等金融机构的合作力度，完善融资信用服务平台上的金融服务产品和服务流程；同时，鼓励其配合政府相关职能部门，加大对融资信用服务平台网络的宣传、推广力度，通过广泛宣传和推广，提高中小微企业和金融机构对信用信息共享平台的认可度和使用率。另一方面，以促进中小企业发展工作领导小组为核

心，以政府性融资担保为基础，建立和完善融资信用服务平台网络建设、运行的沟通协调机制，通过定期、不定期的工作协调会议，推动信用信息的共享、治理和创新等工作的顺利进行，促进更健康、可持续的中小企业信用生态系统的构建，为中小企业的可持续发展提供坚实支持，同时为新发展格局和高质量发展提供有力支撑。

第五节 典型案例与发展动态

一 集团化发展，打造政府性融资担保新生态

（一）典型案例

深圳担保集团有限公司，创立于 1999 年 12 月，由"深圳市中小企业信用担保中心"至"深圳市中小企业信用融资担保集团有限公司"，最终发展为现在的"深圳担保集团有限公司"。在这一过程中，集团实现了从事业单位向国有企业身份的过渡，形成了以政府性融资担保为核心，涵盖小贷、保理、融资租赁、典当、股权投资及金融科技等领域的全新生态。集团下设 12 家一级子公司，包括深担增信公司、中小担融资担保公司、中小担非融担保公司、中小担创业投资公司、人才基金管理公司、中小担小额贷款公司、中小担商业保理公司、中小担融资租赁公司、中小担科技公司、前海宏亿资产管理公司、中小担典当行公司、汕头担保公司等专业化子公司。此外，在深圳南山区、福田区、宝安区、龙华区、罗湖区、龙岗区、前海区、坪山区、深汕特别合作区以及东莞市设立了 10 家分公司，助力区域协同发展，推进粤港澳大湾区金融共建。在杭州市、成都市、武汉市、昆明市、南京市、汕头市、广州市、重庆市、长春市、苏州市共设有 10 家外地办事处。集团还投资了一只天使股权投资基金和三只人才创新创业股权投资基金。

截至 2022 年底，深圳担保集团有限公司注册资本金达到 114 亿元，净资产超过 200 亿元，资本市场主体长期信用评级为 AAA。集团累计为超过 65000 家中小微企业提供服务，业务发生金额高达 9500 亿元，其中 98% 服务于实体经济和高科技企业。集团助力 310 家企业在国内外成功上市，为

实体经济融资拓展和发展注入强劲动力。①

在集团化发展道路上，深圳担保集团有限公司充分发挥政府性融资担保"总公司+分公司"模式的优势，并与其他专业子公司协同，打造了一个综合金融服务生态圈。这一模式在金融市场中展现了高效协同、多元化金融服务、支持科技创新和实体经济发展等优势，将集团的成功经验与政府性融资担保体系的未来发展紧密联系，为我国普惠金融体系和经济可持续发展带来启示。

1. 高效协同的组织架构

一是提升银担合作的便利性。采用"总+分"公司模式，深圳担保集团有限公司极大地简化了政府性融资担保与银行等金融机构之间的合作流程。总公司是战略决策中枢，能够从宏观层面规划与金融机构的合作战略，确保整体协同的一致性。与此同时，分公司更贴近地方市场，更了解本地企业的实际需求，能够灵活调整担保方案，与地方政府和金融机构展开更高效的合作。这种分工协作，使得政府性融资担保与金融机构之间的合作变得更加便利，加速了资金流通和融资渠道的形成。二是强化风险管理与资源整合。"总+分"公司模式为深圳担保集团有限公司提供了在风险管理和资源整合方面的强大能力。总公司是风险控制的中心，能够确保风险的统一评估和定价，制定担保政策，提供标准化的服务。分公司则能够根据本地市场的风险特点，定制化地执行风险控制措施，与地方政府共同监控企业风险。此外，这种模式还促使集团内部资源的整合，使得各个子公司能够更好地共享信息和经验，形成协同效应。三是实现市场快速响应和创新能力。深圳担保集团有限公司的组织架构设计使其能够更迅速地应对市场变化并创新金融产品。总公司作为决策层，能够根据市场趋势迅速调整战略方向，并指导分公司开发创新性的金融产品和服务。分公司则可以迅速将总公司的决策转化为实际操作，满足不同地区客户的特定需求，实现市场快速响应。这种灵活性和创新能力，使得集团能够更好地适应金融市场的变化、满足中小微企业的需求。

2. 多元化金融服务布局

深圳担保集团有限公司的多元化金融服务布局是其成功的核心，它满

---

① 《集团简介》，深圳担保集团有限公司，https：//www.szcgc.com/about.aspx?ftid=289，最后访问日期：2024 年 6 月 27 日。

足了中小微企业多样化的融资需求，实现了风险的分散并推动自身高质量发展。其运用政府性融资担保体系的多层级风险分担和政策性奖补，以政府性融资担保为中小微企业全方位金融支持的切入点，在做大做强政府性融资担保的同时，建立了庞大的"有效客户池"，并以此为基础搭建综合金融服务平台。其通过股权投资实现与融资担保客户"共成长、共收益"，通过委托贷款、小额贷款、保理、融资租赁等较好地弥补了传统银行无法满足的中小微企业季节性和长周期性的融资需求，构建了中小微企业金融服务的生态圈。

（二）启示

深圳担保集团有限公司的成功经验将在全国范围内产生积极影响。越来越多的政府性融资担保机构正在朝着类似的集团化经营模式发展，这将进一步推动整个政府性融资担保体系的创新和完善。通过整合资源、优化风险管理、拓展金融服务范围、提高自身综合收益，这些机构有望为中小微企业提供更多元化、更高效、更持续的金融支持，助力实体经济的高质量发展。

二　数字化转型，提升政府性融资担保量与质

（一）典型案例

1. 国家融资担保基金——全国政府性融资担保数字化平台

全国政府性融资担保数字化平台，按照"统一规划、分期实施、一级部署、多级使用"的总体思路，采用"薄前台、厚中台、强后台"架构体系，为政府性融资担保体系构建了"安全的基础设施+强大的数据中台+灵活的业务操作系统"的三位一体（即"一云一中台三系统"）数字化解决方案。其中一云，即"担保云"（安全基础设施），采用超融合架构建设了"政府性融资担保行业云"；一中台，即全国政府性融资担保"数据中台"，实现了跨来源数据的汇聚和全生命周期管理，加速数据到数据资产的形成，提供"前店后厂"快速敏捷的服务平台，实现服务生态化、业务平台化；三系统，即"再保""直保""直保台账"三系统，支持融担基金、省级合作机构、市级机构、县级机构融资担保、再担保业务全流程线上操作。平台于2021年12月上线，实现政府性融资担保向"互联网+担

保"模式转变。

同时，融担基金制定了《全国政府性融资担保数字化平台数据标准（1.0版）》，涵盖七大主题、112项数据分类、近2000个数据指标规范，是行业数据高效治理和未来发挥数据资产作用的基础划型标准；统一对接国家公共信用信息中心，购买主流市场数据，实现与工商银行、建设银行的信贷系统对接，数据范围涵盖3亿市场主体，数据集成更加丰富多样；基于内外部数据，开发了保前信用报告查询、尽调报告自动填入、保后定期风险轮训、系统预警自动推送等功能。通过数据赋能，实现了防控关口前移、保后精准风险防控、实时智能预警、减轻业务人员工作负担等多重目标。

自2021年12月底上线试运行以来，已支持28个省（区、市）、5个计划单列市及新疆生产建设兵团体系全部1400多家机构再担保业务线上办理。其中，直保业务操作系统已推广至9省60余家原担保试点机构。[①]

2022年11月，"国家融资担保"App上线，其是国家融资担保基金为各级政府性融资担保再担保合作机构统一搭建的政策性融资担保再担保业务一体化大数据智能业务操作平台，其主要功能包括，上线办业务、查信用、看报表、查政策、查项目、担保学院、工作台等栏目，涵盖了业务办理、信用查询、报表查看、风险预警、政策浏览、在线学习等。2023年6月，上线再担保合作业务备案自动审核功能，不仅大幅缩短业务备案时间，还通过智能校验有效提升备案数据质量。

2. 武汉市融资担保有限公司

武汉市融资担保有限公司成立于2020年11月，注册资本为13.0879亿元，是武汉唯一的市级政府性融资担保机构。[②] 截至2022年底，全年服务规模达122.68亿元，惠及客户13789户，分别同比增长117.09%、100.51%，首贷客户1381户。[③] 武汉市融资担保有限公司已建立以协同办

---

① 《【融资担保普惠金融典型案例（一）】全国政府性融资担保数字化平台助力普惠金融发展》，中国融资担保业协会，2022年11月29日，https：//www.chinafga.org/huiydt/37559.jhtml，最后访问日期：2023年9月16日。

② 《公司简介》，武汉市融资担保有限公司，https：//www.whsrzdb.com/company.html，最后访问日期：2024年6月27日。

③ 《武汉融担公司召开2022年度工作会议》，"武汉市融担"微信公众号，2023年1月10日，https：//mp.weixin.qq.com/s/uWAR_BXi_tAN5eaEmEVxNg，最后访问日期：2023年9月16日。

公、财务、业务、电子签章、文件共享和党建等系统为基础的数字化平台。2022 年 5 月，成功入选"全国政府性融资担保数字化平台直担业务一体化系统"湖北省首批试点机构名单。自 2022 年 7 月正式使用该系统，仅 5 个月的时间就实现受理项目 6687 笔，金额约 45 亿元。①

3. 济宁市财信融资担保集团股份有限公司

济宁市财信融资担保集团股份有限公司（简称"济宁市担保集团"）成立于 2012 年 6 月，济宁市唯一一家政府性融资担保机构，注册资本为 15.47 亿元，下辖 7 个县市区分支机构，构建了"担保+应急转贷+资产管理"三位一体的业务发展新格局。截至 2023 年 6 月底，当年新增备案担保规模为 95.59 亿元、在保规模为 204.85 亿元。在数字化转型方面，济宁市担保集团同其他担保机构一样，存在数字化基础差、底子薄的通病，业务办理采用线下纸质传统工作模式，审批周期长、操作流程复杂、数据统计困难。其在入选全国首批直担 SaaS 系统试点机构并完成接入后，业务量大幅提升，实现了母子公司各机构市县全覆盖和保前尽调、保中评审、保后管理等业务全流程纯线上操作。仅 2022 年下半年，已通过直担 SaaS 系统完成线上审批业务 3834 笔，担保金额为 36.34 亿元，通过系统直接完成业务备案 3320 笔，金额为 24.29 亿元。②

（二）启示

大力发展数字经济是党的二十大提出的重大决策，而数字金融是数字经济的重要组成部分。数字化转型在政府性融资担保领域的应用，不仅提升了政府性融资担保的量和质，还为中小微企业的可持续发展带来了更广泛的影响和益处。通过上述三个案例我们可以得出如下启示。

一是智能信用评估和定制化融资。数字化转型使政府性融资担保机构能够更准确地分析企业的信用风险。通过引入大数据和人工智能技术，机构可以深入挖掘多维度的数据，包括企业的财务状况、经营历史、行业趋势等，从而更精准地评估中小微企业的信用状况。基于智能评估结果，机

---

① 《武汉融担公司积极应用直担 SaaS 系统》，国家融资担保基金，2022 年 12 月 28 日，https：//www.gjrdjj.com/content/details_74_1281.html，最后访问日期：2023 年 9 月 16 日。

② 《济宁市担保集团市县一体化改革与直担 SaaS 系统应用推广经验介绍》，国家融资担保基金，2022 年 11 月 21 日，https：//www.gjrdjj.com/content/details_74_1271.html，最后访问日期：2023 年 9 月 16 日。

构能够为企业提供定制化的融资方案，增加融资成功的机会。

二是简化流程和提升效率。数字化转型简化了政府性融资担保的流程，提高了申请和审批的效率。在线申请和电子化审批流程不仅减少了烦琐的纸质工作，还缩短了融资周期，使中小微企业能更迅速地获取所需的资金支持。

三是实现深度分析和风险预警。数字化转型使政府性融资担保机构能够汇集大量企业信用信息，并借助数据分析技术进行深度挖掘。通过分析不同行业、地域的信用数据，机构可以发现潜在的风险因素，实现更早的风险预警，从而降低不良债务发生的可能性，保障中小微企业的稳健发展。

四是强化信用监管和市场规范。数字化转型为政府性融资担保机构提供了更强大的监管手段，使其能够更加精确地监测企业的信用行为。通过对企业的信用记录进行实时监控，机构能够更及时地发现违规行为，实现信用市场的规范化，提高市场的透明度和公平性。

五是不断优化服务平台。随着技术的不断进步，政府性融资担保机构需要不断优化智能化信用担保服务平台。加强数据安全和隐私保护，提升用户体验，确保平台的可靠性和稳定性，从而更好地满足中小微企业的融资需求。

六是拓展数据应用范围。数字化转型还要求政府性融资担保机构拓展数据来源和应用范围。结合外部数据源，如社交媒体、供应链信息等，机构能够更全面地了解企业的经营状况，提升信用评估的准确性。

综上所述，数字化转型在政府性融资担保领域扮演着关键角色，它提升了政府性融资担保的量和质，为中小微企业提供更精准的融资支持，同时构建了更健全的信用体系，提高了市场规范程度和透明度。然而，数字化转型是一个不断演进的过程，政府性融资担保机构需要不断跟进技术发展，灵活应对市场变化，确保数字化平台始终为中小微企业的可持续发展提供强大的支持和保障。

三 实践与创新，促进中小微企业可持续发展

福州市融资担保有限责任公司成立于 2001 年 7 月，2016 年 9 月改制设立，注册资本金为 5.25 亿元，是福州市市级唯一"准公共"属性的政府性融资担保机构。

其自 2016 年 9 月起，在福州市财政局和福州市金控集团党委的领导下，紧紧围绕市委、市政府工作重点，坚守支小、支农担保主业，坚守"准公共"职能定位，切实弥补市场不足，切实发挥融资担保增信功能和"金融稳定剂""逆周期调节器"作用，积极创新标准化、批量化、规模化融资担保产品，扎实开展融资担保增信服务工作，取得一系列的阶段性成果，截至 2022 年底，累计为中小微企业、"三农"主体和战略性新兴产业提供担保 200 多亿元，惠及近 3000 户。

（一）积极创新，创立"榕担"品牌、丰富融资担保产品

一是围绕乡村振兴和支农、支小，创新了榕担快农贷、榕担惠农 e 贷、榕担农业龙头贷、榕担林权贷等；二是围绕科技创新，创新了榕担科技贷、榕担研发贷等；三是围绕大众创业，创新了榕担财产抵（质）押贷、榕担园区按揭贷、榕担数保贷、榕担"市级总对总"批量担保业务等；四是围绕抗疫防疫和保就业、保生产，创新了榕担疫情防控贷、榕担双百双千贷等；五是围绕进出口贸易，创新了榕担跨境贷等。

（二）政策性转贷服务助力中小微企业降本

作为福州市金融办批准的转贷服务管理人，福州市融资担保有限责任公司为数百家中小微企业和"三农"主体提供了转贷服务，累计金额超过 14 亿元。这一举措有效降低了企业的融资成本，为企业融资提供了便利，促进了中小微企业的健康发展。

（三）发挥"金融稳定剂""逆周期调节器"作用

2020 年初，在市财政和市金控集团的领导下福州市融资担保有限责任公司出台了《关于支持中小微企业抗疫情渡难关融资担保九条措施》，并推出了榕担疫情防控贷和榕担复工复产贷专项担保产品。反担保措施被取消，担保费率降低，以全力支持疫情防控保障性重点企业和受疫情影响严重的旅游、住宿、餐饮、交通运输等重点行业企业复工复产。对保障性重点企业贷款资金定向用于疫情防控的，免收担保费。截至 2020 年末，已完成疫情名单内企业担保业务 26 户（31 笔），担保金额 18925 万元，其中重点疫情保障企业免收担保费 13 户（16 笔），担保金额 9400 万元。同年年底，为确保中小微企业融资担保优惠政策延续一年，出台了相应支持措施，从复工复产、达产稳产到增产增效，全面协助企业走出疫情影响。

2022 年，福州市融资担保有限责任公司再次制定并实施了《积极支持中小微企业纾困解难融资担保八条贯彻措施》，针对受疫情影响的其他特殊情况、特别事项，采取"一事一议""一企一议"的方式，解决中小微企业融资难题。累计为 339 户企业及农户提供担保，担保金额达 10.45 亿元。①

（四）坚持"准公共"定位，助力科技创新、大众创业和乡村振兴

依托榕担科技贷、榕担研发贷、榕担农业龙头贷、榕担快农贷和榕担林权贷等创新融资担保产品，为全市科技型中小微企业及农业龙头、新型农村经营主体和农户提供高效、普惠的信用融资担保服务。单户最高可获 500 万元的信用反担保融资担保额度，且年化担保费率均不超 0.6%。截至 2022 年底，已累计惠及科技型企业 500 余户，金额超 10 亿元，同时惠及涉农类担保贷款 1000 余户，金额超 10 亿元。②

（五）积极推广融资担保新模式，促进提效、增量

2020 年，国家融资担保基金推出"总对总"批量担保业务，积极对接首批试点名单内的合作银行，并与 4 家银行达成合作，合作规模达到 10 亿元。福州市融资担保有限责任公司借鉴国家融资担保基金"总对总"批量担保业务模式，单笔业务 8∶2 风险分担、代偿上限为 3%、先放款后备案等，创新"市级总对总"批量担保业务，以弥补试点合作银行中无地方性商业银行和农村信用合作社的不足，截至 2022 年底，福州市融资担保有限责任公司与 4 家地方性商业银行达成合作，合作规模约 14.8 亿元。③

综上所述，福州市融资担保有限责任公司通过实践和创新，不仅在常规业务中提供融资支持，还针对市场变化和特殊情况，推出一系列针对性的担保产品和策略，促进中小微企业的可持续发展。其对接国家融资担保基金、推动转贷服务、抗疫情渡难关等创新举措，切实发挥了融资担保增信功能和"金融稳定剂""逆周期调节器"作用，为企业提供了全方位的金融支持，有力地助推了中小微企业的可持续健康发展，为福州市的经济发展做出了重要贡献。

---

① 数据来源：福州市融资担保有限责任公司提供。
② 数据来源：福州市融资担保有限责任公司提供。
③ 数据来源：福州市融资担保有限责任公司提供。

第六章　政采保理业务模式的发展实践与探索

第一节　政府采购合同融资发展现状及存在问题

为扶持中小微企业发展和解决其发展过程中的融资约束难题，国内对中小微企业在政府采购领域的发展逐步开始重视，在政策引导方面，财政部和工信部于 2020 年联合发布了《政府采购促进中小企业发展管理办法》，明确规定一定金额以上的政府采购项目应预留 30% 以上专门面向中小企业采购，其中预留给小微企业的比例不得低于 60%。根据国家统计局公布的《国家统计局部门决算（2022）》，2022 年度国家统计局在政府采购方面的支出总额为 47952.41 万元。其中，政府采购货物支出为 29632.77 万元，政府采购工程支出为 392.5 万元，政府采购服务支出为 17927.14 万元。在政府采购合同方面，授予中小微企业的合同金额为 35059 万元，占政府采购支出总额的 73.1%。其中，授予小微企业的合同金额为 4352.21 万元，占政府采购支出总额的 9.1%。[①] 同时，根据财政部公布的《2021 年全国政府采购简要情况》，2021 年全国政府采购规模达到 36399 亿元，这一数值占全国财政支出和 GDP 的比重分别为 10.1% 和 3.2%。在支持中小企业发展方面，全国政府采购授予中小企业的合同金额为 25797.2 亿元，占据了全国政府采购规模的 70.9%。而其中，小微企业的合同金额为 13968.1 亿元，占授予中小企业合同金额的 54.1%。[②]

---

① 《国家统计局部门决算（2022）》，国家统计局，https：//www.stats.gov.cn/xxgk/cwxx/bm-js/202307/P020230725607070608201.pdf，最后访问日期：2023 年 10 月 25 日。

② 《2021 年全国政府采购简要情况》，财政部，2023 年 6 月 29 日，http：//gks.mof.gov.cn/tongjishuju/202306/t20230629_3893429.htm，最后访问日期：2023 年 10 月 25 日。

政府采购政策持续发力，中小微企业已获得新的发展渠道，应同步保障其相关领域的融资需求；围绕中办、国办于2019年印发的《关于促进中小微企业健康发展的指导意见》的要求"研究促进中小企业依托应收账款、供应链金融、特许经营权等进行融资"，近年来全国各省市在面对中小微企业政府采购总额中标份额不断提升的背景下，积极谋划创新举措，依托政府采购政策功能，推行政府采购合同融资（以下简称"政采贷"）模式，以政府采购信誉为核心解决政府采购项目下中标的中小微企业融资难题。

一　关于政府采购合同融资

为充分发挥政府采购推动中小微企业发展的政策引领作用，财政部分别于2011年、2022年发布了《关于开展政府采购信用担保试点工作的通知》及《关于进一步加大政府采购支持中小企业力度的通知》等政策，各地区也陆续贯彻上级政策，因城施策出台关于采购、融资的各项帮扶细则，其主要围绕：一是进一步扩大中小微企业在政府采购中的占比，即在编制政府采购预算时预留采购份额（40%），二是部分未预留份额项目对中小微企业实行评审优惠，如享受到10%～20%的价格扣除优惠，用扣除后的价格参加评审；三是政府采购信用融资金额未超过政府采购合同金额的，银行原则上不得要求任何形式的担保条件。

（一）政府采购合同融资的概念

"政采贷"是指参与政府采购的中小微企业供应商凭借中标通知书或政府采购合同向金融机构（银行）申请融资，金融机构以供应商信用审查和政府采购信誉为基础，按便捷贷款程序和优惠利率，为其发放无财产抵押贷款的一种融资模式（温智良，2022）。

简而言之，"政采贷"是一种建立在政府采购信用担保下的，中小微企业通过应收账款质押寻求银行贷款的融资模式。

（二）"政采贷"诞生的理论基础

从金融机构视角，中小微企业可定义为：①总资产、业务量小；②自我造血能力差、盈利水平低；③信用等级低、缺乏符合风控条件的抵（质）押物；④公开信息少、不透明、难监管。中小微企业上述若干"硬伤"给金融机构带来了经济学理论问题,包括信息不对称、交易成本高等。

对于金融机构而言,中小微企业因公司内部治理水平不高、财务管理规范程度较低以及发展前景预期确定性较低等问题,所以在尽调过程中需充分核实、验证业务真实性以及财务基本面健康程度、真实性,该过程对金融机构来说会产生较大的时间、人力成本消耗。在成本收益权衡下,金融机构对中小微企业会要求更高的风险溢价补偿,因利息负担较重,反向侵蚀中小微企业营业利润,这一融资过程中的"道德风险"及"逆向选择"会加剧,中长期经营下企业基本面改善困难。上述问题可能导致金融机构消极授信或提升隐性放款门槛。

"政采贷"从以下三个方面解决了上述理论问题,一是该模式下政府是应收账款融资的核心企业,业务背景真实性核实便利,金融机构通过公开采购信息、招投标信息以及政府在采购过程中对企业的资格审核材料等,可更加全面地掌握中标中小微企业经营情况及交易信息,有效降低信息不对称的程度,降低获取企业信息的成本;二是政府采购单位起到为中标企业提供货物及服务的监督监管作用,使得金融机构可有效掌握交易情况减轻贷后管理难度,降低融资过程中的"逆向选择"风险(王川,2022);三是采购项目的付款来源为财政拨款(政府采购信用),该部分资金已纳入年度政府采购预算,具备较强的专用性(王川,2022),为中小微企业提供了稳定的还款来源,降低了贷款违约风险。

二 典型省市"政采贷"发展模式

为支持中小微企业发展、打通融资"最后一公里",各省市积极探索财政政策与金融工具联动机制,对内提倡并推行运用信息化手段加强采购预算编制和执行管理,对外围绕"政采贷"出台了一系列政策措施,协同银行等金融机构搭建"政采贷"系统。

围绕《2015年政府采购工作要点》提出的,"大力发展电子交易,推进中央政府采购电子卖场建设",各省市已基本完成集中电子采购平台的大规模推广,并在此基础上进一步依托金融机构以及金融科技公司的技术实力,形成具有各地方特色的"政采贷"系统。目前全国范围内典型"政采贷"系统架构为"政府采购系统+中国人民银行征信中心应收账款融资服务平台（以下简称'中征平台'①）+财政支付系统"，通过金融科技赋能，在采购过程公开透明化和电子化的支撑下，实现资金供需方快速匹配、贷款审批及资金闭环线上管理。

（一）广东模式（智慧云平台+中征平台+银行）

广东省财政厅、广东省地方金融监督管理局于2020年5月19日发布了《中国人民银行广州分行关于开展省级政府采购合同融资工作的通知》，决定在省级层面开展政府采购合同融资工作，对"政采贷"主体参与条件、融资模式及流程等提出相应要求，并明确不得要求供应商提供财产抵（质）押或附加其他任何形式的担保条件。

广东省财政厅牵头建设政府采购智慧云平台，并于该平台内嵌政府采购金融服务中心作为向中小微企业推广"政采贷"、电子保函及履约保函服务等金融产品的载体；政府采购智慧云平台开放接口与中征平台对接，将已完成招投标和签订采购合同的项目信息传递给银行，银企双方即可就某笔政府采购融资项目直接进行线上对接。

在上述模式下，通过政府采购平台（政府采购智慧云平台）与中征平台的对接，即采购系统与银行系统的互联互通，一是银行可直接获取企业中标及合同信息，能够有效解决其对采购合同真实性验证难、企业信息获取难等问题，提升授信意愿；二是金融科技赋能下金融服务品质的提升，有融资需求的中标企业仅需通过政府采购智慧云平台金融服务中心模块直接对接银行，实现全流程业务线上审批；三是在贷后管理上，政府采购智慧云平台与中征平台对融资合同进行技术识别，以便财政资金满足支付条件后，直接打款至银行指定的回款账户，实现还款来源的有效监管（宋明城、刘剑，2022）。

（二）湖北模式（信息流换资金流）

湖北省财政厅等于2020年7月27日发布的《湖北省政府采购合同融资实施方案》对"政采贷"模式、主体要求及业务流程等做出了明确规范，原则上不要求中标企业提供除自然人保证以外任何形式的担保，且融资利率应比同期同类企业流动资金贷款利率低20%以上。与广东模式类

---

① 中征平台是由中国人民银行征信中心牵头组织并由下属子公司中征（天津）动产融资登记服务有限责任公司建设运营的，旨在促进应收账款融资的信息服务平台。

似，湖北省同样以省级政府采购管理系统为基础建立"政采贷"平台，与中征平台实现互通互联，实现全融资流程线上开展。

湖北"政采贷"系统实现了财政、金融机构、采购人、供应商、政务服务和大数据管理局（负责实时接收和发布代理机构在公共资源交易信息网上公告的政采信息）、中国人民银行中征平台等的数据流通（即政府采购系统、政务服务和大数据管理局的公共资源交易信息网等各类数据推送至"政采贷"系统），实时向中征平台推送政采信息，各家银行可快速查看中标企业政府采购信息。放款后，银行将成交信息推送至政府采购信息共享平台，财政部门及采购部门相应做好银行回款账号锁定工作（李瑞平等，2019）。

湖北模式为"政采贷"信息流换资金流创造了条件，贷后管理资金实现了闭环，解决了银企间信息不对称、银行贷后管理难等问题，也简化了审批程序、压降了融资成本，切实缓解了中小微企业融资慢、融资难、融资贵等问题。

（三）江苏徐州模式（双网并行）

在政府采购平台与中征平台对接基础上，以中国人民银行建设和管理的金融城域网为桥梁，连通财政内网支付系统（通过中征"政采贷"信息交互平台以接口方式打通徐州市财政局的支付系统），实现银行回款账户等融资成交信息在银行端和采购部门间的交互，确保在采购单位提出支付贷款申请时，自动判定双方银行回款账户是否一致，相较广东、湖北等系统提升了采购单位的支付流程审核效率，有效解决了人工线下方式回款账户无法及时、准确锁定的问题，减少了操作风险，强化了银行贷款回收机制。

"双网"即"采购平台与中征平台+金融网（财政内网支付系统）"，该模式涉及信息网络、系统建设及平台对接技术等，是金融科技与金融服务的深度融合（袁磊、宋立志，2021），是运用金融科技思维解决实际问题的创新性探索：银行端降低了信息收集成本高、回款资金被挪用的风险，大大降低了道德及信贷风险；企业端有效降低了融资成本，享受"一站式"线上服务，提升了金融服务品质，有助于优化和改善地方营商环境。

（四）江西吉安市模式（"银行+担保"）

吉安市金融办、财政局及中国人民银行吉安市中心支行于 2023 年 5 月发布了《关于做好吉安市政府采购合同线上融资工作的实施方案》，其"政采贷"系统为江西省政府采购电子卖场"金融服务系统"和中征平台对接，与上述模式类似，但已逐步试点"银行+担保"新模式，推动政策性担保公司接入中征平台，实现银担合作机制，进一步降低了中小微企业融资门槛，扩展了金融服务提供主体（郑长灵，2023）。

（五）安徽模式（政府采购云+中征平台+其他第三方服务平台）

安徽省财政厅于 2014 年 12 月 30 日发布了《安徽省政府采购信用融资及融资担保工作方案》，其在政府采购政策的框架下较早提出了支持中小微企业融资的"政采贷"和"政采保"产品，对银行及专业担保机构针对政府采购供应商的授信审批效率、费用等提出了明确的量化指标要求。2021 年 5 月 11 日，安徽省财政厅发布的《关于进一步规范政府采购管理支持企业发展的通知》进一步完善了"政采贷"模式前端管理，包括采购预算编制、调剂规范、招标信息公开及资金预付等，支持和鼓励各县市运用金融科技实现采购支付、监管、交易、金融系统等平台间的数据共享，推进全流程线上审批。

2022 年 9 月 29 日，安徽省财政厅和中国人民银行合肥中心支行发布的《关于推进政府采购线上合同信用融资工作的通知》提出，已完善"政采贷"系统，同样是依托政府采购云（"徽采云"）建设政府采购金融服务模块与中征平台对接，实现与银行风控端的信息联通，供应商中标后直接登录"徽采云"金融服务模块选择意向银行对应的金融产品并填报信息，该部分信息将传输至中征平台并点对点推送至对应银行。亦参照江苏徐州模式完成资金流闭环管理，金融机构将回款账户等相关信息推送至"徽采云"金融服务模块，由采购平台对相应采购合同进行标识，确定融资回款账户，并同步至"预算管理一体化系统"（财政支付系统），采购部门根据"徽采云"推送至"预算管理一体化系统"的融资回款账户发起支付申请，有效降低财政资金被挪用的风险。

简单归纳上述各省市"政采贷"系统，前期在省级财政的牵头下发布各项制度，对前端采购预算编制、执行及支付平台进行规范，为系统的全面建设搭建好底层基础"软件"；从传统线下过渡至线上全流程，通过中国人民银行中征平台与省属政府采购系统互通，实现了政府采购数据与银行业务端数据的对接，改善了信息不对称问题；系统后端，江苏、安徽等地在前期对政府采购活动预算编制和执行管理的规范基础上完善了"预算支付一体化系统"，通过金融科学技术实现财政支付端与银行端对接，完善资金全闭环管理，保障了银行的资金回款安全。

"政采贷"系统模型全方位体现了金融科技的输出结果，充分展示了该项技术在简化交易流程、加速价值流通以及业务存续期间所发挥的风控作用，在实践中为中小微企业融资开辟了新渠道，显著降低了银行审批时间及人力成本，并强化了信贷风险管控。

三　现阶段"政采贷"面临的问题

目前各省市已逐步在中小微企业及银行间推行"政采贷"模式，但仍面临以下几个问题。

（一）地方财政实力弱，付款条件差，影响金融机构参与意愿

"政采贷"本质上是基于当地政府信用担保的一种授信模式，银行在决策时不得不考虑当地财政情况，虽然该部分采购款已列入政府当年采购专项预算资金，但仍存在部分地方政府挪作他用或延期付款的情形，供应商收款难造成当地营商环境偏差、银行参与意愿低。

（二）存在隐性融资门槛

即使当地财政情况不佳、营商环境较好，但采购款的支付先决条件在于中标企业履行合同约定提供相应货物/服务。部分银行在授信前设置了附加条件，要求中标企业与政府采购部门有过历史投标合作经验（王川，2022），导致初次中标企业面对该严苛的条件难以获得贷款。

（三）大数据信息化建设仍需完善

政府采购系统所传输至中征平台的企业相关信息量仍不满足银行风控识别的需要，部分采购项目关键信息银行端难以通过中征平台获得，如政府采购项目在审批备案环节所收集的企业材料底稿和采购部门审批意见等，部分地区仍未完全公开。此外公共数据共享受限，如海关、税务、工商等政府部门合作意愿有限，且信用信息、纳税信息、违法违规信息等分散在多个网站（李瑞平等，2019），银行在授信审批环节需要另外收集汇总相关信息，增加了隐性成本。当前亟须进一步完善"政采贷"数据库，

通过汇总工商、税务及行政执法等部门所掌握的企业数据，方便银行动态监测及查询，提升授信评审信息采集效率。

（四）资金供应方及产品单一，授信规模亟须扩大

各省市"政采贷"参与金融机构以银行为主，且目前信贷产品较为单一，存在资金需求量大的工程项目难以通过现有模式融资的问题（李瑞平等，2019）。此外，政府采购服务业务场景是迭代变化的，对银行重构商业、技术及风控逻辑的能力提出更高要求，可能存在业务发展模式无法迅速、灵活迭代嵌入新场景的问题，这在一定程度上是对中小微企业融资的桎梏，也可能存在当地分支银行在属地政府采购体量历年攀升下，银行系统风险上升、授信承载体量不足等问题。

第二节 "政采保理+金融科技"的可行性

"政采贷"的公信力和影响力，叠加金融科技赋能切实降低了银行业务开展的隐性成本、提升了融资效率，本质上解决了传统决策流程中多点采集能力和跨政府部门信息互通较弱等问题，全面的中小微企业信用画像，使得授信单位对其还款能力及意愿有了全面评估。政府采购平台数字化发展红利同样适用于部分类金融机构，诸如保理、担保、典当及小额贷款等。针对上一章节中提及的未来在政府采购端支持中小微企业发展的模式将持续加码，可能面临授信承载体量不足、银行系统风险敞口过大等问题，近年个别地区已试点将保理公司纳入政采体系。

一 关于"政采保理"

《合肥市政府采购商业保理业务试点方案》中对政府采购信用融资商业保理业务（简称"政采保理"）的定义是"供应链金融+商业保理"在政府采购领域的创新应用，以商业保理公司信用审查为基础，参与政府采购的供应商将政府采购合同项下应收账款转让至商业保理公司，进而获得融资。

这一概念是基于近年国内供应链金融业务快速发展的背景，政府采购信用担保下的创新供应链金融服务模式，即以政府采购部门为核心企业，

结合供应链金融（存货质押、应收账款融资等），在"政采贷"系统基础上，联合中小微企业、政府部门以及保理公司等主体，拓展中小微企业融资渠道。

二　试点案例

《中华人民共和国国民经济和社会发展第十一个五年规划纲要》首次将政府采购作为宏观经济调控手段，政府采购在宏观经济中的重要性日益提升，其范围不断扩大，除了传统的货物类、工程类外，也包括各类信息技术、信息软件、维修、会议等服务类采购。[①] 现阶段商业银行已是支持政府采购融资的重要金融服务机构，但在某些地方政府受疫情影响财政收入状况不佳的情况下，财政资金未按合同约定付款的情形时有发生，造成中小微企业资金紧张、到期贷款无法按时偿还等问题，已逐步打击银行的参与积极性及重视程度，风控层面已开始要求"政采贷"业务应在财政状况良好的地区开展。当前个别地区已试点引入担保、保理等分担银行体系的风险负荷，下文将对近年"政采保理"案例进行阐述。

（一）安徽合肥模式

2015 年 10 月，合肥市正式印发了《合肥市政府采购信用融资及融资担保工作方案》，全面推进政府采购合同融资工作，分为信用融资和担保融资两种模式（"政采贷、政采保"）。2021 年，合肥市结合政府采购与商业保理业务特点，在全国率先推出《合肥市政府采购商业保理业务试点方案》，旨在进一步缓解政府采购中标中小微企业融资困难，创新政府采购合同融资新模式：将商业保理引入政府采购合同融资，为完善政府采购合同融资体系提供了良好的基础，以商业保理公司信用审查为基础，参与政府采购的中小微企业将政府采购应收账款转让至商业保理公司获得融资，可以有效缓解应收账款沉淀带来的资金周转困难。[②]

方案暂定由合肥兴泰金控下属商业保理公司承担"政采保理业务"试

[①] 吴健雄：《商业银行加强政府采购金融创新的方向》，政府采购信息网，2011 年 4 月 20 日，https：//www. caigou2003. com/ll/ndts/1656319. html，最后访问日期：2023 年 10 月 25 日。

[②] 《合肥市创新政府采购合同融资模式 更好服务中小企业》，合肥市人民政府，2022 年 6 月 15 日，https：//www. hefei. gov. cn/ssxw/ztzl/zt/yhyshj/dxal/107787288. html，最后访问日期：2023 年 10 月 25 日。

点，并对其在该业务领域开展绩效考核。试点推广两种业务模式：直接保理模式、坏账担保模式。①直接保理模式。保理公司直接受让供应商基于政府采购合同形成的应收款，以支付受让对价的方式直接向供应商提供保理融资。②坏账担保模式。保理公司通过为供应商提供应收账款坏账担保的增信方式，帮助供应商从银行等渠道获得融资；方案中对业务要素做出了明确的量化规定，即保理融资额度上限为政府采购合同中标金额，最高不超过1000万元，融资利率不超过6%，审核时限最长不超过5天，增信方式不得要求抵押物或除法定代表人外的个人担保。

具体操作以线上为主，由市财政局通过合肥市中小微企业融资综合服务平台向合肥兴泰保理公司推介中标客户信息，审批完毕至签署协议后，直接对供应商放款。

在合肥市近年的实践中，"政采保理"呈现单笔金额小、数量多、时间短等特点，造成合肥兴泰保理公司收益较低，审核成本和潜在风险较高，收益风险错配，[1] 在一定程度上影响了"政采保理"未来向更多保理公司的推广，保理公司的贴息、担保政策已作为配套政策纳入"政采保理"体系，引导商业保理公司积极参与政府采购合同融资。

关于合肥市中小微企业融资综合服务平台。该平台于2021年7月由合肥兴泰金控建立，是一个依托政务信息和大数据（归集了税务、社保、公积金、民政等部门数据），充分整合多维度信息的企业融资综合服务平台；在"四方融资服务机制"的框架下，[2] 通过金融科学技术引导金融机构为中小微企业提供纯信用、线上化、低成本的信贷产品——"政信贷"[3]（"政采贷""政采保"已并入"政信贷"，故服务对象亦包括"政府采购中标企业"），贷款企业享有财政增信及风险补偿等财政红利。

---

① 《合肥市创新政府采购合同融资模式 更好服务中小企业》，合肥市人民政府，2022年6月15日，https://www.hefei.gov.cn/ssxw/ztzl/zt/yhyshj/dxal/107787288.html，最后访问日期：2023年10月25日。

② 《合肥市创新政府采购合同融资模式 更好服务中小企业》，合肥市人民政府，2022年6月15日，https://www.hefei.gov.cn/ssxw/ztzl/zt/yhyshj/dxal/107787288.html，最后访问日期：2023年10月25日。

③ 2021年，合肥市财政局制定了《合肥市"政信贷"金融产品实施方案》，将现有零散的金融产品整合，统一设立"政信贷"金融产品，为缓解小微企业、科技型中小微企业、"三农"主体融资难题提供精准支持。

关于平台运作机制。平台由金融科技公司（地方国企）搭建，已实现市公管局、市公共资源交易中心以及工商、税务、民政等政务数据共享；平台直接面向中小微企业及资金供给方，以金融科技手段，实现金融服务"线上化、无纸化"，企业足不出户，就可以一键提交融资需求和相关资料，金融/类金融机构的业务受理与审批环节均通过专门系统进行线上操作，并可对平台内沉淀的大量相关数据进行分析形成研判，大幅缩短了业务流程，提高了服务效率——提升了规模小、财务基本面弱、融资困难的中标中小微企业获贷率〔目前平台内机构包括银行（通过中征平台接入）、政策性担保公司以及兴泰保理公司〕。

平台内产品享有财政给予的风险补偿、贴息贴费等政策红利，给予政府性融资担保公司信用担保代偿 70%风险补偿、银行信用贷款 80%风险补偿（根据企业结息进度拨付），给予政府性融资担保公司 1%担保费补贴，并对符合条件的小微企业主体给予 50%的利息补贴。①

（二）福建模式

2021 年 2 月，福州市金融控股集团下属绿金商业保理公司引入本土两家金融科技型公司作为战投方实行混改，合资组建全省范围内的聚焦政府采购场景、企业采购场景的商业保理公司，利用福建省政府采购信息公示系统的高度标准化、模块化以及数字化产生的大量交易数据，推出标准化的"政采保理"产品——"政采 e 融"，这是对政府采购信用融资产品的补充，是建立在"金融+科技"运作机制上的一种拓宽中小微企业政府采购融资的创新金融产品。

1. 关于金融科技公司（合作方）

合作方一主要为参与政府、高校、军队、国企采购等采购人提供采购信息化监管和电子交易平台建设，促进公共采购业务的数字化及信息化；合作方二为金融科技公司，依托集团在政府采购领域的行业积累，深耕招标采购领域，致力于通过信息技术及大数据风控技术，打通产业链各环节，实现金融科技赋能，为全国政府采购供应商及金融机构提供全方位

---

① 《关于印发合肥市进一步加大纾困力度助力企业发展若干举措实施细则的通知》，合肥市财政局，2022 年 6 月 6 日，https：//czj.hefei.gov.cn/czsw/htscyzc/czxz/14878561.html，最后访问日期：2023 年 10 月 15 日。

"招标采购+金融科技"服务。

2. 金融科技载体——福建省政府采购综合金融服务平台

金融科技公司依托集团内多年在政府招标采购领域的深耕形成大量的数据沉淀，相较市面金融科技公司在数据真实性及完整性上具备较大优势，其基于对采购场景的差异化分析，充分考虑政府采购参与主体需求，通过技术框架升级、整合构建了福建省政府采购综合金融服务平台。该平台高效串联了招标方、供应商与金融机构，使三方在平台上能够进行有效信息交互，为招标采购全流程提供专业化、多元化的金融产品定制服务，简化了政府采购业务融资交易流程，加速了信息价值流通，形成了良性金融生态体系循环。

3. "政采保理"运作模式

"政采保理"系统主要分为三大块：福建省政府采购系统、福建省政府采购综合金融服务平台（以下简称"平台"）以及金融机构业务系统。具体运作模式为：政府采购系统将采购业务数字化产生的大量交易数据及项目、中标等具备体现完整业务场景的信息传输至平台内的政府采购端数据交互模块；另一端，平台作为信息中枢与金融/类金融机构内部核心系统通过融资数据模块实现数据对接（项目信息、合同信息等），保障数据有效性、实时性、共享性；中小微企业通过平台内供应商操作模块选择合适的金融产品、提交融资意向，各个机构的风控模型即根据收到的客户申请，利用上述数据进行内部评分（金融科技公司亦可根据金融机构业务、审批、风控等要求，定制化开发风控系统满足其业务需求）。在上述模式下，实现了从政府采购系统所产生的有效中标数据开始，逐个项目依次向各系统传输并回传校验，构成业务所需的各项数据信息，进而建立整体完善的业务场景和风控体系。

目前绿金商业保理"政采e融"已接入平台向供应商推介（暂未建立保理公司内部系统），且统一由合作方负责"政采保理"营销宣传工作，并在其自主开发的"辅助风控平台"（已实现政府采购平台、金融信息服务平台、国库支付系统、全国供应商信息网以及第三方数据平台等接口管理），将风险评估前置，通过大数据风控技术批量、快速筛选客户推介至保理公司，公司内部在机审结果基础上进行人工审核，形成双保险把控模式对项目进行审批。

引入本土金融科技公司作为战略合作方核心。作为目前福建省政府采购合同融资系统的开发和运营主体以及财政部"诚信通"合作方①，该金融科技公司掌握完整的信息数据接口，可全面体现业务场景以及申贷、风控模型等所需参数；同时，其具备长期为金融机构定制化开发公共采购场景下对应的 IT 风控审批系统及业务系统的相关经验，可参照金融机构业务、审批、风控等要求为保理公司定制化开发风控模型，满足业务各项管理需求。综上所述，绿金商业保理公司依托金融科技公司的平台优势和风控数据库，通过大数据筛选并匹配风险偏好，实现批量获客、高效审批、快速放款并做大规模，高品质、高效率满足中小微企业政采类融资需求。

三　金融科技赋能下保理风控全过程管理

与"政采贷"类似，商业保理公司在实践过程中也需要对业务真实性进行核查，对供应商的信用等级和交易风险进行评估预判以及对回款账号进行锁定等。近几年，在政府采购类平台数字化加速发展的背景下，金融科技类公司已建立聚合高价值数据资源的金融综合服务平台，政府、金融机构及中小微企业享受先进平台带来的技术红利，实现信息价值高速流通。基于对上述地方发展模式的思考，本小节将对"金融科技+政采保理"的实践要点进行简要阐述、总结。

（一）信息采集及业务前置环节——大数据平台建立

区别于"政采贷"模式，银行可直接通过中征平台统一接入政府采购系统实现互通互联，保理公司需委托外部金融科技公司搭建可访问政府采购系统的信息共享平台（在获得地方财政厅的业务开展资格审查后取得政府采购网或公共资源交易中心金融服务模块的接口开放），实现采购内网与保理公司内部核心网络系统的互联互通。该平台除基本采购信息外还应汇聚人行征信，中登系统质押和工商、税务、行政执法等职能部门所掌握的企业数据，打造信息全面的大数据平台。

该环节重点在于前端信息交互，解决政府、企业、保理公司三方的信息不对称问题，同时简化环节，中小微企业直接就某笔中标合同应收款在

---

① 该合作方曾中标财政部"诚信通"区块链技术开发业务合作，掌握了全国政府采购合同违约客户名单及不良行为记录。

平台金融服务模块向保理公司发起线上融资申请，经信息共享平台即"中枢系统"加工，保理公司内部核心系统接收信息共享平台传回的"全套"企业信息。

（二）审批环节——基于大数据技术的风控模型

基于大数据平台传输至保理公司内部系统的信息，保理公司通常需联合金融科技公司融合双方在政府采购场景的风控业务和建模经验，结合前沿的算法技术，搭建场景信用风险和额度定价评估模型。风控模型理论上应依据保理公司风险偏好和业务性质定制开发，在变量分析中，微观因素包括企业财务状况、公司治理以及参与政府采购的历史履约情况，宏观因素包括行业经济周期、宏观政策、当地营商环境（政府付款及时性）、经济发展水平以及政府采购政策支持力度等。在保理公司风险偏好不变的基础上，风控模型集合定量、定性等多维度变量通过人工智能算法模拟数个宏观、微观场景输出量化结果，形成对企业的信用画像——风险等级，以及与该风险等级所对应的利息定价及授信额度区间供决策。

金融科技公司的风控模型是在大规模数据积累下，经过数次实践检验后迭代升级的结果，但因模型对数据的时效性要求较高，不同时空环境下的数据计算结果可能出现长尾效应，即小概率事件发生的可能性上升，导致计算结果发生较大偏差。为增强模型输出结果的可参考性，提供更好的投资决策，金融科技公司需不断积累样本，持续优化升级模型。

（三）贷后风控措施

保理公司通过中登网确认合同所涉及的应收账款不存在质押后放款，并同步将政府采购保理合同信息以合同备案形式通过信息共享平台传回政府采购系统，政府采购端对该项目进行保理融资标记防止未来重复多头贷款。锁定供应商合同约定收款账户为保理公司回款账户，保证采购部门及时将政府采购资金支付到保理融资备案合同约定的收款账户中，保理公司直接收回贷款，使得资金形成闭环，最大限度降低不良贷款率及违约风险。

贷后端金融科技公司应在平台间建立转让备案机制：应收账款转让暂无类似质押的统一登记平台（中登网），政府采购系统接收保理融资合同备案后，对采购项目公开信息进行已"转让"的技术标识，避免发生质押或二次转让风险。

利用政府"权威和公信力"，保理公司借助金融科技赋能较理想地解决了应收账款融资风险，包括业务不真实、联合造假、回款路径锁定难、质押登记多头贷款风险等；但一切的基础建立在政府采购应收账款的确认，其需要企业确实按照保理/融资合同约定使用资金，即用于履行采购合同项下的义务。目前国内"政采保理"案例均是在中小微企业中标初期、未完成货物交付阶段或项目筹备阶段介入，放款形式并非真正意义上受让现有应收账款（即受让未来应收账款），可能发生企业收到保理公司放款后，不履行采购合同约定的风险，需人工介入风控，例如设立共管账户监控资金用途以及人员定期走访公司检查项目交付进度等。

四　未来应收款项的采购合同履约风险与风控措施

前一小节"政采保理"贷后风控中，保理业务对未来应收账款的受让，在目前法律法规框架下是合规的。根据《中华人民共和国民法典》第761条对保理合同的定义：保理合同是应收账款债权人将现有的或者将有的应收账款转让给保理人，保理人提供资金融通、应收账款管理或者催收、应收账款债务人付款担保等服务的合同。中国人民银行于2019年发布的《应收账款质押登记办法》明确了应收账款包括现有的和未来的金钱债权。

区别于传统应收账款保理业务，"政采保理"是基于未来预期应收账款的特殊保理业务，即中小微企业在中标并签订政府采购合同后，因暂未交付合同约定的货物或服务，其采购合同项下的义务尚未履行完毕，致使财政端付款条件未完全成熟，尚未形成对政府采购部门既成事实的应收账款，是义务未履行完毕的未来预期应收账款。

与传统应收账款保理业务类似，在政府采购模式下，未来应收账款的合同双方、金额、付款时间、条件均是确定的，但应收账款的发生与否/收回完全依赖于中标企业的义务履行情况，故"政采保理"面临贷款人未履行合同项下义务的风险，在贷后管理上较传统保理业务要求更高、风险更大。以下为可探索的风控措施。

（一）"前端大数据筛选+后端人工介入"模式

前端风控模型底层应用数据需尽可能涵盖全国范围内的历史采购履约

情况、司法执行情况、企业反欺诈数据、企业征信以及税务信息等多维度企业信用，通过大数据算法对企业信用等级量化评分，设置等级门槛筛选企业，后端人工介入，定期要求企业反馈履约情况及不定期进行现场检查。

（二）"供应链金融+商业保理"模式

鉴于"供应链金融"暂无特定营业执照和监管部门出具的许可经营，市面上存在大量"供应链金融"公司，区别于直接民间借贷或放款，该类企业基于真实的贸易背景，集合物流、信息流、资金流等维度为上下游企业提供包括"应收账款、仓单、预付款及存货融资"等服务，简而言之是企业间依附于贸易背景的现金流周转，非传统概念的直接借贷关系。

中小微企业在履行合同约定过程中，需向上游采购货物，保理公司可通过"采购控货模式"，即企业与保理公司（或保理下属供应链公司）签订采购合同（为企业实控人/法人提供个人担保），保理公司以自有资金向企业指定供应商购买货物/服务后，货物存放至保理公司指定的仓库，保理公司配合中小微企业完成政府采购合同约定的提货要求，待其完成实际交付且采购部门出具验收合格通知书后，自动将供应链存货融资转为符合"政采保理"业务性质的应收账款保理融资。

（三）"订单融资+保理"模式

近年来市场上涌现不少以"供应链金融"开展业务的企业（包括地方国企、民营大型集团等），其实则具有"融资性贸易"特征，以提供资金支持、赚取融资利差为目的，与同一实际控制人或互为利益相关方的上下游客户签订购销合同，是以贸易为名、资金拆借为实的业务（潘涛、张倩，2023）；该类业务缺乏金融监管和金融方面风险管理的经验，以扩大营收为目的，风险较大，许多地方国资委多次下发文件，要求国企禁止融资性贸易及走单、走票、不走货、空单贸易等行为，上市公司也因为虚构贸易，多次被证监部门处罚。

为避免"监管套利"或"打擦边球"，保理公司可考虑与银行配合开展"政采保理"业务。鉴于近几年银行在开展"政采贷"业务时因地方财政无法按时支付货款或采购合同所约定的付款条件苛刻、账期长等问题，导致"政采保理"业务陆续出现贷款逾期，影响其政府采购类项目贷款积极性。为满足中小微企业参与政府采购类业务融资需求且保障或降低银行系统风险敞口，可采用"订单融资+保理"的组合方案，即"银行+保理公司"，由银行对中标企业进行前期放款，待后期企业履约完成交付且收到验收合格通知书后，由保理公司受让对政府采购部门应收款，款项直接支付至银行专户，由银行实现项目退出。在该模式下，银行避免了政府采购部门未按时支付货款的风险，稳定了业务预期，保理公司避免了未来应收账款面临的采购合同履约风险。

第三节　"政采保理"支持中小微企业发展的建议

一　建立"政采保理"的统筹指导制度及建议

"政采保理"是政府采购合同线上信用融资下的创新型融资模式，各省市已陆续推出，但目前仅合肥市财政局针对该产品发布了《合肥市政府采购商业保理业务试点方案》，且由合肥兴泰商业保理公司先行试点参与业务，暂未拓展保理公司合作范围。

可见，目前全国各地都缺乏统一标准的法规制度指导，此外不同于以银行为主体的"政采贷"，保理公司作为类金融机构虽然在制度规定上同样受金融监管管理总局监督管理，但多年来对其经营监管多由地方金融监管局执行，而地方上的监管良莠不齐，存在此类金融机构多年违规经营却未被整改的现象。引入保理公司参与政府采购合同融资业务，试点发现的业务瑕疵可能存在合规性风险，实施标准各地也不一致，各地都是在实践中边试点、边总结、边摸索，没有成熟的经验可以借鉴（李瑞平等，2019），亟须在全国范围内加强对"政采保理"这一全新工作的统筹指导，统一制度、统一标准、统一流程，为中小微企业创造有序合规的融资环境。

二　完善多维度大数据信息建设，创设"数据+金融"风控模型

各省市信息化建设有待提升，部分地区信息采集涉及部门多，跨部门间信息互通整合弱，需打通地方跨部门公共数据，如地方海关、税务、工商、行政执法等政府权威数据（朱琳、杜毅，2022），完善采购场景数据库，建立地方大数据风控产业链，解决"信息孤岛"问题，降低保理公司

审批成本，通过大数据信息集成建立多维度的风控模型，详细反映企业经营、履约情况以及地方政府风险等级等，间接减轻中小微企业融资负担。

在完善地方层面的采购场景信息（如反欺诈、征信、工商、税务以及司法等）基础上，应进一步建设并整合跨地区的大数据信息系统。政府采购中标供应商往往并不局限于属地而是全国范围内的中小微企业，但截至目前尚未建立起一个跨地区的信息共享平台，各区域间的"政采贷"或"政采保理"系统未实现互联互通，围绕《中共中央 国务院关于加快建设全国统一大市场的意见》，采购场景信息系统的建设需建立在"全国统一大市场"理念之上。现阶段已存在许多外地中标企业进行相关政府采购合同融资受限的问题，相应地影响了部分地方的政府采购活动。

完善商业信用信息，建议地方财政依托金融科技公司、市场化征信机构及中国人民银行征信系统，建立中小微企业应收账款转让的信息公示机制，健全中小微企业应收账款信息采集机制和失信惩戒机制，扩大中国人民银行征信商业交易信息的采集与服务（贾卫平等，2019）；完善回款账户锁定机制，建立政采保理系统与财政支付系统的信息交互机制，保证供应商收款账户与保理公司回款账户一致。

三　鼓励地方国有保理公司参与，给予市场主体相应补贴政策

可参考安徽模式和合肥模式，将政采保理业务开展情况作为地方国企年度绩效考核指标之一，鼓励国有属性的保理公司积极参与融资创新，降低银行系统于政府采购合同融资领域的风险敞口，维持地方金融系统稳定。

针对中小微企业出台相应政策加大贴息支持力度，实行"免申即享"，参与"政采保理"融资的企业按照结息进度拨付贴息资金，提升其贷款意愿；建立针对保理公司的利息奖补资金池，并可考虑纳入政府当年预算，根据其"政采保理"开展规模予以奖补，平衡本金利息，防范金融风险。

四　加强"政采保理"宣传普及，提升参与各方的协同对接效率

"政采保理"各参与方要熟练掌握该业务及操作流程，目前在"政采贷"模式下仍存在采购部门对政策不了解、配合意愿低且未指定专人负责的情况，即使指定专人负责实际对接效率也较低（温智良，2022），影响

产品的实际效用，亟须将工作及政策落到实处，建议各参与方指定专人专岗、构建沟通交流渠道、开展专业培训等，充分发挥"政采保理"业务的作用。

加强政策宣传普及，提升执行效率。一是地方国有保理公司要推动优化该项创新型融资业务的审批举措，加大对中小微企业的授信额度并探索与银行的合作模式（包括"订单融资+应收账款转让"模式等），分担风险；二是鼓励供应商企业踊跃参与、加强合作，财政部门要持续加大宣传力度，在政府采购网、公共资源交易网及各种报刊等宣传媒体推广"政采保理"的相关操作流程及政策。

五　建立统一的监管制度，加强对地方采购资金付款时效性的考核

政策层面对拖欠、清理中小微企业账款的问题已采取了多项举措，如为保障中小企业账款及时支付，要按照项目进度和预算安排拨付项目建设资金，保障项目单位及时支付中小企业账款，以及将政府拖欠中小企业账款纳入日常监管等。当前依然存在部分地方政府财政资金支付延迟的情况，导致中小微企业无法按期归还银行或保理公司贷款，降低了相关资金提供方的参与意愿，对属地营商环境造成了不良影响。为维护地方财政的"公信力"，可考虑由中央成立专项工作组，定期监测地方财政资金支付进度，视情况将采购资金付款时效性纳入对各省的年度绩效考核体系。中央专项工作组根据"地方政府采购项目台账"，定期对发生逾期支付的具体采购项目所在地、责任人、逾期天数进行通报，并对可能发生的采购专项资金被挪用或其他原因等进行追查，倒查责任，优化、清理中小微企业账款，这是"政采保理"健康发展的底线手段和根本保障。

六　探索"国企采购保理"，进一步支持中小微企业

随着国企数字化转型的加速，各地已逐步搭建国有企业阳光采购平台，建立了统一标准、规范的招投标流程，如广州国企阳光采购服务平台系统、湖南省"国资云"阳光采购平台等，为中小微企业参与地方国企项目提供了新渠道。下一步可参照"政采贷"或"政采保理"模式，进一步支持中小微企业参与国企采购活动，为其提供便利的金融服务。

第四节　"政采保理"的实践启发与思考

——关于政府隐债

2017 年 7 月，中央政治局会议首次提出"政府隐性债务"，并提出要积极稳妥化解积累的地方政府债务风险，有效规范地方政府举债融资，坚决遏制隐性债务增量；《中共中央 国务院关于防范化解地方政府隐性债务风险的意见》（中发〔2018〕27 号）对"政府隐性债务"进行了规范性定义，认为其是指地方政府在法定债务预算之外，直接或间接以财政资金偿还，以及违法提供担保等方式举借的债务（韩钢，2019）；2021 年，"银保监 15 号文"强调，严禁新增或虚假化解地方政府隐性债务，不得以任何形式新增地方政府隐性债务，并详细列举了若干禁止事项。

"政采保理"是建立在政府支付信用基础上的，还款来源为财政资金的创新金融工具，底层资产为"政府采购服务"，其当年采购金额已列入财政预算资金，是完全合规的政府购买服务，属于政府常规支出项目。

一　无追索权保理是否涉及隐债

前文提及的地方典型"政采保理"模式，虽在增信措施上无强制要求除实控人提供个人信用担保外的额外抵（质）押物，但均为"有追索权"保理，即若政府未在供应商已充分履约情况下按合同约定及时付款，当融资款项到期时，保理公司保留直接向供应商追索的权利。中小微企业可能因财政资金付款不及时面临流动性甚至被保理公司起诉的风险。实践中也出现部分中小微企业对"政采保理"参与意愿低的情况，产生这种情况的原因，一是中小微企业对标准化的金融工具知之甚少、缺乏相关融资意识；二是中小微企业担忧营商环境，一端是政府付款不及时，另一端是融资机构催款，面临自有资产被冻结、清算的风险，会在个人/企业征信上产生瑕疵。综上所述，中小微企业更习惯于通过民间朋友圈集资、借贷或合伙人自有资金出资，造成资金周转慢、利率高，形成经营性的"恶性螺旋"。

若实行"无追索权的政采保理"，理论上中小微企业在财政资金未按约定支付而无法收回应收账款时，保理公司不得向其追索已发放的融资款，将提升中小微企业参与意愿，真正意义上让中小微企业在政府采购活动中享受融资便利；但该模式将在一定程度上改变业务场景，即原先政府部门与中小微企业的采购服务关系，转变为保理公司与政府部门间的债权债务关系，可能涉及新增隐债。

上述讨论的本质在于，"无追索权"模式下政府除购买服务外，另需承担因未按约定付款而产生的利息，是否可依然认定为常规支出项目而不属于新增隐债？

2020 年 7 月国务院颁布的《保障中小企业款项支付条例》规定："机关、事业单位从中小企业采购货物、工程、服务，应当自货物、工程、服务交付之日起 30 日内支付款项；合同另有约定的，付款期限最长不得超过 60 日。……机关、事业单位和大型企业迟延支付中小企业款项的，应当支付逾期利息。双方对逾期利息的利率有约定的，约定利率不得低于合同订立时 1 年期贷款市场报价利率；未作约定的，按照每日利率万分之五支付逾期利息。"[1]

在上述条例中，对政府部门需承担应逾期支付产生的利息做出明确规定，鉴于利息支付行为是发生在政府部门与中小微企业间提供货物、服务的活动中，可进一步理解为是对"应付账款"科目计提利息。若保理公司受让中小微企业应收账款，其成为政府"应付账款"端的债权单位，而非新增政府"短期借款"等有息债务科目，存在不被认定为新增隐债的可能性。另 2021 年"银保监 15 号文"中新增隐债包括："不得违法违规提供实际依靠财政资金偿还或者提供担保、回购等信用支持的融资。""政采保理"属于依靠财政资金偿还或者担保的金融工具，但底层资产亦属于合法合规的政府购买服务，依然存在解释空间且上述规定只针对银行、保险机构，目前暂无针对保理等类金融机构的相关办法。

综上所述，穿透"政采保理"底层资产为政府购买服务，属于合法合规的常规支出项目，且政府部门对逾期付款亦需承担利息支付责任，故政

---

① 《保障中小企业款项支付条例》，国家法律法规数据库，2022 年 7 月 5 日，https：//flk. npc. gov. cn/detail2. html？ZmY4MDgwODE3NmQ1Y2JjZTAxNzZkNzFmMjEwZDAzYTI% 3D，最后访问日期：2023 年 10 月 25 日。

府对"政采保理"下的相关服务形成逾期支付不构成新增隐债，"无追索权的政采保理"存在不被认定为隐债的可能性。

二 "政采保理"资产证券化发行可行性及利息补贴涉隐债可能性

根据银保监会办公厅《关于加强商业保理企业监督管理的通知》关于保理公司日常经营监管杠杆比例的规定，其风险资产不得超过净资产的10倍。现阶段多数地区"政采保理"以国企为试点，并因对贷款利率的要求，属地国资委在盈利上的考核会有所放松，但面对年度政府采购量大、期限分散、付款不能延期等问题，保理公司贷后人工管理成本较高，且对于小规模保理公司，可能占用较高的杠杆额度，造成因财政资金付款延期而保理公司自身风险增加、正常市场化业务开展受限等。

参考市面主流应收账款的经营管理模式，保理公司可尝试将"政采保理"与其他表内应收账款通过资产证券化（ABS）形式出表，根据应收账款未来各个时间点的现金流分布，通过重组、整合未来现金流的结构化分层设计，向市场投资者公开发行。"政采保理"ABS可能存在以下几个问题：一是政府采购服务能否作为应收账款ABS发行；二是作为固定收益产品，其存续期间保理公司承担的利息可否由政府给予利息补贴。

根据《资产证券化业务基础资产负面清单指引》，资产证券化基础资产负面清单包括：以地方政府为直接或间接债务人的基础资产，但地方政府按照事先公开的收益约定规则，在政府与社会资本合作模式（PPP）下应当支付或承担的财政补贴除外。上述已明确规定地方政府为直接或间接债务人的基础资产是禁止进行资产证券化的，但是在实际操作中，哪些基础资产是本条的限定范围，负面清单并没有具体罗列，且在政府采购类平台数字化发展下，大多数采购服务中标信息、合同等是完全公开化、信息化的，是否属于"按照事先公开的收益约定规则"并不清晰。

部分地区存在财政资金约定支付周期长，保理公司可配合发行ABS延长整体账期，但票面利率受到地区经济、保理公司自身基本面等影响，可能形成票面利率大于实际放款利率或账期超预期导致期间利率大于实际收益等情况，形成"利率倒挂"，为鼓励保理公司的参与积极性，地方财政是否可根据发行情况及规模予以一定的利息奖补并不明确。鉴于

ABS 为公开市场结构化产品，需按照合同约定对市场投资人定期付息到期还本，若地方政府予以利息补贴，该产品可能间接赋予了"政府担保"或"政府提供差额支付或流动性支持"等增信措施，有可能构成隐债。

第七章　数字新基建赋能中小企业专精特新培育

第一节　中小企业数字化转型与专精特新培育

一　中小企业数字化转型现状

人类生产力之进步史亦是一部生产要素的变化史，在不同发展阶段主要生产要素的构成不同。文明起源的农业经济时代，人类以家庭为基本生产单位，以落后手工为主要生产方式，劳动和土地被认为是该时期的两大生产要素。工业革命后世界经济进入增长的快速路，在工业企业以利润最大化为目的，大量使用工业装备追逐规模效益的过程中，资本作为一种要素崭露头角，并在哈罗德-多马经济增长模型中得到论证。当步入工业化后期，学者发现产出增长的速度已显著快于要素投入数量增长的速度，这部分传统三要素模型无法解释的增长被称为"索洛残差"。后来的主流经济学理论发现"技术"作为第四种要素，对全要素生产率起到了增益效果，科学技术是第一生产力的观点就是在这个时代产生的（Romer，2006）。

20世纪末期，随着信息技术、人工智能的蓬勃发展，一众新产业、新模式涌现，数字化浪潮轰轰烈烈。从起初只是将数据视为对过去静态的数字化记录，再到逐步发掘出"大数据"的海量性、多样性、易传播性等重要价值，数据要素创造价值的潜能被充分激活。研究发现，数字技术通过促进各企业专业化、精细化分工以及整合产业链、供应链的路径赋能企业全要素生产率：数字赋能每升高1个单位，全要素生产率提高0.26个百分点（张倩肖、段义学，2023）。

2019年11月，党的十九届四中全会首次将"数据"确认为一种生产要素。2020 年 4 月，中共中央、国务院印发《关于构建更加完善的要素市场化配置体制机制的意见》，这是中央出台的首份关于要素市场化配置的文件，明确了要素市场制度建设的重点方向，为我国经济发展定义了土地、劳动力、资本、技术、数据五大生产要素，提出要推动大数据、人工智能等数字技术与实体经济深度融合，让数据要素成为中国经济增长的重要推动力。

不同经济阶段关键生产要素的变化如表 7-1 所示。

表 7-1　不同经济阶段关键生产要素的变化

经济阶段	主要生产要素	时代特征
农业经济时代	土地　劳动力	生产力低下、精耕细作
工业经济时代	土地　劳动力　资本　技术	生产力解放、生产机器被广泛运用
数字经济时代	土地　劳动力　资本　技术　数据	生产力进一步解放、数字新基建快速发展

数据作为一种新型生产要素出现，使得其他生产要素属性发生了变革，在提高资源配置效率与全要素生产率方面起到增益作用。例如，劳动资源在工业化体系中存在跨区域调度的额外成本，以及由于劳动力本身的区域黏性，使得跨国或跨区域的劳动资源自由配置无法实现。但在大数据、云计算、区块链等数字技术的加持下，跨区域的劳动力自由配置成为可能，涌现出全球数字化众包、7×24 小时产品维护等创新模式，前所未有地解放了劳动要素千百年来的时间空间束缚。

从农业经济时代的"二要素"到当今数字经济时代的"五要素"，关键生产要素的增加是在全球数字化大背景下，社会分工愈加专业化、精细化的体现，也是经济发展、社会进步的必经之路。

（一）企业数字化转型的定义具有普适性

自党的十八大以来，我国数字经济发展迅猛，影响辐射全国，推动人们生产及生活方式的深远变革。人们以企业为单位参与生产或生产协作是现代社会经济活动的普遍现象，关于企业数字化转型，目前未见权威机构给出过官方定义，但社会各界对其理解大体趋同，如华为、IBM 等业界认为：企业数字化转型是企业运用现代的信息技术，发挥过去经营中积淀的数据优势，推动商业模式创新的过程。国内一些学者认为：企业数字化转型是通过推动数字技术与实体经济的深度融合，促进传统产业转型升级，进而提高生产效率，加快制造强国建设（梁艳、毛锦华，2023；肖静华，2020）。来自国外学界、智库的若干观点认为：企业数字化转型是利用数字技术驱动企业生产流程的变革，是一种价值创造方式重塑以提高效率的过程（Fischer et al.，2020；Vial，2019）。总的来说，企业数字化转型的定义具有普适性，其本质离不开以数据为关键生产要素，以数字技术为重要手段的一般特征，通过促进要素高效流动和精准配置，达到降本增效和价值增值的最终目的。

（二）中小企业数字化转型的意义

当前，我国经济发展步入新常态，高质量发展已然成为经济社会发展的主旋律。数字经济在我国呈现稳中向好的发展态势，数字化渗透进消费、制造、政府采购等方方面面，产业规模数年稳居世界第二并持续增长。根据中国信通院测算，2012~2022 年，我国数字经济规模从 11 万亿元增长至 50.2 万亿元，数字经济占 GDP 比重由 21.6% 提升至 41.5%，对经济发展的放大效应显著。

然而，在数字技术深远改变国民生产生活方式的同时，经济周期也走到了"三期叠加"①的复杂阶段。国内传统粗放型发展模式难以为继，转型迫在眉睫；国外需求复苏弱于预期，美联储加息幅度超出预期，资本外流压力陡增，我国经济下行压力较大。而中小企业普遍抗风险能力较弱，创新动能不足，生产经营面临严峻考验。

因此，在全球数字化浪潮奔涌，国内外经济发展形势错综复杂的双重背景下，党中央着眼于实现"两个一百年"奋斗目标，提出要牢牢把握新一轮产业变革的战略机遇，鼓励数字经济与实体经济深度融合，让数字化成为高质量、可持续发展的重要驱动力。鉴于中小企业在我国经济中扮演着稳增长、保就业、惠民生的重要角色，构成我国经济"金字塔"的塔基，推进数字化转型为我国中小企业注入增长新动能显得尤为重要。

1. 数字化转型是中小企业"提质量"的关键

我国大部分中小企业位于价值链底部，产品的可靠性、良率等方面与

---

① "三期叠加"：指的是经济增速换挡期、结构调整阵痛期、前期刺激政策消化期。自 2013 年 7 月中央政治局会议提出我国经济处在"三期叠加"的形势以来，2019 年中央经济工作会议再提"三期叠加"。

发达国家企业相比存在短板，而国家要实现可持续、高质量发展，数量庞大的中小企业必须向价值链高端攀升，这就对中小企业生产产品或提供服务的质量提出了更高要求。中小企业运用数据溯源、云计算等数字化工具对生产实施全流程把控，在数字化水平已经较高的行业如电子、制药、运输设备制造等行业未标准化的生产环节进行标准化改造，进一步提高了产品或服务质量。

2. 数字化转型是中小企业"增效率"的抓手

相较于大企业，我国广大中小企业因其灵活的规章制度、敏锐的市场触觉成为我国经济效率的拉动者，效率亦是中小企业在市场中竞争的核心能力，而信息不对称与经济预期下行导致的不信任，中小企业生产过程中的供应链断点、堵点问题，产业链上的掉链问题频频发生，制约其效率提升。

基于现代化产业链的开放性、协作性，新一代数字技术融入中小企业的采购、研发、生产、销售等环节，有助于实现产业链上下游企业信息共享，跨企业、跨行业精准配置要素资源，起到接断点、通堵点、强链固链稳链的作用，对劳动生产率起到放大效应。

3. 中小企业数字化转型是实现经济增长的"新动能"

广大中小企业当前面临成本与需求的双重困境，而实证研究表明中小企业数字化程度显著提升了其生存能力，数字化在此过程中扮演降低风险与变革商业模式的角色。企业搭建数字化业务平台及开发数据可视化工具，在进行科学决策的同时可以有效降低各类运营风险，并且数字化转型催化企业技术革新步伐，变革商业模式，新一代数字技术催生了个性化定制、网络化协同等一批"互联网+制造"的新模式，契合了当今社会分工高度细化的发展必然，拥有良好的发展前景。当前，新一代数字技术正加速促进生物、新材料、新能源行业的跨界融合，引发要素资源重组与生产方式重塑的深远变革，成为中小企业增长的新引擎。

（三）中小企业数字化转型的现状

量大面广的中小企业数字化转型尚处于初步探索阶段、我国中小企业发展环境自疫情以来仍未回暖是我国中小企业数字化转型的两大典型现状。

1. 中小企业发展环境趋于恶化

SMEDI 即中小企业发展指数，是目前唯一反映我国中小企业经营景气程度的综合性指标，由中国中小企业协会于 2010 年开始发布。在构成上，其由八个分项指标构成，包括市场指数、成本指数、效益指数等（见表 7-2）；在抽样方法上，使用 PPS 抽样调查方法确定样本，统计样本的代表性较强；在样本广度上，调查问卷涵盖国民经济八大行业 3000 余家中小企业，设置 95% 的置信区间。该指标值在 0~200，以 100 为景气度临界值，反映一种边际情况，大于 100 表示中小企业经营情况或经营环境趋于改善，小于 100 则意味着趋于恶化。

表 7-2　2023 年 9~10 月我国 SMEDI 分项指标

分项指标	2023M10	2023M9	涨跌幅（2023M10-2023M9）
宏观经济感受指数	98.8	98.9	-0.1
综合经营指数	96.9	97.2	-0.3
市场指数	80.8	81.0	-0.2
成本指数	112.6	112.9	-0.3
资金指数	100.8	100.6	0.2
劳动力指数	106.0	106.1	-0.1
投入指数	82.9	83.3	-0.4
效益指数	74.2	74.3	-0.1

我国中小企业发展指数（SMEDI）曾长期运行于 92~94 的平台区间内，中小企业发展趋势长期平稳，但受新冠疫情影响，SMEDI 大幅下跌至 82，再未运行至 90 以上，中小企业发展受到严重打击。根据中小企业协会数据，2023 年 10 月为 89.1，录得连续 2 个月下降，且全年运行在 90 以下。从分项指数上看，效益指数仍处于低位，市场指数低迷，市场需求萎靡导致中小企业生产经营承压。

另根据国家统计局数据，自 2023 年 4 月以来，制造业 PMI 回落至 49.2%，并持续 4 个月运行于 50% 的荣枯线以下。尽管至 9 月回升至荣枯线以上，但同年 10 月 PMI 指数又跌入荣枯线下，说明目前经济恢复基础仍不牢固。截至 10 月，中型企业 PMI 为 48.7%，小型企业 PMI 为 47.9%，整年度均运行于 50% 的荣枯线下，体现中小企业效益状况不容乐观，收入与利润双降，综合 SMEDI 所反映的市场指数、效益指数低迷，可见市场需求依旧疲软，中小企业营收、利润双重承压，发展信心不足，内生动力不足，生产经营依旧困难重重。

在此背景下，数字化转型已从曾经锦上添花的可选项，成为如今中小企业突破困境的必经之路。通过数字化转型赋能商业模式的变革，生产方式的升级已成为中小企业顺应环境需求发展的必然选择。

2. 中小企业数字化转型尚处于初步探索阶段

中国电子技术标准化研究院将我国中小企业转型划分为三个阶段：初步探索阶段、应用践行阶段和深度应用阶段（见表 7-3）。

表 7-3　我国中小企业转型阶段划分

转型阶段	主要标志或内涵
初步探索阶段	企业对数字化转型已有初步规划；已针对生产、物流、销售、服务等核心环节进行数字化设计
应用践行阶段	企业对核心生产设备或业务活动进行数字化改造，实现生产制造全过程数据的采集、分析和可视化
深度应用阶段	新一代数字技术已与生产运营活动充分融合，企业根据数据分析模型有效提高了科学决策能力

中小企业是我国实体经济的重要组成部分，也是社会发展的生力军，在经济中占据突出地位，但我国中小企业对数字化转型的探索尚处在起步阶段，总体而言中小企业数字化转型程度不高。根据中国电子技术标准化研究院 2021 年发布的《中小企业数字化转型分析报告（2021）》，企业数字化转型程度可划分为初步探索阶段、应用践行阶段、深度应用阶段，全国中小企业在上述三个阶段的比例分别为 79%、12%、9%。相比于大型企业处在三阶段的比例分别为 48%、22%、30%，可见中小企业数字化转型进程明显落后，整体呈现数字化水平低的特征。

除上述大企业与中小企业转型程度的割裂外，《中小企业数字化转型分析报告（2021）》调查结果显示，转型程度还呈现行业差异、业务环节差异与地区不平衡。在行业上，部分行业呈现率先突破，工业及信息传输、软件和信息技术服务业行业在转型水平上排名靠前，但食品制造、专用设备制造业在转型水平上排名靠后；在业务环节上，生产、销售环节数字化覆盖程度高，物流、设计环节数字化覆盖程度低，服务缓解程度居中；在地域分布上，中小企业数字化水平在国内呈现由东向西逐渐减弱的特点，以城市群划分则长三角、珠三角和京津冀三大城市群中小企业转型程度较高，成渝、长江中游城市群较低。

尽管我国大部分中小企业仍处于转型的初步探索阶段，但是随着多项促进引导数字化转型的政策出台，我国中小企业数字化转型取得积极进展。仅以 2021 年为例，处于应用践行阶段的企业占比为 8%，相较上年增长了 4 个百分点，达到深度应用阶段的企业占比为 9%，相较上年增长 6 个百分点，从探索阶段迈入应用阶段的中小企业总体占比稳步提高。得益于一批先行转型践行的标杆企业及一系列值得学习的经验，广大中小企业坚定走数字化转型之路，持续实践则未来可期。

（四）现阶段的主要挑战——"不敢转、不会转、不愿转"

数字化转型并非一蹴而就，转型的过程往往是持续投入包括资金、技术、时间等一系列资源的过程，由量变产生质变。但受制于中小企业在认知、技术、人才、资金方面的局限，以及数据这一新型要素的特殊属性，"不会转、不敢转、不愿转"的问题普遍存在，转型之路挑战重重。

1. 不敢转

研究显示融资难、融资贵依然是中小企业数字化转型的最大困难，转型资金不足使得中小企业对转型望而却步，想转而不敢转（吴淏，2023）。转型前期必要的数字设备采购、数字技术购买必不可少，转型完成后仍然要负担一定的运维成本，故转型所需资金具有大额性、长期性特征。然而小企业在融资门槛、利率、担保等条件上均处于劣势地位，难以满足转型资金需求。从市场典型的依资金来源划分的两种融资渠道看，中小企业通过金融机构融资跟民间融资存在两难局面。金融机构融资成本相对较低但门槛高，我国金融机构风险偏好往往呈厌恶型，中小企业难以满足银行的信用等级、押品价值、利润波动等内部风控条件（黄辉等，2023），部分能满足的企业申请时又会因长审核周期等时效问题而步履艰难。而民间融资的高利率又进一步压缩了中小企业本就微薄的利润空间，侵蚀了数字化转型成果，因此融资受限往往导致大企业在转型过程中愈发有利，而中小企业越转型越发不利的马太效应，使得中小企业畏惧转型。

此外，数据是一种新型生产要素，其特殊属性使得部分中小企业对它的使用存在顾虑。学界认为，数据是一种生产要素，具有非竞争性、排他性的特征，类似于经济学上的准公共品性质（徐翔等，2021）。这导致数据被盗用、滥用问题在数字化转型过程中时有发生，除非使用数字加密手段对数据的使用加以限制。中小企业所处竞争环境趋向完全竞争，如客户群体、细分市场需求、交易对价等商业隐私一旦泄露，企业很可能完全失去市场竞争力而被逐出市场，诸多中小企业对此心存顾虑不敢转。

数据的衍生性、虚拟性特征也导致数据资源产权模糊难确权，该问题远远超出单一学科的理论解释框架，所以目前学界对于数据确权的相关研究观点仍然大相径庭（武西锋，2023）。因此在关于数据确权的理论研究尚未准备充分的情况下，有关数据产权制度，以及数据开放、交易流通的规则，在地方及国家层面都尚未施行立法保障。对于中小企业数字化转型而言，最大的问题在于经营过程中积累的数据应该赋予消费者所有权还是企业所有权，已有个别判例说明一旦发生数据使用纠纷，企业往往无法充分举证自己为数据所有者、使用者还是管理者而陷入不利境地。在数据权属与交易、算法规制等前沿司法问题尚未得到妥善解答前，企业不敢贸然转型。

2. 不会转

数字化转型的过程需要不同类型的人才参与：具备战略眼光的决策者；熟悉资源整合、搭建转型框架的经理人；精通数字技术并贯彻转型决策的技术骨干。但是从人才支撑上看，中小企业在引才、育才、留才方面均处在不利位置。受近年来经济下行压力影响，人才求职风险偏好明显降低，中小企业更难引进懂专会转的专技人才。此外，中小企业受限于企业规模，自身难以建立培养体系，据中国社会科学院统计，只有15%的企业建立了数字化人才培养体系。同时，受制于内部有限的晋升空间和公司未来发展的不确定性，中小企业也很难留住数字化人才。因此，在生产、流通、运营等环节存在的数字化人才匮乏，使得中小企业不会转。

转型方向不明确亦是阻碍数字化转型的重要因素。众多中小企业在数字化工具使用场景深度方面、数据共享方面都存在明显的制约。根据埃森哲调查，尽管有60%的企业在未来2年意向增加数字化转型投资，但其中仅有不足 20% 的企业清晰地认识到如何转型可以使企业提高效率、拓宽市场。①

3. 不愿转

中小企业不愿转的根本原因在于当前可复制、易推广的中小企业数字化转型成功案例相对较少，企业缺乏路径指引不知从何处发力。并且各企业间商业模式、组织架构、业务逻辑各异，转型需求大相径庭，仅依照较少的转型成功案例无法确定自身通过转型是否能解决业务关键问题。此外，目前业界未见有效的价值评估体系来衡量转型的降本增效作用，因此中小企业对数字化转型的深层次应用场景认识模糊，在是否真的需要转型的问题上停滞不前。

还有部分中小企业不愿转是因为缺乏数据要素的支撑，"数据孤岛"问题难破解。相比欧美等国中小企业平均寿命在 10 年以上，我国中小企业的寿命仅为 2.5 年，短暂的企业寿命使得我国中小企业普遍面临数据资产积累薄弱的瓶颈，单凭自身积累的零散化、碎片化的数据要素并不能发挥其潜在价值。所以依靠各企业碎片化数据的连通，积小数据成大数据是有效提高企业数字化能力的关键。但截至 2023 年，数据治理与数据标准在企业间未统一，数字化系统个性化程度低、难以满足统一的数字化平台开发部署与运维需求，产业链上下游的海量数据无法在链上流通，形成相互分隔的"数据孤岛"。

决策偏好的差异也导致中小企业不愿转。中小企业普遍抵御风险能力薄弱，因此在战略决策时，生存问题的优先级高，企业偏好做短期选择，更多关注短期利益而忽视长期战略。然而数字化转型是一项复杂的系统工程，见效周期长，投入与产出的关系并非线性，而更趋近于量变产生质变的过程（罗瑾琏等，2023）。因此诸多中小企业在进行持续的资源投入后却没有看见实质性的回报时，选择中止转型。

二 我国中小企业数字化转型扶持政策

在数字化浪潮下，我国中小企业的数字化转型工作有条不紊地推进。

---

① 《特别呈现丨埃森哲：寻找企业数字化转型的持续动力》，财新网，2023 年 5 月 17 日，https://promote.caixin.com/2023-05-17/102055696.html，最后访问日期：2024 年 6 月 27 日。

近年来，我国工信部会同多个部门，出台了一系列政策支持中小企业数字化转型，加速构建中小企业数字化转型的"3+1+N"体系保障，即完善数字化转型政策、评价、服务三大体系，办好中小企业数字化转型大会，培育推广一批大中小企业协同数字化转型典型模式，这具体体现在政策支持、路径引导、服务支撑3个方面（见表7-4）。

表 7-4 我国中小企业数字化转型主要扶持政策明细

时间	类型	文件或平台	主要内容
2020 年 3 月	政策支持	《中小企业数字化赋能专项行动方案》	给予中小企业数字化改造资金奖补，降低数字化改造融资成本
2021 年 12 月	政策支持	《"十四五"促进中小企业发展规划》	继续加强数字化转型顶层设计工作：规划"十四五"期间完成若干目标及任务，形成由宏观到具体的工作链条
2022 年 8 月	政策支持	《关于开展财政支持中小企业数字化转型试点工作的通知》	财政支持"试成一批，带起一片"：为数字化转型打造示范样板，在专精特新培育的基础上打造数字化转型"小灯塔"企业
2022 年 10 月	路径引导	《中小企业数字化水平评测指标》	首次为中小企业数字化水平诊断提供评测工具参考：从4个维度评估中小企业数字化水平，将企业数字化水平划分为4个等级
2022 年 11 月	路径引导	《中小企业数字化转型指南》	首次为推进中小企业数字化转型工作提供思路指引：面对中小企业、地方政府、转型服务商，从3个方面提出14条具体举措
2022 年 11 月	服务支撑	《中小企业"链式"数字化转型典型案例集（2022 年）》	为中小企业提供转型案例参考：总结出4种"链式"转型模式及若干相关案例，4种模式即技术赋能模式、供应链赋能模式、平台赋能模式和生态赋能模式
2023 年 4 月	服务支撑	中国中小企业数字服务平台	为中小企业提供商城平台、政策资讯、其他中小企业平台网站导航等服务
2023 年 6 月	政策支持	《关于开展中小企业数字化转型城市试点工作的通知》	示范样板的打造升级，由试点企业转向试点城市：由地方政府引导，支持首批试点城市结合地方特色，对企业数字化改造，形成可复制可推广的数字化转型有效模式

数字化转型是交叉性强、复杂程度高的系统性工程，因此《中小企业数字化转型指南》是数字化转型政策的核心文件。《中小企业数字化转型指南》结合中小企业固有特点，明确了要遵循"从易到难，由点及面，多方协同，长期迭代"的转型思路。

从易到难体现在鼓励中小企业使用"小、快、轻、准"即小型化、快速化、轻量化、精准化应用或订阅式服务，先做好数据采集，为主数据资产积累工作，再逐步挖掘数据价值；由点及面体现在先从潜在价值高的环节切入数字化转型，再逐步扩大到全业务流程，契合中小企业转型资源投入有限的情况；多方协同体现在鼓励大企业建平台，中小企业用平台，通过共性技术平台互助互补、协同创新；长期迭代体现在数字化转型是渐进式的过程，中小企业应适时评估转型进展，优化转型策略。

除上述国家层面的政策扶持外，各地亦结合地方特色产业，围绕专精特新制定具有地方特色的扶持政策。比如上海主要关注"3+6"重点领域和高附加价值的前沿先进制造业与医药产业。四川等较为关注制造强国战略的十大产业及所衍生出的四基发展项目。福建系公共数据资源开发利用试点省、国家数字经济创新发展试验区，早在 2000 年，时任省长的习近平同志就做出"数字福建"的战略部署，至 2023 年福建省数字经济发展水平、信息化综合指数已稳居全国前茅。《福建省"十四五"数字福建专项规划》（闽政〔2021〕25 号）、《福建省工业和信息化厅 福建省财政厅关于印发推进工业数字化转型九条措施的通知》（闽工信规〔2022〕11 号）除提出打通供应链关键节点、突破技术瓶颈、全方位赋能数字化转型等一般性的战略规划外，还根据地区禀赋提出推进智慧海洋产业链融合、深化数字丝路合作，建设一批丝路智慧口岸赋能跨境电子商务国际合作。根据区位优势提出加强闽台数字经济行业融合发展，扩大关键领域人才交流合作。

三 中小企业专精特新培育动态

截至 2023 年 11 月，全国专精特新中小企业有 10.3 万家、其中"小巨人"企业达 1.2 万家。[①] 2023 年前 11 个月，专精特新"小巨人"企业、专精特新中小企业营收利润率分别为 11.1%、8.2%，比规上中小企业分别高 6 个百分点和 3.1 个百分点。[②]

---

① 《国新办举行 2023 年工业和信息化发展情况新闻发布会》，国新网，2024 年 1 月 19 日，http://www.scio.gov.cn/live/2024/33205/tw/index_m.html，最后访问日期：2024 年 3 月 15 日。

② 《专精特新企业营收保持较快增长》，中国政府网，2024 年 1 月 15 日，https://www.gov.cn/yaowen/liebiao/202401/content_6925945.htm，最后访问日期：2024 年 3 月 15 日。

（一）从推进数字化转型到培育专精特新

当今世界正经历百年未有之大变局，新一代数字科技革命的浪潮伴随着全球产业精细化分工和大转移，世界格局变化呈现新趋势，科技创新力正日益成为产业发展的核心驱动力，企业数字化转型日益深化。政府是产业链链长，如何带领广大企业应对数字化浪潮的冲击化危为机，让数字科技更好地服务于我国高质量经济增长成为各地政府工作重心。

作为"中国制造"大国品牌的基石，专精特新中小企业既是数字经济发展的主力军，又是其他中小企业的引领标杆，也是提升产业链薄弱环节、解决关键技术"卡脖子"问题、构建发展新格局的关键所在。在此背景下，2021年下半年，中央政治局工作会议正式将专精特新上升为国家级战略；党的二十大报告进一步提出支持专精特新企业发展；2023年《政府工作报告》也明确指出要加快传统产业和中小企业数字化转型，提升高端化、智能化、绿色化水平，支持平台经济发展。

1. 专精特新培育的内涵

当前，随着百年未有之大变局的加速演进，全球竞争格局发生重大调整，地缘政治风险不断上升，全球产业分工体系加速重构，各国产业链、供应链、创新链风险积聚。自改革开放以来，我国制造业水平和影响力均大幅提升，但在国际上总体呈现"大而不强"态势，在制药、半导体、新材料、精密设备等领域仍依赖进口，关键技术被"卡脖子"问题普遍存在，不利于国家长远发展。具体来看，我国虽拥有全球罕见的完备产业链，但产业链呈现上下游共生生态不健全、关键技术匮乏、高端人才储备不足、同质化竞争等问题，亟须改革以完成制造大国向制造强国的迈进。

由此，在2011年，以专精特新方向培育中小企业的思路应运而生。一方面，专精特新中小企业具有体量小、决策快、市场嗅觉灵敏等优势，作为制造业产业链中的重要参与者，其专注于在细分领域精耕细作，能够更快实现创新技术突破，填补产业链上的"断点"和"堵点"，增强国内产业链的韧性，提高我国产业链竞争力。另一方面，专精特新中小企业与产业链上的大型企业在创新上相互配合、错位竞争、合作共赢，推动产业链协同共生的可持续发展，有利于提高我国制造业的国际竞争力。因此，我国对专精特新企业的产业扶持不断加码。持续扶持中小企业在研发上攻坚克难，突破产业链供应链"卡脖子"难题，成为我国产业可持续发展、经济高质量发展的重要举措。

专精特新的内涵界定如表 7-5 所示。

表 7-5　专精特新的内涵界定

名词	概念解释	深层含义
专业化	企业专注核心业务，在某项技术领域形成专业化，以专业化的技术生产专业特点明显、专用性强的产品	强调的是以专业技术同产业链形成配套协作，成为产业链不可或缺的一环
精细化	精细化管理，精细化生产，精细化服务。企业采用先进技术工艺，贯彻精益求精的理念，建立高效的管理体系或生产流程，以高性价比、高品质的产品或服务在细分市场上占据优势	强调的是通过流程精细管控，产品在细分市场上相比于同业更具性价比的同类产品或服务
特色化	企业采用独特工艺、技术或特殊原料研制生产，具有特殊功能的产品	强调生产过程或产品形成特色，在市场上形成差异化竞争优势，规避同质化的低效竞争
新颖化	依靠自主创新、成果转化、共同创新或吸收引进的方式生产具有自主知识产权的高技术壁垒产品	强调科技创新的重要性，鼓励企业打造核心科技"护城河"

2. 专精特新培育相关政策

我国对专精特新培育体系的政策支持主要涵盖顶层设计、资金支持、人才配套和基础设施配套等方面。从阶段上看，我国专精特新培育相关政策可大致总结为战略布局阶段、初步实施阶段和深度培育阶段（见表7-6）。

表 7-6　我国主要专精特新培育政策

时间	阶段	文件	内容主旨
2011 年 9 月	战略布局阶段	《"十二五"中小企业成长规划》	首次提出"专精特新"概念；确定"专精特新"是中小企业转型升级谋发展的重要途径
2013 年 7 月	战略布局阶段	《关于促进中小企业"专精特新"发展的指导意见》	首次提出重点支持中小企业专精特新技术和产品产业化的总体思路
2016 年 6 月	初步实施阶段	《促进中小企业发展规划（2016—2020 年）》	提出开展专精特新中小企业培育工程

时间	阶段	文件	内容主旨
2018 年 11 月	初步实施阶段	《关于开展专精特新"小巨人"企业培育工作的通知》	明确专精特新"小巨人"企业是专注于细分市场、创新能力强、市场占有率高、质量效益优、掌握核心科技的排头兵；同时鼓励各省在专精特新中小企业的认定基础上，培育一批专精特新"小巨人"企业
2019 年 6 月	深度培育阶段	《关于公布第一批专精特新"小巨人"企业名单的通告》	工信部发布第一批专精特新"小巨人"企业名单，标志着我国正式进入专精特新培育新阶段
2021 年 6 月	深度培育阶段	《关于加快培育发展制造业优质企业的指导意见》	明确"十四五"期间，培育 100 万家创新型中小企业、10 万家专精特新中小企业和 1 万家专精特新"小巨人"企业的目标和总体思路
2022 年 6 月	深度培育阶段	《优质中小企业梯度培育管理暂行办法》	进一步明确了创新型中小企业、专精特新中小企业、专精特新"小巨人"企业的评价和认定标准

2011 年，为鼓励中小企业优质发展，"专精特新"概念由我国工信部在《"十二五"中小企业成长规划》中首次提出，为如何培育、以什么方向培育中小企业提供了指导思想。由此，我国企业专精特新培育拉开帷幕，进入战略布局阶段。该阶段出台的主要政策重在厘清专精特新的概念，以及描绘实施部署的大概轮廓，并于 2013 年在工信部的牵头下在全国试点；随着 2016 年工信部专精特新企业培育体系和培育机制的落地，培育进入初步实施阶段，相关政策支持力度不断加大；2019 年，工信部发布第一批专精特新"小巨人"名单，意味着我国首批专精特新"小巨人"的培育初步取得成效，量大面广的专精特新中小企业及创新型中小企业有了可借鉴的成功标杆，标志着我国正式迈入深度培育阶段。在此基础上，2022 年工信部发布的《优质中小企业梯度培育管理暂行办法》提出从三个梯度培育优质中小企业，中小企业发展路径进一步明朗。

具体而言，《优质中小企业梯度培育管理暂行办法》明确了全国范围内中小企业优质程度的认定标准，一改在深度培育阶段各省级专精特新认定各成体系的乱象，为中小企业从专、精、特、新四个方面设置了 13 个指标综合评分，根据评分从低到高分为创新型中小企业、专精特新中小企业、专精特新"小巨人"3 个层级：创新型中小企业是优质中小企业发展培育的基础，是中小企业中具有较高专业化水平、较强创新能力的潜力型选手，"十四五"期间计划培育 100 万家；专精特新中小企业是已经具有"专业化、精细化、特色化、新颖化"特征的中小企业，是优质中小企业的中坚力量，"十四五"期间计划培育 10 万家；专精特新"小巨人"企业是专精特新中小企业中的标兵，其专于细分市场、创新力强、市占率高、掌握关键核心技术，是质量绩效优秀的样板模范，"十四五"期间计划培育 1 万家。至于"制造业单项冠军"则是更高层级的专精特新企业，是专精特新"小巨人"企业的进一步发展。

同时，在深度培育阶段，各地政府在专精特新方面的支持政策百花齐放，陆续出台从便利服务到资金支持等的一系列政策，结合当地优势产业，具有地方特色的专精特新扶持政策在这一阶段开始井喷式颁布。

在中央与地方政策组合拳的相互配合下，我国培育工作取得明显成效，截至 2021 年底仅中央财政口径即投放专精特新"小巨人"奖补资金 100 亿元以上，至 2022 年底已超额完成制造业单项冠军企业培育目标，专精特新"小巨人"培育数量已接近完成（见表 7-7）。

表 7-7　截至 2022 年底我国专精特新培育成效

层次	2022 年底数量（家）	《"十四五"促进中小企业发展规划》目标（家）
制造业单项冠军	1183	1000
专精特新"小巨人"	8997	10000
专精特新中小企业	约 6 万	100000
创新型中小企业	约 11.7 万	1000000

（二）优质中小企业梯度培育平台

优质中小企业梯度培育平台是优质中小企业梯度培育体系的平台型配套设施。2022 年 6 月颁布的《优质中小企业梯度培育管理暂行办法》提出，中小企业主管部门应积极搭建创新成果对接、大中小企业融通创新、供需对接等平台，该平台作为工信部推出的示范性平台于同年 9 月开始试运行，目前仍有新模块被不断补充。平台虽然仍处于试运行阶段，但持续优化服务能力较强，匹配中小企业需求，并丰富全国中小企业运行数据采集形成数据资产，为后续培育工作的决策提供数据支撑。

该平台除承担专精特新三个层级的企业申报以及帮助中小企业开展线上的数字化水平测评外，还同步转发中央（部级）以及地方（省级）专精特新培育通知公告，另设置全国中小企业数字化转型服务窗口与大企业发榜、中小企业揭榜窗口。全国中小企业数字化转型服务窗口内设"链式转型典型案例"、试点企业项目管理、试点服务商项目管理等模块，公告栏同步转发数字化转型试点城市转型有关公告，该窗口主要服务于数字化转型试点工作。大企业发榜、中小企业揭榜窗口则旨在服务大中小企业融通创新。《中华人民共和国国民经济和社会发展第十四个五年规划和2035年远景目标纲要》为大企业提出充当产业链引领支撑的定位，中小企业则作为创新发源地，促进产业链上中下游，大中小企业融通创新。该窗口以大企业挂出技术需求，中小企业提供解决方案的方式，为大中小企业提供了技术融通平台。政府作为运营平台的融通中介对入选揭榜名单的中小企业给予一定政策支持。

（三）创客中国中小企业创新创业大赛

尽管我国专精特新"小巨人"、专精特新中小企业培育已取得重大进展，"制造业单项冠军"层次企业培育量甚至超额完成，但是创新型中小企业培育完成度明显滞后，创新型中小企业是专精特新企业的进阶来源，若创新型中小企业数量不足，则未来专精特新企业培育将后劲不足，步入缺少培育来源的尴尬境地。

创客大赛即催化普通中小企业向创新型中小企业跃进的赛事平台，该赛事平台激发广大中小企业创新潜力，集聚创业资源，发掘优秀项目、优秀团队，以落地对接为导向，为技术落地和我国产业转型升级提供服务，营造了良好的创新创业氛围。具体而言，大赛参与者可获得如下几大类机会：获取投融资对接机会，推荐至国家中小企业发展基金、创投基金等机构，提供资本对接等多元化服务；落地园区基地、享受政策扶持，为境外优秀创新项目入驻提供便利，提供创业扶持和创业孵化及加速服务，加速实现产业化；国家级中小企业发展促进推动项目，主办方为获奖项目落地及后续发展提供国家级别平台的服务，包括政策指导、投融资等全面的专家咨询与规划；宣传推广，对参赛项目团队、成果进行展览展示、宣传报道，扩大创业企业知名度。

大赛自2017年起已成功举办6届，累计已在美国、英国等12个国家和地区举办，对接哈佛大学、慕尼黑工业大学、马克斯－普朗克研究所等55所著名高校和科研机构，吸引了5062个创新项目报名参赛。为推动中小企业转型升级、助力中小企业的专精特新发展起到正向作用。

（四）地方中小企业专精特新培育特色

除国家层面的专精特新培育政策与平台外，地方同样结合地区资源禀赋、产业特点，进行地方特色的专精特新培育，部分做法值得参考借鉴。

一些城市重视优势产业的融合发展，比如上海围绕生物医药、集成电路、人工智能三大地方支柱产业，以及汽车、先进材料等六大高端产业，坚持培优企业与做强产业相结合，助力企业攀登价值链中高端。天津出台《为"专精特新"中小企业办实事清单》，聚焦市里12条重点产业链开展产业对接活动，市政府以产业链链主的角色，引导产业链龙头企业向中小企业特别是现有的专精特新中小企业共享技术、开放市场等资源，鼓励大中小企业协同发展。青岛与天津类似，梳理出全市24条重点产业链，常态化举办专精特新中小企业"融链固链"活动，为中小企业开展"卡位入链"活动。

还有的城市重视企业创新主体地位，比如东莞对专精特新企业研发生产的产品列入国家或地方出台的首台套（装备）、首版次（软件）、首批次（材料）目录的，分别一次性予以50万元、20万元、10万元奖励。深圳在认定技术中心等创新载体时，对认定合格的项目予以奖补，对获得知识产权优势企业认定的专精特新企业，同样按规定予以奖补。

一些城市积极为企业拓宽融资渠道，比如成都启动"专精特新成长通"计划，积极为本市专精特新企业对接直接融资渠道，政府以投贷联动的方式加速专精特新企业发展；重庆设立专精特新企业发展基金，对各上市专精特新企业分阶段发放奖补；厦门除同样梳理出专精特新上市后备企业库，分阶段地给予资金奖补外，还由工信局、财政局主办厦门市中小企业管理提升培训班，内分人资管理模块班、精益生产模块班、财务管理模块班等，为中小企业培养企业管理人才、技术生产人才，并且对中小企业采购管理咨询项目提供补助，目的是赋能中小企业以优质上市公司的高标准走专精特新路线。

福州市同样重视专精特新中小企业培育工作，在引导中小企业走专精特新路线方面除同样给出奖补支持创新、梳理优势产业链鼓励中小企业融链固链外，还举办了多个主题活动，如产教融合、产融对接、创新发展论坛等。福州市启动"专精特新"企业服务月活动，活动中市工信局作为主办方充分了解企业需求，提出针对性的解决方案，打破资源壁垒，建立企、政、融、教间的深度联系与合作，促成各方合作共赢。截至 2023 年 11 月，福州市已培育专精特新"小巨人"65 家，创新型中小企业 701 家。[①]

（五）数字化转型赋能中小企业专精特新培育

近年来，AI、大数据、云计算等数字技术快速迭代，新技术的不断突破与应用，造就了数字经济的蓬勃发展，为中小企业发展带来了新机遇。2022 年 8 月，财政部办公厅、工信部办公厅联合印发《关于开展财政支持中小企业数字化转型试点工作的通知》，旨在助力中小企业通过数字化转型降本增效，提升公共平台服务中小企业能力，打造一批小、快、轻、准式的数字系统解决方案，形成一批可复制、可推广的典型模式，从而逐步发展为专精特新常态性的政策支持。推进数字化转型已成为中小企业提高竞争力的有效手段，也是加快向专精特新进阶的必然选择。

1. 数字化转型契合专精特新发展方向

开展数字化转型契合中小企业特点，顺应数字经济的发展趋势，有助于中小企业走好专精特新的高质量发展之路。

从专业化角度而言，中小企业规模相对较小，但决策灵活，面对细分领域内复杂多变的个性化需求时可以快速反应。数据分析技术可以帮助企业更好地洞察细分市场需求，提高其对细分市场的专注度，从而提升产品服务的专业化水平。

从精细化角度而言，中小企业的小体量也意味着更容易实现全流程的精细化管控。以物联网、人工智能为代表的数字技术与产业链条深度融合，赋能企业提升资源配置效率，减少生产经营中的效率损耗，提高产品

---

① 《助力企业高质量发展 福州启动"专精特新"企业服务月活动》，"东南网"百家号，2023 年 11 月 1 日，https://baijiahao.baidu.com/s?id=1781366990373707063&wfr=spider&for=pc，最后访问日期：2024 年 3 月 15 日。

服务性价比。

从特色化角度而言，数字化转型助力中小企业描绘用户画像。中小企业可以结合自身特色，选择特定的用户群体，提供差异化服务，在满足市场多元化需求的同时避免了同质化的低效竞争，提高社会资源的配置效率。

从新颖化角度而言，数字化转型促进中小企业间协同创新。在激烈的竞争环境中，中小企业需要不断创新，不断研发新技术应对产品的快速迭代。数字化技术在采、产、销、存等环节的应用，促进供应链上下游企业间知识、数据、技术和资源跨部门、跨企业流动，为产品创新、商业模式创新和技术创新的开展提供了可能性。

2. 数字化转型赋能专精特新企业高质量发展

随着我国专精特新培育进入深水区，我国制造业企业在全球价值链的位置日益攀升，一批样板企业在"卡脖子"领域发挥巨大作用。受制于资源禀赋、外部环境以及创新扩散等，我国目前专精特新培育质量提升仍不高：专精特新发展依赖资金奖补、退税返税等扶持政策，且创新型中小企业数量较少。如何进一步促进专精特新企业可持续、高质量发展已成为值得讨论的重要课题。数字技术的蓬勃发展为专精特新企业实现高质量发展提供了平台，数字技术与产业的深度融合为专精特新企业提质降本增效创造了良好条件，通过优化劳动力结构、升级技术、降低资金约束、连通内外部创新等路径，不断增强其科研创新的内生动力，实现高质量发展。

数字化转型推动专精特新企业技术升级，体现在数智化工具与上云赋智工具的应用两个方面。比如图像分析、数据处理套件等数智赋能工具采集整合外部信息，有助于企业把握创新环境，为创新方向提供决策支持。云计算、云安全、云存储等上云赋智工具的运用，有利于建立企业部门间信息共享体系，建立标准化流程，进而提升创新管理效率。

数字化转型降低专精特新企业资金约束体现在三个方面。一是基于平台赋能，使用物联网、区块链平台等数字平台对企业"四链"[①] 进行跟踪研判，提升资金使用效率；二是基于押品估值，精确测算数据资产在特定场景应用的潜在价值，缓解资金供需双方对于以数据资产为押品的信息不对称问题；三是基于风险、激励等方面，发挥数字金融、金融科技对企业

---

① 四链：指企业的资金链、业务链、创新链、供应链。

的金融支持作用。

数字化转型推动专精特新企业的人力资本结构改善。具体而言，工业互联网、智能机器人、视觉 AI 等技术对简单重复工作的解放，促进企业员工参与高端技术的学习应用，助力企业人力资本结构改善，实现劳动生产率跃升。

高质量发展的目标在于创新实力的提升，数字化转型推动专精特新企业以集成企业融通、跨产业融通、大中小企业协同的路径实现内外部创新。集成企业融通利用云端协同的工业互联网平台促进企业与产业链集成企业的知识互动，实现技术迭代；跨产业融通创新则通过物联网、区块链技术的应用，推动实现制造业与服务业融合创新；大中小企业协同创新通过共性技术平台建设，促使专精特新中小企业与大中型企业通过知识牵引的方式实现协同共创（何瑛，2023）。

第二节　福州市中小企业数字化转型实践与成效
——以长乐纺织行业工业互联网平台为例

中小企业的数字化转型是一个由浅入深的复杂迭代过程，企业需要承担高昂的软硬件支出，还需应对复杂的业务流程改造和管理模式变革，初期投入产生的回报周期较长，有些企业因此会选择"将就应付"，像是温水煮青蛙，随着时代发展逐渐被淘汰。

中小企业数字化转型的关键在于数字基础设施建设，数字新基建是中小企业数字化转型的关键基石和助力，福州在数据中心、云计算、工业互联网平台等数字新基建领域取得的发展，为中小企业数字化转型提供了重要支撑。比如福建（长乐）纺织工业互联网平台，把当地纺织企业上下游联结起来，助力 600 多家中小企业数字化转型。

一　福建（长乐）纺织工业互联网平台建设背景

（一）长乐纺织行业发展现状与数字化基础

1. 发展现状

福州市长乐区是当前国内纺织产业发展最快的地区之一，纺织产业是长乐第一支柱产业和传统优势产业，长乐区纺织行业经过近40年的努力和发展，从经编、花边行业向上下游产业延伸，逐步形成集化纤、棉纺、织造、染整、纺织机械上下游于一体的产业集群，由此奠定了长乐纺织产业在国内的领先地位。集群拥有企业逾千家，年产值超2000亿元，先后被授予"中国经编名城""中国纺织产业基地"等荣誉称号，金峰镇和松下镇分别为"中国经编名镇"和"中国花边名镇"，奠定了全国最大的经编花边面料生产基地的行业地位，占全国市场份额的3/5。

作为福建省制造业的生力军，当前长乐区纺织产业集群的发展正处于转型升级的重要时期，但多数企业数字化水平仍较低，设备数据利用不足、产品更新换代速度较慢、难以适应市场需求变化、纺织专业人才匮乏的问题，迫切需要工业互联网来推进企业的数字化升级，有效解决数据获取、应用和人才培养等方面的短板，提高产业核心竞争力。

2. 数字化转型基础

在长乐区，众多中小纺织企业在生产端的数字化转型仍处于起步阶段，"不想转、不敢转、不会转"的现象仍普遍存在。数字化设备购置成本高、资金投入回报周期长、现有工艺技术不够成熟、自身技术力量不足和建成后运维成本高是大部分中小纺织企业最担心的问题（刘瑾，2022a）。

长乐区中小纺织企业根据数字化发展程度，呈现不同阶段：约30%的企业尚未应用数字化和信息化手段，生产经营仍停留在纸质阶段，缺乏数字化意识；约52%的企业处于数字化水平第一阶段，进行了基础业务流程梳理和数据规范化管理，并尝试简单的信息技术应用；约12%的企业处于第二阶段，通过信息技术手段或管理工具实现了单一业务的数字化管理；少数企业已达到第三阶段，约占5%，在主营业务中应用信息系统和数字化技术进行数据分析，实现全面数字化管控；极少数企业在数字化转型中达到了较高水平，进入第四阶段，它们通过全业务链数据的集成分析，实现了数据驱动的业务协同与智能决策，将数据运用于业务各个环节，推动不同部门间的协同与沟通。

总体来看，长乐区中小纺织企业数字化进程缓慢，转型仍在起步阶段，亟须根据自身实际，制定数字化路线图，逐步实现数字化转型。

（二）该平台的运营主体和运作模式

1. 建设主体

为加快推进福州市工业互联网建设，打造新一代数字化基础设施，激发数字经济活力，推进中小企业数字化转型升级，福州市政府召开多次专题会议，牵头与中国工业软件领军企业中海创科技（福建）集团有限公司成立福州市数字产业互联科技有限责任公司，作为福州市工业互联网平台的建设与运营商。公司抓住长乐地区纺织产业集群集聚效应突出、业务关联度高、企业共性需求和应用场景集中的特点，与长乐区政府展开合作，导入各方资源，打造了服务区域纺织企业的福建（长乐）纺织工业互联网平台。

2. 运作模式

平台根据中小企业行业特性和数字化程度，通过因企制宜、分级迭代的模式，以设备数据采集、数据建模分析、标识解析等核心能力为抓手，输出工业 App 和行业解决方案，为中小企业提供"能用""会用""好用"的数字化服务，通过业务驱动产业转型升级，引导企业从点到面、循序渐进地完成数字化转型升级，最终带动行业整体提升，实现纺织行业的高质量发展。

平台于 2020 年上线运行，在纺织行业发展中发挥着重要作用，已接入670 家长乐纺织企业（覆盖约 60% 本地纺织集群），连接设备 9700 台，涵盖化纤、纺纱、织造、染整等多个纺织细分行业，拥有十五大应用场景。作为国家标识解析二级标识节点（福州）平台的重要入口之一，通过平台接入二级标识解析系统的有 631 家企业，标识注册 9000 多万条，解析量达12 亿次。平台的建设和运营获得了多方认可，不仅得到央视、地方媒体报道宣传，还获得国务院办公厅通报表扬，并获得工信部工业互联网试点示范平台、工信部首批财政支持中小企业数字化转型试点服务平台、工信部工业互联网平台创新领航应用案例、福建省工业互联网示范平台、福州市工业互联网示范平台、中纺联纺织行业工业互联网平台示范项目等一系列荣誉。

二　中小企业数字化转型的上半场——产业数字化

（一）解决企业内数字化转型的问题

1. 解决数据获取难、利用率低的问题

纺织行业多数设备是国外进口，虽然实现单台高度自动化，但数据只存在设备内，缺乏与设备、人之间的联动。少数企业设备加装了数据采集系统，实现了数据的实时采集、统计与显示，但缺少对数据的二次开发和利用，数字化的优势没能完全发挥出来。

平台通过设备协议解析，帮助大部分纺织企业实现设备互联互通，自动化地对生产全流程的数据进行采集，并建立质量追溯体系，替代了大量原本需要人工进行的检测和记录工作。以前每名工人需要看管 3~5 台设备，通过平台优化生产管控后，每人可看管 5~8 台设备，大大降低了人工成本。同时，平台实现了对产品质量数据的统计分析，使企业可以及时发现问题并进行调整，生产设备的开机率显著提高，比本地区同行业平均水平高出 5% 以上。此外，平台可以追溯每批产品的全流程信息，产品的综合次品率大幅下降，从 0.8% 下降至 0.2%。

2. 解决数字化转型门槛高的问题

传统纺织企业在生产管理上存在粗放化的问题，设备和工艺流程都缺乏精细化的控制，使得产品质量难以得到有效保证。企业想要实现从粗放式管理到精益化生产的转变，面临的最大困难是数字化升级门槛高。要全面引入新设备改造系统，对于许多中小企业来说投入成本过于昂贵，这成为摆在它们面前的巨大障碍。

为了解决上述问题，平台开发了一系列"小而美"的轻量级数字化产品，这些产品简单易用，只需基于企业现有设备进行应用升级开发，就可以帮助企业实现从数字化管理到数字化生产的平滑过渡，无须进行大规模的系统改造。例如在质量管理领域，平台的库存管理方案可以与企业现有的生产线设备无缝对接，借助自动采集的产品质量数据，结合数据分析与预警算法，实现对产品质量的全流程监控。与传统的粗放式人工抽检相比，大幅降低了产品的漏检率，平均漏检率从过去的 8% 下降到了 4.2%。

在生产制造领域，员工通过平台的自助报工系统可以清楚地看到自己的工作数据，包括产量、考勤、预估收入、绩效排名等。这不仅提升了工作过程的透明度，也激发了员工的工作积极性。使用该系统的企业反映，员工产出和工作热情明显提高。

通过这些"小而美"的数字化产品，平台以最小的成本帮助客户实现了管理效能和产品质量的提升，降低了中小纺织企业实现数字化升级的门槛，使其可以渐进地、从点到面地完成数字化转型，而无须进行大刀阔斧的系统改造。这种考虑成本与接受度的双赢思路，是推进产业数字化升级的重要途径。

（二）解决企业间数据连接的问题

纺织产业链存在不同生产环节，例如面料织造、面料染色、成衣制造等，由于每个环节的企业使用自身的独立信息系统，且没有协同共享机制，企业间的信息交互与数据共享十分不畅通，充满了信息壁垒。具体来说，面料生产商完成产出后，想要将该批面料的原材料来源、检测报告、生产数据等信息传递给后续的染整企业，供其掌握生产进度并提前准备，通常需要通过手工录入或者邮件电话等低效的方式来沟通。这种方式不仅耗时费力，信息传递也存在延迟与错误，直接导致后续环节企业无法及时准确掌握上游的生产动态，给生产计划和管理带来困难，降低了协作效率。

另一方面，成衣生产企业在选购面料原材料时，也无法直接获取面料的详细生产数据，只能通过人工查看纸质报告来大致了解，难以确认面料质量的可靠性。而在成衣进入销售环节后，品牌商和消费者更是失去了追溯原材料生产和流通过程的能力，这对于质量把控和建立责任体系都造成了困难。

针对纺织产业链企业间信息交互与数据共享不畅的问题，平台应用了工业互联网标识技术，为每一批面料产品生成一个唯一的标识码，并将该批面料的原材料信息、检测报告、生产数据等信息与该标识码进行绑定。在面料运送到下一环节的企业时，下一环节的企业工作人员只需要使用扫描设备快速扫描面料上打标的标识码，就可以在几秒钟内读取到该批面料的全部生产与质量信息，包括原材料来源、生产设备参数、检测报告以及生产商等各项详细的数据。其取代了原有的低效人工信息交互方式，信息的传递不再依赖人工登记录入，而是通过标识码实现了不同环节企业间信息与数据的自由流通。各环节企业可以及时准确地掌握上下游的生产动态，大幅提高了协作效率。同时，产品从原材料到零售的整个流通过程变得透明可追溯，企业可以快速定位责任方，而消费者也可以验证产品的生产流程，这对于纺织行业建立完善的质量管理与责任体系具有重要意义。

三　中小企业数字化转型的下半场——数字产业化

经过三年发展，平台已经覆盖了集群内 60% 的中小纺织企业，实现了企业内部的数字化转型和企业间的数字化协同，助力企业提质增效。通过现有应用，平台已积累超过 100 亿条的数据。当前，中小企业数字化转型正处于下半场，正是需要提高数据要素价值、扩大数据生产力效应的关键时期，不仅要持续优化生产流程和管理模式，还要通过挖掘工业数据要素的潜力，推动中小企业实现经营模式和商业模式的战略升级，从而带动产业链的整体高质量发展。

（一）整合优化订单，提升中小企业市场响应能力

在供应链上，中小纺织企业很难直接从大品牌方获取订单。大品牌考虑到中小企业产能规模、资质等因素，更倾向于与大型企业合作，这使得中小企业的订单获取渠道受限。平台为帮助中小企业获得更多订单，与大品牌方开展合作。平台与 STU、香港新联合集团等大品牌进行对接，成为统一对外的订单接收方。

在获取订单后，平台根据中小企业的具体产能、工艺特点、产品种类等信息，以及企业当前的产能排产计划，对大订单进行优化拆分，并分配给最匹配的中小企业，实现订单的精准推送。这帮助中小企业获得了更多适合自身的订单，拓展了销售渠道。

同时，平台基于中小企业的实际情况进行订单拆分，避免单个订单体量过大，令中小企业不堪重负，实现了中小企业的柔性生产，能够接单调度更加灵活。而且，通过获取规模适中的订单，中小企业可以提高生产效率，缩短产品的平均交付周期。在平台的帮助下，中小企业客户的平均交付周期由过去的 45 天显著缩短至 30 天，交付速度提升了约 33%。这不仅帮助大企业解决产能扩张速度受限的问题，也使中小企业对市场需求变化做出更快反应，提升了市场响应能力。

（二）构建虚拟仓库，解决中小企业库存压力

纺织企业面临较大的库存压力，积压大量现货库存，资金周转受阻。与此同时，电商平台也面临缺乏稳定货源的问题，难以及时获取充足商品，无法满足用户需求。为解决上述问题，平台与多家大型服装电商平台开展合作，实现了平台企业库存数据和电商平台数据的对接。平台根据企业库存信息，整合形成一个统一的虚拟商品仓储池。电商平台可以通过访问这个虚拟仓储池的后台，随时了解各个企业的现货情况、库存量等信

息。当电商平台需要补充某类库存时，平台可以快速匹配虚拟仓储池中的企业，获取订单，并把订单转给企业生产或直接发货，这样就帮助电商平台快速获取需要的货源，有效解决库存不足的问题。同时，平台也为企业提供了直接面向电商平台买家销售的渠道。企业可以通过虚拟仓储池，加速清退现货积压，实现库存的快速周转，释放库存压力。

通过构建虚拟仓储池，平台实现了电商平台需求端和纺织企业供给端的精准匹配，打通了销售和仓储的信息壁垒，在帮助企业释放库存的同时，也满足了电商快速补货的需求，实现了双方的互利共赢。

四　案例成效

（一）企业效率大幅提升

通过数字化、智能化的转型升级服务，帮助企业做好四管，既管好"人员、设备、订单和货物"，实现全面的数字化管理，从而更精准地监控人员的工作状况、设备的运行状态，及时处理订单和货物的流转。以经编行业为例，在人员管理方面，优化了人力资源分配、加快了工种之间的协同，确保每位员工都在最适合的岗位上发挥最大的价值，通过数据分析，帮助企业实现了20%以上的人员效能提升。在设备管理方面，实时监控和预测性维护，降低了设备故障率，提高了生产线的稳定性，不仅减少了维修成本，还延长了设备的使用寿命，区域内开机率同比提升5%。在订单和货物管理方面，通过优化生产—仓储流程，提高了订单的处理速度，减少了货物滞留时间，实现订单处理效率提升10%以上，使企业更灵活应对市场变化，提升了竞争力。

（二）产业协同效应凸显

基于平台上已有的人员、设备、生产、订单等综合数据，打造数据要素应用场景，帮助集群内企业"找钱"和"找单"。在"找钱"方面，将生产数据和订单数据进行打通，与金融机构合作，建设全面信用评估体系，为集群内用户提供全新数字征信，让金融机构不仅能够通过"订单"放款，而且能够实时了解"订单"进度，更放心地将资金流入制造业。在"找单"方面，结合企业自身排产数据和平台订单大数据，对订单进行拆分整合后推荐最佳工厂，从原来批发商的"大订单"接单模式转为跨境电商或品牌商的"按需生产"模式，更能适应"小单快反"的节奏，解决纺织行业柔性生产问题，帮助企业对迅速改变的市场需求做出快速响应。

五　案例启发

（一）数字化转型是行业发展的必经之路

在长乐纺织产业集群的发展过程中，虽然数字化转型仍然存在一些问题，但是通过新一代信息技术与纺织行业的深度融合，为企业带来了显著的效益，表明了数字化转型是企业发展的必然趋势，只有紧跟时代步伐，才能在市场竞争中立于不败之地。

（二）需适合行业特点的工业互联网平台

工业互联网平台要针对不同行业的特点进行定制化设计和开发，提供切实解决企业痛点的方案。通过这样的平台，企业可以更加便捷地获取设备数据，优化工艺流程，提高生产效率和产品质量，同时还可以实现快速的市场响应。

（三）重视数据获取和利用

在数字化转型中，数据的获取和利用是重中之重。企业要改变"数据孤岛"状态，实现各类设备、系统数据的互联互通。同时，要加大对数据分析应用的投入，建立数据驱动的决策机制，用数据支撑生产经营的各个环节。还要注意数据安全管理，保证数据的合规性和安全性。因此，企业需要加大对数据获取和利用的投入力度，充分挖掘和利用设备中的数据，实现业务流程的无缝对接和高效化管理。

六　平台在地方政策上的试点政策

在服务中小企业数字化转型的过程中，平台发现当前数字化转型政策存在覆盖面窄、兑现周期长等问题，大量规模以下的中小企业无法享受到政策红利。为此，平台向政府提出了一系列政策优化建议，紧贴中小企业数字化发展的实际情况，聚焦存在的痛点和难点问题，精准"把脉"、找准"病因"、对症"用药"，将行之有效的做法和经验总结提炼，上升为科学系统的政策制度。比如《福建省工业和信息化厅 福建省财政厅关于印发推进工业数字化转型九条措施的通知》《福州市长乐区推动工业数字化转型暨工业互联网应用若干措施》等政策，解决了过去政策红利主要惠及大企业的问题，实现了资金使用更精准和更高效的目标导向，也激励了服务平台，使其更愿意帮助中小企业，为中小企业提供优质的数字化转型服务。

第八章　中小微企业服务平台的实践与探索

——以福州为例

　　我国中小企业具有"五六七八九"的典型特征，即贡献了50%以上的税收、60%以上的 GDP、70%以上的专利技术、80%以上的就业岗位、90%以上的企业数量，是国民经济和社会发展的主力军，是建设现代化市场经济体系，推动经济实现高质量发展的重要基础，是扩大就业、改善民生的重要支撑，是企业家精神的重要发源地（《国务院：国有民营经济一视同仁》，2018）。

　　中小微企业公共服务平台是推动中小微企业发展的重要方式，搭建公共服务平台能够为中小微企业提供优质、高效、便捷的公共服务，通过统筹建设资源共享、服务协同的公共服务平台，调动和优化配置公共资源，为中小微企业提供多元服务，帮助解决中小微企业在发展过程中遇到的市场需求不足、市场竞争压力大、公共资源获取不足、融资难、融资贵、人力成本增加、研发能力不足、数字化转型成本过高等问题，助力中小微企业健康快速发展和实现数字化、智能化转型，保证经济稳定和可持续发展。

　　本章主要从搭建公共资源租赁服务平台、科技成果转化促进平台、融资信用服务平台等方面，分析总结从政府公共资源（涵盖不动产、土地使用权、广告位、机器设备、股权、采矿权等）、技术创新政策和配套技改资金、金融机构信贷资源等三个方面介绍搭建专业公共服务平台的做法、意义和部分地方的实践探索。同时，在提供线上标准化、信息化服务平台搭建的基础上，结合中小微企业的个性需求和多元需求，创建线下中小微企业服务基地，促进政府、公立机构、行业协会、科研院所、企业等相互协作，形成产学研用多方协作的中小微企业线下公共服务基地，促进人才、技术、资本、信息、资源、模式等创新要素的交流共享，为中小微企业提供政策咨询、创新创业、知识产权保护、投资融资服务、人才培训、市场开拓、财务指导、信息化服务、信用搭建、信用增信等服务。

中小微企业公共服务平台是一个资源汇集的载体，参与的主体均体现出多元化的特点，不同的主体有着不同的利益诉求，恰当的组织模式能够实现中小微企业公共服务平台高效运作并随着中小微企业需求的变化而不断迭代更新。按照创办主体的身份区分，中小微企业公共服务平台机构有如下三种组织模式，一是政府主导模式，政府机关（或通过其下属的事业单位）投资建设中小微企业公共服务平台，汇集各类公共资源和公共数据，为中小微企业提供各类公共服务内容，该模式下政府机关处于主导地位，发挥顶层设计、协调管理、评估监督、信息交流服务等作用，政府机关可根据平台的运行情况，适当地调整完善相关宏观经济政策，并可确保相关公共数据的安全性。二是政企合作共建模式，在政府指导下，国有企业投资建设运营中小微企业公共服务平台，在该模式中，政府可以少投入财政资金，由国有企业自筹资金进行投资建设，有效解决平台搭建过程中政府资金不足、公共数据安全性不高等问题，既能够保证政府顶层设计和战略目标得到有效实现，也可以更好地发挥市场主体作用，市场化运营该平台，且政府机构也可以实时获取平台运行情况，根据效果评估作为调整完善相关产业政策的依据。三是民营主导模式，部分民营企业或民营企业联合的行业协会负责投资建设运营的中小微企业服务平台，在该模式中，相关公共服务平台能够更好地满足中小微企业的实际需求，但在平衡平台建设运营资金的背景下，相关平台的服务门槛有所提高，无法惠及更多中小微企业，且民营主办的性质对政府服务中小微企业的顶层设计、与政府政策的反馈互通以及获取公共数据支撑中小微企业发展尚存在一定的制约。因此，在当前的背景下，全国多数中小微企业公共服务平台采用政企合作共建模式，依托国有企业进行平台的投资建设和运营工作。

第一节　中小微企业金服云平台

一　金融云服务平台介绍

中小微企业因规模小、抵押物不足等"先天不足"，以及经营管理制度不规范、融资渠道受限等问题，面临着融资难、融资贵的困境，这是阻碍其快速发展的核心因素。目前，我国中小微企业的融资渠道过于狭窄，主要依赖民间借贷、银行贷款等，提供的融资期限较短，难以满足部分投资金额高、回报周期长的中小微企业的科技研发和创新项目的资金需求。此外，由于中小微企业规模小，较难符合公开市场上直接融资的要求，使其难以从资本（公开）市场获得有效融资（胡振兴等，2022）。

关于中小微企业融资难、融资贵等亟待解决的问题，中央和地方层面均在探索建立各种类型的中小微企业融资服务平台。下面主要介绍几个国内较为知名的全国和地方性融资服务平台。

（一）全国中小企业融资综合信用服务平台（全国"信易贷"平台）

全国中小企业融资综合信用服务平台是由国家发展改革委、银保监会等部门共同打造的。该平台依托全国信用信息共享平台建设，由国家公共信用信息中心负责运营，并得到了国家信息中心和中经网的技术支持。这个平台的宗旨是整合各类信用信息，包括行政许可、行政处罚、纳税、社保、公积金、水电气费、仓储物流、公共资源交易等，构建国家和地方"信易贷"平台的统一网络。该平台的主要目的是向金融机构提供信用信息服务，以扩大信用贷款规模，降低中小微企业的融资成本。截至2021年12月底，全国"信易贷"平台已与178个地方平台或站点实现技术对接和数据交互，累计注册企业419.3万家，发放信用贷款总额达到1.01万亿元。[①]

（二）厦门市"信易贷"平台（厦门市首贷续贷服务中心）

厦门市"信易贷"平台是全国中小企业融资综合信用服务平台厦门站点，依托厦门市公共信用信息平台，广泛归集中小企业信用信息，推动"政银企信"信用数据共享，结合大数据、智能风控等金融科技手段，开发以信用为核心的新型金融服务产品，以信用撬动金融资源，服务中小企业融资。"慧企云"汇集各类优质服务机构和资源，提供政策、培训、招聘、投融资、技术创新等一站式、专业化服务。其中，"产融云"作为厦门市国家产融合作试点城市官方平台，采用"信用+金融"的服务模式，

---

① 《全国信易贷平台融资规模破万亿》，国家发展改革委，2021年1月29日，https：//www.ndrc.gov.cn/xxgk/jd/wsdwhfz/202101/t20210129_1266249.html，最后访问日期：2023年8月25日。

集成政府、企业和金融机构各类信用信息，以大数据、智能风控为核心技术，引入政府金融扶持政策，为全市中小微企业提供覆盖全生命周期的金融综合服务，打造永不落幕的政银企对接会。截至 2023 年 10 月，平台累计入驻企业 6.2 万家，累计授信 8.4 万笔，累计授信金额 1100 亿元。

1. 加强数字共享

截至 2024 年，全市已归集 69 个部门，6.80 亿条公共信用信息数据，并归集了与企业经营密切相关、金融机构更加关注的社医保、水电气、公积金、海关、司法、税务等 269 个数据字段，向入驻金融机构、信用服务机构无偿提供定制化、多样式的数据服务。

2. 创新应用场景

推动垂直领域、细分行业"信易贷"应用场景落地，分别推出了税易贷、工程信易贷、电力信易贷、科技信用贷、知识产权质押贷、复工助力贷和稳企信用贷等特色产品，精准施策、深度服务，满足企业个性化、特定化融资需求。

3. 探索多元增信

积极探索信易贷风险多元缓释机制，通过设立"厦门市中小微企业融资增信基金"，建立"信易贷"风险资金补偿机制，出台政策性融资担保政策，出台保证保险贷款政策，建立"信易贷"不良贷款快速、批量处置机制等，解决银行不敢贷、不愿贷、不能贷问题。全市近 24% 的中小微企业在平台厦门站完成注册，相比平台上线之前，更多中小微企业能够享受"信易贷"配套政策带来的优惠，全面提升了中小微企业政策服务和融资便利度。

（三）青岛市信用综合服务平台

青岛市信用综合服务平台是全国中小企业融资综合信用服务平台青岛站点，依托青岛市公共数据平台、国家"信易贷"平台，充分整合利用公共信用数据信息、市场信用信息、自主填报信息等公用数据资源，推动"政、银、企"信息互通和共享应用，结合大数据、智能风控等智能数据手段，进一步发挥地方普惠金融和产业扶持政策优势，搭建了以信用数据为核心，贯穿需求端、政府端、数据端、金融端"四位一体"的"信易贷"平台，形成了企业提需求、部门出政策、平台增信用、银行放贷款、多方担风险的融资服务体系，解决中小微企业融资难、融资贵问题，提高青岛市金融服务实体经济质效。截至 2023 年 10 月，平台入驻企业 45 万家，发布融资需求 4.6 万笔，金融机构入驻 57 家，获贷中小企业数量 1.2 万家，累计放款总额 1200 亿元。[①]

1. 数据管理

在数据端，实现数据归集、清洗、比对、穿透、建模等数据管理功能，截至 2023 年 2 月，已归集了 60 余家单位、4 个维度、80 余类、超过 3000 万条数据，可调用数据超过 8 亿条（杨光，2023）。信息类型除涵盖基本信息和监管信息以及纳税、社保、水电气暖、仓储物流、公积金等经营信息外，还包括立案信息、财务报表、知识产权等银行关注度高、接入难度大的数据，全面、客观地构成了一整套"企业生命体征指标"。

2. 创新应用场景

充分发挥行业主管部门深耕行业管理、熟悉行业特点的优势，调动各行业主管部门积极性，由农业、民营经济、金融等行业主管单位根据自身特点，建设了"乡村振兴金融宝""融资通""才赋金融平台"等形式多样的银企对接平台，全面汇集各行业融资需求。打造了线上金融超市，各金融机构累计发布"税 e 贷""惠农贷"等产品 141 个。

3. 探索多元增信

建立了多元的融资担保和风险缓释机制。在融资担保方面，对担保机构、再担保机构分别按照年担保额的 1.5%、0.5%进行补助。在风险缓释补偿方面，对金融机构上年度小微企业贷款净增量的 1%进行风险补偿，其中，"人才贷"产品对不良贷款损失补偿额达 80%。建立了"白名单"推荐长效机制，通过大数据模型筛选信用良好企业，并选择重点项目承担主体、政府性资金支持企业等，向金融机构进行推荐。

（四）苏州综合金融服务平台

苏州综合金融服务平台是苏州市政策性金融服务的线上总入口，主要解决融资信息和渠道问题，引导供需双方更好对接。平台以征信大数据资源和数字金融创新能力为基础，以政府配套政策为支撑，采用线上与线下

---

① 数据来源：青岛市企业融资服务平台，http://qdceloan.com/#/homeIndex。

结合模式，挖掘企业金融需求，探索及构建满足企业全生命周期需求的金融服务产品，通过征信信息与金融服务的全面融合，实现政银企金融资源高效精准对接，共同提升金融服务的精准度、覆盖面和智能化、线上化程度。苏州综合金融服务平台由苏州市金融监管局负责归口管理，由苏州企业征信服务有限公司负责运营维护。截至 2023 年 10 月，平台入驻企业 24 万家，发布融资需求 31 万项，金融机构入驻 83 家，已累计帮助 6 万多家企业提供融资金额 1.3 万亿元。①

1. 数据增信

建设苏州地方企业征信平台，通过苏州地方企业征信基础数据库采集企业纳税、财务报表、公积金和社保缴存、海关进出口等非银行信用信息，同时还采集中国人民银行征信中心的信贷信息。为金融机构和中小企业提供企业征信报告查询服务、企业增信服务，大大降低了金融机构与企业之间的信息不对称，有效降低了中小企业的融资门槛（王先，2020）。

2. 智能撮合

建立了金融机构库及企业项目资源库，核心以企业征信平台大数据算法实现智能化撮合服务。以企业融资需求为导向，围绕其所属行业、成长周期、整体规模等，与金融机构的投放偏好进行线上智能匹配，实现企业与金融机构低成本、高效率、精准对接。为企业打造了集大量优质金融产品和智能服务于一体的综合金融服务信息平台。企业线上发布融资需求，金融机构发布创新产品等信息，充分依靠市场配置，实现企业与金融机构双向选择、自主对接（杨帆，2018）。同时，平台通过信用保证基金与银行、担保公司（保险公司）等合作创新组合产品更好地服务企业。

（五）深圳市创业创新金融服务平台

深圳市地方金融监督管理局联合多个政府部门和中央驻深金融监管机构，共同搭建了深圳市创业创新金融服务平台（简称"深圳金服平台"）。该平台旨在从供给侧引导金融资源支持实体经济发展，通过提供一站式服务，包括债权和股权融资对接、征信查询、信用评级、融资担保、行业咨询、投融资政策支持等，解决企业融资难、融资贵和融资繁等问题。截至

---

① 数据来源：苏州综合金融服务平台，https://www.szjrfw.com/#/homepage。

2023 年 10 月，该平台已入驻企业 32 万家，入驻各类金融机构 171 家，发布各类产品 326 项，提供融资金额 5300 亿元。[①]

1. 数据整合

平台利用大数据分析、人工智能和机器学习等先进技术，将多个单位的政务数据进行整合，包括企业工商登记、负面信息、荣誉资质，以及公检法、人社、环保、担保、用电、用水、纳税数据等，构建了企业大数据征信服务体系。金融机构可以通过平台查询企业相关信息，经过企业授权和平台审核，金融机构可以获得相关企业的信用报告或数据查询接口，从而更好地进行贷款客户的风险识别和风险控制。

2. 智能撮合

该平台设立了债权融资、股权融资、机构服务、产品管理、政策支撑以及信用服务等模块，并具备匹配撮合、即时通信、状态跟踪以及统计分析等功能。这些模块和功能旨在为企业提供一站式的服务，包括发布需求、进行债权和股权融资、征信查询、信用评级、融资担保、行业咨询以及投融资政策等。此外，该平台还汇聚了银行、保险、天使投资、创投、担保、再担保和小贷等多个金融服务领域的资源，采用"线上+线下"的服务模式。在线上，平台发布企业的融资需求信息和金融机构的创新产品信息，通过整合多渠道数据源，运用大数据模型进行智能分析，为企业和金融机构提供快速匹配和自主对接服务。在线下，平台则根据企业的实际需求来统筹资源，实现有效地撮合，并为企业提供个性化的融资方案。这一平台的目标是逐步实现政策、金融、数据信息以及第三方服务等资源的对接，从而更好地服务于中小企业，满足其多元化的融资需求（王先，2020）。

（六）福企网与福建省金融服务云平台

福企网（福建省中小企业公共服务平台）是经工业和信息化部批准，由福建省工业和信息化厅主管、福建省中小企业服务中心牵头建设运营的大型综合服务平台，为福建省广大中小企业提供法律、投融资、信息化、创业等各类服务，促进中小企业与服务机构的供需精准对接。其中，在产融服务方面，建设"福建省产融对接服务云平台（产融云）"，"产融云"

---

① 数据来源：深圳市创业创新金融服务平台，https://www.o-banks.cn/homepage。

集聚银行、基金、保险等金融机构，旨在解决企业融资难问题，并利用大数据技术，建设金融超市等五大服务功能，已打造成线上与线下一体、"永不落幕"的政银企对接会（林侃，2019）。

福建省金融服务云平台以政务数据为基础、企业经营数据为核心、第三方数据为补充，定位于"财政+金融+科技+征信"的发展路径，不断完善"数据+政策+金融+生态"的金融服务模式，实现"企业在线申请、平台智能匹配、银行线上对接、政策及时兑现、平台统计分析"的线上全流程闭环，将"看得见"的政策转化为"摸得着"的产品，更好地服务各类金融机构业务开展，有效缓解中小微企业融资难、融资贵、融资慢等问题，致力于为企业提供一站式全方位金融服务。据 2024 年 1 月 4 日福建省政府新闻办召开的"福建省重要金融基础设施'金服云'平台建设发展新闻发布会"消息，平台已注册用户近 40 万户，入驻金融机构近 170 家，上线各类融资产品近 700 款，累计解决融资需求超 10 万笔、3200 多亿元。其中，2023 年新增注册用户数超 13 万户，共为 3 万多家企业累计解决 1100 亿元融资需求，新增融资额、新增用户数均较年初增长超 50% 以上（王永珍，2024）。

1. 激活数据

汇聚对接市场监管、税务、电力、社保等 4400 多项权威涉企数据，结合企业综合信用评价模型，从企业主资质、创新能力、盈利能力、履约能力、经营稳定性等维度进行综合评估、精准画像。

2. 科技赋能

运用区块链、云计算、人工智能等科技手段，优化业务全流程，实现一站式、智能化高效线上服务。平台通过嵌入税务"五要素"认证机制，实现企业快速第三方认证登录；通过区块链存储加电子签章技术，实现企业线上授权功能。综合运用科技手段，形成"注册、认证、授权、业务申请、业务办理、政策支持、评价反馈"全线上闭环。

3. 创新模式

为推动惠企财政金融政策快速直达企业，"金服云"平台打造"开放式政策性金融专区"，开创"数字福建+金融科技平台+金融创新产品"政银企合作模式，为各类政策快速精准落地提供高效线上路径。陆续推出抗疫贷、快服贷、纾困贷款、应急贷款、小微贷等专区，同时，支持金融机构围绕专区开展金融服务创新，建立风险损失分担机制、配套财政贴息等，并实时、动态监测评价实施效果，让惠企政策"落得快、管得好"。

二　中小企业金融服务平台建设运营主体

（一）全国中小企业融资综合信用服务平台（全国"信易贷"平台）

该平台由国家发展改革委会同银保监会等部门，依托全国信用信息共享平台建设，由国家公共信用信息中心主办，国家信息中心和中经网提供技术支持。国家公共信用信息中心成立于2017年9月，是国家发展改革委直属正局级公益一类事业单位，主要负责全国信用信息共享平台建设运维、全国"信易贷"平台建设、信用信息应用服务等工作。

（二）厦门市"信易贷"平台

厦门市"信易贷"平台依托厦门市公共信用信息平台，广泛归集中小企业信用信息，服务中小企业融资。

厦门市公共信用信息平台由厦门市信息中心（加挂厦门市电子政务中心、厦门市大数据中心、厦门市公共信用信息中心牌子）负责建设和管理，该中心为归口厦门市工业和信息化局管理的公益一类事业单位。

慧企云是由厦门市工信局主管，厦门市中小企业服务中心主办，厦门金圆集团下属厦门中小在线信息服务有限公司运营的厦门市中小企业公共服务平台的线上平台。

（三）青岛市信用综合服务平台

青岛市信用综合服务平台依托青岛市公共信用信息平台，整合利用公共信用信息、市场信用信息、自主填报信息等公用数据资源，缓解中小微企业融资难、融资贵问题。

青岛市公共信用信息平台由青岛市大数据发展管理局负责建设、运行和维护。青岛市信用综合服务平台由青岛市工程咨询院建设运营，该单位是由青岛市发展改革委管理的副局级事业单位。

（四）苏州综合金融服务平台

苏州综合金融服务平台以征信大数据资源和数字金融创新能力为基础深入挖掘企业金融服务需求，探索满足企业全生命周期需求的金融产品和服务。

该平台由市金融监管局负责归口管理，由苏州企业征信服务有限公司负责运营和维护。苏州企业征信服务有限公司为苏州市属国有企业，由苏州国际发展集团有限公司、苏州工业园区国有资本投资运营控股有限公司、苏州资产管理有限公司、东吴证券股份有限公司、东吴创新资本管理有限责任公司、苏州营财投资集团有限公司、苏州市融资再担保有限公司等 7 家国有股东共同出资组建。

（五）深圳市创业创新金融服务平台

深圳市创业创新金融服务平台（简称"深圳金服平台"）立足从供给侧引导金融资源支持实体经济发展，提供债权和股权融资对接、征信查询、信用评级、融资担保、行业咨询、投融资政策支持等一站式服务，力求化解企业融资问题。该平台是一个综合性金融服务平台，由深圳市地方金融监督管理局联合市发展改革委、市工业和信息化局、市科技创新委、市财政局、市税务部门及中国人民银行深圳市中心支行等多个政府部门和中央驻深金融监管机构共同搭建。九慧数字科技有限公司受深圳市金融监督管理局委托，承接平台搭建、技术支持、运营推广工作。

（六）福建省金融服务云平台

福建省金融服务云平台由福建省金融监管局牵头会同福建省数字办、兴业银行等有关单位共同建设运营，以政务数据为基础、企业经营数据为核心、第三方数据为补充，致力于为企业提供一站式全方位金融服务。

福建省金服云征信有限责任公司负责福建省金融服务云平台（简称"金服云平台"）的建设和运营工作，该公司是福建省金融投资有限责任公司的全资子公司。

三　中小企业金融服务平台发展探讨

上述几家金融服务平台的构建顺应当前国内优化营商环境、金融服务实体经济的要求，将相关政策导向传达至地方政府，由地方具体设计规划并出台相关政策支持，形成以"政府为主导、市场化运作、公益化原则、开放式平台"的建设思路，并辅以人工智能、大数据、云技术、区块链等前沿数字化技术，发挥"政府+金融机构+服务机构"的引领作用，有效整合大数据资源、技术资源和金融资源，持续完善面向企业的各项产品及服务。

（一）经验学习

1. 政策支持下推动平台顶层规划

国家对中小企业的发展愈发重视，重点深化"双创"服务，持续出台一系列优化营商环境政策；为促进民营经济发展壮大，国家发展改革委近期已设立民营经济发展局；在当前的政策氛围下，地方政府已出台了属地化的金融服务相关政策，核心为政务资源、金融资源等，推动金融服务平台建设。平台建设可完善中小企业服务体系、营造企业良好发展环境；同时，利用金融科学技术，有效提升金融服务市场效率、降低服务成本。

2. 构建企业大数据中心

地方金融服务平台大部分内嵌于地方企业征信系统，其是在企业大数据基础上开发的，可实现"大数据+征信"等一系列服务。金融服务平台与企业大数据征信系统互联互通，成功构建了新一代企业金融服务平台；金融服务平台致力于构建一个区域的企业大数据生态，通过对政务大数据、互联网大数据、第三方服务商大数据等数据源采集企业相关数据，形成企业大数据中心；同时，通过大数据建模、算法分析等技术手段为金融服务平台以及征信市场提供各种公益化、市场化的企业信息、信用服务和产品。

3. 遵循市场化运作

平台建设与发展应当始终以需求为导向、以企业为中心，围绕企业发展需求创新服务产品及模式。上述地方平台的成功正是通过细分市场和利用数据算法分析精准把握主体需求，并且为增加平台撮合成功率，创新性推出一系列门槛低、效率高、极具性价比的优质金融产品。

（二）亟须解决的发展问题

通过案例分析和走访调研，我们发现金融服务平台也存在不少问题和困难。

1. 大数据归集和整理仍不够精准全面

目前，各个地方的征信数据中心（公共信息平台）主要依托地方政府的某个牵头部门开展征信数据中心（公共信息平台）的建设和运营工作，因推进进度和协调统筹方向不同等因素，各地的征信数据中心归集的信息虽然在不断完善，但均以传统政务数据为主，依托企业自身各类信息系统归集的生产经营数据偏少，各类第三方数据服务商受数据来源、安全性、真实性等限制而归集的更少。部分起步较晚的征信数据中心（公共信息平台）甚至仅归集部分职能部门的政务数据，尚未归集互联网大数据和第三方数据服务商数据，且数据整合、创新等的能力不足。

2. 大数据与金融机构信贷模型匹配度还需提升

金融服务平台虽然依托数据征信中心（公共信息平台）对各类涉企数据进行了归集，但与金融机构信贷模型的匹配度还存在明显不足，部分金融机构针对部分行业利用税务数据优化信贷模型推出涉税贷、利用社保数据优化信贷模型，针对科技型中小企业推出人才贷等新型金融产品，但多数仍处于试点和摸索阶段，在通过大数据建模、算法分析等技术手段，综合利用各类涉企数据完善金融机构信贷模型方面尚存在一定的不足。

3. 政府配套政策多处于探索阶段，尚未全面铺开

当前中小企业存在融资难、融资贵等问题，主要是由于中小企业各类经营指标和资产规模无法达到银行信贷发放要求，且增信措施不足。目前，地方政府统筹基金、担保等各类金融机构，推出各类增信措施和风险补偿措施，解决银行不敢贷、不愿贷、不能贷问题，但相关增信措施和风险补偿措施尚未形成规模化和制度化，仍处于探索阶段，能够享受到配套融资增信措施和风险补偿措施的中小企业仍为少数。

4. 金融服务平台与其他类型服务平台协同不足，部分存在重复建设

近10年来，根据中央有关政策指导和地方政府优化营商环境、支持中小企业发展的实际需要，地方政府均在搭建中小企业服务平台方面进行了拓展。由于牵头部门不同、服务方向不同等因素，一个地方组建多个类型的中小企业服务平台已成为常态，各种类型中小企业服务平台的服务水平和服务能力开发不充分，提供的专业化高端指导相对较少，大多平台依托企业或孵化园区生存，部门间协同交换信息不够，影响各类平台协同作用的发挥，甚至存在重复建设的问题，造成建设资金浪费。

第二节　福州国有资产海峡纵横电子竞价平台

为统筹考虑扶持中小企业公平获取各类政府公共资源和进一步规范公

共资源租赁行为等因素，福州市依托国有企业自主开发了福州海峡纵横电子竞价平台，通过"互联网+"，按照"科技+制度"的运作方式，助力公共资源"在阳光下运行"，帮助中小企业公平获得公共资源，显著提升了国有资产租赁的效率和效益，并依托电子竞价功能，不断提升电子竞价平台的服务范围，促进电子竞价平台市场化运营。

一　国有资产出租急需为中小微企业提供一个公平平台

（一）中小企业获取各类政府公共资源不足

多年来，大企业因单一主体在税收、GDP、就业岗位、进出口贸易、规模以上工业增加值等方面贡献度较大，受到各级政府部门的较多关心和支持，能够及时掌握公共信息，企业发展的问题和对公共资源的需求能够及时获得政府部门帮助和支持。反观中小企业，虽然整体贡献更多税收、GDP、就业岗位等，但因总数较多，单一中小企业主体贡献并不突出，因此政府部门对其的关注度和支持力度与大企业相比相去甚远。正是由于相关信息差和政府支持力度的不同，中小企业在获取政府公共资源方面存在明显劣势。

（二）国有资产租赁长期存在诸多问题

1. 部分国有资产存在闲置浪费现象

各地虽然结合实际制定了国有资产管理的有关制度和规定，但未严格落实到位，部分单位的资产管理工作仍比较落后，国有资产数量、功能、价值、权益、使用程度等方面与实际情况存在偏差，导致部分国有资产长期闲置浪费，严重制约国有资产的保值增值。

2. 个别地方国有资产招租流程冗长

个别地方虽然严格执行了国有资产管理的有关制度和规定，但没有统一的租赁电子竞价平台，导致国有资产租赁的内部流程和竞价流程时间过长，部分资产甚至出现在上一租期到期后仍未完成招租工作的现象。

3. 未实现充分竞争导致租金低于市场价格

政府部门和国有企业因自行发布招租公告，在招租期内获取资产招租信息的潜在承租人范围偏小，导致招租工作实施时未能实现充分竞争，进而产生租金低于市场价格或者未能实现有效溢价的现象。

二 其他城市国有资产交易（租赁）平台建设情况

（一）上海联合产权交易所

上海联合产权交易所（简称"上海联交所"）于 2003 年 12 月成立，2017 年 12 月改制为市属国有企业，是国务院国资委、国家发展改革委、科技部、工信部、财政部、生态环境部、国家体育总局、国家知识产权局等部委分别在相关领域授权的产权交易服务平台，是集股权、物权、债权、知识产权等交易业务以及增资扩股等融资业务于一体的专业化市场平台。上海联交所成立至今，上海产权市场的交易规模和运行质量连续保持全国前列，已经成为中国交易量最大、覆盖面最广、影响力最强的产权市场之一。

根据上海市国资委确认的"一核心两培育"主业，上海联交所提出并实施"一体两翼多平台"发展战略，以服务国有产权与资源交易为主体，以金融产权和知识产权交易为"两翼"，同时大力发展公共资源、环境能源、区域性股权、企业征信、非公产权、农村产权、体育和旅游资源交易等多元化业务板块。同时，其是上海市健全要素市场化配置的"先手棋"，建成全市公共资源"一网交易"平台并全力打造要素资源市场化配置"一张网"，助力上海城市数字化转型和营商环境改善，积极推进长三角公共资源交易一体化建设，服务长三角区域一体化发展国家战略。

（二）深圳联合产权交易所

深圳联合产权交易所股份有限公司（简称"联交所"）是整合深圳市产权交易中心和深圳国际高新技术产权交易所资源组建的全市唯一的综合性产权交易机构。其中，深圳市产权交易中心（原名深圳市产权交易所）成立于 1992 年 10 月，是全国第一家跨地区的产权交易所；深圳国际高新技术产权交易所成立于 2000 年 10 月，是全国第一家市场化运作的股份制技术产权交易机构。

2019 年 8 月，根据深圳市属国资交易资源整合改革要求，联交所被纳入深圳交易集团（深圳公共资源交易中心），成为深圳交易集团重要成员企业之一。联交所主要业务范围是：为国有集体企业、行政事业单位及各类非公经济主体提供股权转让、资产处置、增资扩股、物业租赁、登记托管、不良资产处置、债权转让、项目招商、投融资服务及其他创新业务。联交所始终坚持市场化、专业化、国际化发展方向，创新产权交易服务模式和交易品种，发挥中国特色社会主义先行示范区、粤港澳大湾区"双区"优势，整合汇聚资源、畅通要素流动，发现资源价值，打造在全国有重要影响力的产权交易机构。

（三）福建省产权交易中心

福建省产权交易中心是 1995 年 7 月经批准成立的正处级事业法人单位，现为省国资委直属机构。该中心不断推动产权交易全覆盖、创新交易新品种、拓展市场新领域，着力构建产权交易大格局、大平台、大市场，推进区域要素市场发展，服务国资国企深化改革、服务国资监管源头预防腐败和国有资产保值增值、服务全方位推动高质量发展超越。

该中心的业务范围包括：各类产（股）权、实物资产、增资扩股、承包租赁权、知识产权的挂牌交易及鉴证；方案策划咨询、项目推介、投融资对接、信息发布、集合竞价；大宗物资阳光采购等服务。

（四）厦门产权交易中心

厦门产权交易中心有限公司是厦门市属国有企业厦门金圆投资集团的全资子公司，成立于 2019 年 12 月，是厦门市政府批准成立的产权交易机构，是经国务院国资委和财政部备案的国有产权和金融资产交易机构，为各类产权提供公开、公平、公正的集中交易场所。目前，厦门产权交易中心提供厦门市域范围内的央企资产交易、市属国有资产交易、金融企业国有资产交易、国有企业资产公开招租、国有企业增资扩股、碳排放权集中交易、节能环保等技术的转让和推广、各类融资项目集中交易、非上市公司股权登记托管和质押融资、各类文化产权及著作权和专利技术交易鉴证等服务。

厦门产权交易中心按照市国资委的工作部署，明确"构建区域产权要素市场　服务两岸金融中心建设"的功能定位，着力打造"一个平台、五个市场"。一个平台即"公开、公平、公正"的产权交易大平台。五个市场即非上市公司股权交易市场、国有产权转让市场、国有租赁权交易市场、文化产权交易市场、碳和排污权交易市场。

（五）泉州市产权交易中心

泉州市产权交易中心有限公司是经泉州市人民政府批准，于 2009 年 5

月由福建省产权交易中心和泉州市国有资产投资经营有限责任公司共同发起成立的国有性质企业，隶属泉州发展集团有限公司。泉州市产权交易中心是泉州市指定的以企业国有资产交易为基础，集各类权益交易服务于一体的综合性市场化平台。2013年8月，泉州市组建公共资源交易中心。泉州市产权交易中心成为泉州市公共资源交易中心的下设机构之一，进驻泉州市公共资源交易中心，负责为行政机关、企事业单位、群众团体管理的公共资源（包括非上市股权、物权、产权和设备等有形、无形资产以及行政和社会公共资源等）的转让交易提供服务，同时承接市属国有建设土地使用权出让和矿业权出让业务。目前泉州市产权中心业务领域涵盖企业国有资产交易、国有房产招租、储备粮轮换、户外广告经营权转让、公车转让及采购、国有建设用地使用权出让和矿业权出让等多个领域，服务范围涉及全市各个县（市、区），并实现各项业务网络交易全覆盖。

可见，国内、省内各大产权交易中心多数是以企业法人市场化运作，为各类市场主体的产（股）权、物权、债权、知识产权及其他产权交易提供信息披露、交易撮合、价款结算等有偿服务。近年来，上述产权交易中心为了贯彻落实优化营商环境、优化要素资源配置等宏观工作部署，主要围绕碳排放、金融产权交易、产权增资扩股等拓展新业态，相关业务涉及金额大、资质条件门槛高，中小企业较难参与其中获取公共资源。

三 福州海峡纵横电子竞价平台建设运营亮点

（一）自主开发建设电子竞价系统平台

福州市属国有企业福州交通信息投资运营有限公司在市国资委的指导下，通过"互联网+"，按照"科技+制度"的运作方式自主研发了福州海峡纵横电子竞价平台。海峡纵横电子竞价平台是市属国有企业自主开发建设的电子竞价平台，坚持"公平、公正、公开"的原则，统筹经济和社会效益，以优化完善国有资产招租流程、支持各类中小企业公平获取公共资源为出发点，主要面向各类中小企业开展各类资产的电子竞价工作；同时，区别于同行业其他机构采取分层外包的运营方式，福州海峡纵横电子竞价平台由国有企业自主建设开发维护，该平台系统已获得国家版权局颁发的计算机软件著作权，拥有自主知识产权，能确保运营中心在面向客户需求升级、账户信息安全保密、系统硬件支撑扩容等方面及时快速响应。

（二）积极获取政府政策扶持

2014 年 11 月，福州市政府印发《福州市规范市属国有企业资产租赁管理办法》，明确市属国有企业资产租赁应当遵循公开、公平、公正原则，要求资产年租金在 10 万元以上的资产租赁须通过公开招租方式确定承租方，鼓励年租金不足 10 万元的小额资产租赁也通过公开方式进行招租。为填补福州市国有资产租赁交易市场空白，福州市国资委发布了《关于贯彻落实〈福州市规范市属国有企业资产租赁管理办法〉有关工作的通知》，授权福州海峡纵横电子竞价平台为国有资产招租信息的统一发布平台。

2017 年 1 月，中共中央办公厅、国务院办公厅发布了《关于创新政府配置资源方式的指导意见》，强调要创新配置方式，积极稳妥推进公共资源电子交易系统市场化竞争，引导市场主体参与平台服务供给；鼓励电子交易系统市场化，更多引入市场机制和市场化手段，提高资源配置的效率和效益。全国多个省市也相继出台公共资源交易管理办法，明确支持电子交易系统市场化。福建省人民政府办公厅于 2016 年 2 月发布的《福建省公共资源交易平台整合实施方案》（闽政办〔2016〕28 号）指出，针对涉及公众利益、公共安全的具有公有性、公益性的资源交易事项统一纳入平台体系，同时该方案鼓励电子竞价交易系统向市场化、专业化、集约化方向建设和运营，任何单位和个人不得限制和排斥市场主体依法建设、运营电子交易系统。

2022 年 9 月，国务院办公厅印发的《关于进一步优化营商环境降低市场主体制度性交易成本的意见》强调，市场主体特别是中小微企业、个体工商户生产经营困难依然较多，要积极运用改革创新办法，帮助市场主体解难题、渡难关、复元气、增活力，加力巩固经济恢复发展基础，要采取各类措施优化营商环境、降低制度性交易成本。

福州海峡纵横电子竞价平台是福州市唯一一家全资国有的拥有自主知识产权、主要面向中小企业从事资产租赁的电子竞价平台，能实现信息发布、网络竞价、资产管理、结果公示等"一条龙"的资产出租服务，已经成为福州市优化配置公共资源、规范国有资产交易、优化营商环境、降低中小企业获取公共资源成本的重要平台。

（三）平台运营模式和流程

福州海峡纵横电子竞价平台设立了专门的平台运营中心。平台运营中心下设 5 个部门，分别为业务受理部、竞价服务部、综合市场部、财务部、技术保障部，其中财务部和技术保障部依托公司本部财务部和技术保障部建设。平台坚持"公开、公平、公正"的原则，以独立第三方的角色接受出租人的委托，为出租人提供信息发布服务，以"科技＋制度"模式为竞租人打造"公平竞价、阳光招租"的竞价环境。

资产招租公告条款均由出租人集体决策决定，竞价平台严格按照出租人制定的资产招租方案执行，服务出租人和竞租人，做好独立第三方的信息服务和竞租服务，确保竞租环节的公开、公平和公正。竞价系统的资格审查流程针对中小企业进行了多次优化，流程简单高效快捷。在规则既定的情况下，福州海峡纵横电子竞价平台只根据出租人确定的承租人条件对竞租人进行资格检查，其他环节在信息完全封闭的情况下没有人为干预。竞价平台通过与媒体合作、专题制作等形式加大宣传力度，不断扩大平台信息的覆盖面，更充分地挖掘市场，然后以竞价的市场化方式确定竞租人，确保了整个过程公开、公平、公正。

（四）福州海峡纵横竞价平台优势

1. 打破传统空间限制，实现阳光招租

资产招租的在线化，有效地突破了传统线下模式的空间限制，拥有联网设备即可按约定时间参与竞价。一方面，网络竞价可实现全流程电子留痕，包括从报名到发布结果公告；在线申请、在线审核、在线竞价、在线发布各模块极大提高了招租流程的透明度，使各类市场主体特别是中小企业能够及时获取相关信息并公平参与竞价。另一方面，实施网络竞价可以实现规模效应，将各公司的资产招租统一置于竞价平台，能有效节约各公司因组织招租耗费的人力、物力。

2. 资产租赁信息对称，事前披露充分

事前充分、真实、及时、准确地信息披露能尽可能避免道德风险，在保证双方利益的同时增加出租人与承租人之间信任以确保双方合同的签约率。同时，运营中心先后与福州市官方网络媒体"福州新闻网""百度推广"等成熟媒体运营方合作，并推出"福州海峡纵横电子竞价平台"的官方微博，凡是通过平台招租的项目，均在"福州新闻网"首页首屏的"国资招租"频道同步更新，可在手机端的微信、微博同步发布，尽可能让各类市场主体特别是中小企业能够完整接收到相关公共资源招租信息，不断做到信息公开充分、招租流程透明。

3. 往来资金交互安全，避免人为干预

在公开、透明的竞租规则框架内，运营中心根据出租人对承租人的要求进行资格审核，资格审核之后承租人方可缴纳相应保证金。平台采取认缴制，银行专线自动对竞租人保证金缴纳确认，在竞价开始的同一时间，竞租人只要有一台连接网络的终端设备就能根据对出租标的运营效益的测算进行报价。竞价结束后权利与义务的切换以租赁合同的签署时间为节点，在此之前，权利义务仅发生于竞价平台和竞租人之间，如中选竞租人不履行合同签署义务，由竞价平台没收其竞价保证金，待合同签订，明确出租人和承租人的权利与义务之后，再由竞价平台将相关款项由资金专线原渠道退回承租人账户，全程资金往来安全，账户信息准确，极少人为干预。

4. 独立第三方定位明确，科技制度并进

以制度框架为依据，竞价平台以独立第三方的角色，落实国有资产"阳光招租，公平竞价"的要求，积极做好信息与竞价服务，并为出租人和竞租人间的沟通起到协调作用，有效避免双方因信息不对称而产生的各种潜在问题，确保平台招租项目的合同签约率，提高资源合理配置的转化率。同时，竞价平台依托高水平专业技术团队，运用当下先进的计算机科学技术，结合运营过程中不断出现的新需求以及用户的体验反馈，不断更新和优化现有的软件系统，为平台业务扩展做好提前量，做好平台业务和系统架构的合理匹配，做好网络安全、账户安全和信息加密工作，为平台平稳快速运行保驾护航。

四 平台运行成效显著

（一）优化营商环境，促进各类资源市场化配置

福州海峡纵横电子竞价平台从 2015 年 4 月正式上线至今，年合同成交金额从 10 亿元增长到近 20 亿元，电子竞价招租的资产类型已从以商业办公用房为主，发展到涵盖商铺、写字楼、仓库、停车场、广告牌经营权、

自动售货机点位、农场、土地等多种类型。① 截至 2022 年底，福州海峡纵横电子竞价平台累计发布超过 2 万宗资产招租公告，总成交金额超过 120 亿元；已成交的项目平均溢价率超过 15%，有效实现了国有资产保值增值，最大一宗资产溢价率超过 1170%；已为约 500 家市属区县国企、五区各行政事业单位提供了专业服务。2022 年，国资系统外资产受理量已远远超过系统内资产，真正实现了市场化运作。②

（二）支持中小企业公平获取公共资源

截至 2022 年底，福州海峡纵横电子竞价平台注册的竞租人超过 2.2 万人，已成交项目中的承租人超过 80% 为中小企业和自然人，帮助更多中小企业公平获取政府公共资源。③ 同时，福州海峡纵横电子竞价平台积极履行社会责任，在新冠疫情期间贯彻落实各级政府关于大力帮扶中小微企业纾困解难、做好中小微企业和个体工商户房租减免的有关部署，主动配合中小微企业和个体工商户对接招租人落实房租减免工作，并为符合条件的中小微企业和个体工商户减免竞租手续费。

五　创新亮点

福州海峡纵横电子竞价平台是"互联网+资产租赁"的应用成果，能够推动国有资产租赁管理体系建设，提供国有资产租赁全生命周期阳光运作的有效解决方案，主要创新点如下。

（一）"科技+制度"推动国资租赁工作规范与创新

福州海峡纵横电子竞价平台是"大数据时代""互联网+时代""云时代"三向交融共进的产物，是"互联网+公共资源交易"的新应用，通过"科技+制度"的手段强化监管，保障"阳光交易"。平台铺设制度轨道，确保每一个环节都有严格的制度规定和程序设计，让交易规则从"无序"走向"有序"，还依托科技力量，使交易过程高效快捷，实现资产招租全程阳光化、操作电子网络化、管理规范化。

---

① 《自主招租少了 公开竞价多了》，福州新闻网，2017 年 10 月 6 日，https://news.fznews.com.cn/shehui/20171006/59d658f64fc90.shtml，最后访问日期：2024 年 3 月 15 日。
② 数据来源：福州海峡纵横电子竞价平台，https://www.salp.com.cn/。
③ 数据来源：福州海峡纵横电子竞价平台，https://www.salp.com.cn/。

（二）具有自主知识产权、功能完善的系统平台

福州海峡纵横电子竞价平台是由福州交通信息投资运营有限公司自主建设开发维护的资产租赁平台，拥有计算机软件著作权，能确保运营中心在面向客户需求升级、信息安全保密、技术支撑等方面快速响应。平台基于 DotNET 开发，采用 B/S 架构，平台包含 8 个大模块、38 个功能的前台应用平台以及 5 个大模块、14 个功能的后台管理平台，具有信息发布、网络竞价、资产管理、结果公示等功能。

（三）推动国有资产监管科技化

通过建立国有资产电子监察系统，福州海峡纵横电子竞价平台涵盖电子竞价系统、资产管理系统、资金收支管理系统及后台监管系统，实现数据的自动采集，运用动态图表进行分析与预测，加强政务企务公开，规范办事管理，实现工作管理目标。同时，监管部门可以通过账号授权实时查询全市国有资产的信息，可多维度、多视角地分析国有资产管理情况，依托系统及外部数据资源，建立监管指标体系及分析评价模型，多维度评价分析与监管。目前已依托福州海峡纵横电子竞价平台搭建了"公众+国有企业+监管"的"一体三侧、阳光运营"国有资产运作平台，供国有企业（业主）、纪检监察机关、国资监管部门等使用。

（四）主要为中小企业服务填补市场空白

当前，各大产权交易中心和竞价平台主要围绕碳排放、金融产权交易、国有产权转让等拓展新业态，相关业务涉及金额大、门槛高，中小企业较难参与其中获取公共资源，而福州海峡纵横电子竞价平台虽然也在不断拓展新业态，但主要还是围绕中小企业能够较多参与的房产、设备、使用权租赁等领域开展资产招租工作，目前，福州海峡纵横电子竞价平台竞租的资产数量超过 90% 为房产、设备、使用权等资产租赁业务，参与的市场主体超过 80% 为中小企业，是名副其实的中小企业服务平台。

六　平台转型升级构想

福州海峡纵横电子竞价平台不断在实践中优化升级系统模块和服务功能。下一步，福州海峡纵横电子竞价平台可主动对接各类市场主体特别是中小企业的实际需求，运用"互联网+"，不断探索新的商业模式，积极拓

展多元业务实现电子竞价平台的市场化运作和转型升级。

（一）横向拓展，不断扩大电子竞价平台服务的内容

根据各类公共资源的实际情况和中小企业的实际需求，在传统商业店面、办公楼租赁的基础上，拓展厂房、土地、车辆、机器设备等资产租赁和产权交易业务，也可为林场、粮库等特定客户提供林场招租、林场木材销售、储粮轮出销售等定制化交易和租赁服务。

（二）纵横延伸，不断扩大国有资产租赁的服务范围

在为市级国有资产租赁提供统一的信息发布和电子竞价服务的基础上，主动对接省级、县区级国有企业，将国有资产租赁的服务范围从市级拓展到省、市、县三级。同时，结合市场化业务需求，为外企、民企及个人等各类市场主体的租赁业务提供电子交易中介服务。

（三）依托电子竞价功能，拓展多品类的供应链电子商城业务

进一步发挥福州海峡纵横电子竞价平台的电子竞价功能和信息交互功能，结合当前普遍存在的大宗物资集中采购需求，打造多品类的供应链采购电子商城业务，为各类供应商和需求方提供信息发布和网上竞价等服务。海峡纵横供应链电子商城参考《政府采购品目分类目录》指定各类产品目录，通过公开征集、按约定条件承诺确定入围的各类供应商自行负责在海峡纵横供应链电子商城上对其所提供产品的型号、价格、参数等相关信息进行维护，需求方从电子商城提供的产品目录中通过网上直购、网上议价、网上询价等多种方式采购所需物资。海峡纵横供应链电子商城通过搭建电子商城、管理产品目录、筛选供应商、提供竞价服务、提供交易金融服务、开展信用评价等工作为供需双方提供网上采购各项配套服务。通过将大宗物资集中采购实现网络化、电子化，鼓励各类大宗产品供应商在海峡纵横供应链电子商城上开展各类大宗物资集中采购服务的同时开展零售业务，在为各类大客户提供集中采购服务的同时，帮助各类中小企业、个体工商户和自然人获取物美价廉的产品。

（四）主动融入政府重点工作，创造新的业务增长点

一是可主动对接地方历史文化街区和文物保护单位，围绕其功能定位和业态布局，定制化开展各类老字号、地方特产等特色商业业态，以及众

创空间、书院茶社、民宿客栈、休闲餐饮、商务金融、影视创作等文化休闲业态的招租工作，并根据业态科学合理设置招租条款。二是可根据地方政府关于扶持中小企业的各类政策，针对性地帮扶各类科技类和服务类中小企业，通过对相关中小企业提供定制化的服务，帮助科技类和服务类中小企业获取更多公共资源和优惠政策，也可以利用交易平台帮助科技类和服务类中小企业实现专利成果转化、撮合潜在投资人等，推动打造更多科技型中小企业、专精特新中小企业。三是可围绕地方政府的招商重点方向，主动对接各类标准化产业园区，结合产业园区的不同功能定位，提供定制化招商服务，利用现有的 GIS、云计算、大数据等技术，结合工业互联网，加强对园区资产的全方位、系统化管理，提升园区招商工作的效率和规范化运作，实现资产数字化运营，通过大数据支撑管理层决策，为决策赋能，为园区信息化、智慧化运营管理提供技术和平台支撑，在实现国有资产保值增值的同时，促进地方经济发展和产业发展。

第三节　福州科技成果转化平台赋能中小企业

前文阐述了我国广大中小企业科技创新能力不强，在此基础上如何让中小企业走专精特新的发展道路成为各方关注的焦点。前文的数字化转型是从企业内部切入，通过模式升级、降本增效等路径赋能中小企业修专精特新的"内功"，那么促进科技成果转化落地中小企业则是来自企业外部的研发支持，赋能中小企业修专精特新的"外功"。2023 年 5 月，工信部等 10 部门印发了《科技成果赋智中小企业专项行动（2023—2025 年）》，旨在推动一批适用科技成果到中小企业落地，让中小企业能够"用得起、用得上、用得好"科技成果。科技成果赋智中小企业与本书前述的数字化转型赋能，以及在 2023 年 5 月提出的质量标准品牌赋值被合称为"三赋"行动，是我国政府推动中小企业专精特新发展的政策"组合拳"，共同构成促进中小企业高质量发展的重要举措。

因此，促进科技成果转化同样是服务我国中小企业高质量发展的重要环节，是科学技术转化为第一生产力的前提。我国的科技成果转化也曾遭遇过"不敢转、不愿转"等问题，但随着 2015 年来稳步推进技术成果转化改革，包括科技成果的"三权"下放、技术作价入股等各项配套措施的落实，"不敢转、不愿转"问题已不再是科技成果转化的"拦路虎"。自党的十八大以来我国坚定不移实施科技强国战略，科技实力迈上新台阶，科研成果不断涌现，而与之对应的是成果转化率低下。近几年的科技专项审计结果表明，一方面高校、科研院所的大量技术成果未被充分应用，另一方面中小企业却在寻找科技成果方面"谈不拢""找不着""难落地"，科技成果供需不匹配问题严重削弱了科技成果创造经济产出的能力。

因此在现阶段，科技成果的供需不匹配已经成为我国技术要素发挥生产潜能的最大约束。怎样在盘活高校、科研院所数量庞大的存量科技成果的同时，又能为广大中小企业走上专精特新道路赋智，如何促进科技成果与中小企业的供需对接已经成为政府部门亟须探讨的新课题。2022 年 4 月，中共中央、国务院印发实施《关于加快建设全国统一大市场的意见》，随着科技成果转化改革与要素市场改革步入深水区，未来的关键在于如何建设高标准的技术市场，发挥市场在资源配置中的重要作用，以疏通技术要素和其他生产要素协同促进经济发展的现实堵点（任保平，2023）。

一　科技成果转化平台

中小企业的高质量发展需要更高水准的市场条件来保障，科技成果转化平台是推进技术要素市场改革的基础配套设施，也是国家科技创新体系的重要组成部分，对提升科技成果转化率起到关键作用。科技成果转化平台在世界范围内已不是新鲜事，美英等发达国家早在 20 世纪 90 年代便借助互联网发展浪潮，搭建起线上的科技成果转化平台，日、韩、新等国也完成了有特色的技术转移体系建设，虽不同于英美的市场化，但在政府引导下，也在促进本国技术转移上取得傲人成绩，并在国际技术转移市场形成了一定影响力。

综合各国经验来看，转化平台搭起科研机构与中小企业间的信息交互通道，能够有效整合产、学、研、政等各类资源，打通研发、转化、投融资的关键节点从而有效提升转化效率，赋智中小企业走专精特新的高质量之路。包括中国在内的各国转化平台具有如下共性特征：由成果供给方[①]、

---

① 成果供给方：多为高校、科研院所。

成果需求方[1]、技术市场中介和政府四大主体参与，平台的主要功能是科技成果交易，政府主要负责监管调控与平台运营，技术市场中介参与成果供给方与成果需求方间的匹配，最优化整合资源（见图 8-1）。

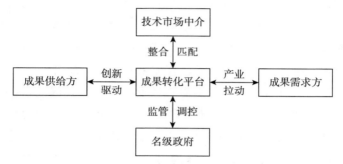

图 8-1　典型的成果转化平台各参与主体

二　我国科技成果转化平台现状和挑战

在各地方科技主管部门推动下，我国近几年也积极建设区域性的科研成果转化互联网平台，据不完全统计，截至 2022 年 12 月，全国范围内已有3000 多家相关平台（赵辉等，2023）。其中，企业、高校和科研单位三方构成参与主体的产学研协同成果转化平台是我国目前转化平台的主要类型。研究表明，在政府等中介机构的参与下，转化平台有效发挥资源整合作用，通过各主体间优势科技互补的路径，达到"1+1>2"的协同效应（陈武元等，2022）。2022 年，全国技术合同交易额达到 4.8 万亿元，登记 77 万项，分别比上年增长 28.2%与 15.2%，5 年复合增长率达到 29.8%与 15.9%。[2]

尽管取得一定成绩，但目前我国大部分平台的功能还停留在简单的信息发布阶段，仅仅日常发布关于技术成果、技术需求、政策动态等的基础信息，尚未真正起到在转化过程中的增值作用。比如，在市场前景评估咨询、科技成果价值评估以及科研中试外部合作等方面还存在诸多不足，因而转化平台的长期高质量发展受到制约。市场服务能力不足和技术市场建

---

[1] 成果需求方：多为企业，其中以科研能力弱、研发资金少为代表的中小企业居多。

[2] 《关于公布 2022 年度全国技术合同交易数据的通知》，科技部火炬中心，2023 年 2 月 27 日，http://www.innofund.gov.cn/kjb/tzgg/202302/14b9bffb1e2643279ab7a5d9b89cd816.shtml，最后访问日期：2024 年 6 月 27 日。

设存在复杂性是现阶段平台发展面临的两大问题。

（一）我国科技成果转化平台现状——市场服务能力不足

研究表明，我国数字平台的基础设施建设水平和服务能力有限，在一定程度上导致了把科技成果放入技术市场交易时的配置效率不足（朱雪忠、胡锴，2021）。首先，"信息孤岛"问题普遍存在，我国数量众多的转化平台间缺乏信息互通机制，科技成果交易信息无法实现流通，技术交易所间的情况也是如此，且交易信息标准化难，缺乏评估体系，导致信息发布没有统一的标准。其次，技术成果的转化是一项系统性工程，涉及资本、市场、人才的统筹推进，而不是从技术到商品的简单变换，技术交易也不是简单的买卖。目前我国技术成果转化尚未形成良性循环，也普遍缺乏技术转化从业人员，平台在专业服务能力方面存在短板。

（二）我国科技成果转化平台现状——技术市场建设存在复杂性

技术要素同数据要素一样，也具有一定特殊属性，这些特殊属性导致将技术放入市场中自由配置时的市场效率不足。技术不是标准化的商品，而是一种难交易的特殊商品，其具有慢消性、无形性等特性，由于产业化周期长、不确定性强，因此技术还具有定价难、确权难等特征。首先，技术常常应用于单一具体的生产流程或服务中，而且其使用需依赖特定载体如人员设备等，才能发挥效用，难实现标准化的交易；其次，技术交易风险大，科技成果从挂上平台到成交往往需要漫长的撮合时间，但技术的发展日新月异，交易过程中的二次研发可能会对交易标的产生替代性，严重危害技术估值的稳定性、可靠性，给平台监管造成困难；最后，技术价值本身也因预期应用场景的不同而波动，甚至还受到技术使用者的影响，因此交易价格难以评估认定（郑珂、胡锴，2022）。综上，受制于技术要素本身定价难、监管难、易迭代等特殊属性，建设有效率的技术市场具有高度复杂性，未来需要新一代数字技术逐步开发市场的配置效率，解决建立、定价、监管等难题。

三　我国促进科技成果转化的配套政策

我国近年来持续在科技成果转化领域深化改革，根据侧重点的不同，大致可将政策类型划分为供给端和供需端（见表8-1）。

表8-1　我国主要促进科技成果转化的政策明细

时间	作用端	文件	内容主旨
2015年8月	供给端	《中华人民共和国促进科技成果转化法》（2015年修订）	被称为促科技成果转化"三部曲"，三者分别在法律条款、实施细则、具体任务层面相互补充、相互配合，推动科技成果使用权、处置权、收益权的"三权下放"，破解了高校和研究院所科研人员成果"不愿转、不敢转"难题，从供给端赋能成果转化
2016年3月	供给端	《实施〈中华人民共和国促进科技成果转化法〉若干规定》	
2016年5月	供给端	《促进科技成果转移转化行动方案》	
2017年9月	供需端	《国家技术转移体系建设方案》	首次定义了"国家技术转移体系"概念，目的是加强技术转移的系统性设计，分为优化基础架构、拓宽转移通道、完善支撑保障三个方面。其中优化基础架构包括发展全国技术转移网络和市场，强化成果供给与需求的贴合
2020年11月	供需端	《知识产权信息公共服务工作指引》	为知识产权信息公共服务节点、网点开展提高服务质量和知识产权信息的传播利用率提出指引
2023年5月	供需端	《科技成果赋智中小企业专项行动（2023—2025年）》	行动针对中小企业创新难、转型难问题，聚焦科技成果的汇集、共享，并助力实现供需精准对接

从政策思路的转变上看，关于科技成果转化的体制改革目前已逐步完成，在政策的施力点上，逐渐从调动科研人员积极性的供给侧改革，转变为促进产学研协同的供给与需求的精准配置；在扶持鼓励的对象上，从鼓励各类企业融入科技成果网络，渐渐转变为鼓励大企业带动中小企业创新，大中小企业协同创新，并重点扶持中小企业用好科技成果。政策思路的转变是在当前愈加复杂多变的外部环境下，对帮扶中小微企业越来越迫切的需要，对建设高水平技术市场的需要。由此趋势我们可以推测：后续转化政策将进一步深化改革，鼓励借助数字技术发展浪潮，进一步优化科技成果转化平台成果库、需求库的建设，侧重向中小企业转移转化科技成果，利用数字技术提高平台的供需匹配效率赋智中小企业用好科技成果。

四　福州市科技成果转化平台

福州市高度重视创新发展，贯彻落实党的十八大创新驱动发展战略。中共福州市委十一届六次全会提出："要着力构建省会现代化经济体系……在转型升级、创新驱动、乡村振兴、改革开放上有新作为，持续推进攻坚、招商行动，抓好'五个一批'项目，不断增强经济创新力和竞争力。"2017年12月出台的《福州市促进科技成果转移转化若干措施》，从促进高校院所科技成果转移转化、成果产业化、科研人员创新创业、科技服务业市场发展和完善评价监督机制这五个方面提出18条激励措施。

2021年，针对福州市在成果转化方面存在的科技成果对产业的溢出效应不明显、缺少科技成果转化基金和科技成果转化链条体系不完善等问题，福州市又在上述"科技成果转化18条"的基础上，出台了《关于进一步促进科技成果转移转化的补充措施》，其中提出设立科技成果转化基金、建立健全"揭榜挂帅"机制，并探索建立科技成果转让公开市场，为科技成果转化、评价鉴定等提供一站式综合性服务。对线上、线下科技成果转化平台的运营机构，按照其促成技术交易额增量予以一定奖励。同年12月15日，福州市科技成果转化公共服务平台App正式上线e福州，成果平台运营进入新模式。

（一）福州市科技成果转化平台实践及成果

福州市科技成果转化公共服务平台App（简称"成果平台App"）是一个主要面向高校院所、企事业单位的科技成果供需对接平台，汇聚了福州市成果、人才、需求等科技创新资源，畅通了福州市科技成果转移转化渠道。在成果平台App上可实现"发布成果找需求""发布技术需求找成果"两大主要功能和"七找一公示"① 八项辅助功能。值得一提的是，目前全国大部分平台与资本要素的联动不充分，许多未接入政府引导基金支持，而成果平台App专门设有政府资金平台模块，下设股权融资、债权融资和其他融资三个二级科目，其中股权融资涵盖市政府引导基金简介及基金投资典型案例等，债权融资涵盖科创走廊金融支持基金，其他融资涵盖福州市金属国企融资租赁、保理、供应链、担保融资等支持方式。

截至2022年末，成果平台App用户注册数达19.6万人，访问量累计超过28万次；已发布清华大学、北京大学、武汉大学、厦门大学等10所国内知名高校和福州大学、福建师范大学等35所在榕高校的2820名专家

---

① 七找一公示包括"找专家、找高校、找企业、找中介、找资源、找政策、找项目、找交易和项目公示"8项辅助功能。

信息和 2624 项科研成果，公示成交项目 83 项；汇聚了重点实验室、工程技术研究中心、企业技术中心、行业技术创新中心等在榕国家、省、市科技创新平台相关信息 3934 条和 3271 台大型科研设施仪器共享信息，兑现大型仪器共享奖励补助 420 万元；发布国家高新技术企业、科技"小巨人"企业、科技型中小企业、行业龙头企业信息 4825 条，发布科技中介服务机构信息 77 条，发布技术需求 179 项，实现成果对接 9 项。[①]

（二）福州市科技成果转化问题及其他地方经验

尽管福州市科技成果转化公共服务平台自成立以来取得了一定成绩，但目前还存在一些问题有待解决。首先，尽管平台接入了科技中介服务机构，但福州市科技中介服务机构活跃度低、规模小功能单一、行业标准和服务不规范导致福州市科技资源难以在全国内有效配置。其次，福州市科技成果转化人才匮乏，唯一的"双一流"高校还未设立专门的科技成果转化岗，而北京一些高校早在 2014 年就设立了专门的科技成果转化岗，走在全国前列。厦门大学则于 2021 年开始委托下属资产经营公司设立科技成果转化岗，上海、武汉、南京等高等教育资源密集地方的高校也开始了转化人才的培育，福州的转化人才培养明显进度落后。最后，部分技术合同尚未做到应登尽登，不少省属在榕科研院所没有进行技术合同登记，影响成果平台 App 的数据积累。因此，可以看到当前成果平台 App 发布"找成果"存量 2769 项，而"找需求"存量仅有 233 项，科技成果转化依然存在不畅。

他山之石，可以攻玉。一些地方在科技成果转化工作方面的经验值得学习借鉴。比如武汉是全国首个成立科技成果转化局的城市，以"虚拟机构、实体运作"的模式运作，并建立线上与线下的供需对接体系。比较有特色的是，其转化平台 App 上设有仪器共享模块和创新券模块，企业通过仪器共享模块可查看高校、科研院所、科技企业的实验室资源配置，并可预约仪器使用、预约仪器专家或直接预约代理实验。创新券模块则是企业申领"实验室使用费抵扣券"的通道，利用武汉市级财政科技资金，支持企业在武汉市科学仪器设备开放共享平台上向服务机构购买研发测试共享

---

① 数据来源：福州市成果转化平台 App，福州市科学技术局。

服务。两大组合模块充分结合了武汉科研资源丰富的特点，盘活了各高校机构实验室资源，发挥出武汉强大的科研优势。厦门转化平台的特色在于发布需求模块不拘泥于发布科技成果需求，企业还被允许发布人才需求、咨询需求、财务法务需求等，使得平台对企业的服务更加多元化，契合了科技成果的转化需要各行各业人才共同推进的特点。绵阳依托丰富的国防军工产业，建设了先进的转化平台，除设置交易中心外，还建立了四川省大型科研仪器与设备共享平台，采取"政府+平台""市场+公益""线上+线下"相结合的运营模式，形成"一网三库七功能"的业务体系，实现省内符合条件的科研设备全部上平台，进行统一的数字化管理，最终与国家数字化管理平台实时对接。未来福州市成果转化平台 App 将发展为多层次、跨领域的平台网络，以更好地整合资源服务于广大企业。

五　转化平台的未来——数字化转型赋能建设高效的成果转化平台

新一轮科技革命和产业变革加速演进，数字经济强势崛起，技术要素同数据要素，以及其他各类要素的融合步伐显著加快（解维敏、方红星，2011），随着我国经济进入高质量发展新阶段，新发展格局对加快建设高标准的成果转化平台提出了更高要求。

2022 年 4 月《中共中央 国务院关于加快建设全国统一大市场的意见》发布，要求建设开放、公平、高效的全国统一大市场。进入数字经济的新时代，建设高效运行的转化平台已成为科技改革的重要抓手。可以预见，在全国统一大市场的顶层设计下，新时代的科技成果转化平台将是能够实现各类创新资源配置的平台，引领技术、数据、人才、资本等要素深度融合，为中小企业科技创新提供强大的外生动力。

当下，对于包括福州在内的各成果转化平台，最值得优化的问题依然是信息不对称。根据信息经济学的阐述，信息不对称的问题广泛存在于各种市场交易之中，是造成交易成本和资源配置低效的主要因素之一（仵志忠，1997）。对科技成果这类特殊的商品，以及技术成果交易这类特殊的交易来说，信息不对称及其造成的资源配置低效问题尤其（杜涛、杨朔，2021）。利用大数据价值的挖掘、运用模式的创新，可以协助成果转化平台上的科研成果精准获客，科研需求的精准匹配能力进一步优化，降低了交易成本，提高了配置效率。

未来的地方成果转化平台将进一步健全项目库、需求库，做好基础的数据资产积累工作，以及共享实验室、科研仪器、中试平台、人才档案等增值服务的接入工作，最终汇入全国统一的大数据信息库。

在整合供需关系方面，数字技术有助于提升成果转化平台的资源匹配能力。第一，随着传统产业数字化转型的进程加快，大数据、云计算、机器学习等新一代数字技术将会同步优化各参与主体的交易环境，更好地对接平台；第二，如果成果转化平台的数字化水平进一步提高，在理论上可提供完整的技术信息披露机制，使成果展示、需求发布、政策法规解读更及时、推送更精准，最大限度地做到交易流程标准化、技术信息公开化和技术价格透明化，缓解传统成果转化平台供需双方信息不对称的问题，运用数字技术手段从"需求侧"和"供给侧"共同发力，建立精准式、个性化的主动服务模式（张林等，2023）。平台的数字化建设本身也将激发大量技术成果的供给和需求，大量人工智能、算法、区块链等前端数字技术开发可带动技术成果交易规模的扩张。

在平台的调控、监管以及知识产权的保护方面，数字技术同样能起到积极作用。平台可以充分运用区块链技术的不可篡改性，辅以可信时间戳等新技术，完成知识产权快速取证并对此进行有效保护（李雨峰、马玄，2021）。进行跨区域的成果交易时，以数字技术进行记录，能将可疑交易进行大数据的比对、追溯，筛选出虚假交易，全流程保障交易的安全性。在市场调控方面，数字经济催生数字政府，推动统计数字化和政府决策数字化（刘淑春，2018）。

第四节　福州市中小微企业综合服务平台
"榕企云"建设构想

一　建设背景

中小微企业已成为国内经济体系的关键组成部分，在区域经济贡献中发挥着举足轻重的作用。围绕服务中小微企业的各类平台建设是助力中小微企业高质量健康发展的重要抓手，从2012年国务院出台《关于进一步支持小型微型企业健康发展的意见》到 2019 年《关于促进中小企业健康发展的指导意见》都明确提出要建设中小微企业公共服务体系，在此期间中央部委陆续颁布了针对中小微企业的各类专项服务平台政策文件，包括《国家小型微型企业创业创新示范基地建设管理办法》、《国家中小企业公共服务示范平台认定管理办法》以及《关于深入开展"信易贷"支持中小微企业融资的通知》等，地方政府认真贯彻中央指导精神推出各项政策，积极投入区域（省、市、县、区等）中小微企业服务平台建设并鼓励社会资本参与，各省市已形成众多聚焦中小微企业的多维度公共服务平台，大类上主要为中小企业公共服务示范平台、小型微型企业创业创新示范基地及"信易贷"平台，另根据行业特定场景细分亦建设有工业互联网平台、科技型中小企业服务平台、工业企业服务平台、进出口企业服务平台、产品质量检测服务平台等。各省市高度重视中小微企业服务体系的建设工作，地方线上服务平台发展迅速，但在高速发展期也存在政策多头、文件繁多、平台门类多等问题。

近年，福州市政府部门（工信、科技局、财政等）在关于支持各类中小微企业平台建设上同步制定了相应政策，但路径探索发展仍较迟缓，在整体平台服务覆盖广度、使用深度及数字化程度方面均落后于厦门：截至 2022 年国家中小企业公共服务示范平台（认证有效期内），厦门市有 13 家，福州市（包括省属平台）有 9 家；2022 年，国家小型微型企业创业创新示范基地，厦门市有 4 家，福州市无；① 厦门市已建立"信易贷"平台，并对接全国中小企业融资综合信用服务平台（全国"信易贷"平台），福州市目前暂未搭建。

福州市中小微企业服务平台建设整体呈现区域金融业务数字化服务水平较低，暂无市级层面官方机构或国有企业搭建、运营的中小微企业综合服务类平台，在数据（官方政务数据、第三方机构外部数据等）整合、价值挖掘上存在明显短板，未形成金融业务与信用类数据的深度融合、协同，造成区域金融与地方产业之间的分割状态。

鉴于目前全国"信易贷"平台福州站暂无节点以及地方服务平台发展

---

① 《国家中小企业公共服务示范平台信息数据库》，工业和信息化部，https：//www.miit.gov.cn/datainfo/gbptsj/index.html，最后访问日期：2023 年 10 月 25 日。

"政策多、数据散、平台杂"的格局，可探索搭建福州市"信易贷+"平台"榕企云"，归整散落在市级服务平台、政府部门以及外部涉企数据，整合中小企业公共服务示范平台、小型微型企业创业创新示范基地、工业互联网等服务平台的场景服务要素，将其打造成一个针对全市中小微企业综合服务的统一入口（"一网知所有"），构建一个涵盖金融、科技、双创、涉农、工业等中小微企业全产业链的综合服务体系。

二 构建思路

（一）建设愿景

坚持政府主导、市场化运营、专业化管理的运营思路，通过政策设计推动和以业务优势带动科技的"双驱动"策略，由工信、金融、大数据委、财政局等政府职能部门联合牵头，指导具有金融和科技职能的市属国有企业搭建福州市中小微企业综合服务平台。

在科技、工信、财政及金融等相关部门全套扶持政策的指引下，平台坚持公平性和公益性，立足综合一站式服务，将依托大数据技术，以福州市信用信息共享平台［信用中国（福建福州）］为枢纽，联合政府部门、服务机构（金融机构、征信服务机构、技术服务机构等第三方服务主体）、中小微企业以及金融科技公司（平台开发＆运营公司）等主体，实现大数据资源的集聚互通（包括市级各部门政务数据、第三方机构以及企业自主填报等各类涉企数据），通过智能算法提供精准滴灌式供需撮合，打造覆盖中小微企业全生命周期、全产业链上下游活动的多维度综合服务体系。

（二）平台参与主体

整体围绕"政府/国企协调搭建、社会各类服务型机构参与、金融科技赋能、市场化运作"模式，平台参与主体主要包括市级政府部门＆地方国资、中小微企业、金融服务机构、第三方服务机构以及互联网＆金融科技公司等（见图8-2）。以提供普遍性、基础性服务为导向（龚新涛、朱婷，2023），通过多方参与汇聚各自领域数据及服务资源，在金融科技的赋能下为中小微企业提供高效、降本的一站式综合服务。

1. 市级政府部门＆地方国资

国内多地区（如广州、苏州、厦门等）均是在政府工信、金融、大数

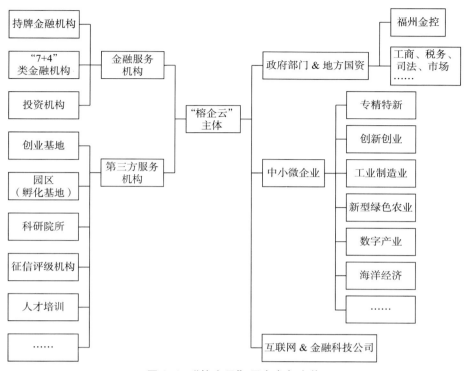

图 8-2　"榕企云"平台参与主体

据、财政等部门引导支持下，由地方国资/金控类企业作为属地中小微企业综合服务平台的牵头方，通过设立专业公司负责平台的建设和运营。

市级政府部门及国企平台的主要职责及赋能方式包括：一是政策信息发布，具体为由中央至市级等部门发布的涉及中小微企业的帮扶类政策信息；二是平台监管，对各类服务机构、金融机构以及开发运营方等平台活动进行监督，建立地方大数据治理机制、安全标准等；三是协调、整合各政府部门政务数据的开放、共享，建立各部门内部系统平台与"榕企云"的互联互通机制，最大限度实现政务大数据集合，满足平台内服务机构、金融机构需求，形成企业与服务机构间高效的智能化供需匹配；四是宣贯、引导福州市各类金融资源，为中小微企业融资提供配套政策扶持和增信支持，精准解决中小微企业融资难、融资贵等问题。

2. 中小微企业

"榕企云"平台不拘泥于传统"信易贷"平台的职能范围，拟融合

"中小企业公共服务示范平台+小型微型企业创业创新示范基地+科技型中小企业服务平台+其他各类平台（如工业企业供需对接、涉农企业小微贷款等）"等服务要素，以全产业链中小微企业为服务对象，并着重聚焦福州市16条重点产业链，大类上囊括创业创新类、科技类、"三农"类、战略性新兴类、传统工业类以及进口类等。

福州市内的全产业链中小微企业一站式综合服务包括：一是接收信息，包括金融机构、各类第三方服务机构发布的产品信息以及定制化服务等，各级政府部门发布的专项帮扶政策以及产业链上下游活动中企业发布的生产、供应等信息；二是发布资金需求，企业可根据自身业务发展需要，于平台内发布相应资金需求（包括预期利率、期限、用途等）；三是选取符合自身内外部发展需求的服务产品，包括创业辅导、员工培训、技术研发、招商租赁以及政策咨询等信息类、科研类服务。

3. 金融服务机构

平台入驻金融服务机构包括持牌金融机构以及"7+4"类金融机构，股权类提供方主要为各类投资机构（政府引导基金、市场投资机构如PE、VC等）。平台为其提供的服务包括：一是发布金融服务信息，将可提供的金融服务产品或意向投资标的等信息展示于平台数字金融服务模块供中小微企业筛选，如银行贷款（科技贷、双创贷、外贸贷以及农业小贷等）、融资租赁、保理、小额贷款、融资担保以及保险信用保证；二是开放数据接口，经平台内部脱敏处理，提供满足其业务审批、决策等需要的涉企数据以加快研判效率，同时已入驻的第三方征信机构也可提供企业信用报告及信用模型等。

4. 第三方服务机构

第三方服务机构将围绕中小微企业全产业链上下游活动以及其自身全生命周期发展、运营需要，提供征信、财税、法务、技术研发、创业、培训及人才招聘、产品质量以及招商办公等多维度综合服务，具体机构包括科研院所、园区（孵化基地）、律所、会所、征信评级机构以及创业基地等。

5. 互联网 & 金融科技公司

本土龙头互联网公司可利用互联网运营模式和经验，尤其是存量产品的流量优势对"榕企云"平台快速导入大量企业用户流量（王先，2020）；

金融科技公司为平台各项功能提供技术支持（如大数据分析、信用模型建模、评级技术以及智能算法匹配等），切实为企业提供高效、精准的创新智能化服务，具体通过汇聚对接市场监管、税务、电力、社保等多项涉企数据，综合运用大数据、云计算、区块链等技术和 AI 算法，优化提升现有企业综合信用评价模型，从企业主体资质、创新能力、盈利能力、履约能力、经营稳定性等维度进行综合评估、精准刻画企业多维画像，为金融机构精准支持中小企业融资提供数据支撑。

三　平台建设框架

结合平台主体的社会职能、数据资源、服务场景以及前沿算法，"榕企云"力求实现以下主要职能。一是投融资服务撮合，通过与金融机构对接，为企业提供投融资和上市咨询与服务，满足发展各阶段的资金需求；二是引导产业协同，依托平台聚集区域内相关产业龙头/链主企业，发挥龙头效应促进产业链融通创新，建立优质企业服务资源共享机制；三是打通政策落地"最后一公里"，依托大数据、区块链等技术，打通政府各职能部门与企业的信息沟通渠道，简化政策申报和服务流程，实现政策精准落地；四是鼓励科创、双创类企业发展，依托产业技术资源，为初创科技企业提供技术支撑、知识产权交易等服务，培育科技创新企业。

为较好践行平台服务职能，化解中小微企业发展困境，平台拟采用"3+1"架构，"3"即 3 个平台，大数据平台、数字金融服务平台、数字公共服务平台；"1"即 1 个底层技术基础设施（见图 8-3）。

（一）大数据集成处理平台（大数据平台）

为破解中小微企业与金融机构间信息不对称导致的融资难、融资贵等问题，实现对企业的高效、精准滴灌式多场景服务，大数据平台旨在通过采集政务、外部平台以及金融机构等数据，通过大数据、人工智能等前沿算法技术，对涉企数据通过多维度建模、财务预测分析等方式构筑企业基础画像、融资信用画像及定制化服务画像（根据服务需求细分）（龙跃、欧阳永，2022），形成可供金融机构与服务机构直接使用的信息资产，有助于其提高决策效率、降低获客成本；实现信息资产转化所创造的流通价值，可为平台国资运营企业在实践中探索未来推动数据资产入表的可能性。

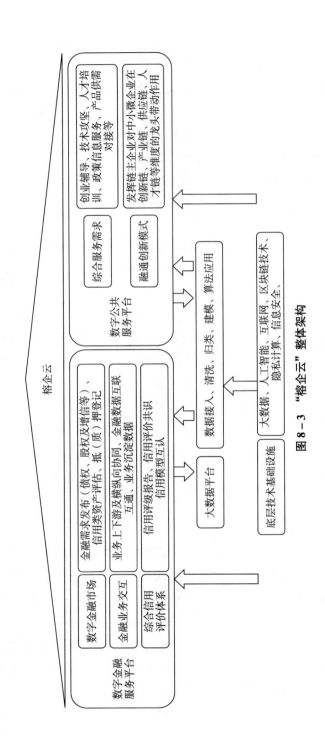

图 8-3 "榕企云"整体架构

大数据平台核心系统分为接口层、大数据库、算法应用层以及展示层，其中接口层获得授权许可接入福州市信用信息系统［信用中国（福建福州）］、政府部门（税务、海关、司法等）、金融机构、第三方征信机构及其他服务平台等，调用政策信息、政务数据、企业申报数据、业务沉淀数据以及征信等信息；大数据库对接口层数据进行导入，根据统一性、科学性、安全性原则，通过分层分类手段构建平台自身的信息数据库；算法应用层通过对大数据库以及平台内业务沉淀数据进行清洗、归类、建模分析等实现数据资产转化，基于"数据可用不可见"的价值流通原则，为平台内各主体提供信息服务（政策信息匹配兑现、企业信息字段共享），包括形成可供服务机构直接利用的信息资产，为政府部门及运营主体实时动态呈现各项服务成果（入驻机构数、注册企业数、放款量价动态情况以及平台数据库信息共享频次等）作为数据参考和决策依据；展示层通过 PC 端或小程序直接面向所有平台主体，发布政策、融资需求、各项服务需求、金融产品、服务产品等信息。

（二）数字金融服务平台

为促进福州市区域金融与产业经济间的融合发展（产融互联），通过提升区域金融资源一体化服务水平，搭建围绕中小微企业全产业链上下游经营活动的数字金融服务平台，是实现福州民营经济高质量发展以及 16 条重点产业链集聚发展、优化升级的重要举措。

数字金融服务平台可理解为"信息科技+金融要素"，即通过信息科技最大化发挥金融要素对社会与经济的促进作用，平台的核心是用信息科技驱动区域金融一体化服务水平的提升（石滔、熊敬辉，2022）；平台本质是信息系统，以科技手段聚合区域内数据（政务、征信、司法、海关、纳税、社保、诉讼等信用类数据），形成各信息源/信息归集主体间的连接互通及共享，金融机构利用信息系统输出成果做出决策，完成大数据信用信息与金融要素的有效融合。

数字金融服务平台将集聚区域内持牌金融机构及"7+4"类金融机构，为其提供适用于不同场景的金融产品发布入口，同时在大数据算法的撮合下搭建金融机构间的结构化业务协同模式，提升金融服务撮合成功率；缓解区域金融机构间割裂状态，实现业务数据共享，建立标准统一的综合信用评价机制。

（三）数字公共服务平台

通过工信部等印发的《"十四五"促进中小企业发展规划》以及关于建设国家小型微型企业创业创新示范基地、中小企业公共服务示范平台的相关要求等，可推断中小企业服务体系的建设要求是：丰富多样的服务内容，高效便捷的服务质量，可承担且合理的服务费用，具备不断迭代升级的数字化服务能力，满足企业全产业链、全生命周期的个性化需求（龚新涛、朱婷，2023）。

"榕企云"平台框架下的数字公共服务平台旨在围绕大众创业、万众创新理念，引进龙头企业、链主企业、专业服务机构及孵化基地等第三方服务机构，促进福州重点产业链上下游中小微企业间的融通创新、全生命周期的健康发展、优化区域创业创新发展环境（即融合小型微型企业创业创新示范基地、中小企业公共服务示范平台等服务特色），在聚集多种服务资源的背景下，为中小微企业提供一系列定制化发展方案（除金融服务），推动具备发展潜力的中小微企业智能化改造、数字化转型升级并成长为专精特新企业。

关于数字公共服务平台日常运营中的功能实现可以从以下几个方面展开。

1. 服务资源配置效率的显著提升

注册的中小微企业可将自身需求发布于公共服务平台的不同模块专栏内（政策服务、培训服务、技术研发、数字化转型、创业辅导以及办公租赁等），大数据平台通过采集企业需求并结合数据库相关信息（企业自主申报或不定期报送的生产经营数据等），建立企业需求中心并输出客户专项服务画像并向服务机构推送，引导供需双方及时、快速对接。

2. 促进龙头链主企业对中小微企业的融通协同

融合工业互联网平台标识技术，构建中小微企业工业应用体系（许迎春、李红娟，2022），在带动上下游中小微企业数字化转型的同时，通过市场化机制引导链主企业、中小微企业的产品、技术供需对接，充分发挥大企业的龙头带动作用，实现产业链上下游活动及生产经营系统的精准对接。

3. 完善数据库建设，提升算法性能

除"榕企云"大数据平台的数据库资源外，数字公共服务平台内所沉淀的业务数据为在大数据平台内构建中小企业数据库、服务产品数据库、服务案例库、专家库等提供信息基础，形成"一企一档"定制化服务方案（龚新涛、朱婷，2023），提高算法自主分析企业服务需求的能力，有利于底层算法迭代升级、性能提升，促进服务机构与企业间的高效良性互动。

（四）底层技术基础设施

"榕企云"平台框架下的数字金融服务平台及数字公共服务平台的运营核心是大数据技术、智能算法撮合，以大数据平台为中枢对接多个数据源，如工商、税务、水电、法院、海关、社保等政府部门数据，"7+4"类金融机构企业数据。利用外部网络获取（舆情、司法判决）以及注册平台自主申报数据等，通过"数据+算法"深入挖掘信息价值，精准把握不同场景下中小微企业的服务需求（形成企业多维画像），以前沿算法及智能化匹配技术协助服务机构及金融机构快速获客、提升决策效率，实现数据资产至信息资产转化。

鉴于"榕企云"平台内业务的运行依赖于"数据+算法"，数据互联互通应当取得企业的同意、授权，建立相应的信息治理、安全机制；此外，平台服务协作的智能化、高效化基于先进算法的持续迭代更新，大数据、区块链、智能 AI 算法、互联网等技术的运用是平台提供数字化服务能力的支撑，需持续加强先进算法的引入。

1. 信息安全机制（数据交互机制）

《要素市场化配置综合改革试点总体方案》提到：建立健全数据流通交易规则，探索"原始数据不出域、数据可用不可见"的交易范式，平台内数据的互联互通应秉承数据使用价值的流通而非数据使用权的交换（石滔、熊敬辉，2022），金融服务机构及第三方服务机构对数据的使用应获得授权。

可参照广州"信易贷"平台，利用区块链技术将企业在平台签署的授权委托书在区块链上完成存证，有效保障系统信息安全和用户隐私权益；在数据共享上可引入隐私计算技术，在合法授权基础上，实现隐私保护的平台与金融服务机构间数据跨域联合计算（"数据不动，算法移动"），即将原始数据交换转变为数据使用价值交换（石滔、熊敬辉，2022）。

2. 算法技术支持（服务要素协同机制）

底层计算分析技术在大数据平台中起着至关重要的作用，它是实现平台服务精准化和智能化的基石，同时也是平台的核心竞争力所在。通过运营方对先进算法的不断引入、研究以及迭代升级，长期的模型训练，能为全产业链中的中小微企业提供量身定制的一体化解决方案。这种解决方案通过调动平台内多种服务资源，输出协同化服务产品，满足企业在多元场景下的需求。对于平台服务机构而言，平台算法能够为其提供建模技术、客户服务画像、智能化匹配以及风险控制等服务，助力其在前期、中期和后期实现高效智能化的管理决策。

四 服务模块

（一）政策服务模块

目前关于扶持中小微企业发展的政策较多，且存在不同行业细分领域的特定惠企政策，如税务、金融政策以及财政、科技创新、人才补贴等政策。"榕企云"政策服务模块针对"文件杂、政策多"等问题，对所有涉及中小微企业的扶持政策进行统一汇总分门别类管理，具体根据企业所属行业、财务/生产经营规模、科技属性、创新创业标准等对政策进行分类，并结合大数据平台涉企信息为企业贴标签，在智能匹配算法的赋能下以"点对点"方式对所有平台内企业进行政策精准推送并附带解读信息，将政策第一时间惠及目标企业（许迎春、李红娟，2022）。相关企业收到政策推送信息，即可直接通过平台进行申报，申报材料优先由大数据平台自动抓取有关字段辅助企业填报，而后自动传输至相关部门内部系统审核，并可直接在线上告知结果，达到"即申即享"的政策服务效果，实现相关惠企政策申报、受理、审核及兑现在平台实现一站式办理。

政府部门是政策服务模块的重要参与方，其主要职责包括：一是在平台发布各类惠企政策并做好政策覆盖和申报流程的宣贯工作，确保对中小企业的各类减免、奖励以及对入驻金融机构的奖励优惠措施能够精准落地；二是根据金融机构和企业需求，为平台的可持续发展制定并发布配套的增信及风险补偿措施。

（二）数字金融服务模块

数字金融服务模块的内容包括以下两个方面。第一，福州区域金融供需两侧的业务及产品发布，供给侧广义金融服务机构包括传统持牌金融机构（银行、保险、信托等）、"7+4"类金融机构（担保、融资租赁、保理、典当等）以及股权投资机构；根据中小微企业的行业类别及自身属性（大数据平台提供的企业数字画像），在平台算法精准匹配的赋能下，为其提供场景覆盖范围广、多层次的金融产品服务。第二，利用大数据、区块链技术（不可篡改、集体共识、数据加密等特性），为区域内多形式含金融信用价值的资产提供评估、转让及抵（质）押登记服务，如应收账款、房产、专利、知识产权以及数据资产等（石滔、熊敬辉，2022）。

1. 融资服务（间接融资）

服务产品以持牌金融机构以及"7+4"类金融机构提供的银行贷款、保理、融资租赁以及小额贷款等为主，如围绕"三农"、乡村振兴以及海洋经济等主题，提供绿色/蓝色类金融产品；聚焦科技创新/专精特新类企业，为战略性新兴产业技术研发提供科创贷、研发贷、技术专利租赁等；贴合数字经济主题，探索为数字产业提供数据资产融资等；对于进出口贸易企业，提供本外币贷款、本外币信用证、银票、保函、进出口贸易融资等。

2. 投资服务模块（直接融资）

引入各类股权投资机构（政府引导基金、产业基金、PE/VC等），重点服务市内专精特新、创新创业以及其他拟上市中小微企业，通过引入福州市级、福建省级、国家级政府引导基金以及各产业投资机构，为优质中小微企业进入资本市场孵化成长做铺垫，增加企业直接融资比重。

投资服务模块产品是覆盖企业全生命周期且具有鲜明产业指向性的产品，包括天使基金、中小企业发展基金、科技成果转化基金以及产业基金等，对市内处于早期、中期、成熟期、Pre-IPO等阶段的"小而美"企业进行股权投资。

3. 增信服务模块

为有效解决中小微企业融资难、融资贵的问题，特别是初创期科技类企业由于成立时间短、资产规模小，往往面临"底子薄"、缺乏符合金融机构要求的抵（质）押物和信用记录不足等困境，平台将依托数据库资源，充分发挥算法优势，结合主流金融机构的风险偏好，自动识别出征信记录良好、具有高成长性，但又不符合金融机构传统贷款授信要求的中小微企业，将其推送给金融机构认可的增信机构（如保险公司、融资担保公司等），由增信机构根据内控要求选择是否为对应业务提供融资增信服务，以此提升平台的撮合成功率。

模块将依托福州市金融牌照资源，进一步整合符合金融机构要求的增信机构资源，搭建多层次、多元化的融资担保增信机制、风险共担机制和风险处罚机制。

一是依托市属金融资源——市级政府性融资担保机构，将其作为增信服务的首选机构。

二是积极吸收引入愿意为平台入驻企业提供增信服务的融资担保公司（包括政府性融资担保公司和商业性融资担保公司）和保险公司。

三是依据平台建立的福州市中小微企业数据库、评价机制及体系，为入驻企业、金融机构、增信机构提供授信（增信）参考依据。同时，建立平台、金融机构、增信机构间的数据共享和互认机制，促进信息交互，实现企业提交融资申请后，增信机构与金融机构间的信息同步。

四是探索整合现存的由福州市相关政府职能部门设立的"融资（贷款）专项资金池"，提升"融资（贷款）专项资金池"的使用效率，在实现充分发挥财政资金杠杆效应的同时，建立健全统一的融资、融资担保的风险分担机制和补偿机制。

五是探索"线上公证"和"线上司法"，即对通过平台撮合的融资、融资担保（反担保）行为进行线上司法公证，使有关证据链符合"线上法庭"的要求，促进不良贷款的快速处理与对失信人的惩戒。

（三）公共服务模块

依托大数据平台建立的各类企业档案信息实现高效的定制化服务，目前市面上如科技型中小企业服务平台、工业企业供需对接服务平台、进出口企业服务平台、创业服务云平台或地方人才网等，均是侧重于某一专项服务板块，中小微企业对众多服务平台"应接不暇"，且不同服务平台的运营规则、操作流程各不相同，没有一个统一的集成服务路口。"榕企云"

公共服务模块旨在解决上述问题，以中小微企业全产业链、全生命周期发展及大中小企业融通创新等为导向，汇聚各类优质社会服务资源及16条重点产业链龙头企业为其提供全方位精细化"服务包"，具体包括技术创新支持、人才培训、创业辅导、战略咨询、数字化转型、产销供需对接、法律咨询及审计服务等。

1. 创新创业孵化服务板块

以大数据平台建立的"创新创业培育库"为对象（具体针对市内规模小、符合国家战略性新兴产业规划、符合高新技术企业认定标准及创业团队具备产业背景等特征，即符合国务院及相关部委出台的大众创业、万众创新政策文件中对创新创业行业认定标准的中小微企业），为激发其创新潜力、营造创新创业氛围，集聚多种创业服务资源如科研工作站、创业咨询、政府人才服务部门、创业投资机构以及孵化器基地等，提供包括创业辅导、市场开拓、人才培训、质量监测、技术攻坚、产融对接以及培育孵化基地（聚焦特定产业整合相关要素，为企业提供生产、经营办公的物理空间）等服务。

2. 专精特新培育服务板块（科技创新板块）

以大数据平台建立的"专精特新培育库"为对象（董瑞晗，2022）（通过整合、清洗涉企数据筛选出的福州市内优质／"含科量"较高的中小企业），联动科研院所、链主企业、政府主管部门以及各类行业服务机构等提供全方位细致服务，包括智能化改造，数字化转型，新技术共享、突破以及高管、技术团队培训等，助力其催生新产品、新技术，攻破"卡脖子"技术等，实现专精特新中小企业乃至"小巨人"企业的突破。

公共服务模块集合了除专精特新及双创类外的其他大类行业，包括农业类、工业类及进出口贸易类等，可笼统理解为是一个服务及产品的"供需对接"板块，致力于通过工业互联网支撑，实现大中小企业融通创新发展，提供产销对接、技术共享、质量提升等供应链协作及生产经营配套服务。

五　数字经济格局下平台的发展方向

（一）加强政务类部门合作共建，夯实"榕企云"数据库基础

政务类数据所涉及的部门较多，市级政府层面应在推动平台数据库建

设上明确信息共享范围、数据接口开放要求以及与第三方机构、互联网数据接入的标准等，并发布相关的政策指引，充分发挥政府在信息整合上的统筹协调作用，全面贯彻落实《国务院办公厅关于印发加强信用信息共享应用促进中小微企业融资实施方案的通知》，持续动态归集工商、司法、税务、海关等信用信息，并加大水、电、仓储物流等涉企特定信息的对接整合力度（孙巍，2023）。

第一，可考虑以市大数据委为行业管理单位，协调税务、电力、水务、煤气、社保、市场监管等行业主管单位提供数据接口；第二，对接市工信局，结合中小企业数字化转型有关政策和技改有关奖补政策，运用工业互联网平台技术，支持各企业新设和改造升级现有数字化生产管理系统，在征得企业同意的基础上利用信息化手段全面实时地采集更新企业数据；第三，与现有第三方各类数据中心进行对接，进一步做大数据池规模。

（二）提升多场景下大数据算法的撮合效率，优化数字金融服务能力

围绕"数据+算法"，持续加强大数据、云计算、AI等新技术算法的引入、研究和应用，深入挖掘外部数据，提升算法能力：在企业需求分析、发现及产品服务方案对接以及平台日常运营、数据维护等方面不断深化智能算法赋能业务场景。

可出台政策鼓励金融科技或算法研发类企业积极参与平台算法编写，对于参与过其他地市平台建设或参与政府部门数字化平台搭建的企业，优先对其开放平台大数据库资源用于算法编写及提升，并根据其阶段性研发成果予以相应补贴。

（三）推行金融业务交互机制，强化多维度、嵌入式深度对接

传统线下企业与金融服务机构在面对纷繁复杂的信息时，需要专岗人员进行筛选研判，耗费大量人力成本，结合数字金融市场供需双方发布的需求和产品信息，利用综合平台提供的智能算法，能够高效地进行撮合对接，改善平台的"看板式"操作，不拘泥于供给方与需求方间一对一的对接，而是多主体供给方与企业间进行多维度、多元化、嵌入式的深度对接。

推行金融业务交互机制可实现多维度的金融服务功能，具体做法如下。

1. 金融业务间的协同

如就单一机构——银行来说，可创造其与同业银行、担保公司、保险、保理以及投资机构间面向同一企业的业务协同，机构间的合作可包括授信额度（银团贷款）、上下游或横纵向协同（"银行+担保、保险"的增信模式、"银行+投资"的投贷联动或"银行+保理"的供应链金融创新），提升区域金融资源一体化服务水平。

2. 数据开放共享

金融供给方内部数据实现与大数据平台的对接开放，经平台算法建模分析可形成基于多方数据组合后的企业综合画像供审批决策者参考，各方也可根据内部系统风控研判的信息需求从平台内获取相应字段完成建模分析。

3. 技术迭代更新

对平台内底层算法、建模分析技术的持续迭代更新，交互机制下机构间的合作、提取关键字段频次以及持续交互的金融机构信息等，在持续模型训练下的机器算法将不断迭代升级，完善业务协同匹配机制、定义以及营造区域金融资源协同环境。

（四）提升和完善基于大数据的综合金融信用评价体系

石滔、熊敬辉（2022）提出"金融信用"与"社会信用"两个相似而又不同的概念。"金融信用"是根据金融机构风险偏好和风险管理流程的需要而收集形成的，从所收集的信息来看既包括企业本身的相关信息，也包括经营者、主要股东的相关信息，从数据产品上看包括评分、报告、画像、图谱等，其更具有针对性、指向性和目的性。"社会信用"既包括"金融信用"又与"金融信用"有所不同，"社会信用"在信息收集时主要围绕企业经营过程中产生的各类信息。

目前，各地方的综合金融服务平台均可通过大数据技术为金融机构提供企业信用报告、多维度画像及评级报告等征信（信用）产品，但由于多数平台数据收集更多的是依托于地方政务数据和企业自身经营过程中所形成的社会数据，这与金融机构内控审核的关键信息抓取需求存在不小的差距（石滔、熊敬辉，2022），无法直接满足其风险决策与管理需求，对金融机构授信流程的降本增效作用有待提升。

"榕企云"综合信用评价体系不局限于传统的地方大政务数据（包括链接福建省"产融云""金服云"等平台数据），还应建立与国家"信易贷"、国家"担保云"等国家级数据平台的二级节点，并进一步广泛融合金融第三方服务机构数据资源，形成包括企业经营层面数据，以及股东、高管等核心人员及配偶等相关资料的福州市企业数据资源库。在大数据基础上，结合金融、增信和创投等机构的不同风险偏好和风险决策与管理需求（如投前/贷前的准入、信用评级报告、风险提示，投贷中期的定价、久期、可行性报告等，业务存续期的风险预警、评级跟踪及舆情监测等），开发不同应用场景的信用评价、评级产品，金融机构也可利用平台提供的自助信用模型分析工具，通过企业授权获取平台内涉企信息，规整输出自定义信用评价报告以满足各方多样化、个性化的需求。

探索推动典型示范金融机构共享其内部风控模型或授信定价模型，这将有助于形成区域金融信用判定共识、促进金融要素联通，建立统一的信用信息评价体系，为区域统一金融大市场的建设打下基础。

（五）依托金融服务平台，拓展和丰富各类综合服务

企业金融服务平台是企业综合服务平台的核心部分，由于其服务的复杂性、严谨性、安全性和难度远超一般企业，其成功经验是可以借鉴和复制给其他企业服务平台的。通过发挥更大的平台效用，为企业提供更全面、更高效的服务（王先，2020）。

完善"榕企云"数字金融服务平台建设，发挥大数据共享作用，协同服务机构推进人才培训、管理咨询、产业资本引进等各类综合服务。例如，可吸引海峡股权交易中心入驻，并推动其与深交所、上交所、北交所等股权交易平台的交流与互动，为福州中小企业股权融资建设多层次资本市场提供契机和基础；推动市中小企业服务中心入驻，为中小企业提供一体化的政企协同服务；吸引福州海峡纵横电子竞价平台入驻，为中小企业办公、科研、生产等场地租赁需求提供全方位的服务；引导福州市科技成果转化平台入驻，建设科技创新和成果转化孵化育成基地，为创新创业提供支撑和保障，促进创新链、产业链、人才链、资金链的"四链融合"。

（六）应用大数据分析，挖掘提升平台参与各方的服务能力

利用大数据分析成果，充分发挥行业主管部门深耕行业管理、熟悉行

业特点的优势，调动各行业主管部门积极性，由工信、农业等行业主管单位根据自身特点，建设"乡村振兴金融宝""融资通""才赋金融平台"等形式多样的银企对接平台，为中小企业"量身定制"贴合的相关服务产品。政府可以为企业提供不同发展阶段的金融支持，从初创阶段的政府无息担保贷款，到成长阶段的政策性担保和债权融资、保险等体系，再到成熟阶段利用资本市场发行债券，构建一站式多层次的综合服务体系，涵盖企业发展的全生命周期（王先，2020）。创新联动模式，围绕当地实际经济发展和产业链布局，建立白名单制度，围绕专精特新等专栏，吸引企业通过平台来办理相关业务。

　　建议通过大数据技术和政策奖励来吸引金融机构。首先，利用大数据中心的技术成果，为服务机构和金融机构提供精准的客户获取方式，并降低业务开展成本（王先，2020）。通过开放大数据接口或根据金融机构需求定向提供具体企业数据，可以支撑金融机构优化信贷模型，协助金融机构主动发现优质客户，发布"税e贷"、"惠农贷"、专精特新信用贷、乡村振兴专项债等各类线上融资产品，降低获客成本。其次，利用大数据技术中心的技术成果，使服务机构和金融机构可以更方便地获取政策奖补。平台能够为符合政策奖补条件的金融机构主动匹配政策优惠信息，将原本需要机构主动跟踪、上门申报、多头跑路、多次跑腿的情况，转变为精准推送、线上申报、不见面服务，极大地提高了服务的效率和便利性（王先，2020）。

　　同时，在引入银行等主流金融机构入驻平台的基础上，对接引入保险、天使基金、创投、担保、再担保、小贷等各类金融和类金融机构，全方位满足中小企业的融资需求。

第九章　特色产业园区培育创新型
中小微企业的实践与探索

2022 年 9 月，工信部印发的《促进中小企业特色产业集群发展暂行办法》（工信部企业〔2022〕119 号）要求，各级中小微企业主管部门致力于培育产业集群，以促进中小微企业发展为核心，通过提升主导产业优势、激发创新活力、推进数字化升级、加快绿色低碳转型、深化开放合作以及提升治理和服务能力，为中小微企业创造良好的发展环境。制定集群发展规划和专项扶持政策，提供财政、金融、产业等多方面支持，推动集群参与重大项目和获得产业投资基金支持。同时，加强公共服务体系建设，发挥集群运营管理机构等的作用，提升集群服务体系质量。总结优秀经验并宣传，推动产业链、供应链协同发展，助力中小微企业茁壮成长。根据上述文件精神，建设科创型中小微企业培育的特色产业园，使之成为培育特色产业集群发展的重要手段和关键载体。截至 2023 年 9 月，全国已认定了两批共 200 个中小企业特色产业集群。

第一节　中小微企业入驻产业园的现实选择

一　中小微企业视角下产业园区的定义与功能

（一）定义

产业园区不仅仅是一个地理位置的概念，它更是一种高效、共享、集约的经济组织结构的呈现。其核心在于依托特定产业，集结产业链的上下游企业、研发机构（实验平台）和专业服务机构等，促进产业集群形成，以此推动产业链的培育、完善、优化与创新发展。建立产业园区的初衷，往往是为了实现区域产业结构的优化调整、经济增长方式的转变，以及产业链的强链、补链。而对于中小微企业而言，产业园区的出现无疑为其提供了更为广阔、更为便捷和高效的发展平台和宝贵的发展机会。

（二）功能

1. 资源整合与共享——产业园区功能的完善与优化

在全球化与信息化的时代背景下，产业园区已逐渐成为区域经济发展的重要引擎。资源整合与共享是产业园区发展的核心优势，通过集中产业资源、降低运营成本、促进企业合作交流等方式，为中小微企业提供了广阔的发展空间。为了更好地完善和优化这一功能，产业园区应建立和完善资源共享平台、建立多种形式的合作机制、加强人才培养和引进以及加强与当地社区的合作与交流。

资源整合是产业园区自身发展的基础。通过集中各种产业资源，园区能够为入园企业提供一站式的服务，满足其在生产经营过程中的各种需求。这不仅降低了企业的搜寻成本，还提高了资源利用效率。例如，福建省福州物联网产业园建设的福州物联网开放实验室，避免了单个企业在设备购置和维护上的高额投入。

资源共享是降低企业运营成本的关键。在产业园区中，企业可以共享各种基础设施，如物流、仓储、办公空间等。这种共享模式有效降低了企业的运营成本，使其能够专注于核心业务的发展。此外，资源共享还有助于企业降低风险，提高应对市场变化的能力。

2. 技术溢出与创新驱动——产业园区发展的核心动力

在经济全球化和知识（创新）经济的时代背景下，技术溢出与创新驱动已经成为推动产业园区持续发展的核心引擎。这种引擎不仅显著提升了园区内企业的核心竞争力，还促进了区域经济与产业的发展，也对国家的国际竞争力产生了深远的影响。

技术溢出是园区内企业在生产研究中的技术创新过程中所产生的一种独特现象，其中知识溢出与技术传播为园区内其他企业提供了获取并应用新技术的机会。这种技术传播过程具有非自愿和非市场化的特征，为企业间的技术共享与合作提供了有效的平台。通过技术溢出，企业能够共享创新成果，降低创新成本，提高生产效率，进一步增强整个园区的产业竞争力。

创新驱动则强调通过不断地技术、产品和管理创新来推动园区的持续发展。在激烈的市场竞争中，创新是企业保持竞争优势的关键。园区内的企业通过合作与竞争，共同推动产品和技术的创新，提升整个园区的创新能力。这种创新驱动的机制有助于企业在市场中保持领先地位，实现持续发展。

3. 政策扶持与引导——产业园区发展的关键驱动力

产业园区日益成为推动区域经济增长的重要引擎。政策扶持与引导是产业园区的重要功能，是推动产业园区发展的关键因素，为园区的建设和发展注入了强大动力。政府的优惠政策为实现产业园区的持续健康发展提供了有力保障和支撑。同时，入园企业利用政府的优惠政策，不仅提升了自身实力和竞争力，也促进了园区的进一步发展。

政府的政策扶持为产业园区提供了宝贵的资源和发展机会。在土地政策方面，政府通过划拨土地或以低成本出租的方式，为园区提供充足的土地资源，降低了企业的用地成本，从而吸引了大量企业入驻。此外，税收减免政策也是政府扶持的重要手段之一。政府通过减免企业所得税、增值税等税种，减轻了企业的负担，提高了企业的盈利能力。同时，政府还出台了一系列资金扶持政策，为企业提供融资渠道和资金支持，帮助企业解决资金问题。

政府的政策引导对产业园区的发展方向和产业集聚具有关键作用。政府通过制定产业发展规划和政策导向，引导园区形成特色产业集群，推动产业升级和转型。例如，针对高新技术产业，政府可以出台专门的扶持政策，鼓励企业加大科技创新投入，提高产品的技术含量和附加值。同时，政府还可以通过招商引资政策吸引优质企业入驻园区，提升园区的整体竞争力。这些政策不仅为企业提供了明确的发展方向，还促进了产业集聚的形成，进一步推动了园区的可持续发展。

政府的政策扶持与引导还为产业园区提供了良好的营商环境和公共服务。通过优化行政审批流程、简化手续等方式，政府提高了行政效率，为企业提供便捷的服务。同时，加大对园区的公共服务投入，如建设基础设施、提供技术咨询、人才培训等服务，为企业的发展创造良好的条件。这些措施进一步优化了园区的营商环境，提高了企业的运营效率和服务质量。

二　中小微企业入驻产业园的背景与趋势

（一）背景

随着全球化和区域经济一体化的快速发展，中小微企业逐渐成为推动经济增长的重要力量。然而，中小微企业在发展过程中面临着诸多挑战，如资金实力有限、资源有限、创新能力不足、管理水平弱、市场竞争力不足等。为了给中小微企业提供更好的发展环境和平台，产业园区应运而生。产业园区的出现为中小微企业提供了集聚发展的机会，通过共享资源、降低成本、提高效率等方式，助力企业快速成长。

1. 对发展资源与技术支持的迫切需求

中小微企业自身所具有的特性——资金实力有限、资源有限、创新能力不足、管理水平弱、市场竞争力不足等，导致其急需借助外力提供自身发展所需资源和技术，而资源整合与技术支持是产业园区最重要的两项核心功能，对于中小微企业的发展起到了关键的推动作用。随着科技创新的加速、市场需求更具个性化以及产业结构的转型升级，中小微企业的生存和发展面临着更多的挑战与不确定性，而高效、集约、共享的产业园区能较好地满足其发展所需。依托产业园区，中小微企业得以利用这个集约化、共享化的资源平台，有效降低运营成本，提高生产效率，为其茁壮成长奠定了坚实基础。因此，中小微企业必须把握产业园区所提供的资源和技术，加强技术研发和创新，深化合作，以提升自身的市场竞争力，实现可持续发展。

产业园区的资源整合功能为中小微企业提供了丰富的技术资源和强大的研发力量。在产业园区内，企业可以共享各种先进的仪器设备、技术研发成果和知识产权，避免重复投资和资源浪费。这使得企业能够更加专注于自身的核心业务，提高核心竞争力，在激烈的市场竞争中脱颖而出。

产业园的资源整合与技术支持功能可以有效促进企业间的技术交流与合作。对于技术密集型的中小微企业来说，资源整合与技术支持尤为重要。入驻园区的企业可以快速获取所需的技术资源和支持，降低研发成本，提高创新能力。产业园区能很好地为入驻中小微企业提供一个良好的技术交流平台，实现产业链及同行业间的相互学习、经验分享，共同攻克技术难题。这种技术合作不仅可以推动技术创新和产业升级，还可以帮助中小微企业解决发展过程中遇到的技术障碍，提升整体竞争力。

产业园区的资源整合与技术支持功能帮助入驻的中小微企业与园区内的产业链上下游企业建立紧密的合作关系。通过与供应商、客户和其他相关企业的合作，企业可以实现资源互补、优势共享，共同应对市场挑战。这种合作模式有助于降低企业的经营风险，拓展市场空间，实现更加稳健的发展。

2. 有效获得政策扶持的需要

中小微企业的发展离不开政策的有效支持，但由于自身管理水平较低、团队成员获得政策信息并有效解读政策的能力较弱，其对当前诸多的惠企助企政策可望而不可及。政策扶持与引导是产业园区的一项核心功能，有助于中小微企业获得有效的政策支持，同时还能进一步推动政府出台针对中小微企业的帮扶政策，对推动中小微企业的生存和健康发展起着至关重要的作用。政府为了鼓励中小微企业加大研发投入力度、加强技术创新、促进产业升级和区域经济发展，有针对性地制定了一系列入园企业的优惠政策，如租金减免、税收减免、资金扶持、建设共享实验室（平台）等。这些政策为企业的发展提供了有力的支持，降低了经营成本，提高了盈利能力。

首先，政策扶持可以帮助企业减轻经济负担。对于初创企业或资金有限的企业来说，政府的租金减免政策可以大大降低企业的初期投入成本。这使得企业能够更加专注于自身的核心业务，提高生产效率，降低运营成本。

其次，税收减免政策也是一项重要的扶持措施。政府通过减免入园企业的部分税收，降低企业的税收负担，提高企业的盈利能力。这为企业提供了更大的发展空间和更多的资源用于扩大生产、提高产品质量和进行技术创新。

再次，政府还通过资金扶持政策帮助企业解决融资难题。贷款贴息、融资担保等措施为企业提供了资金支持，缓解了企业的资金压力。这对于那些在发展过程中面临资金瓶颈的企业来说，是至关重要的支持。资金扶持政策不仅为企业提供了短期的资金支持，还为企业的发展注入了长期稳定的资金来源。

最后，除了租金、税收和资金方面的优惠政策，政府还通过其他方式为入园企业提供支持。技术支持政策为企业提供技术咨询和培训服务，帮助企业提高技术水平和创新能力；市场开拓政策则通过搭建平台、组织推介活动等方式，帮助企业拓展市场渠道。这些政策的实施为企业的发展提供了全方位的服务支持。

3. 降低创业风险和加快与产业集群融合的需要

中小微企业在发展过程中面临着诸多风险，如市场风险、技术风险等。入驻产业园区可以帮助企业降低这些风险。园区内的企业可以通过信息共享、风险预警等方式，及时了解市场动态和行业趋势，提前做好风险防范措施。同时，产业园区的建设和发展可以产生产业集聚效应。通过企业集聚发展，园区内的企业可以形成规模效应和产业链上下游的协同效应，进而提升产业整体竞争力。这种集聚效应还可以推动区域经济的发展，形成产业发展的良性循环。

此外，入驻产业园区有助于提高中小微企业的品牌形象。产业园区不仅会有专业的规划和管理团队，为企业提供高品质的办公环境、设施和宣传推广服务，还会对入园企业及项目进行筛选和甄别，防止不符合产业发展规划的项目进入园区，促进园区产业链的完整性和互补性，这些举措都将很好地帮助入园中小微企业扩大知名度和影响力。

（二）趋势

1. 对园区专业化程度的要求日渐增强

中小微企业已不再满足于普通的、广泛的园区服务，而是期望得到与其核心业务紧密相关的专业服务。这些服务涵盖了技术支持、市场推广、供应链管理以及金融服务等多个方面。它们希望与同行业或相关行业的专业园区合作，实现资源共享、信息互通和协同发展，以提升自身的竞争力和市场地位。

为了满足企业的这种需求，产业园区的建设和发展方向需要进行相应的调整。园区不仅需要提供更专业的基础设施、更完整的服务体系，还需要制定有针对性的产业政策，以吸引和培育更多的专业企业与机构。同时，园区还应根据市场趋势和行业动态，持续更新和优化自身的专业化服务内容，确保始终与企业的发展需求保持同步。

此外，政府在培育产业集群方面可以发挥重要作用。政府可以制定相关政策，如财政补贴、税收优惠、金融支持等，如 2022 年工信部印发的《促进中小企业特色产业集群发展暂行办法》。通过政策鼓励和引导中小微企业在产业园区内聚集，形成具有竞争力的产业集群。同时，政府还可以加强与产业园区、行业协会等的合作，共同推动专业化服务体系的建设和完善，为企业提供更高质量的服务和支持。

总之，随着产业分工的深入和市场竞争的加剧，企业对产业园区的专业化要求越来越高。为了满足这一要求，产业园区的建设和运营需要更加注重专业化发展，不断提升自身的专业服务能力和吸引力。同时，政府也应发挥其政策引导作用，支持中小微企业在产业园区内形成具有竞争力的产业集群，共同推动产业的升级和创新。

2. 对园区公共服务能力和水平的要求日渐提高

在当前的产业环境中，中小微企业对园区公共服务的需求呈现不断上升的趋势。随着经济的进步和市场竞争的加剧，这些企业对园区的专业性和服务质量的要求越来越严格。它们不再满足于传统的、广泛的公共服务，而是追求更加专业、高效和有针对性的服务。

首先，中小微企业对技术支持的需求持续增加。由于技术的快速更新换代，企业需要不断学习和掌握新技术、新工艺，以保持竞争优势。因此，园区需要提供全面的技术支持服务，包括技术咨询、技术培训、技术转让和技术孵化等。例如，长三角的 G60 科创走廊 5G 产业基地为入驻企业提供先进的技术研发平台和实验室设备，同时与高校和研究机构合作，为企业提供技术指导和支持，协助企业攻克技术难题，提升创新能力。

其次，中小微企业在市场推广方面也需要园区的支持和帮助。园区可以为企业提供市场研究、品牌推广、产品营销等服务，帮助企业开拓市场、扩大销售。例如，北京 2010 年建成的尚 8 文化创意产业园区组织企业参加国内外各类文化展览和交流活动，为企业提供展示和推广的平台。同时，园区还邀请专业媒体和营销机构为企业提供宣传和推广服务，提升企业的知名度和影响力。

再次，中小微企业在供应链管理方面也需要园区的协助和支持。随着企业规模的扩大和业务范围的拓展，供应链的优化和管理变得越来越重要。园区可以为企业提供供应链问题解决方案、物流配送等服务，帮助企业降低成本、提高效率。例如，上海松江电子商务园区与大型第三方物流公司合作，为入驻企业提供分拣自动化程序，通过立体柔性分拣技术让电商企业的工作效率大幅提升，同时为企业提供供应链优化方案，实现供应链的整合和升级。

最后，中小微企业还对园区的产业政策、金融服务、人才引进、知识产权保护等提出了更高的要求。园区不仅需要不断推动有关政府部门制定有针对性的产业政策，吸引和培育与自身产业定位相符合的企业和人才，还要加强与金融机构的合作，建立金融服务平台，为中小微企业提供一站式、全方位的金融撮合服务，加强知识产权保护，保障企业的合法权益，提供人才引进和培训服务，帮助企业解决人才短缺问题。

当下，中小微企业对园区公共服务能力和水平的要求日渐提高是一个不可忽视的趋势。为了吸引和留住这些企业，园区需要不断提升自身的专业性和服务质量，满足企业的多元化需求。同时政府也应出台相关政策措施支持园区的建设和发展，给予中小微企业在财政补贴税收优惠金融支持等方面的帮助，推动产业集群的形成和发展。

已有研究表明，中小微企业在产业园区的入驻背景和趋势揭示了产业园区对特色产业集群的培育、对中小微企业的成长具有深远影响。产业园区通过整合资源、提供政策扶持、拓展市场、技术支持以及人才培养等多种手段，为中小微企业的迅速发展和创新提供了坚实的支撑。展望未来，随着产业转型和创新的持续推进，以及政策的持续鼓励，中小微企业的成长和创新将更为迅速，选择入驻产业园区的趋势也将更加明显。因此，中小微企业在决定入驻产业园区时，应根据自身的发展需求和战略规划，审慎选择适合的产业园区，并充分利用产业园区的资源和优势，以实现自身的快速发展和创新提升。

三　产业园对中小微企业的支持与服务

在政策引导和市场需求的双重推动下，产业园对中小微企业的支持与服务正在不断升级和完善。从基础场地和硬件设施的提供到数字化转型、政策支持、金融扶持、人才引进和知识产权保护等全方位的服务体系构建，产业园正成为我国中小微企业快速发展的强大后盾和特色产业集群的关键性培育载体。

（一）全方位、多层次的硬件环境支持

高效、集约、共享的现代化产业园区不仅能为中小微企业提供优越的生产、研发、办公等必要的场地、场所和设施，还能为入驻园区内的中小微企业的生产、研发、经营等相关人员提供优质的生活、娱乐配套场地和场所，为入园中小微企业的生存和发展提供基础的物理空间和配套设施。因此，产业园为中小微企业提供的硬件条件支持不仅仅局限于生产、研发和办公方面的基础设施建设，还涵盖了从生产到研发、从办公到生活的全方位支持体系。这种全方位、一体化的硬件支持为企业的发展提供了基石，使其能够更好地应对市场的挑战和机遇。对于中小微企业而言，选择一个具备完善硬件条件的产业园区进行入驻，不仅能够降低自身的运营成本和提高竞争力，还能够与优秀的企业和资源形成集聚效应，共同推动产业的繁荣和发展。

1. 完善的生产与研发基石

对于许多中小微企业而言，生产设备和研发实验室是核心竞争力的重要体现。然而，受限于资金和规模，这些企业在独立建设时往往会遇到诸多困难。此时，产业园区所提供的现代化生产线和高科技研发设备就显得尤为重要。这不仅确保了企业紧跟技术前沿，还大大降低了自行采购和维护的成本。

以上海自贸区自贸壹号生命科技产业园为例，该园区通过打造医疗器械全产业链一站式服务平台"CRO+CDMO"模式，针对医疗器械产品上市前各个环节的痛点，全方位提供从共享实验室到共享 GMP 厂房、委托生产、委托临床、体系合规化辅导等一系列方案，帮助企业合规合法低成本快速获证。

2. 良好的办公环境及配套设施

在生产和研发之外，一个舒适且优越的办公环境及配套设施对于中小微企业来说至关重要。它不仅有助于吸引和留住人才，增强企业的人才竞争力，还有利于提升企业形象，从而获得更多的合作机会。此外，一个良好的办公环境也是实现企业高效运营的关键因素之一。

现代化产业园区的办公楼宇及配套设施为企业提供了宽敞、舒适、高效且富有人性化特质的工作空间。这些办公楼宇不仅具备高速稳定的网络连接，还配备了各种先进的办公设备，能满足企业的各类需求。此外，园区还提供专业的行政支持服务，入驻企业能够在一个优越的环境中顺利开展各项业务活动。

以上海张江高科技产业园为例，其为入驻企业提供了高品质的办公条件，企业能够高效地进行日常运营和业务拓展。该园区拥有众多现代化的办公楼宇，配备了高端的办公家具、高效的办公设备和高速的网络连接。此外，张江高科技产业园还提供专业的商务服务和全方位的支持，包括高级会议室、商务中心、展览展示区、专业咨询服务，以及便利的交通网络、丰富的休闲娱乐设施和优质的物业服务。这些全方位的支持和服务为入驻企业创造了一个优越的发展环境，使其能够快速发展壮大，成为中国乃至全球的佼佼者。

3. 完善生活的配套设施

随着人们对生活质量的追求日益提高，一个良好的生活环境已成为吸引和留住高端人才的关键因素。产业园区通常会配备一系列的生活设施，如高品质的公寓、便利的超市、多样化的餐厅以及休闲娱乐场所。这不仅满足了员工的日常需求，还有助于提高他们的工作满意度和忠诚度。

以福州滨海新城产业园为例，该园区为入驻企业提供了一整套完善的生活配套设施。这些设施的设立，旨在确保员工生活的便利与舒适。园区通过购买和租赁商品房的方式，精心打造了人才公寓。这些公寓配备了现代化的家具、电器，居住空间舒适，真正实现了拎包入住，为员工提供高品质的生活体验。此外，园区还提供"保姆式"的物业管理服务，确保居住环境始终保持整洁、安全。在商业设施方面，园区内设有各类超市、餐厅、咖啡厅等，充分满足员工的日常购物和休闲需求。更为贴心的是，园区还设有 24 小时便利店和自动取款机，员工在任何时候都能轻松处理日常现金事务。更值得一提的是，园区还为入驻企业的员工及其家庭提供了优质的教育和医疗资源。无论是幼儿园、小学，还是中学等教育机构，以及其他各类运动和娱乐场所，园区都应有尽有，为员工提供了全方位的生活支持。同时，便捷的交通出行条件也为员工的通勤提供了极大的便利。

（二）健全完善的软环境支持

中小微企业的生存和发展除了需要基本的硬件设施外，还需要一个良好的软环境。因此，打造优质的园区软环境对于产业园区来说至关重要，它是为中小微企业提供的重要服务之一。除了传统的技术创新与研发支持、企业信息化解决方案等服务，随着数字化转型的加速推进，产业园区也在积极为入驻的中小微企业提供全面的数字化转型服务，以满足企业在数字化时代的转型需求。

1. 在技术研发方面的软环境支持

为了推动产业升级和经济发展，园区不仅设立了技术研发中心和创新平台，还吸引大量专业技术人才和科研机构进驻。这些技术研发中心和创新平台提供个性化技术咨询、培训和技术转移服务，助力企业解决技术难题、提升技术水平和创新能力。与专业技术人才和科研机构的合作使企业获得更先进的技术支持和专业指导，更好地适应市场需求，提高竞争力。这些措施不仅促进了企业自身发展，也推动了整个产业园区的技术创新和经济发展。随着技术研发的深入和产业升级的加速，相信未来将有更多产业园区采取有力措施，推动技术创新和经济发展。

以中关村生命科学园为例，中关村生命科学园与多家生物医药企业、高校和研究机构建立了深度合作关系，共同开展技术创新和研发活动。园区聚集了众多创新型医药企业和高端人才，包括院士、国务院政府特殊津贴获得者等。在基础研究方面，落地了一批国际知名的科研机构。在研发中试方面，有代表性的 CRO 企业提供一体化药物研发、中试生产服务，并聚集了国内外知名创新药企。在生产流通方面，吸引了国内外重要药品、医疗器械生产流通企业。在临床应用方面，布局了多家医院，为入园企业提供了丰富的临床资源。[①]

2. 在企业数字化方面的软环境支持

当下，随着技术的进步和发展，全球经济开始进入数字化时代，中小微企业面临着巨大的挑战和机遇。为了帮助中小微企业顺利实现数字化转型，产业园区可以为其提供健全完善的数字化转型支持软环境。这种软环境不仅包括政策支持、技术指导，还包括数据资源、平台建设等多方面的内容。

---

① 《园区介绍》，中关村生命科学园，https：//www.lifesciencepark.com.cn/LifePark/，最后访问日期：2024 年 1 月 2 日。

首先，产业园区应结合有关政策，推动政府进一步完善有利于特色产业园区企业数字化转型的政策。这些政策应涉及财政支持、税收优惠、金融扶持等多个方面，以降低企业的数字化成本，激发其转型动力。例如，2023 年 6 月，深圳市文化广电旅游体育局为推动数字创意产业的发展，根据相关政策文件，发布了《深圳市关于加快培育数字创意产业集群的若干措施》，为产业园区及入驻企业提供数字化改造专项资金扶持。

其次，产业园区应搭建适合园区内产业特点的数字化服务平台。这个平台应具备数据采集、存储、分析和可视化等功能，以便为企业提供精准的数据支持。同时，平台还应整合各类资源，包括技术、人才、资金等，帮助企业解决数字化过程中遇到的问题。例如，为推动福建省福州市纺织产业园区内中小微企业的数字化转型升级，福州市电子信息集团牵头设立了全国首个纺织产业工业互联网数字产业平台——福建（长乐）纺织工业互联网平台，通过数字产业平台实现对中小微企业数字化转型资源的有效整合和运用，帮助园区内企业快速实现数字化转型升级。

综上所述，产业园区为入驻中小微企业提供的数字化软环境是一个综合性的支持体系。通过政策支持、技术指导、数据资源和平台建设等多方面的努力，可以帮助企业顺利实现数字化转型，提升其核心竞争力，提高市场地位。

（三）专业化的服务支持

产业园区为中小微企业提供专业化的服务支持，这种服务囊括了综合性和个性化需求的满足。在产业园区中，中小微企业不仅能获得硬件设施的支持，如办公场所和设备，还能得到一系列软件支持，如政策咨询、融资协助等。此外，产业园区还为企业提供了一系列服务支持，如企业孵化与加速器、市场开拓与国际合作、人才培训与招聘支持等。

首先，企业孵化与加速器是产业园区为初创企业提供的特色服务。通过设立企业孵化器和加速器，园区为初创企业提供了全方位的创业指导和资源对接。以福州软件园为例，园区设立了多个孵化器和加速器，为初创企业提供场地、资金、政策、市场等全方位的支持。在孵化器和加速器的帮助下，许多初创企业快速成长，成为行业的佼佼者。

其次，市场开拓与国际合作也是产业园区为中小微企业提供的核心服务之一。面对激烈的市场竞争，企业需要不断拓展市场空间。产业园区通过组织市场推广活动，帮助企业拓展国内外市场，提高品牌知名度和市场份额。例如，中关村科技园区举办的"中关村国际技术交易大会"，为企业搭建了一个国际性的技术交易平台，促进了企业与国际同行的交流与合作。除此之外，中关村技术交易线上综合服务平台也已上线运营，该平台汇聚了全球各类技术项目成果和需求 9000 余项，吸引了1000 余家国际国内服务机构参与，从而进一步打造了全球性的技术交易生态网络。①

再次，人才培训与招聘支持也是产业园区服务中小微企业的重要组成部分。随着市场竞争的加剧，人才成为企业发展的核心竞争力。产业园区通过建立完善的人才培训和招聘体系，为企业提供全方位的人才支持。例如，产业园区与当地高校合作，开展有针对性的技能培训课程，提高企业员工的技能水平。同时，园区还举办大型人才招聘会，为企业提供丰富的人才资源。

最后，除了上述服务外，产业园区还为中小微企业提供法律咨询、知识产权保护、技术支持等专业服务，帮助入驻产业园区的中小微企业解决发展中遇到的问题，提高企业的竞争力和创新能力。

综上所述，产业园区为中小微企业提供的专业化的服务支持是至关重要的资源。通过全方位的服务支持，园区助力企业快速成长，降低创业风险和成本。这些运作不仅孕育了一批优秀企业，还为区域经济发展注入了强劲动力。在未来发展中，产业园区将继续完善服务体系、提升服务水平，为企业营造更加优良的成长环境。产业园区对中小微企业的服务与支持涵盖了硬件、软件和服务三个方面。通过专业化的服务支持，产业园区旨在为企业提供全方位的支持和帮助，推动企业的快速发展和成长。这不仅有利于企业的自身发展，还能带动整个区域经济的繁荣和进步。因此，对于中小微企业而言，与产业园区合作是一个明智的选择，能够为其带来更多的发展机遇和资源优势。

---

① 《中关村国际技术交易大会开幕　全球机构共促技术交易合作》，北京市人民政府，2023 年 5 月 28 日，https：//www. beijing. gov. cn/fuwu/lqfw/ztzl/2023zgclt/ltzx/202305/t20230528_31 15251. html，最后访问日期：2024 年 1 月 2 日。

第二节　打造高效集约创新型的中小微企业特色产业园

——以福州金山工业园区为例

以福州金山工业园区为载体，通过科学合理的规划设计，打造集约高效的创新型中小微企业特色产业园，构建全生态产业空间，提供全方位赋能服务，实现园区产业系统的长期可持续发展。

一　福州金山工业园区的基础条件分析

（一）金山工业园区现状与基础

福州金山工业园区始建于20世纪90年代末期，由橘园洲、金山、浦上、福湾、义序等5个片区组成，面积约1.35万亩。作为城区较大的工业集中区，它也是实施福州市"东扩南进"城市发展战略的切入点。园区位于福州市南台岛，南台岛地处闽江下游南北港之间，为闽江所包围，行政区属福州市仓山区。园区现有星网锐捷、锐捷网络、中能电气、海欣食品等上市企业，上市后备企业20家，总部企业8家，单项冠军企业（产品）6家，专精特新中小企业26家，"独角兽"及未来"独角兽"企业8家，"瞪羚"企业13家，高新技术企业367家，科技"小巨人"企业68家，科技型中小企业233家，在全省省级开发区综合发展水平考核评价中进入十强，并获评"省级示范数字经济园区""省级新型工业化产业示范基地"。①

其中，金山工业园（福湾园）是金山工业区的重要组成部分，于2003年6月正式启动建设，位于福州市金山新区南部，西临飞凤山、北靠凤山路、东接盖山西路、南至三环路，总征地面积为276.8公顷。福州金融控股集团权属公司所自持的园区物业正位于福湾园内，南侧为盘屿路，东侧为齐安路。临近地铁5号线盘屿站。占地面积为107233.47平方米（约160.85亩），建筑面积为11.47万平方米。

---

①　数据来源：福州市金山工业区开发建设有限公司提供。

（二）园区区位优势显著

福州金山工业园区为省级开发区，2017 年位居全省国家级和省级开发区综合发展水平评价第 18；位于福州市三环内，占地约 13500 亩（其中工业用地 8400 亩，配套用地约 5100 亩），包括金山、橘园洲、浦上、福湾和义序 5 个片区，启动建设时间依次为 1992 年、2002 年、2003 年、2004 年和 2007 年。福州金山工业区浦上园 C 区，南侧为宝山路，北侧为冯宅路，东侧为金山工业集中区浦上园 C 区，临近主干道杨周路。周边小区众多，各类产业园云集，有较好的人口优势；周边商业配套充足，生活方便。

园区周边交通便利，现已通车的地铁 5 号线串联了金山、浦上、福湾和义序 4 个片区，为职工上下班提供了便利；三环路连接橘园洲、浦上、福湾和义序 4 个片区，为物流运输提供了有力保障；橘园洲大桥与浦上大桥连接着福州高新区和大学城，为产学研深度融合提供了便利；橘园洲大桥与湾边大桥是出城运输主通道，接通 G70 福银高速，进而联通省内高速公路物流网络。不同品质的住宅小区分布于园区周边，且入住率较高，有较好的人口优势。生活圈配套基本完善，主要包括金山大润发、浦上万达、省立医院南院、奥体阳关天地、西营里农产品交易中心以及飞凤山奥体主题公园、奥体中心、高盖山公园等。

金山片区位于金山大道北侧，临近闽江南岸，东起金山大桥，西至洪湾北路，地铁 5 号线贯穿园区中央。

橘园洲片区位于三环路与洪湾北路、金山大道之间，与福建大学城隔江相望，建有生活配套住房，其中仓山区智能产业园于 2021 年建成，属高标准新型工业用地产业园区。

浦上片区位于浦上大道以南，建新南路两侧，紧邻浦上万达广场、省立医院南院及飞凤山奥体主题公园，距地铁 5 号线浦上大道站、霞镜站约 1.5 公里。

福湾片区位于盘屿路、齐安路、东岭路之间，毗邻高盖山公园、三环路及地铁 5 号线盘屿站。

义序片区位于战备路、三环路之间，西起利嘉国际商业城，东至福州二十一中，紧邻地铁 5 号线吴山站、盖山竹榄站。

同时，园区也处于福州市打造的科创走廊范围内。福州科创走廊以中国东南（福建）科学城和软件园、旗山湖"三创园"、晋安湖"三创园"等主要产业园区为支撑，构建西起中国东南（福建）科学城，东至晋安湖"三创园"的科创走廊，形成"一城四区，十片多点"的走廊空间格局，即"科学城+鼓楼区、台江区、仓山区、晋安区四个老城区+十个集中成片科创街区+多个科创地块空间"。①

截至 2023 年底，福州科创走廊已推动 139 个载体建设项目，总投资额达到 634.2 亿元，奠定了其作为双创载体集聚地的地位。自 2021 年以来，福州市认定的省级以上科技孵化器共有 6 家，均位于科创走廊；在 107 家市级以上众创空间中，76 家设立在科创走廊。走廊区域内新增的省级以上新型研发机构、省级以上重点实验室、省级以上工程研究中心等研发公共服务平台总数占全市新增数量超过 50%，现有省科技"小巨人"企业 324 家，占全市的 43.3%。②

（三）金山工业园区面临的问题

目前，虽然园区内部分企业已经开始转型升级，但整体上仍存在产业层次偏低、科技含量不高、创新能力不足等问题。同时，福湾片区在基础设施建设、环境治理等方面也存在较大的压力。一方面厂房硬件设施落后，难以引进优质企业。福湾片区建成于 2005 年，园区的厂房已显老旧，外立面观感较差，历史遗留违建较多，存在一定的安全隐患，给排水基础设施落后，易产生积水，内涝时有发生，配套设施不足，无法满足企业发展需求，土地整体利用率不高，容积率仅为 1.07，园区内停车位规划不合理，停放秩序混乱。这些问题不仅影响了园区的整体形象和吸引力，也制约了优质企业的入驻和发展。另一方面入驻企业行业分散，难以形成产业集群。由于历史租赁遗留、政府指定承租及公开社会化招租并行，入园企业所属行业分散，无法形成有规模的产业链条和产业集聚效应，不可避免地带来税收和产值的外流。

福州金山工业园区浦上园 C 区，建成于 2005 年。坐落于福州市仓山

---

① 赵昕玥、覃作权：《福州科创走廊这样建》，"福州新闻网"百家号，2021 年 9 月 1 日，https：//baijiahao.baidu.com/s？id=1709670985418555103&wfr=spider&for=pc，最后访问日期：2024 年 1 月 3 日。

② 《福州科创走廊　折射创新活力》，"科技福州"微信公众号，2024 年 1 月 12 日，https：//mp.weixin.qq.com/s/vBwsxFsHuEww6XiVuSLkqA，最后访问日期：2024 年 1 月 12 日。

区金山片区，临近浦上大道、三环路，周边配套设施健全、公共交通及运输便利。但原地块中仅有一栋6层楼的多层办公楼，建筑面积为9186平方米，地块整体利用率较低（土地面积约13600平方米，容积率为0.68），入驻产业也较为传统且未形成产业协同。具体表现为，首先，厂房硬件配套设施明显落后，难以满足现代企业的需求。这包括设备、生产线和办公设施等方面，需要进行全面升级和更新。其次，厂房本身老旧，外立面观感较差，这不仅影响了园区的整体形象，也影响了企业的形象和品牌形象。另外，给排水基础设施落后，在雨季或台风季节，园区容易发生积水内涝，这不仅会影响生产和运营，还可能带来安全隐患。同时，该厂房的容积率较低，只使用了部分地块，存在未充分利用的土地资源。最后，园区内未充分利用地下空间也是该厂房存在的问题之一。目前主要是地面停车，地下空间并未得到充分利用，难以充分满足停车需求。这些问题严重影响了浦上园C区的吸引力和竞争力，需要采取措施进行改造和升级。

（四）工业园区提升建设的政策支持

2020年2月，福建省人民政府印发的《关于实施工业（产业）园区标准化建设推动制造业高质量发展的指导意见》（闽政〔2020〕1号）提出，加快推进工业企业"退城入园"转型升级，建立园区标准化体系，开展工业（产业）园区标准化建设试点，引导工业（产业）园区从园区规划、基础设施、土地利用、投入产出、园区配套、管理服务等方面加强建设，改造提升为功能完备、宜居宜业的标准化工业（产业）园区。

此后，福州市印发了《关于进一步规范工业用地增容标准认定审批机制的实施意见》（榕政办〔2020〕2号）、《关于工业用地增容标准认定审批机制的补充意见》（榕政办〔2020〕88号）和《关于进一步规范工业项目建设审批和监管的实施意见》（榕政办〔2020〕36号），以此推动城区内的工业用地提升改造，实现工业（产业）园的提质增质。

为了进一步促进福建省工业经济的高质量发展，福建省人民政府于2022年7月发布了《关于进一步推进工业用地提质增效促进工业经济高质量发展的通知》（闽政〔2022〕19号）。该通知强调了坚持最严格的节约用地制度，聚焦提高效率、提升效能、提增效益，并充分发挥土地要素在工业经济发展中的重要支撑作用，推进工业用地提质增效。

同时，《福州市仓山区"十四五"智能仓山专项规划》也指出，到 2025 年的总体目标是仓山区新型信息基础设施不断完善，"互联网+政务服务"能力全面提升，数字经济蓬勃发展，智能化应用场景达到 100 个，数字化、网络化、可视化、智能化能级明显跃升，信息化支撑仓山区经济和社会发展的作用明显增强，仓山区成为"数字福州"的先行区、样板区。

二　中小微企业特色产业园的设计原则

（一）提升城市土地综合利用效率

在城市规划和设计中，土地利用是一个重要的考虑因素。创新型产业园是城市的重要组成部分，其土地利用应当与城市整体规划相结合，实现土地的复合利用。

以土地复合利用为导向，不仅有助于提高土地利用率，也能增加园区的多元性及活力。一是垂直复合利用。在园区内，不同功能的建筑可以按楼层进行分类，如办公楼、商业区、服务设施等多元业态，这种布局方式可最大限度地利用有限的土地资源，提高土地利用效率，为园区员工及访客提供便捷的生活和工作服务，即相同的空间实现了办公、商业活动、休闲娱乐等多种功能，从而提高了园区的功能性活力。二是水平复合利用。通过合理规划，将公共空间如广场、绿地、休闲设施等与建筑群相结合，形成有机整体，实现园区在水平方向上功能的多样化，在一定程度上赋予了住宅业态属性，营造了良好的生态环境，推动绿色低碳、增加开放空间，提高园区宜居性。

（二）促进产业融通创新发展的原则

创新型中小企业特色产业园是一个高度专业化的发展载体，应注重促进产业融通创新，围绕优化产业结构，推动产业链创新升级。一方面，构建完善的产业链发展生态。通过引进不同场景下（行业）的专精特新企业，聚集各类配套资源为其提供有效服务支撑的载体及场所，形成完整的产业链生态，吸引更多的企业入驻，甚至可发挥大企业龙头带动作用，帮助中小企业提升科研水平、提高产品质量，促进企业之间的合作和交流，有利于园区内的企业协同创新、优势互补，提高整个园区产业链竞争力、韧性及现代化水平。另一方面，提升中小企业人才链建设、加强产学研合作。通过与高校和研究机构建立紧密的合作关系，开展各类科研项目和人才培养活动，推动专精特新企业的创新发展，有利于园区保持持续的科技创新动能输出，也为入驻企业提供充足的人才支持，提高园区的社会影响力。

（三）有助于中小企业群体发展的原则

中小企业是经济社会高质量发展的重要基础，创新型中小企业特色产业园是一个产业聚集区，应注重促进其长期可持续健康发展、构建良好的营商环境。

首先，建设孵化器和加速器，打造为中小企业服务的示范基地。通过为初创企业提供办公空间、资金支持、导师指导和资源共享等全方位的服务，即聚集各类创新创业服务资源，帮助它们快速成长，为其发展提供有力的支持。其次，完备的基础设施，降本增效作用显著。通过优化园区内的办公环境和设施，如提供高品质的办公空间、便捷的交通和物流服务等，降低其运营成本，增加中小企业的盈利能力，提高它们的竞争力和市场地位，在园区内获得更好的发展机会，提高竞争力。

（四）满足不同人群多样化、多层次需求的原则

在创新型中小企业特色产业园内，就业人群以研发设计和管理人才为主，他们呈现年轻化、高学历、高收入和工作时间长的特点。由于工作时间的增加，他们的生活与工作紧密相连，这使得他们对过去单一的工作、生活方式感到不满，转而追求更加多彩的城市生活。除了满足基本的衣、食、住、行需求外，他们的文化培训、休闲娱乐等社交需求也在持续增加。同时，由于工作、生活节奏的加快，他们对配套设施的便捷性也有着强烈的需求。

三 中小微企业特色产业园的设计策略

（一）目标客群和设计宗旨

主要客群为中小型及以下的企业机构，其中包括中小型企业、明星企业，成长型企业及院校科研机构，初创及小微企业，创客个体及团队，等等。产业园空间形态应涵盖创客空间、孵化器、加速器、高端办公及总部研发等功能。通过创建高效、集约、共享的特色产业园区耦合空间，集高

端总部办公空间、自由创意办公空间及品质办公空间于一体，整合本地产业资源，链接创业企业上下游企业，实现技术对接、市场拓展、产业投资、运营管理等方面的交互，有效地帮助创业企业成长，实现区域产业的集聚。

从地域、自然、人文、城市、生态的角度去定位和设计这个创新型中小企业特色产业园高地，是项目的设计宗旨。在园区基地的规划中，应着重考虑与生产紧密相关的研发、孵化、试验、创意、软件、信息、电子和无污染生产等创新型产业功能，并为其配备相关的配套设施用地。设计理念应秉持"创新之区、智慧之区、生态之园"原则，并遵循"现代化、国际化、特色化、生态化"的原则。目标是打造一个集知识密集、技术密集和人才密集于一体的高端产业研发基地。

为了实现绿色低碳和智慧赋能的目标，在设计过程中应遵循土地利用集约、空间使用融合、交通方式便捷和生态环境宜居的原则。确保园区功能齐全、布局合理、使用方便、经济节约，并具有造型美观的特点。这样的规划不仅有助于提高园区的经济效益，还能为人才提供一个舒适的工作环境，促进创新和科技的发展。

（二）满足多方需求

1. 城市土地复合利用的要求

城市土地复合利用在推动创新型特色产业园复合化发展方面具有重要作用，这主要体现在两个方面。首先，城市土地政策对产业园的发展起到了积极的引导作用。通过制定合理的土地利用政策，可以促进产业园内不同产业之间的融合与协同发展，推动产业结构的优化升级。其次，随着产业园的发展，其社会职能也在不断扩展。除了传统的产业功能外，产业园还需要承担起提供公共服务、促进产学研合作、培养创新创业人才等社会责任。通过这些社会职能的扩展，产业园能够更好地融入城市发展，成为推动城市经济和社会发展的重要力量。因此，城市土地复合利用和创新型特色产业园复合化发展是相辅相成的，通过政策引导和社会职能的扩展，可以实现产业园的可持续发展和城市的繁荣。

2. 园区产业融通发展的要求

在当前经济体系中，城市的产业被明确划分为第一产业、第二产业和第三产业，三者之间的界限清晰。然而，随着新技术革命的推动，各产业间的界限也逐渐模糊（罗梦婕，2020）。

基础科学研究领域的交叉融合促进了产业之间的相互渗透和融合。大数据、云计算等新一代信息技术和互联网的应用，改变了传统产业的业态结构、组织形成和发展思想。个性化消费和差异化消费的兴起，使得企业需要更深入地分析顾客需求，并提供个性化的解决方案。这种趋势促使制造业与服务业相结合，形成创新型产业（罗梦婕，2020）。

这些创新型产业不仅具备第三产业的服务功能，如管理、贸易等，还兼具第二产业的制造功能，如研发、生产等。2010年10月，国务院颁布了《国务院关于加快培育和发展战略性新兴产业的决定》（国发〔2010〕32号），其中明确提出发展节能环保、新一代信息技术、生物、高端装备制造、新能源、新材料、新能源汽车七大战略性新兴产业，这些新兴产业在各城市得到迅速发展。创新型产业普遍需要较大的办公和研发空间，而对生产类空间的需求相对较少，因此大部分创新型产业园的产业空间需求主要集中在小型化的研发和办公区域。不过，也有一些智能制造产业存在轻型生产场地的需求（罗梦婕，2020）。

随着产业转型和发展的深化，制造业与服务业的融合趋势愈发明显，产业园的功能也从单一的研发生产转变为集研发、生产、办公、展示、营销服务等功能于一体的园区。这表明产业园正呈现复合化的发展趋势，需要采用多样化的复合型产业空间来满足企业的需求（罗梦婕，2020）。

3. 中小企业群体发展的要求

随着社会经济和科技的深入发展，企业的创立条件已经发生了深刻变化。传统的以"资金"投入为主逐渐被以"人才"投入为主所取代，这使得创业的难度在一定程度上有所降低。在这种情况下，大量的中小微型企业开始崭露头角，成为创新型产业园的中坚力量。这些企业不仅在数量上占据优势，而且呈现规模中小型化、数量众多的特点。正是由于这些特点，完善的配套设施对这些企业的发展起到了至关重要的推动作用。

在产业链的各个环节，中小微企业需要各种技术支持，如技术信息、咨询、开发、试验、推广以及产品研制、设计、加工、监测等生产性配套服务。然而，考虑到规模效应，如果由中小微企业自行建设这些设施，难以实现且存在一定的资源浪费。

因此，为了满足中小微型企业的创新发展需求，创新型中小微企业特色产业园应运而生。这些产业园通过集中建设开放共享的多学科、多用户、多功能的生产性公共配套设施，为中小微企业的发展提供了有力支持。这种共享经济模式不仅有助于培养企业间的合作和创新互动机制，而且通过共享产能资源，中小微企业可以实现创新成果的转化。

为了更好地满足中小微企业的需求，产业园还通过配置各类公共服务设施，构建了一个协调有序、有机高效的共享服务网络。此外，发挥大企业的龙头带动作用也是重要的措施之一。通过鼓励大企业出资入股园区或共享高质量现代化基础配套设施，可以更好地满足中小微企业的创新发展需求。这种合作模式不仅能够促进资源的有效利用，还能够推动产业集群的发展和壮大。

4. 人群多样化多层次的要求

创新型产业园应能满足入驻企业员工的多元化交流需求，注重打造积极的交往和共享空间，有助于激发创新思维，推动创新和成果的转化。同时，考虑到人们在交往活动中存在不同的人际距离需求，如亲密距离、个人距离、社交距离和公共距离，园区在规划休闲设施时，应注重提供多层次、多尺度的交往空间（罗梦婕，2020）。通过精心设计的休闲设施和多元化的交往空间，创新型产业园成功地吸引了各类人才聚集，他们在轻松愉悦的氛围中进行思想碰撞、知识分享，共同推动园区的创新发展。

5. 打造创新技术研发平台的要求

近年来，福州市"双创"工作取得显著成效，各类创新创业载体发展迅猛。在前沿创新技术研发平台打造方面，创新型中小企业特色产业园需建设一批专业化的科创孵化器、众创空间等创新创业载体，构建"众创空间—孵化器—加速器"科创孵化育成链条，推动产业集聚，强化企业创新主体地位。

众创空间是一个开放式的综合服务平台，能为小微创新企业及个人创业者提供一站式的服务。它不仅降低了创业的门槛，还通过全方位的服务，帮助这些企业在起步阶段就能获得所需的资源和支持。

孵化器在中小微企业创业初期扮演着重要的角色，它为新创企业提供了资金、管理等多方面的便利。通过孵化器的培育，许多高新技术成果、科技型企业和创业企业得以成功孵化，进而发展壮大。

随着企业的发展，从种子期、创业期到快速成长阶段，企业对外部环境的要求也在不断提高。企业加速器正是为了满足这些更高层次的需求而设立的。通过提供更广阔的研发和生产空间、更完善的技术创新和商务服务体系，企业加速器能够帮助这些企业更快地发展壮大。

四　金山工业特色产业园的设计方案

以工业园区标准化建设为抓手，以中小微企业服务科技创新和产业强链为导向，对福州金山工业园区（福湾和浦上）进行升级改造，建设"50"①办公园区。改造后，总建筑面积达 22.88 万平方米，其中地上建筑面积为 19.88 万平方米、地下建筑及架空层面积为 3 万平方米，容积率提升到 1.85，建筑密度为 40%，绿地率为 15%。

（一）建筑布局

布局综合考虑与相邻地块形成"组团空间"，高层主楼（11F）沿北侧布置，展示良好的园区形象及丰富的城市天际线。主楼与已建 6F 办公楼紧密联系，用地集约布置，南侧形成较开阔的公共景观空间，提升园区空间品质。

（二）出入口布置

基地主入口位于北侧冯宅路，次入口位于金山工业浦上园 C 区内部道路。主楼底层局部架空通高，紧密联系已建 6F 办公楼，同时为已建办公楼营造入口的缓冲空间。各功能主出入口均匀分散，互不干扰。

（三）道路系统

为体现产业基地交通上的安全、高效，并能与景观环境相结合。根据场地条件、功能布局状况，车行出入口设置于冯宅路，以最短的路线满足车行需求，并尽可能与人行流线分开，减少干扰。

（四）停车设计

由于用地局促，在有限的地面空间下，为了营造舒适、绿色的园区环境，本工程停车区域主要设置于地下，地面根据使用需求局部布置适量停

---

① "50"：富氧生态（Oxygen），公园式办公（Office Park），开放（Open），独立、专享（Own），良好发展前景（Opportunity）。

车位，地面停车主要布置于车行出入口附近区域。

（五）景观设计思路

以创造一个功能齐全、环境优美的景观环境为目标，致力于展现高效、集约、共享的特色产业园形象。在交通系统方面，在确保流畅、便捷的人流与车流交通布局，满足各种交通需求的同时，力求打造一个舒适、宜人的交通环境；在绿化系统方面，根据园区特点，合理配置各类植物，营造出四季皆宜的绿色景观，让园区内的每个角落都充满生机与活力；在空间秩序方面，将注重空间层次感的营造，通过合理的空间布局，创造出既有秩序又富有变化的空间环境；在追求社会、经济、环境综合效益方面，充分整合各方资源，确保设计的可持续性与效益最大化。最终目标是创造出一个标志性强、整体品质卓越的精品工程，充分展现新时代高效、集约、共享的特色产业园的形象与风采。

（六）浦上园区的单体设计

本园区新建建筑为一栋 11F 高层丙类生产厂房及 1F 地下室，建筑平面方整高效。已建 6F 办公楼需立面改造，与新建建筑风格协调统一。建成后，总建筑面积为 4.38 万平方米，地上计容建筑面积为 3.8 万平方米，地下不计容建筑面积为 5800 平方米，其中已建设建筑面积为 9000 平方米，本次新建总建筑面积为 3.5 平方米。建筑占地面积为 4650 平方米（其中新建研发厂房占地面积为 2950 平方米，已建建筑占地面积为 1700 平方米），容积率为 2.80，绿地率为 15%。

整体建筑采用现代风格公建化立面语言处理，建筑外立面简约大气、严谨理性，采用铝板、穿孔板、玻璃、金属、涂料、混凝土等材料语言塑造出具有工业感和归属感的园区形象。整体立面时尚简洁，落地性、可操作性强。立面设计贯彻"适用、经济、绿色、美观"的建筑方针，同时在立面造型上结合太阳能光伏电板发电技术、建筑遮阳技术、光导照明技术，体现"绿色建筑""人文建筑""科技建筑"这三大理念，充分考虑产业园区的可持续发展。

努力发展绿色建设，充分体现了我国时刻遵循可持续发展的原则。坚持节能的理念，注重经过科学的设计、采取高新技术进行新能源的开发，同时注重在老式建设中的制度创新和技术创新，有利于减少我国对矿产资源的过分依赖，从而减少温室气体的排放量，亲近绿化自然、保障生态系统良性循环、促进经济社会发展的经济发展，努力做到环境和建筑、科技和人文的和谐统一，做到人与自然和谐相处。

第三节　打造"双创"服务示范基地（特色产业园）的构想

——以福州金山工业园区为例

一　背景

（一）中小微企业发展亟待扶持

中小企业是我国经济发展的基石。近年来，中央及各省市均提出加大对中小企业的扶持力度与提升服务质量，促进中小企业健康发展。2022年，福州市完成规上工业总产值 12486.5 亿元，全市规上工业增加值同比增长 3.8%，高于全国平均水平 2.5 个百分点。工业固定资产投资同比增长 11.0%，完成投资 1593.74 亿元，总量居全省第一位，其中制造业投资累计同比增长 18.8%。拥有纺织化纤、轻工食品、机械制造、电子信息、冶金建材、生物医药、石油化工、能源电力等八大主导产业，规上企业 2928 家。① 这部分群体存在"政策找企业难、企业找政策难"以及"融资难、融资贵"等问题。创建福州市中小企业服务基地，可以实现政策精准推送，弥补服务短板，缓解中小企业融资与发展难题，对助力中小企业提质增效、实现高质量发展具有重要作用。

（二）政策指导平台建设的迫切性

一是贯彻落实国家和省市促进中小企业发展政策，发挥政策效能，更好地服务企业和市场主体。自 2003 年 1 月《中华人民共和国中小企业促进法》实施以来，国家、省、市各级政府不断出台政策，要求加强中小企业服务平台建设、打造各类中小企业服务示范基地，以此满足中小企业高质量发展需要，激发中小企业创新活力和发展动力，提升中小企业竞争力。二是弥补现有服务体系短板，满足中小企业多元化服务需求，实现"精准

---

① 数据来源：福州市统计局。

服务、助企惠企"。目前，侧重政务服务的模式难以全面满足中小企业发展全过程的需要。服务基地可以提供一站式服务，真正实现"一扇门、一张脸"，优化当地营商环境、发挥创新支撑作用。三是有效缓解中小企业对政策与金融的诉求难题，促进产业转型升级。中小企业面临轻资产、缺担保、信息不对称等问题，致使其在获得政策、技术、人才等服务方面面临较大困难。

二　愿景

围绕中小微企业创新与高质量发展，培育专精特新企业、"瞪羚"企业、"独角兽"企业，促进企业科技创新高质量发展。

（一）实现深化政企协同，发挥政府在创新生态中的引领作用

通过加强与政府相关职能部门的联动与协调，切实解决企业在创新过程中遇到的困难和问题。利用数字技术，实现政府与企业的信息高效沟通，简化政策申报和服务流程，确保政策精准落地，为企业创造更好的营商环境。

（二）促进产业协同与链条延伸，优化区域产业布局

依托各类平台，聚集区域内相关企业，发掘产业链上下游的合作机会，拓展产业生态圈。通过加强企业间的合作与交流，提高产业关联度，形成优势互补、协同发展的良好格局。

（三）加强投融资服务，满足企业不同发展阶段的资金需求

与各类金融机构建立紧密的合作关系，为企业提供投融资撮合服务，帮助企业解决融资难、融资贵的问题。同时，加强对优质企业的上市培育服务，助力企业走向资本市场，实现更高水平的发展。

（四）推动科技创新，激发企业内生动力

依托产业技术资源，为初创科技企业提供技术支撑、知识产权交易等服务，培育一批具有核心竞争力的科技创新企业。通过加强产学研合作，促进科技成果转化，提升企业自主创新能力。

（五）推动福州市中小企业综合服务数字化转型升级

借助数字化手段，优化服务流程，提升服务效率。建立线上服务平

台，整合各类服务资源，为企业提供更加便捷、高效的服务支持。通过数字化转型，提升福州市中小企业综合服务的整体水平，助力企业实现高质量发展。

三　构想

（一）运营导向

坚持政府主导、市场化运营、专业化管理的思路，通过政策设计（如奖惩机制等）推动和以业务优势带动科技的"双驱动"策略，促进平台的建设、推广和运营。北京、广州、厦门等地中小企业在线平台依托地方金融控股集团优势的成功经验为福州打造相应服务平台提供了很好的借鉴和参考。

（二）举措

1. 依托一批综合服务平台

（1）福州市中小企业服务中心。中心的主要职能是为全市中小企业提供创新与创业服务；开展软件和信息技术的应用推广、提供信息产业发展咨询服务等工作。

（2）具有官方背景服务职能的行业协会，如福州市企业与企业家联合会、福州市外商投资企业协会等。它们共同的职能是代表企业共同利益、传达企业诉求，制定行业规则、协调企业行为，进行行业监管、维护市场秩序，受政府委托开展相关工作，开展行业研究、提供决策依据，提供信息和培训服务，等等。

（3）区域性股权交易平台。海峡股权交易中心是经福建省政府批准设立并经中国证监会备案的区域性股权市场运营机构，是集股权交易市场、资源环境交易市场、金融资产交易市场于一体的地方性交易场所。

（4）政府性融资担保平台。福州市融资担保有限责任公司是市级唯一国有全资的政府性融资担保机构，聚焦支小、支农主业，可发挥融资担保增信功能和"金融稳定剂"、"逆周期调节器"作用，为民营企业、中小微企业和"三农"主体发展提供融资担保增信服务。

（5）政府产业引导基金。为符合国家产业政策的未上市企业（含新三板挂牌企业）提供股权融资。优先投资国家战略性新兴产业、高新技术企业、重点产业升级企业、科技成果转化企业及具有前瞻性和引领性的其他企业。发挥带动作用，推动"基金+园区"模式，引导资金投向工业园区优质项目，同时带动国家大基金、社会资本跟投（朱毓松，2015）。

（6）福州海峡纵横电子竞价平台。该平台是国资委授权发布国有资产招租信息的统一平台，创新采用"互联网+电子竞价"方式，推动国有资产租赁工作更加规范、更加"阳光"。该平台目前已成为在福州市公共资源市场化配置方面具有权威影响力的重要平台之一。

2. 引进一批优质服务平台

（1）福州有16家省级以上中小企业公共服务示范平台（其中国家级3家），它们的职能包括技术检测、项目（产业）孵化、知识产权服务、技术转移、人才培训与交流、第三方检验检测认证、工程实验、工程（技术）研究等。在积极引进、融合本市已有公共服务平台的基础上，进一步引进一批优质服务平台。

（2）福建省大数据交易平台。福建省大数据交易所致力于推动公共数据与社会深度融合发展，制定标准统一、布局合理、管理协调、安全可靠的数据交易体系，建立全省一体化的数据要素交易市场，为各类市场提供数据交易服务，助力福建打造全国大数据交易流通体制机制与应用服务高地、大力培育数据经纪人及数据流通产业生态。

（3）海峡技术转移公共服务平台。该平台是在福建省科技厅领导下，由福建海峡技术转移中心承办的区域性科技创新服务平台，旨在进一步促进技术转移和科技成果转化、增强企业科技创新能力，开展技术转移和科技成果转化工作。该平台承载着项目管理、发布、对接、交易等重要功能，为境内外企业、高校、科研机构开展技术转移和科技成果转化架设桥梁，营造技术转移和科技成果转化氛围，逐步建成福建省科技服务大市场，使之成为福建省技术转移和科技成果转化门户网站，为福建省技术转移和科技成果转化提供全方位服务。

（4）福建省金服云平台。该平台立足福建省重要金融基础设施定位，旨在缓解中小微企业融资难题、帮助财政金融惠企政策精准落地、搭建数字化普惠金融生态（阳晓霞，2021）。

（5）股权投资平台。引育一批行业内市场影响力高、投资方向符合福州产业发展、合规经营的私募管理人，助力福州区域内的中小微企业实现高质量发展。比如深创投、红杉中国、中金资本、毅达资本等。

3. 打造一批新型服务平台

（1）"专精特新、科技小巨人"综合服务平台。依托金融科技等手段，充分发挥福州市中小企业服务中心和福州市现有金融资源优势，推动政企协同一站式服务，实现财政政策的精准推送、便捷申报、动态管理及效果评价等；对接全国信易贷、"金服云"等平台，吸引金融机构入驻，为中小企业提供融资服务，解决融资难、融资贵问题，加大对专精特新企业及科技"小巨人"企业的金融服务支持力度。

（2）上市企业培育服务平台。依托高新区及科创走廊等产业载体及"上市服务云平台"，引入产业引导基金、创业投资基金、海交所及相关中介机构，建立上市企业培育服务平台。聚焦于创新型、专精特新中小企业，为其提供培育辅导、路演、融资引智、上市跟踪等服务，实现上市后备资源、上市服务项目、上市动态进展一网查询等。加快培育一批具备上市条件和潜力的中小企业，加快其上市进程，充分发挥资本市场在服务实体经济发展中的关键作用。

（3）科创孵化育成服务平台。依托市科技局等政府职能部门，结合福州市科技成果转化平台、福州海峡纵横电子竞价平台、科创走廊金融支持基金、闽都人才股权投资基金、闽都院士村基金等，为科技型中小企业提供知识产权申请、专利质押融资、技术成果转让、创业孵化、股权投资等服务；发挥政府产业引导基金的带动作用，建设新型众创空间和孵化基地，培育高新技术企业和科技型中小企业，形成创新链与产业链的深度融合，培育科技"小巨人"、"独角兽"等高成长企业。

（4）绿色金融综合服务平台。依托市发展改革委、市金融局（办）等政府职能部门，打造绿色金融综合服务平台，利用"互联网+产业+绿色金融"的创新模式，从政策解读的角度为项目主体消除项目评审、市场评估、项目推介、信息撮合、技术支持、产业促进和金融支撑环节之间的障碍。

（5）工业互联网平台。依托福州市工信局、市大数据委以及国家工业互联网标识解析福州二级节点等，发挥数字赋能作用，开启产业转型升级格局，将信息流、资金流、人才创意、制造工具和制造能力在云端汇聚，将工业企业、信息通信企业、互联网企业、第三方开发者等主体在云端集聚，将数据科学、工业科学、管理科学、信息科学、计算机科学在云端融合，推动资源、主体、知识集聚共享，^①推动产业组织创新和产业链升级，实现培育工业数字化赋能平台、打造标杆引领和区域示范以及激发数字经济协同发展。

在实现对上述平台打造的基础上，逐步再建设一批新型服务平台，进一步完善新型服务平台的功能，更好地发挥其对创新创业的支撑作用。比如智能制造公共服务平台、智能产品公共服务平台、共享设计服务平台、工业互联网和软件服务平台、教育培训公共平台、两化融合公共服务平台、健康大数据平台等。

四　发展目标

一是力争三年内达到"福建省中小企业公共服务示范平台"、省级众创空间或孵化器水平，五年达到"国家中小企业公共服务示范平台"、"全国中小企业融资综合信用服务示范平台"、国家级省级众创空间或孵化器水平。

二是力争三年内实现服务全市中小企业 10 万家（次）以上，授信（投资）金额 100 亿元以上，注册用户达 1 万人以上。

三是力争用 3~5 年的时间实现福州市中小企业服务基地的整体数字化转型升级，建设福州市金融基础设施。

第四节　中小微特色产业园发展趋势

中小微企业特色产业园建成后，着力打造孵化器、加速器、创新型企业总部基地等梯次空间载体，致力于企业可持续发展提速升级，实现区域经济新旧动能转换。其未来发展趋势应着力于围绕战略性新兴产业，聚焦特色产业集聚及产业生态培育，作为创新成果交流转化的桥梁及载体，为区域引聚人才、创业成长、发展腾飞提供有力支撑，并以培育、孵化出多

---

① 《聚焦工业互联网平台建设，深化"互联网+先进制造业"》，工业和信息化部，2018 年 1 月 23 日，https://www.miit.gov.cn/ztzl/rdzt/tdzzyyhlwsdrhfzjkjstggyhlwpt/zcfb/art/2020/art_b05c7e3d4b4c4037af8985533b2dbb3c.html，最后访问日期：2023 年 9 月 25 日。

家创新型中小微企业为目标，成为区域内加强中小企业服务体系建设、培育优质中小企业的重要力量。

一　适应现代产业发展，践行园区用地集约化、多元化

为提高土地利用效率、降低土地资源浪费、创建符合中小微企业升级转型的运营场地，园区整体规划可围绕人文环境、交通、配套设施（生产、研发、生活等）以及绿色低碳发展等进行。

（一）以"共生"为主题，营造自由开放的科创氛围、构建交汇连通的物理空间

首先，自由开放的氛围使得园区内各个主体得以共生。无论是企业家、研究者还是创意工作者，无论是大公司、初创企业还是个人创业者，都会在此拥有一个充满活力和机遇的环境。园区内将设立创业园及孵化器，提供创业者所需的资源和指导，为入园企业提供物业减免、创业辅导及培训、投融资对接等各类孵化服务，同时与高等院校和研究机构建立紧密联系，促进产学研合作，实现创新和科技的共同发展，为各个领域的中小微企业提供理想的发展平台。

其次，完善的交通及基础设施是基本条件，包括公共交通、道路网和物流配送，从而促进企业和个人在园区内的流动和互动，促进合作、共享资源和开展联合研发。

（二）以"服务"为核心，科学规划优质的新型配套设施

结合入园企业的发展需求，围绕其生产、研发及生活等提供优质的配套基础设施，打造宜居宜业、满足企业员工刚性需求的多层次空间，更好地激发企业的创新潜力。

园区企业不应单纯以产业园建设，如厂房、研发楼等业态为主，而应围绕解决企业内新市民、青年人等群体住房问题，配套新建保障性/长期租赁住房。在政策端，建议上级单位在规划阶段将园区集中配建租赁住房纳入用地经济指标考虑范畴，支持建设"宿舍型"租赁住房，促进产城融合发展；支持募集资金用于住房租赁企业持有运营长期租赁住房的公募REITs项目以及专项债券发行，拓展住房租赁市场的融资渠道。

根据入园企业对设施设备、互联网、实验室以及后勤服务保障等的需

求，园区基础设施配套建设除满足环保、消防及安全等传统要求外，亟须上升至满足现代化城市动态及产业发展需求方向，如为满足优质项目承载力，推进生物医药、集成电路、高端装备等战略性新兴产业项目的标准厂房建设；聚焦绿色低碳、数字转型等，提升园区新型基础设施能级，推进园区 5G 基站、工业互联网、大数据中心及新能源汽车充电桩等的布局建设。

（三）围绕"绿色"办公环境，激发创新潜力

区别于写字楼人口密集、室内封闭以及周边交通拥堵等传统特征，特色园区将为员工与企业提供更具灵活性与呼吸感的绿色办公新空间：区位远离核心区，建设以生态化办公为目标，通常为低密度建筑群落，远超过传统工业原用地的绿地和植被覆盖率，注重保护生物多样性、创建生物栖息地、促进生态平衡。同时，注重对空气和水质的保护，并减少噪声和光污染等对生态环境的破坏。在园区内设置自然景观和休闲区域，"绿色"办公理念贯穿规划、建设、运营各环节，营造优美、高效、舒适的工作环境，使人们能够与自然互动并享受自然的美，发挥个人和企业的创造力。

二　弥补中小微企业"小散弱"劣势，培育特色产业集群发展

中小微企业存在资产规模小、产业链上下游物理空间分散且资金实力弱等问题，造成其信用水平较低、产业链上下游间联动合作成本较高，进一步导致研发经费有限、缺乏核心竞争力等问题，形成不良发展螺旋。特色产业园区亟须具备产业集聚协同能力，实现中小微企业的集群发展。集群发展旨在集聚科创要素、加强融通创新并完善平台赋能，有利于促进产业资源的快速流动、共享互通，放大协作效应，增强产业链韧性。

在园区空间建设层面，根据区域产业地图、瞄准定位，最大化适配目标集群产业内企业的生产、办公标准（如层高、承重等），抓住其产业运营特点，充分发挥特色园区的专业能力，解决中小微企业办公场所选址难、成本高等问题，有效降低固定资产投入，提高企业的整体运营效益。

在园区招商层面，核心是引进具有核心技术、带动作用强的目标产业龙头企业，围绕其上下游（供应商、销售商等）培育、集聚一批创新潜力突出、成长空间大的优质中小微企业，并引导相关配套服务（人才服务、

创业辅导服务以及法律、金融服务等）机构入驻，起到避免信息闭塞的作用，促进企业技术交流，充分展示各自优势，提高对接合作、供需端撮合效率。根据中小微企业对行业头部企业的强依附性，构建"龙头企业创新引领、中小企业集聚共生"的可持续健康发展体系，形成产业链上下游合作共赢效应，提高企业生产效益，打造具备区域产业特色的中小微企业特色产业集群。

三　集聚产业人才要素，增强园区运营服务能力、促进产学研结合下的科创成果转化

构建产业、人才融合发展生态，园区企业可依托区域产业人才政策，持续推进招才引智，招引一批园区运营市场化先进管理团队及特色产业领军人才，其所提供的现代化办公场所、先进实验室设备等，将为创新和研发提供良好的环境和条件，并辅以产业人才激励，汇聚一批具有高水平专业知识和经验的人才，包括各个领域的专家、学者、企业家和工程师等，形成一个充满创造力和创新思维的社群。

在园区运营层面，引进、培育一批懂产业、精管理、强服务的运营服务团队，具体包括通过外部引进市场化成熟机构、内外部合作培育专业团队等方式，为园区企业提供除传统"硬件"外的其他"软件"专业配套服务，如创业创新、金融服务、人才招聘等。

在科创成果转化层面，为了实现园区内不同组织和实体之间高效协同合作，共同推进科技创新和产业发展。园区可引导企业借助高校和研究机构的资源，开展相关研发工作，而高校和研究机构则可以通过与企业的合作，将科研成果转化为实际产业应用。

汇聚产业与运营人才、科研院所等资源，建立"园区+科研院+企业"的科创动能联合体，为特色产业园区高质量发展提供重要人才、科研支撑。

四　绿色化、数字化智慧园区建设，提升运营效率及专业服务能力

（一）围绕"双碳"目标，推进产业园区循环发展

园区将以可持续发展和环境友好为核心，注重能源消费结构，从园区

内高新技术企业产值占比、工业固体废物综合利用率、工业用水重复率以及碳排放消减率等指标进行调节，致力于创造一个与自然和谐共处的生态环境。

具体举措包括采用绿色建筑和能源技术，最大限度地减少能源消耗和碳排放：建筑物将采用可再生材料和高效能源系统，如太阳能和风能等，以降低对传统能源的依赖；智能化的能源管理系统将优化能源利用和分配，使资源得到更有效地利用；注重水资源的节约和回收利用，通过雨水收集系统和废水处理设施，实现循环利用和水资源的有效管理。

（二）数字化建设，高效赋能运营服务水平

通过数字化技术的应用，可更好地实现园区管理和服务的高效化、智能化及精细化，借助云计算、物联网、大数据技术等先进算法打造高品质智慧园区，解决园区治理中的痛点和难点问题。智能化的系统和技术的应用包括建立智能能源网络，通过传感器和数据分析，实时监控能源消耗情况和利用效率，优化能源配置；智慧交通系统能够提供实时的交通信息和指引，优化交通流动，减少交通拥堵和污染。

园区通过互联网对接各类专业化智能平台，支持入园中小企业提升专业创新水平，并进行数字化转型，从产业、能源、人才、环境、设施设备、安保、园区管理、后勤服务等方面满足入园企业需求。

在政务大数据建设上，智慧管理系统能够整合各类信息和数据，有助于公共数据、社会数据等汇集整合、开放利用；在运营服务上，先进算法技术为自动化的管理和决策提供支持，提升园区的运行效率和服务水平，形成"科技+产业+物业+企业"的全维度智能化服务模式。

五　打造金融科技发展高地、构建产业生态

中小微企业特色产业园区建设着眼区域经济高质量发展，发挥科技赋能作用是必要条件，其从创新金融产品、防范金融风险等维度，将金融科技发展贯穿到区域企业发展周期的各环节，具有一定的示范带动作用。

高起点谋划金融科技产业园的发展，不仅需要硬件设施、创新平台和国际视野，还需要良好的政策环境作为支撑。另外，要聚焦人工智能、云计算、大数据、区块链等中小微企业的金融科技创新领域，同时配套建设

客服中心、培训中心、金融服务中心等，并引进和建设中小微企业科技孵化平台、创客空间、产学研合作基地等，打造金融科技产业生态链。

（一）金融科技政策配套

政府相关部门应出台一系列对中小微企业的优惠政策，如税收减免、资金扶持、人才引进等，降低企业运营成本，吸引更多优质企业和人才入驻。同时，建立健全的法律法规体系，探索金融科技创新监管试点、知识产权保护、市场秩序维护等，为金融科技产业的健康发展提供有力保障。

（二）聚焦金融科技基础设施

引入如银行科技、保险科技、证券科技及金融科技研究院在内的众多金融科技应用场景和专业服务机构，完善金融产业链底座建设。

（三）产业链重点企业招引

引入头部或重点金融科技企业和专业服务机构，为金融科技企业在办公选址、注册登记、资源对接、融资服务等方面提供精准服务，大力支持园内金融科技企业研发项目建设，支持企业设立或引入创新业态和创新平台，推动科技创新能力不断强化和提升，助力形成金融科技全要素产业集群，打造区域标志性项目和具备地方特色的综合金融服务性平台。

（四）推动金融科技创新及成果运用

金融科技企业以科技为支撑，发展的核心是技术研发和成果运用。园区可引导金融科技企业通过吸引国内外顶尖的科技人才和研发团队，围绕科创金融改革创新的基础性、全局性、关键性问题开展系统研究以及关键核心技术研发，推动金融科技研究和创新成果的转化应用，从而促进区域金融科技企业发展，提升行业的技术水平和核心竞争力，推动产业园建成区域金融科技发展高地，形成"科技+金融+产业+生态+人才"的产学研合作体系。

（五）汇聚金融科技力量，促进金融科技孵化与场景打造

一方面强化数字金融产业投资。以培育数字金融产业链为导向，通过产业投资的方式围绕产业"建圈强链"工作部署，以数字金融产业投资为导向，构建多元化数字金融产业链，推动数字金融产业强链、补链，填补相关空白。另一方面提高数字金融输出能力。聚焦政府、金融机构、企业

用户各类数字化转型需求，为机构用户提供个性化、定制化、全流程解决方案及服务。一是为政府用户提供"数字政府"建设过程中的全流程解决方案和各类数字化服务。二是为金融机构提供征信、普惠金融产品、风控模型开发等全流程服务。三是为具有数字化转型需求的企业用户提供各类数字化及云平台服务。

参考文献

ChinaHrkey，2012，《中国中小企业人力资源管理白皮书》https：//max.
　　book118. com/html/2019/0709/805100025002034. shtm，最后访问日期：
　　2024 年 6 月 27 日。

财政部，2010，《财政部 工业和信息化部关于印发〈中小企业信用担保资
　　金管理暂行办法〉的通知》，4 月 30 日，http：//www. mof. gov. cn/
　　gkml/caizhengwengao/2010nianwengao/wgd5q/201007/t20100722_329289.
　　htm，最后访问日期：2023 年 10 月 15 日。

财政部，2012，《财政部 工业和信息化部关于印发〈中小企业信用担保资
　　金管理办法〉的通知》，5 月 25 日，http：//www. mof. gov. cn/gkml/
　　caizhengwengao/2012wg/wg201208/201212/t20121213 _ 714446. htm，最
　　后访问日期：2023 年 10 月 15 日。

财政部，2014，《财政部 工业和信息化部 科技部 商务部关于印发〈中小企
　　业发展专项资金管理暂行办法〉的通知》，4 月 10 日，http：//www.
　　mof. gov. cn/gkml/caizhengwengao/wg2014/201408wg/201503/t20150327_12
　　08376. htm，最后访问日期：2023 年 9 月 30 日。

财政部，2022，《山西晋中发挥政府性融资担保作用扶持中小企业发展》，7
　　月 18 日，http：//www. mof. gov. cn/zhengwuxinxi/xinwenlianbo/shanxicai-
　　zhengxinxilianbo/202207/t20220715_3827256. htm，最后访问日期：2023
　　年 10 月 15 日。

财政部，2023，《关于印发〈企业数据资源相关会计处理暂行规定〉的通
　　知》，8 月 1 日，http：//xj. mof. gov. cn/zcfagui/202311/t20231108_3915
　　462. htm，最后访问日期：2023 年 8 月 16 日。

财政部，2023，《关于加强财税支持政策落实　促进中小企业高质量发展
　　的通知》，8 月 20 日，http：//yss. mof. gov. cn/zhengceguizhang/202308/

t20230824_3903984. htm，最后访问日期：2023 年 10 月 7 日。

曹雅丽，2023，《持续优化环境 促进中小企业专精特新发展》，《中国工业报》7 月 28 日。

常志华，2022，《山西省政府性融资担保机构市县一体化运营改革后市级担保机构的发展思考》，《山西财税》第 9 期。

陈爱霞、袁始烨，2023，《税收优惠政策激励效应及优化——以江苏省中小企业为例》，《湖南税务高等专科学校学报》第 4 期。

陈建安、李燕萍，2022，《中小企业开展产学研深度融合的路径与对策研究》，《今日科苑》第 9 期。

陈杰，2021，《重庆市政策性担保公司经营绩效评价及其影响因素研究》，硕士学位论文，西南财经大学。

陈苗、王立国，2015，《基于 DEA 模型的战略新兴产业股权融资效率研究》，《商》第 16 期。

陈平花、葛格，2020，《新冠肺炎疫情冲击下纾解我国中小企业财务困境的税收优惠政策》，《湖北经济学院学报》第 4 期。

陈武元、蔡庆丰、程章继，2022，《高等学校集聚、知识溢出与专精特新"小巨人"企业培育》，《教育研究》第 9 期。

陈晓蓉、张燕玲，2022，《甘肃省中小企业公共服务平台建设作用及发挥情况》，《甘肃科技》第 20 期。

陈永杰，2013，《小微企业在我国经济中的地位与作用》，《经济研究参考》第 32 期。

丹·塞诺、索尔·辛格，2010，《创业的国度：以色列的经济奇迹》，王跃红、韩君宜译，中信出版社。

道客巴巴，2012，《住宅项目规划方案设计说明多媒体录音稿》，11 月 26 日，https：//www.doc88.com/p-112695709553.html，最后访问日期：2024 年 1 月 3 日。

邓志辉，2022，《政府性融资担保体系建设中地方政府作用提升研究——以 J 省 F 市为例》，硕士学位论文，南昌大学。

董瑞晗，2022，《公共服务平台助力中小企业发展的对策研究》，《产业与科技论坛》第 21 期。

洞见研报，2023，《中国中小企业数字化转型研究报告（2022）》，3 月 10

日，https：//www.djyanbao.com/preview/3454091?from＝search＿list，最后访问日期：2023年10月7日。

豆丁网，2012，《赛博（杭州）创业工场加速器实施政策》，11月26日，ht-tps：//www.docin.com/p-538214443.html，最后访问日期：2024年1月3日。

杜波，2023，《新兴综合性产业园设计策略——以山东大生命科学工程产业园区为例》，《城市建筑》第10期。

杜涛、杨朔，2021，《试论基于区块链技术的科技成果转化平台创建》，《长江论坛》第6期。

冯光辉，2023，《政府性融资担保机构在发展中存在的问题及工作优化措施》，《中国农业会计》第10期。

冯雪珠，2022，《汇聚科创资源激活发展动力——我市以项目带动，深化科创走廊载体建设》，《福州日报》8月31日。

福建省发展改革委，2022，《福建省促进中小企业发展工作领导小组办公室关于印发2022年福建省促进中小企业发展工作要点的通知》，5月5日，http：//fgw.fujian.gov.cn/ztzl/fjys/yszc/sjzc/202208/t20220804＿5969008.htm，最后访问日期：2023年9月30日。

福建省工业和信息化厅，2015，《关于修订〈福建省中小企业公共服务示范平台认定管理办法〉和〈福建省省级小微企业创业基地管理办法〉的通知》，5月21日，http：//gxt.fujian.gov.cn/jdhy/zxzcfg/sjzcfg/201505/t20150521＿2146967.htm，最后访问日期：2023年11月1日。

福建省工业和信息化厅，2017，《关于公布2017年福建省小型微型企业创业创新示范基地名单的通知》，12月7日，http：//gxt.fujian.gov.cn/zwgk/zfxxgk/fdzdgknr/gzdt/201712/t20171207＿3401381.htm，最后访问日期：2023年9月30日。

福建省工业和信息化厅，2021，《福建省工业和信息化厅关于公布2021年度福建省小型微型企业创业创新示范基地名单的通知》，11月26日，http：//gxt.fujian.gov.cn/zwgk/zfxxgk/fdzdgknr/gzdt/202111/t20211126＿5781986.htm，最后访问日期：2023年9月30日。

福建省工业和信息化厅，2023a，《福建省促进中小企业发展工作领导小组办公室关于印发福建省惠企政策"免申即享"实施方案（试行）的通知》，6 月 29 日，http：∥gxt. fujian. gov. cn/zwgk/zfxxgk/fdzdgknr/gzdt/
202307/t20230704_6199410. htm，最后访问日期：2023 年 9 月 30 日。

福建省工业和信息化厅，2023b，《福建省促进中小企业发展工作领导小组
办公室关于公布福建省省级第二批"免申即享"惠企政策目录清单的通
知》，11 月 14 日，http：∥gxt. fujian. gov. cn/zwgk/zfxxgk/fdzdgknr/gzdt/
202311/t20231124_6307628. htm，最后访问日期：2023 年 9 月 30 日。

福建省经济和信息化委员会，2016，《关于公布 2016 年福建省中小企业公
共服务示范平台和福建省省级小微企业创业基地名单的通知》，7 月
12 日，http：∥news. m. xmsme. cn/webview. aspx?id＝58475，最后访问
日期：2023 年 9 月 30 日。

福建省人民政府，2002，《福建省人民政府及省政府办公厅关于几个临时
机构成立和调整的通知》，http：∥zfgb. fujian. gov. cn/1928，最后访问
日期：2023 年 9 月 26 日。

福建省人民政府，2018，《福建省人民政府关于进一步支持全省中小企业
发展十条措施的通知》，9 月 11 日，http：∥www. fujian. gov. cn/zwgk/
zfxxgk/szfwj/jgzz/jmgjgz/201809/t20180912_4494319. htm，最后访问日
期：2023 年 9 月 30 日。

福州市人民政府，2019a，《福州市人民政府印发关于进一步支持中小企业
发展的若干措施的通知》，3 月 7 日，http：∥www. fuzhou. gov. cn/
zfxxgkzl/szfbmjxsqxxgk/szfbmxxgk/fzsrmzf/zfxxgkml/ywgz/gyjtkjgz/201903/
t20190307_2774981. htm，最后访问日期：2023 年 9 月 30 日。

福州市人民政府，2019b，《福州市工业和信息化局关于印发福州市促进中小
企业发展工作领导小组名单的通知》，4 月 25 日，http：∥www. fuzhou.
gov. cn/zgfzzt/sjxw/zfxxgkzl/gkml/gzdt_31711/201904/t20190425_2852014.
htm，最后访问日期：2023 年 11 月 1 日。

《福建省人民政府关于进一步推进工业用地提质增效促进工业经济高质量
发展的通知》，2022，《福建省人民政府公报》第 9 期。

甘长凯、王大龙、郭旭、张志刚，2022，《科技型中小企业公共服务平台
网络建设咨询项目分析》，《天津科技》第 S1 期。

《工信部：完善绿色标准体系引导数据中心企业开展碳排放核查与管理》，
2021，《中国轮胎资源综合利用》第 8 期。

工业和信息化部，2010，《关于促进中小企业公共服务平台建设的指导意见》，4月21日，https：//www.miit.gov.cn/zwgk/zcwj/wjfb/zh/art/2020/art_5ffa1717c02b449eac6be21eb0e3d815.html，最后访问日期：2023年11月1日。

工业和信息化部，2015，《关于首批国家小型微型企业创业创新示范基地名单的公示》，11月25日，https：//www.miit.gov.cn/gzcy/yjzj/art/2020/art_c08dcabf8cfa449f9502861644ffc21c.html，最后访问日期：2023年9月30日。

工业和信息化部，2016a，《工业和信息化部关于印发促进中小企业发展规划（2016—2020年）的通知》，6月28日，https：//wap.miit.gov.cn/jgsj/ghs/wjfb/art/2016/art_33d4c7f7b191487ca32e3102962f3827.html，最后访问日期：2023年9月30日。

工业和信息化部，2016b，《工业和信息化部关于公布第二批国家小型微型企业创业创新示范基地名单的通告》，11月23日，https：//www.miit.gov.cn/zwgk/zcwj/wjfb/tg/art/2020/art_16fa93ca31694a0c8b49a81d016eee4f.html，最后访问日期：2023年9月30日。

工业和信息化部，2017，《工业和信息化部关于公布第三批国家小型微型企业创业创新示范基地名单的通告》，9月26日，https：//wap.miit.gov.cn/zwgk/zcwj/wjfb/tg/art/2020/art_2814cb983dcb41d29aad027dbb68c9b2.html，最后访问日期：2023年9月30日。

工业和信息化部，2019，《工业和信息化部关于公布2019年度国家小型微型企业创业创新示范基地名单的通告》，10月18日，https：//wap.miit.gov.cn/zwgk/zcwj/wjfb/tg/art/2020/art_1040519efe0e49c0b83b9021a4294ee8.html，最后访问日期：2023年9月30日。

工业和信息化部，2021a，《工业和信息化部关于印发〈新型数据中心发展三年行动计划（2021—2023年）〉的通知》，7月14日，https：//www.miit.gov.cn/zwgk/zcwj/wjfb/txy/art/2021/art_d6068e784bef47ca9cda927daa42d41e.html，最后访问日期：2024年1月3日。

工业和信息化部，2021b，《关于印发"十四五"促进中小企业发展规划的通知》，12月17日，https：//wap.miit.gov.cn/jgsj/qyj/gzdt/art/2021/art_ade0a87b63aa4c54be6c635a01f0de8b.html，最后访问日期：2023年

9 月 30 日。

工业和信息化部，2022，《关于政协第十三届全国委员会第五次会议第00736 号（工交邮电类 093 号）提案答复的函》，10 月 9 日，https：// www. miit. gov. cn/zwgk/jytafwgk/art/2022/art_b6dcf1d19b7147ee816e5a2 81d4a88db. html，最后访问日期：2023 年 9 月 30 日。

工业和信息化部，2023，《关于印发助力中小微企业稳增长调结构强能力若干措施的通知》，1 月 14 日，https：//www. miit. gov. cn/jgsj/qyj/ wjfb/art/2023/art_de0ec3542b804825907f58d301219660. html，最后访问日期：2023 年 9 月 30 日。

《公共服务体系更加完善创新服务模式精准服务中小企业》，2022，《中国中小企业》第 8 期。

龚新涛、朱婷，2023，《安徽省中小企业公共服务平台发展探讨》，《合作经济与科技》第 18 期。

广东省地方金融监督管理局，2019a，《关于印发〈广东省支持中小企业融资的若干政策措施〉的通知》，8 月 17 日，http：//gdjr. gd. gov. cn/ gkmlpt/content/2/2871/post_2871096. html#3489，最后访问日期：2023 年 10 月 25 日。

广东省地方金融监督管理局，2019b，《〈广东省支持中小企业融资的若干政策措施〉政策解读》，8 月 17 日，http：//gdjr. gd. gov. cn/gdjr/zwgk/ zcjd/content/post_2871151. html，最后访问日期：2023 年 10 月 25 日。

广东省人民政府办公厅，2010，《关于成立省促进中小企业发展工作领导小组的通知》，10 月 21 日，http：//www. gd. gov. cn/gkmlpt/content/0/ 139/mpost_139322. html#7，最后访问日期：2023 年 11 月 1 日。

广东省人民政府，2018，《广东省人民政府办公厅关于调整广东省促进中小企业发展工作领导小组的通知》，12 月 10 日，http：//www. gd. gov. cn/zwgk/wjk/qbwj/ybh/content/post_165171. html，最后访问日期：2023 年 11 月 1 日。

郭倩、王志，2022，《路径明确多方助力中小企业数字化转型》，《经济参考报》11 月 24 日。

郭旭、贾春岩、王广志，2022，《产业投资与产业孵化协同运营模式构建——以中关村软件园为例》，《科技和产业》第 7 期。

国家发展改革委办公厅，2015，《小微企业增信集合债券发行管理规定》，11月30日，https：//www.ndrc.gov.cn/xxgk/zcfb/tz/201512/W020190905506469258435.pdf，最后访问日期：2023年10月15日。

国家发展改革委，2021，《全国信易贷平台融资规模破万亿》，1月29日，https：//www.ndrc.gov.cn/xxgk/jd/wsdwhfz/202101/t20210129_1266249.html，最后访问日期：2023年8月25日。

国家发展改革委中小企业司、英国政府国际发展部编，2003，《中小企业服务体系国际经验比较》，中国经济出版社。

国家融资担保基金，2021，《部分省级政府性融资担保支持政策目录及分类索引》，12月31日，https：//www.gjrdjj.com/content/details_44_1003.html，最后访问日期：2023年10月15日。

国家融资担保基金，2022，《部分省级政府性融资担保支持政策目录及分类索引（2022）》，8月18日，https：//www.gjrdjj.com/content/details_44_1133.html，最后访问日期：2023年10月15日。

国家税务总局，2022，《2022年新的组合式税费支持政策厘不清？一篇文章帮你看明白》，8月22日，https：//www.chinatax.gov.cn/chinatax/c102089/c5179323/content.html，最后访问日期：2023年10月7日。

国务税务总局，2023，《国家税务总局办公厅 中华全国工商业联合会办公厅关于印发〈2023年助力小微经营主体发展"春雨润苗"专项行动方案〉的通知》，5月19日，https：//fgk.chinatax.gov.cn/zcfgk/c102424/c5215801/content.html，最后访问日期：2023年9月30日。

国家统计局，2018，《统计上大中小微型企业划分办法（2017）》，1月3日，http：//www.stats.gov.cn/sj/tjbz/gjtjbz/202302/t20230213_1902763.html，最后访问日期：2023年9月26日。

国家统计局，2022，《国家统计局部门决算（2022）》，8月10日，http：//www.stats.gov.cn/xxgk/cwxx/bmjs/202307/p020230725607070608201.pdf，最后访问日期：2023年10月25日。

国家统计局，2023，《中华人民共和国2022年国民经济和社会发展统计公报》，2月28日，https：//www.stats.gov.cn/sj/zxfb/202302/t20230228_1919011.html，最后访问日期：2023年10月15日。

国家中小企业发展基金有限公司，2023，《国家中小企业发展基金有限公司第六批子基金管理机构遴选公告》，7 月 31 日，http：//www. csmedf. com/？
　　article/579. html，最后访问日期：2023 年 8 月 27 日。

《国务院：国有民营经济一视同仁》，2018，《新理财》第 9 期。

韩钢，2019，《我国高速公路政府隐性债务问题探析》，《广西经济》第
　　2 期。

合肥市国资委、合肥市财政局，2021，《关于印发〈合肥市天使投资基金管
　　理办法〉的通知》，9 月 28 日，https：//www. hefei. gov. cn/xxgk/szfgb/
　　2021/djh/bmwj/106920571. html，最后访问日期：2023 年 10 月 15 日。

合肥市人民政府，2022，《合肥市助企融资再加码 创新创新推出"政信贷"
　　线上财政金融产品》，6 月 15 日，https：//www. hefei. gov. cn/ssxw/ztzl/
　　zt/yhshj/dxal/107787399. html，最后访问日期：2023 年 10 月 25 日。

何瑛，2023，《数字化变革推动中小企业高质量发展的理论逻辑与实践路
　　径》，《求索》第 6 期。

洪昀至，2022，《安徽省政府性融资担保体系建设研究》，《中国市场》第
　　32 期。

胡岁才，2009，《中小企业在我国国民经济中的地位与作用》，《中小企业
　　管理与科技（下旬刊）》第 4 期。

胡振兴、周亚楠、古雅洁，2022，《中小企业融资服务平台战略分析与建
　　议》，《中小企业管理与科技》第 9 期。

《"湖南模式"亮点四·中小企业融资服务平台"湘企融"湘当给力》，
　　2022，《中国中小企业》第 6 期。

黄超、傅淞岩，2022，《喜讯！沈阳工业数字化建设等四项工作获国家督
　　查激励，其中军南区有两项被点名表扬》，6 月 12 日，https：//baijia-
　　hao. baidu. com/s？id＝1735360589423325095&wfr＝spider&for＝pc，最后
　　访问日期：2024 年 1 月 3 日。

黄辉、许杏、季红连、黄雯静、罗欣、牙丽珍，2023，《"审计漏斗"模型
　　助力地方金融机构应对新风险挑战研究——以 GX 银行内部审计实践
　　为例》，《中国内部审计》第 9 期。

黄曼远、孟艳、许文，2015，《欧洲投资基金管理运作模式及对我国政府
　　创业投资引导基金的借鉴》，《经济研究参考》第 7 期。

黄诗媛、蒋晶，2022，《乡村振兴背景下农村新媒体运营多元协同育人机

制研究——以广东工贸职业技术学院新媒体运营职业培训为例》，《农村经济与科技》第 24 期。

黄玉，2023，《"互联网+"背景下大学生创新创业现状及路径优化》，《四川劳动保障》第 2 期。

霍宁波、张建民，2022，《中小企业创新发展思考》，《合作经济与科技》第 2 期。

贾康等，2015，《我国科技金融服务体系研究》（上\下），经济科学出版社。

贾卫平、吴玲、黄泽景，2019，《我国中小企业应收账款融资风险识别及防控》，《济源职业技术学院学报》第 2 期。

蒋键、李欣、范军等，2022，《科技孵化育成体系高质量发展模式、路径及对策研究——基于广东省东莞市的调研分析（2018—2021）》，《中国高校科技》第 7 期。

解维敏、方红星，2011，《金融发展、融资约束与企业研发投入》，《金融研究》第 5 期。

靳生，2023，《安徽政府性融资担保服务实体经济成效显著——近 50% 科技企业 49.81% 专精特新企业获得支持》，《中华工商时报》7 月 3 日。

科技部火炬高技术产业开发中心，2022，《〈中国创业孵化发展报告（2022）〉发布》，9 月 26 日，http：//www. innofund. gov. cn/kjb/hjdt/202209/ba72e1e68bc946d7a80f48a8ab690bd6. shtml，最后访问日期：2024 年 1 月 3 日。

孔华巍，2021，《A 信用担保公司员工绩效考核体系优化设计研究》，硕士学位论文，西安科技大学。

李滨、牟宏磊、姚文斌编著，2019，《中小企业公共服务平台建设理论与实践研究》，北京航空航天大学出版社。

李佳师、谷月，2020，《市场呼唤更先进的大数据中心 | 新基建新动能新增长系列报道之二》，3 月 17 日，http：//m. cena. com. cn/industrynews/20200317/105364. html，最后访问日期：2024 年 1 月 3 日。

李建良，2017，《SBIC：国际大企业的"婴儿保暖箱"，美国创业投资引导基金模式》，5 月 9 日，https：//zhuanlan. zhihu. com/p/25966890，最后访问日期：2023 年 8 月 27 日。

李建良，2017，《创投引导基金之英国篇：SCF 兼顾公共财政与财务绩效

双重目标》，5 月 9 日，https：//zhuanlan. zhihu. com/p/26084832. 最后
访问日期：2023 年 8 月 10 日。

李珂，2017，《福建互联网正式接入"高速公路"》，8 月 19 日，http：//
news. ijjnews. com/system/2017/08/19/011004805. shtml，最后访问日
期：2024 年 1 月 03 日。

李日升编著，2020，《算能洞察能源与计算机产业未来》，新华出版社。

李瑞平、昌彤、柯楚，2019，《让"政采贷"照亮中小企业前行之路》，
《中国政府采购报》12 月 24 日。

李若男，2023，《我国政府性融资担保对促进普惠金融发展的作用及其可
持续发展研究》，博士学位论文，北京外国语大学。

李旭庆，2018，《习近平关于科技创新重要论述研究》，河北工业大学。

李彦，2015，《哥斯达黎加中小微企业融资困境与对策研究》，博士学位论
文，北京外国语大学。

李晔梦，2021，《以色列科研体系的演变》，社会科学文献出版社。

李雨峰、马玄，2021，《互联网领域知识产权治理的构造与路径》，《知识
产权》第 11 期。

连平，2019，《构建中小微企业金融服务体系的思路与建议》，《中国银行
业》第 2 期。

梁艳、毛锦华，2023，《数字经济背景下中小企业数字化转型策略研究》，
《中国商论》第 17 期。

林晨，2021，《金融科技服务实体经济的作用机理研究》，四川大学。

林建华，2021，《打造"五位一体"中小微企业融资服务体系》，《中国金
融》第 20 期。

林侃，2019，《我省构建"一平台、一张网、两朵云"企业服务生态圈》，
《福建日报》3 月 25 日。

刘都，2022，《融资担保业务风险管理研究——以 G 担保公司银担业务为
例》，硕士学位论文，广州大学。

刘飞，2014，《科技型中小企业金融服务研究——基于信息不对称视角》，
经济管理出版社。

刘瑾，2022a，《纺织服装业数字化提速》，7 月 11 日，https：//m. gmw. cn/
baijia/2022-07/11/35873926. html，最后访问日期：2024 年 1 月 3 日。

刘瑾，2022b，《缝纫机上的工业互联网传统纺织服装业数字化改造提速》，《中国中小企业》第 7 期。

刘竞、高群凡，2003，《浙江省中小企业服务平台建设的几点思考》，《决策咨询通讯》第 5 期。

刘梦妍，2021，《华为技术有限公司副总裁周跃峰："四新"助推河北数字经济发展》，9 月 8 日，http：//epaper. hbjjrb. com/Pad/jjrb/202109/08/con93101. html，最后访问日期：2024 年 1 月 3 日。

刘淑春，2018，《数字政府战略意蕴、技术构架与路径设计——基于浙江改革的实践与探索》，《中国行政管理》第 9 期。

龙跃、欧阳永，2022，《基于大数据的中小企业融资服务平台建设探析》，《长江信息通信》第 8 期。

罗瑾琏、王象路、耿新，2023，《数字化转型对企业创新产出的非线性影响研究》，《科研管理》第 8 期。

罗梦婕，2020，《产城融合背景下科技产业园复合化设计研究》，硕士学位论文，华南理工大学。

马晨征、温欣言、毛茹霞，2022，《破解科技型中小企业融资难的几点思考——以山西科技金融信息服务平台为例》，《科技中国》第 10 期。

牛禄青，2014，《中美创新型孵化器的主要运营模式》，《新经济导刊》第 9 期。

潘福达，2023，《全球机构共促技术交易合作》，《北京日报》5 月 28 日。

潘涛、张倩，2023，《融资性循环贸易纠纷裁判路径实证研究》，《法律适用》第 5 期。

彭剑君编著，2017，《中小微企业发展的金融支持对策研究》，经济管理出版社。

齐其芳、尤培锋，2021，《政府性融资担保公司经营管理问题及化解途径》，《审计月刊》第 3 期。

齐泽萍，2021，《山西省国家级科技企业孵化器增至 16 家》，3 月 2 日，http：//www. sx. chinanews. com. cn/news/2021/0302/187508. html，最后访问日期：2024 年 1 月 3 日。

启言，2011，《IDC 的体制之困》，《互联网周刊》第 5 期。

清科研究中心，2022，《2022 年中国政府引导基金系列研究报告（设立篇）》。

任保平，2023，《新发展阶段我国高标准市场体系建设及其体制机制改革》，*China Economist* 第 4 期。

山鹰，2022，《打造优质中小企业公共服务平台更好地服务中小企业》，《现代工业经济和信息化》第 6 期。

韶关新区管理委员会（广东韶关工业园区管理委员会），2023，《发挥政府性融资担保平台作用扶持中小企业发展助力平台建设发展》，6 月 19 日，https：//www. sg. gov. cn/sgsgxqgl/gkmlpt/content/2/2516/mpost_2516829. html#6859，最后访问日期：2023 年 10 月 15 日。

《深圳市文化广电旅游体育局关于印发〈深圳市关于加快培育数字创意产业集群的若干措施〉的通知》，2023，《深圳市人民政府公报》第 19 期。

深圳市中小企业服务局，2022，《深圳市中小企业服务局机构职能》，6 月 28 日，http：//zxqyj. sz. gov. cn/jgzn/jggk/最后访问日期：2023 年 11 月 1 日。

深圳天使母基金，2021，《以色列风险投资发展历程与 Yozma 计划》，8 月 12 日，https：//news. pedaily. cn/202108/475969. shtml，最后访问日期：2023 年 8 月 5 日。

沈文京，2017，《国家科技成果转化引导基金》，《中国公路》第 18 期。

石滔、熊敬辉，2022，《协同与信用驱动的数字金融服务平台设计与实践》，《科技与金融》第 5 期。

史松坡、栗文丹，2022，《美国政府引导基金 SBIC 计划的经验及启示》，9 月 7 日，https：//business. sohu. com/a/583065117_116132，最后访问日期：2023 年 8 月 27 日。

史松坡、栗文丹，2022，《以色列 Yozma 政府引导基金的经验与启示. 投资界》，10 月 10 日，https：//news. pedaily. cn/202210/501851. shtml，最后访问日期：2023 年 8 月 5 日。

史松坡、栗文丹，2022，《英国政府引导基金的经验与启示》，9 月 28 日，https：//news. pedaily. cn/202209/501446. shtml，最后访问日期：2023 年 8 月 10 日。

世纪秘书，2022，《中小企业融资困境及对策思考》，11 月 20 日，https：//www. 1mishu. com/lunwen/gggllw/zxqyrzlw/201511/793281. html，最后访问日期：2023 年 10 月 7 日。

"数据中心标准联盟"微信公众号，2019，《2021 年中国 IDC 市场规模预计超 2700 亿元》，5 月 27 日，https：//mp. weixin. qq. com/s/mPBD-dGRERGyMSHPM5ntvpA，最后访问日期：2024 年 1 月 3 日。

数字中国建设峰会，2017，《福州国家级互联网骨干直联点开通运行》，8 月 18 日，https：//www. szzg. gov. cn/2018/szfj/dzzw/201712/t20171228_411064. htm，最后访问日期：2024 年 1 月 3 日。

税屋，1991，《国发〔1991〕12 号关于批准国家高新技术产业开发区和有关政策法规的通知》，3 月 6 日，https：//www. shui5. cn/article/f2/23900. html，最后访问日期：2023 年 11 月 10 日。

宋明城、刘剑，2022，《广东：构建政采贷线上融资新模式助力中小微企业发展》，《中国财政》第 7 期。

宋维东，2023，《辽宁股权交易中心：打造多功能中小企业公共服务平台》，《中国证券报》。

搜狐网，2018，《名单公布｜2018 年福建省小型微型企业创业创新示范基地》，12 月 28 日，https：//www. sohu. com/a/285247913_818354，最后访问日期：2023 年 9 月 30 日。

孙锦礼、陈悦，2022，《科技金融生态对科技企业孵化效率的影响效应研究》，《区域经济评论》第 2 期。

孙晶，2020，《基于税收政策视角的中小企业发展路径研究》，《当代会计》第 23 期。

孙茂康，2022，《信息化转型背景下工业互联网对中小企业融资的影响研究》，《中国商论》第 7 期。

孙巍，2023，《打造宁波中小进出口企业综合金融服务平台的建议》，《宁波经济（三江论坛）》第 3 期。

唐联洲，2020，《促进我国中小企业发展的税收政策分析》，《纳税》第 26 期。

滕磊，2021，《数字普惠金融视角下中小企业融资约束问题研究》，博士学位论文，四川大学。

佟健，2018，《金融结构失衡对中小微企业融资难问题的影响研究》，博士学位论文，辽宁大学。

汪艳霞、钟书华，2014，《从企业孵化器到企业加速器：缘起、演进及走向》，《科技创新导报》第 26 期。

王川，2022，《政府采购信用担保下的小微企业应收账款融资研究》，硕士学位论文，山东大学。

王慧，2021，《税收优惠政策助力中小企业发展》，《中小企业管理与科技》第 11 期。

王江璐、刘明兴，2019，《我国政府引导基金的现状分析与政策建议》，《福建师范大学学报》（哲学社会科学版）第 6 期。

王儒靓、周春锋，2010，《中小企业融资担保的法律问题及其制度创新》，《中国集体经济》第 30 期。

王先，2020，《大数据背景下区域性中小企业公共服务平台构建——以江苏省为例》，硕士学位论文，湖北工业大学。

王先进，2020，《政府扶持中小企业发展研究——以中小企业公共服务平台为例》，硕士学位论文，南京农业大学。

王永珍，2024，《"金服云"一年为 3 万多家企业解决 1100 亿元融资需求 普惠金融新生态加速形成》，《福建日报》1 月 5 日。

王芷纯、王禹榕，2023，《国家"信易贷"平台助力我国中小微企业发展研究——以昆山"信易贷"平台为例》，《开发性金融研究》第 1 期。

韦茜，2023，《陕西进一步完善政府性融资担保体系建设的思考》，《新西部》第 3 期。

温智良，2022，《政府采购合同线上信用融资个案调查与思考》，《审计与理财》第 7 期。

文秘帮，2022a，《中小企业融资信用担保体系建设研究》，7 月 16 日，https：//www. wenmi. com/article/puqbpl01xg1z. html，最后访问日期：2023 年 10 月 15 日。

文秘帮，2022b，《海南省中小企业担保机制存在的问题及对策建议》，8 月 9 日，https：//www. wenmi. com/article/pvxscw00h213. html，最后访问日期：2023 年 10 月 15 日。

文秘帮，2022c，《我国中小企业政策性金融发展对策》，9 月 30 日，https：//www. wenmi. com/article/pym9j100gn4p. html，最后访问日期：2023 年 10 月 15 日。

邬新国，2021，《企业孵化育成体系高质量发展探讨》，《中阿科技论坛（中英文）》第 9 期。

吴淏，2023，《数字金融对中小企业数字化转型的影响研究》，《发展研究》

第 8 期。

吴克墀，2016，《创新孵化价值链的概念与内涵》，《特区经济》第 2 期。

吴倩，2008，《科技企业孵化器融资机理与模式研究》，硕士学位论文，武汉理工大学。

吴晓灵、陆磊主编，2023，《中国金融政策报告 2023》，中国金融出版社。

仵志忠，1997，《信息不对称理论及其经济学意义》，《经济学动态》第 1 期。

武西锋，2023，《揭开数据确权的迷纱：关键议题与实践策略——兼评当前数据确权的理论争议焦点》，《当代经济管理》第 16 期。

厦门市科学技术局、厦门市财政局，2022，《关于印发厦门市科技创新创业引导基金管理办法的通知》，3 月 22 日，http：//sti. xm. gov. cn/xxgk/zcfg/202203/t20220322_2636552. htm，最后访问日期：2023 年 10 月 15 日。

厦门市中小企业公共服务平台，2018，《关于成立促进中小企业发展工作领导小组的通知》，11 月 26 日，http：//news. m. xmsme. cn/webview. aspx?id＝90144，最后访问日期：2023 年 11 月 1 日。

肖静华，2020，《企业跨体系数字化转型与管理适应性变革》，《改革》第 4 期。

肖卫东、杜志雄、梁春梅，2017，《包容性增长与中小企业公共服务平台发展研究》，中国社会科学出版社。

谢鹏程，2022，《XT 公司融资担保业务存在的问题及对策研究》，硕士学位论文，广西师范大学。

谢伟胜、黄子娟、阮远华，2019，《大数据产业孵化育成体系的建设》，《科技创新发展战略研究》第 5 期。

《新基建科技成色十足》，2020，《中国产经》第 5 期。

"信用长沙"微信公众号，2022，《全国融资信用服务平台网络建设取得三大进展》，7 月 24 日，https：//mp. weixin. qq. com/s?__biz＝Mzg2NzkyMDQ1MQ＝＝&mid＝2247493442&idx＝1&sn＝f76b4e95454e89557bd6ff1697d44a0d&source＝41#wechat_redirect，最后访问日期：2023 年 9 月 30 日。

徐翔、厉克奥博、田晓轩，2021，《数据生产要素研究进展》，《经济学动态》第 4 期。

许迎春、李红娟，2022，《江苏搭建政企协同服务平台赋能中小企业高质量发展》，《中国中小企业》第 12 期。

薛丽萍、费日东，2022，《支持中小企业纾困解难的主要做法、困难及建议》，《商展经济》第 24 期。

薛燕，2020，《福建省政府性融资担保体系建设的现状与思考》，《福建金融》第 12 期。

央广网，2022，《福州宣布打造"数字中国建设领军城市"》，7 月 24 日，https：//share. fznews. com. cn/pub/template/displayTemplate/news/newsDetail/159/377757. html?isShare＝true，最后访问日期：2024 年 1 月 3 日。

扬州市中小微企业公共服务平台，2023，《工信部：建设全国中小企业服务平台，提供"一站式"服务》，6 月 16 日，http：//sme. yangzhou. gov. cn/readnews. html?id＝959，最后访问日期：2023 年 9 月 30 日。

阳晓霞，2021，《兴业银行 多措并举助力福建小微企业》，《中国金融家》第 11 期。

杨帆，2018，《更多资金流向实体经济和创新产业》，《苏州日报》1 月 12 日。

杨光，2023，《青岛"信易贷"平台助企融资超千亿元》，《青岛日报》2 月 25 日。

杨勐、罗梦婕，2019，《新型产业用地下创新型产业综合体的特征研究——以深圳为例》，《南方建筑》第 5 期。

杨皖玉，2023，《国家中小企业发展基金：聚焦投早投小投创新》，《中国证券报》11 月 8 日。

杨莹、莫思予、林晗，2022，《"三创"活力迸发 榕城高歌猛进》，7 月 8 日，https：//baijiahao. baidu. com/s?id＝1737794620433077892&wfr＝spider&for＝pc，最后访问日期：2024 年 1 月 3 日。

殷兴山，2023，《充分发挥"政府性融资担保"作用进一步提升小微金融服务质效》，《中国科技产业》第 2 期。

余少林，2022，《感恩奋进这一年｜长乐：建设新区新城 扛起主力军职责》，3 月 25 日，https：//baijiahao. baidu. com/s?id＝1728256201274758753&wfr＝spider&for＝pc，最后访问日期：2024 年 1 月 3 日。

禹法鑫，2022，《关于政府性担保过桥平台的探讨——基于"融资担保＋应急转贷"业务模式》，《中国市场》第 19 期。

袁磊、宋立志，2021，《政采贷"双网并行"模式应用实践》，《中国金融电脑》第 4 期。

岳阳市人民政府，2009，《关于加强中小企业信用担保体系建设的意见》，8 月 20 日，http：//www. yueyang. gov. cn/ztxx/23022/24201/24203/content_320737. html，最后访问日期：2023 年 10 月 15 日。

张成思，2023，《现代中央银行制度下的金融基础设施体系建设路径》，《深圳社会科学》第 4 期。

张华迎，2024，《厦门运用"财政政策+金融工具"助企轻装上阵》，《经济参考报》1 月 11 日。

张林、陆道芬、韦庄禹，2023，《数字经济能否拉动中国技术市场发展——基于省际面板数据的实证分析》，《科技进步与对策》第 22 期。

张倩肖、段义学，2023，《数字赋能、产业链整合与全要素生产率》，《经济管理》第 4 期。

张笑雪、吴晖，2022，《创新，驱动福州高质量发展"新引擎"》，《福州日报》6 月 1 日。

张笑雪、张铁国，2022，《福州：创新，铸就最鲜明城市特质》，8 月 17 日，https：//baijiahao. baidu. com/s？id ＝ 1741395330398407043&wfr ＝ spider&for＝pc，最后访问日期：2024 年 1 月 3 日。

张亚屏，2023，《关于安徽省中小企业公共服务示范平台建设的探讨》，《安徽科技》第 1 期。

张一超，2023，《完善政府性融资担保管理运营机制》，《中国金融》第 2 期。

张颖，2022，《福建：惜"土"如金挖潜"生"地》，《福建日报》11 月 3 日。

赵辉、陈龙胜、陈军民，2023，《从羚羊工业互联网看科技成果转化中平台的作用》，《安徽科技》第 3 期。

赵露、余澳，2018，《习近平科技创新思想研究》，《渭南师范学院学报》第 11 期。

赵瑞中、徐炜、宋美娟，2023，《政府性融资担保机构一体化运营改革的实践与建议》，《山西财税》第 4 期。

赵昕玥、覃作权，2021，《福州科创走廊这样建》，9月1日，https：//bai-jiahao. baidu. com/s？id＝1709670985418555103&wfr＝spider&for＝pc，最后访问日期：2024年1月3日。

浙江省人民政府，2012，《浙江省人民政府办公厅关于成立浙江省促进中小企业发展工作领导小组的通知》，7月14日，https：//www. zj. gov. cn/art/2012/7/14/art_1229019365_63373. html，最后访问日期：2023年11月1日。

郑长灵，2023，《江西推出政府采购合同线上融资新模式"政采贷"精准支持采购供应商融资诉求》，《农村金融时报》7月17日。

郑珂、胡锴，2022，《全国统一大市场背景下技术市场建设的问题、内涵与对策》，《科技导报》第21期。

《支持小微企业和个体工商户发展税费优惠政策指引（1.0）》，2023，《中小企业管理与科技》第16期。

中国人民银行河南省分行，2013，《浦发银行郑州分行"吉祥三宝"与"小微"企业共成长》，10月9日，http：//zhengzhou. pbc. gov. cn/zheng-zhou/124251/124277/2724612/index. html，最后访问日期：2023年9月30日。

中国人民银行山东省分行，2013，《青岛"政府采购贷"招标8家银行成功入围》，11月4日，http：//jinan. pbc. gov. cn/jinan/120965/2926804/2469282/index. html，最后访问日期：2023年9月30日。

中国人民银行条法司，2015，《关于印发〈金融业企业划型标准规定〉的通知》，9月28日，http：//www. pbc. gov. cn/tiaofasi/144941/3581332/3588275/index. html，最后访问日期：2023年10月7日。

中国人民银行浙江省分行，2014，《建设银行舟山分行推出小微企业"政府采购贷"业务》，8月29日，http：//hangzhou. pbc. gov. cn/hangzhou/2927497/125250/2349195/index. html，最后访问日期：2023年9月30日。

中国人民银行浙江省分行，2019，《全国首笔政采贷线上融资业务落地珠海》，1月4日，http：//guangzhou. pbc. gov. cn/guangzhou/129136/3737829/index. html，最后访问日期：2023年9月30日。

中国证券投资基金业协会，2017，《资产证券化业务基础资产负面清单指引》。

中国政府网，2007，《1999 年国务院政府工作报告》，2 月 7 日，https：//www. gov. cn/2012lh/content_2054705. htm，最后访问日期：2023 年 9 月 26 日。

中国政府网，2009a，《国务院关于进一步促进中小企业发展的若干意见》，9 月 19 日，https：//www. gov. cn/gongbao/content/2009/content_1425340. htm，最后访问日期：2023 年 9 月 30 日。

中国政府网，2009b，《国务院办公厅关于成立国务院促进中小企业发展工作领导小组的通知》，12 月 31 日，https：//www. gov. cn/zhengce/zhengceku/2009－12/31/content_7277. htm，最后访问日期：2023 年 11 月 1 日。

中国政府网，2012，《国务院关于进一步支持小型微型企业健康发展的意见》，4 月 19 日，https：//www. gov. cn/gongbao/content/2012/content_2131964. htm，最后访问日期：2023 年 9 月 30 日。

中国政府网，2016，《工业和信息化部关于进一步促进中小企业信用担保机构健康发展的意见》，2 月 18 日，https：//www. gov. cn/zhuanti/2016－02/18/content_5042931. htm，最后访问日期：2023 年 10 月 15 日。

中国政府网，2019，《中国小微企业金融服务报告（2018）》，6 月 25 日，http：//big5. www. gov. cn/gate/big5/www. gov. cn/xinwen/2019－06/25/5402948/files/f59aaafc00da4c848a322ac89fdec1e5. pdf，最后访问日期：2023 年 10 月 7 日。

中国政府网，2021，《刘鹤主持召开国务院促进中小企业发展工作领导小组第七次会议》，1 月 21 日，https：//www. gov. cn/guowuyuan/2021－01/21/content_5581683. htm，最后访问日期：2023 年 9 月 30 日。

中国政府网，2023a，《2023 年上半年中国财政政策执行情况报告》，9 月 9 日，https：//www. gov. cn/lianbo/bumen/202309/content_6903051. htm，最后访问日期：2023 年 10 月 7 日。

中国政府网，2023b，《公司债券发行与交易管理办法》，10 月 20 日，https：//www. gov. cn/gongbao/2023/issue_10886/202312/content_6921380. html，最后访问日期：2023 年 10 月 15 日。

中证鹏元资信评估股份有限公司，2022，《深圳担保集团有限公司 2021 年面向专业投资者公开发行公司债券（第一期、第二期）2022 年跟踪评级报告》。

朱丽，2007，《永丰试点国家科技企业加速器》，《北京商报》9 月 4 日。

朱琳、杜毅，2022，《金融服务创新与建筑供应链金融突破困局》，《施工企业管理》第 8 期。

朱雪忠、胡锴，2021，《网上技术市场类型差异下的行业选择特征》，《科研管理》第 1 期。

朱毓松，2015，《市财政设产业投资引导基金——投资方向为符合国家产业政策的未上市企业（含新三板挂牌企业》，《福州日报》11 月 18 日。

邹方筱、罗国，2023，《韶关承接产业有序转移主平台发挥政府性融资担保平台作用——扶持中小企业助力平台建设》，《韶关日报》6 月 12 日。

左莉娜，2022，《政府性融资担保机构发展的思考》，《经济师》第 1 期。

Fischer, M., Imgrund, F., Janiesch, C., et al. 2020. "Strategy Archetypes for Digital Transformation: Defining Meta Objectives Using Business Process Management," *Information and Management*.

Pitchbook, 2022. Great China Venture Report (H1 2022), https://pitchbook.com/news/reports/h1-2022-greater-china-venture-report.

Pitchbook, 2022. NVCA Venture Monitor (Q4 2022), https://pitchbook.com/news/reports/q4-2022-pitchbook-nvca-venture-monitor.

Romer, D. 2006. *Advanced Macroeconomics*, New York: Mcgraw-hill.

Vial, G. 2019. "Understanding Digital Transformation: A Review and a Research Agenda," *The Journal of Strategic Information Systems*.

图书在版编目（CIP）数据

中小微企业服务实践：政策、平台与金融创新／张
群洪等著 . --北京：社会科学文献出版社，2024.8.
ISBN 978-7-5228-3905-9

Ⅰ. F279.243

中国国家版本馆 CIP 数据核字第 202413YS05 号

中小微企业服务实践：政策、平台与金融创新

著　　者／张群洪 等

出 版 人／冀祥德
责任编辑／谢蕊芬
文稿编辑／王　敏
责任印制／王京美

出　　版／社会科学文献出版社·群学分社（010）59367002
　　　　　　地址：北京市北三环中路甲 29 号院华龙大厦　邮编：100029
　　　　　　网址：www.ssap.com.cn
发　　行／社会科学文献出版社（010）59367028
印　　装／三河市龙林印务有限公司

规　　格／开　本：787mm×1092mm　1/16
　　　　　　印　张：20.75　字　数：339 千字
版　　次／2024 年 8 月第 1 版　2024 年 8 月第 1 次印刷
书　　号／ISBN 978-7-5228-3905-9
定　　价／128.00 元

读者服务电话：4008918866